Margo Chisholm
und Ray Bruce

Ich habe mich
wirklich gehasst

Aus dem Amerikanischen von
Ulrike Strerath-Bolz

Schneekluth

Die Deutsche Bibliothek – CIP-Einheitsaufnahme
Chisholm, Margo mit Bruce, Ray:
Ich habe mich wirklich gehasst. /
Margo Chisholm mit Ray Bruce
Aus dem Amerik. von Ulrike Strerath-Bolz
München: Schneekluth, 1998
ISBN 3-7951-1588-4

Die amerikanische Originalausgabe
erschien unter dem Titel
TO THE SUMMIT
bei Avon Books, New York

ISBN 3-7951-1586-8
© 1997 by Margo Chisholm und Ray Bruce
© 1998 by Schneekluth
Ein Verlagsimprint der Weltbild Verlag GmbH Augsburg
Gesetzt aus der 11/12 Punkt Times
Satz: FIBO Lichtsatz München
Druck und Bindung: Bercker, Kevelaer
Printed in Germany 1998

Für Jonathan, der die Saat legte,
für Skip, der ihr Wachstum förderte,
und für Gott, der all das möglich machte.

In Erinnerung an Rob Hall und Gary Ball,
die mit dem Herzen kletterten.

MJC

Für meinen Geist, der weiterleben wollte, als ich ihn
beinahe umgebracht hatte;
für meine Mutter Genevieve – als Dank für ihr Beispiel
eines gut gelebten Lebens;
und für meine Töchter Kimberly und Kristin und meinen
Enkel Michael – als Dank für das Leben, das ihr lebt.

RCB

1. Ich kann!

Samstag, 18. April 1992, Mount Everest,
im Lager II
Alles läuft schief. Ich will nicht, dass es so endet.
Ein Teil von mir will nach Hause. Ein Teil von mir
will herausfinden, wie weit ich komme. Ich habe
einfach das Gefühl, dass ich noch höher hinauf-
kann als bis hierher.

Der tief sitzende, quälende Husten bringt mich gewaltsam
zurück in die harte Realität ein Leben im Schatten des höchsten Gipfels auf Erden zu fristen. Der Stoff des Zeltes schützt
mich vor dem Wind, aber die bittere Kälte dringt mir mit
feindseligen Fangarmen in die Knochen. Ich rolle mich zu einer festen Kugel zusammen, versuche in den Tiefen meines
Schlafsacks noch etwas Restwärme zu finden und unterneh-
me einen sinnlosen Versuch mich dem Fels und Eis unter
meinem Körper anzupassen.
Umgeben von Männern, Bergen und Eis arbeite, esse und
schlafe ich seit neun Tagen im Lager II in 6500 m Höhe an
der Südseite des Mount Everest, nur noch 2400 m entfernt
von der Erfüllung meines Traumes: auf seinem Gipfel zu stehen. Mein Schlaf wird immer leichter und die große Höhe
und der Husten zehren an meinen Kräften.
Während meine Muskeln sich wieder entspannen und meine
Gedanken zu der Erinnerung an einen friedlichen Ort jenseits
des brennenden Schmerzes in meiner Brust zurücktreiben,
prallen ein, zwei Echos meiner eigenen Hustenstöße wie Ge-
wehrschüsse von den Wänden des Westbeckens zurück. Es

liegt etwas schweres, Unheil verkündendes in diesem Husten; irgendetwas unterscheidet ihn von dem üblichen trockenen Gebell, das beim Bergsteigen in großer Höhe allgegenwärtig ist.

Jetzt hört man vereinzelte Grüße, Zelte flattern und die dicken, leichten Jacken rascheln und werden mit dem Reißverschluss zum Schutz gegen den beißenden Wind geschlossen. Das raue, metallische Kratzen von Rucksäcken, Kletterausrüstung und Steigeisen auf Fels und Eis folgt bald danach. Ich gebe auf, drehe mich um und öffne die Augen, während der erste sanftgelbe Schimmer gefilterten Lichts dem Tag einen falschen Anschein von Klarheit verleiht.

Sechs meiner Kletterpartner steigen auf zum Lager III, weitere 600 Höhenmeter näher an unserem Ziel. Ich gehe nicht mit ihnen. Ich bin zu krank, zu schwach um die Energie für diesen Aufstieg aufzubringen. Selbst wenn ich mich dazu zwingen würde, wenn ich den Stau in meinem Kopf und meiner Brust durchdringen und den Schmerz abschalten könnte, wäre ich immer noch zu langsam. Meine Schwäche wäre ein Risiko für mich und andere. Die Hälfte unserer Expedition kommt nicht über Lager II hinaus. Die anderen sind schon zum Basislager zurückgekehrt um sich zu erholen und gesund zu werden.

Bald ist das vertraute Knirschen der Steigeisen auf dem Eis das einzige hörbare Geräusch, während meine Gefährten das Westbecken hinaufgehen, dieses unglaublich schöne Tal zwischen dem Khumbu-Eisfall, der Flanke des Lhotse und dem Südsattel des Mount Everest. Das Scheitern senkt sich um mich wie ein Nebel; bedrückend macht es sich hinter den verklingenden Stimmen breit. Schließlich gibt es nur noch Schweigen.

Ich liege benommen da, während das steigende Licht meinen Rucksack, den Parka und andere Ausrüstungsgegenstände sichtbar macht. Dicht um mich herum aufgestapelt verspotten sie mich, reizen mich zum Klettern, lassen mich mit einem hilflosen und verlassenen Gefühl zurück wie Jonas im Bauch des Wals. Ich sehne mich nach menschlicher Wärme, aber alles, was ich finde, ist die Leere, die mein Zeltnachbar John Helenek hinterlassen hat, als er vor drei Tagen ins Basislager zurückkehrte, zu krank um zu bleiben.

Als John an dem Morgen seine Ausrüstung zusammenpackte, hatte Todd Burleson, unser Expeditionsleiter, den Kopf zu mir ins Zelt gesteckt. »Was meinst du, Margo? Musst du auch runter?« Noch in meinem Schlafsack wälzte ich mich herum und sagte mit mehr Enthusiasmus, als ich tatsächlich verspürte: »Nee. Nicht heute. Ich bin noch nicht bereit dazu.« John stopfte seinen Schlafsack in die schützende Nylonhülle. »Ich kann es noch bis hoch zu Drei schaffen. Gestern habe ich es bis zum festen Seil an der Lhotse-Flanke hinaufgeschafft. Noch ein Ruhetag, dann geht es wieder.« Das war am Mittwoch. Am Donnerstag und Freitag fühlte ich mich schlechter denn je.

Diese Besteigung ist länger und höher als jeder andere meiner größeren Aufstiege; sie überschreitet alle meine bisherigen Grenzen. Ich habe mich unter den extremen Bedingungen ebenso gut gehalten wie die meisten meiner Gefährten, sogar besser als einige von ihnen. In dieser Höhe haben wir fast zwei Drittel der Erdatmosphäre unter uns gelassen und die Temperaturen schwanken heftig zwischen drückender Hitze in der prallen Sonne und bitterer Kälte im Schatten. Sonnenverbrannte Lippen, übel riechende Kleider und fettige Haare werden zu einem Teil der Lebensroutine. Und dann gibt es noch das besondere Vergnügen, Urinflaschen benutzen zu müssen, und die seltsame Mischung aus Furcht und Peinlichkeit, mit der man über einer als Toilette auserkorenen engen Gletscherspalte kauert. Dass ich die einzige Frau auf dieser

9

Expedition bin, hat allem Anschein nach keine Auswirkungen auf die anderen. Niemand nimmt irgendwelche Rücksicht auf mich und ich will auch keine. Schließlich ist das hier der Mount Everest.

Als ich gestern Abend zum Essen ins Verpflegungszelt ging, habe ich Skip Horner eingeholt. Er ist einer der Bergführer auf unserer Expedition und mein Mentor. »Kann ich dich eine Minute sprechen? Ich habe ein Problem.« Ich zögerte, unsicher über das, was ich sagen musste.

»Sicher.« Skips Stimme klang beruhigend.

»Ich schaffe es niemals da rauf, morgen.« Ich war drauf und dran den Durchblick zu verlieren; meine Worte strauchelten über die Barrieren aus Angst und Verletzlichkeit, die in mir wuchsen. »Hab nicht genug Kraft. Keine Ahnung, was los ist. Irgendwas ist los, ich bin einfach nicht in Ordnung. Ich fühle mich wie eine totale Niete.« Enttäuschung überkam mich und ich drehte mich um, damit er meine Tränen nicht sah.

»Margo, du bist doch keine Niete.« Sein Arm, den er um meine Schultern legte, fühlte sich fest und sicher an. »Das hast du bewiesen und ich habe es gesehen. Es ist gut, dass du deinen Körper genau genug kennst um zu wissen, dass du morgen nicht aufsteigen kannst. Geh runter zum Basislager, vielleicht sogar zurück nach Pheriche. Das ist doch nicht das Ende für dich. Du kommst zu Kräften und bist bald wieder hier oben.«

Ich sah zu seinem Gesicht auf, suchte nach der Wahrheit hinter den Worten und nach einer Kraftquelle, die ich in mir selbst nicht spürte. Wir standen nur eine Minute dort, dann sagte ich: »Danke«, und er ging hinein zum Essen. Ich dachte an das erste Mal, als ich Skip getroffen hatte, vier Jahre zuvor auf dem Flughafen in Nairobi. Ich war dorthin gekommen um den Mount Kenya und den Kilimandscharo zu besteigen und er war der Bergführer. Seitdem hatte er mit mir auf sie-

10

ben von den 23 Bergen gestanden, die ich bestiegen hatte, und auf seine Einladung hin war ich am Mount Everest. Er hatte mich noch nie angelogen; es gab keinen Grund anzunehmen, dass er es jetzt tat. Er hatte mir immer Mut gemacht, hatte mir geholfen meine Ängste zu erforschen und nach Träumen zu greifen, von denen ich nicht einmal wusste, dass ich sie besaß, als wir uns zum ersten Mal trafen. Ich ging ein kleines Stück vom Kantinenzelt weg um meinen Tränen freien Lauf zu lassen, bevor ich mich hineinwagte.

Jetzt, in meinem Schlafsack, muss ich schon wieder die Tränen zurückhalten. Ich will nicht, dass mein Erfolg oder Misserfolg an diesem Berg von einer Krankheit abhängig ist, und misstraue meiner eigenen Fähigkeit zu unterscheiden, was echt ist und was Einbildung. Heute ist der Verstand der einzige Teil von mir, der nach meinen üblichen Maßstäben funktioniert. Denken, einschätzen, beurteilen, das kann er am allerbesten. Verzweifelt kämpfe ich gegen die pessimistische Stimme in meinem Kopf an, die ich Martha nenne. Sie begleitet mich seit meiner Jugend und nun sagt sie mir: »Du bist noch 2400 Meter unterhalb des Gipfels und wenn du dieses Tempo beibehältst, kommst du niemals oben an. Was um alles in der Welt hat dich überhaupt auf die Idee gebracht, du hättest ein Recht hier zu sein? Bausch den Husten und die Schwäche noch etwas auf, dann bekommst du ein bisschen Mitleid. Und vergiss den Gipfel.«

Und wie viele Berge ich auch besteige, immer ist sie da. Martha findet immer wieder negative Bilder aus meiner Kindheit und aus den frühen Erwachsenenjahren und sagt: »Siehst du, so bist du.«

Ich spreche laut, so, als wäre sie wirklich da. »Schluss. Das tue ich nicht mehr. Ich bin hier, auf dem Mount Everest. Mag sein, dass ich krank bin, aber ich bin noch nicht fertig mit diesem Berg und ich werde todsicher nicht hier anfangen zu simulieren.« Meine heftige Reaktion löst einen Hustenkrampf aus. Er schmerzt tief in meiner Brust. Aber meine Entschlossenheit schwächt er nicht.

Die Sonne folgt ihrem Weg über das Dach meiner gelben Höhle und ich verbringe den Tag lesend, höre John-Denver-Kassetten und schreibe in mein Tagebuch. Ich warte, huste und durchlebe so viele emotionale Hoch- und Tiefphasen, dass ich fast ebenso erschöpft bin wie die übrigen Mannschaftsmitglieder, als sie von Lager III zurückkehren. Es kostet mich alle Energie die drei Lagen Kleidung zum Schutz vor der Kälte anzuziehen, bevor ich nach draußen gehe um die anderen zu begrüßen. Die Schatten über dem Westbecken nehmen im Sonnenuntergang schärfere Konturen an. Die Südwestflanke des Mount Everest schwebt als schwarze Pyramide direkt über mir. Tränen treten mir in die Augen und ich schlucke schwer. Ich bin so dankbar dafür, hier zu sein, und gleichzeitig so voller Angst, meine Krankheit könnte das Aus bedeuten.

Während des Abendessens halte ich mich so gut wie möglich abseits von der Gruppe. Ich beantworte nur die wenigen Fragen, die mir direkt gestellt werden, und vermeide angestrengt jeden Blickkontakt. Die milde Suppe und den Curry aus der Küche des Sherpa-Kochs rühre ich kaum an. Nicht einmal die Kantinengeschichten und das Gelächter können mich aus meiner Angst reißen. Zu wissen, dass alle anderen ebenfalls husten und einige sogar schlimmer klingen als ich, hilft auch nicht. Ich gehe zurück in mein Zelt, entschlossen am nächsten Morgen zum Basislager abzusteigen ohne Lager III erreicht zu haben und voller Furcht, weil alles, was der Arzt findet, meine Chance auf den Gipfel zunichte machen kann.

In dieser Nacht wird fast jedes Zelt von Hustenkrämpfen geschüttelt. Ich schlafe wenig, huste und grüble und stelle mir den morgigen Abstieg durch den Khumbu-Eisfall vor. Er kann tödlich sein. Ich sehe vor mir, wie ich mich an dem Fixseil ein- und aushänge, spüre, wie meine Steigeisen sich im Eis festbeißen und wie instabil sie sind, wenn man die Leitern überquert. Dann taucht Martha auf um das Ganze zu wiederholen, um mir die Stellen zu zeigen, wo ich Schwierigkeiten bekommen werde, und um mir zu beweisen, dass ich es nicht schaffen werde.

»Aufhören!« Wie ein Kind, das aus einem Albtraum erwacht, kämpfe ich in meinem Halbschlaf gegen sie an. »Ich komme da runter und ich werde gesund und ich schaffe den Gipfel, du wirst schon sehen.« Endlich, kurz vor Morgengrauen, falle ich in einen tiefen, traumlosen Schlaf.

Der Weg durch das Westbecken von Lager II über Lager I zum Basislager hätte vier Stunden dauern sollen. Diesmal dauerte er sieben. Mit seinen 600 Höhenmetern aus Eis stellt der Khumbu-Eisfall eines der schlimmsten Gefahrenmomente beim Aufstieg über die Südseite des Mount Everest dar. Hier öffnen und schließen sich Gletscherspalten scheinbar über Nacht. Seracs, Firnblöcke von der Größe eines Hauses, fallen ohne Vorwarnung herunter. Hoch über dem Eisfall lösen sich Lawinen mit einem Geräusch wie von Artilleriefeuer. Eis und Schnee donnern über die eine oder andere Flanke, werden immer schneller und kommen erst zur Ruhe, wenn sie am Endpunkt ihrer Rutschpartie alles unter sich begraben haben.

Als ich mich durch die Traversen am unteren Ende des Beckens und in den Eisfall hineinschlängele, muss ich so stark husten, dass ich nur noch krampfartig atmen kann. Ich bleibe stehen und beuge mich vor, damit ich nicht falle. Andere Kletterer überholen mich, bewegen sich in ihrem eigenen Takt, in ihrer eigenen Welt. Es scheint, als ob jedes Dehnen und Zusammenziehen meiner Brustmuskeln einen Hustenanfall auslöst. Ich arbeite doppelt so schwer wie sonst, in dem vergeblichen Versuch meine Atmung zu kontrollieren, damit ich mich nicht selbst von der Leiter katapultiere oder in eine Spalte falle. Für mich sehen alle Spalten bodenlos aus, unabhängig von ihrer tatsächlichen Tiefe. Wegen der ständigen Gefahr ist die Route durch den Eisfall mit Drahtseilen befestigt, die durch alle möglichen Schrauben, Pfosten und Karabinerhaken gesichert sind, sodass bei einem Sturz ein dürftiges, mehr oder weniger Vertrauen erweckendes Geländer zur Verfügung steht. 2,5 m lange Leitern aus Aluminium werden verwendet um Spalten und Seracs zu überqueren. Manchmal sind drei oder vier Leitern zusammengebunden oder -geschraubt und bilden eine sichere, wenn auch wackelige Brücke.

Das Überqueren einer Spalte mit Leitersprossen als Trittpunkten, mit Steigeisen an Kletterstiefeln aus Kunststoff und mit einem vollen Rucksack auf dem Rücken ist schon unter den besten Bedingungen eine echte Herausforderung. An diesem Tag ist es fast unmöglich. Mein Körper ist verspannt von der Anstrengung nicht zu husten und der Schweiß rinnt unter dem Rahmen der Gletscherbrille hervor, die meine Augen vor der grellen Sonne schützt und gleichzeitig die Tränen verbergen soll, die sich mit dem Schweiß mischen. Mir ist übel – und ich habe entsetzliche Angst.

Ich blicke an der Brücke aus vier Leitern hinunter, die ich gerade überquere, strenge mich an, meinen Blick auf die Metallsprossen zu konzentrieren und nicht auf das tiefe Blau des Abgrunds. Hake die hinteren Zacken meiner Steigeisen in eine Sprosse, die vorderen Zacken in die nächste, und verlagere mein Gewicht. Atmen. Gut. Jetzt noch einmal. Nein, noch nicht husten. Noch nicht. Flaches Atmen. Genau. Jetzt noch einmal. Noch ein Schritt. Endlich erreiche ich das Ende der Leiter und finde meine Hände so fest um die Karabinerhaken

14

an dem Fixseil gekrallt, dass ich sie mit Gewalt lösen muss. Ich öffne die Karabiner und hänge sie aus dem dünnen Seil aus. Endlich ein tiefer Atemzug.

Der folgende Husten fährt wie ein Messer durch meine Brust und zwingt mich vornüber. Atmen, langsam, leicht, flach atmen – eine fast unmögliche Aufgabe in 5600 m Höhe. Immer noch vornübergebeugt greife ich nach unten und hänge mich in das nächste Seil ein. Ich kann die nächste Leiter sehen, nur 15 m entfernt. Wo ist Skip? Ich brauche Skip – er soll mir sagen, dass ich es kann. Aber Skip ist weit weg, er bewegt sich in einem gesünderen, kräftigeren Tempo. Dieser Abstieg gehört mir, mir ganz allein. Bevor ich zum Mount Everest kam, haben mir andere Bergsteiger prophezeit, dieser Berg werde alles in mir auf die Probe stellen. Als ich mich zum letzten Mal aus dem Seil aushänge und mich auf den langen Weg zu den Zelten mache, habe ich weder die Energie für weitere Prüfungen noch das Bedürfnis danach.

Das Basislager sieht aus wie ein kleines Dorf. Elf Expeditionen aus 16 verschiedenen Ländern haben ihre Zelte auf dem immer noch aktiven Khumbu-Gletscher aufgestellt. Segeltuch, Nylon und Plastik in vielen Farben ergeben eine Vielfalt von Formen und Größen und bilden einen krassen Gegensatz zu dem felsdurchsetzten Eis um sie herum. Leute aus Amerika, Indien, Neuseeland, Spanien, Russland, Holland und Nepal arbeiten und leben hier, in bunter Kleidung, umgeben von Klettergerät, Stapeln von Ausrüstungskisten und den verschiedensten Antennen, sogar kleinen Satellitenschüsseln. Die Fahnen von Expeditionen und die Flaggen der verschiedenen Nationen vereinen sich mit den allgegenwärtigen Gebetsfähnchen, die an Pfählen flattern, gesetzt während der Puja, einer buddhistischen Segnungszeremonie, ohne die kein Sherpa einen Fuß auf diesen Berg setzen würde. Sie nennen ihn Sagarmatha, die Muttergöttin des Universums.

Bald nach meiner Ankunft sind alle aus Lager II zurück. Wir sind in einer so schlechten Verfassung, dass Todd Jan ruft, die Ärztin der neuseeländischen Expedition, damit sie kommt und uns untersucht. Ken, unser eigener Arzt, hatte eine Lungenentzündung, als er vor einigen Tagen herunterkam, und ist bereits nach Pheriche abgestiegen. Mit seinen 5534 m liegt selbst das Basislager auf einer Höhe, in der der Körper gerade sein eigenes Überleben sichern, aber nicht mit einer Infektion oder einem Virus fertig werden kann. Die Ärztin der Kiwis untersucht uns im Erste-Hilfe-Zelt und als wir uns in unseren eigenen Zelten zur Ruhe begeben, lautet die Anfangsdiagnose für Parry Lungenödem, für Vern Lungenentzündung und für alle Übrigen akute Bronchitis. Jan setzt Parry unter Sauerstoff und sagt, er müsse so schnell wie möglich zum Arzt nach Pheriche. Der Sauerstoffspiegel in seinem Blut ist nicht einmal halb so hoch wie normalerweise. Aber da es fast dunkel ist, als sie ihn untersucht, ist es sicherer für Parry, über Nacht hier mit Sauerstoff versorgt zu werden als im Licht einer Stirnlampe einen Abstieg über die unregelmäßige Gletscheroberfläche zu versuchen. Sein Zustand scheint sich durch den Sauerstoff zu stabilisieren und Skip bietet sich freiwillig an während der Nacht bei ihm Wache zu halten. Sie werden gemeinsam mit Vern früh am nächsten Morgen aufbrechen.

Vern und Parry husten schrecklich, als Skip sie auf ihrem Weg nach Pheriche und zur medizinischen Station der Himalayan Rescue Association (HRA) begleitet. Parry bekommt immer noch Sauerstoff und bewegt sich nur langsam. Vern ist offensichtlich sehr krank, so forsch er sich auch gibt. Skip ist der einzig Gesunde in dem Trio. Todd will, dass ich mit ihnen gehe, aber ich bin zu erschöpft. »Es geht nicht. Ich muss einen Tag warten. Ich ertrage nicht einmal den Gedanken daran, wieder alles einpacken zu müssen, geschweige denn da hinunterzugehen. Ich gehe morgen.«

Nach nur einer Nacht Ruhe im Basislager fühle ich mich kräftiger, aber ich weiß, dass es eher eine Illusion ist, durch die Kameradschaft hervorgerufen, als gäbe es wirkliche Besserung. Mike, Hugh, Louis und ich verbringen den Tag mit Ausruhen, dem Sortieren der Ausrüstung und mit Husten. Zu Hause läge ich schon im Krankenhaus, aber hier ist Krankheit ganz alltäglich, also krabble ich aus meinem Zelt um den Frühstückstee zu trinken, sobald ihn jemand anbietet, und um für den Weg nach Pheriche meine persönliche Ausrüstung zusammenzupacken.

»Margo.« Die trällernde Stimme und das breite Lächeln von Ong Chu, unserem Sherpa-Koch, erregt meine Aufmerksamkeit, als ich mein Frühstück aus Müsliriegeln und Zitronentee beende. »Möchtest du vielleicht ein Bad gegen deinen Husten?«

Das ist ein unwiderstehliches Angebot. »Darauf kannst du dich verlassen!« Ich kann gar nicht aufhören zu lächeln. »Ich weiß nicht, ob es gegen meinen Husten hilft, aber es wäre jedenfalls ein gutes Gefühl.« Ich habe mehr als 30 Tage lang nichts Stärkeres als Babytücher benutzt um sauber zu bleiben und der Gedanke an ein warmes Bad, vor allem jetzt, ist einfach himmlisch.

»Wo ist die Wanne?« Halb erwarte ich, dass Ong Chu eine Badewanne aus der Küchenausrüstung hervorzieht, lache aber über die Vorstellung, so etwas auf dem Rücken eines Yaks ins Basislager zu transportieren. Nur meine leuchtend orangefarbene Schlafmatte trennt mich vom Eis des Gletschers, als ich im Küchenzelt mein »Bad« nehme, umgeben von Kisten mit Konserven und Tanks voller Brennstoff zum Kochen. Ich tauche meinen Waschlappen immer wieder in den Suppentopf mit heißem Wasser, der kippelig auf der unebenen Oberfläche aus Fels und Eis steht, und wasche die trockene, schuppige Haut von meinen Armen und Beinen. Zum ersten Mal seit einer Woche beginne ich mich zu entspannen, beruhigt von der Wärme des Wassers und von Ong Chus schlichtem Akt der Freundlichkeit. Beides zusammen macht die gerade 10 Grad warme Luft auf meiner nackten Haut mehr als wett. Aber selbst hier beginnt mich Marthas Stimme zu verfolgen: »Ja, du hast es bis zum Lager II geschafft und vielleicht wirst du sogar wieder gesund, aber du bist zu langsam um es bis zum Gipfel zu schaffen. Du wirst den Rest deines Teams aufhalten und sie werden wütend auf dich sein und du wirst ihren Misserfolg zu verantworten haben.«

Ich weiß, dass ich langsam bin, vielleicht die Langsamste in der ganzen Gruppe, aber wenn ich meinen »Dauergang« benutze und einfach einen Fuß vor den anderen setze, konnte ich bisher noch jeden Teil des Aufstiegs erfolgreich beenden. Gar nicht so schlecht für eine Frau, die vor sechs Jahren nicht einmal um den Häuserblock spazieren konnte ohne sich zwischendurch auszuruhen. Ich bin stark und was noch wichtiger ist, ich glaube, dass ich den Gipfel erreichen kann. Aber egal, was mir mein Kopf oder mein Herz erzählt: Mein Körper sagt, er muss erst gesund werden. Ein neuer schmerzhafter Hustenanfall erinnert mich daran, dass ich immer noch im Basislager am Mount Everest bin und keineswegs gesund, nur sauber. Ich muss auf eine geringere Höhe absteigen um meine Kraftreserven aufzufüllen.

Der Pfad vom Basislager nach Pheriche führt über den Khumbu-Gletscher nach Gorak Shep. Selbst nach zwei relativ gut durchschlafenen Nächten macht meine körperliche Schwäche den normalerweise leichten ersten Teil des Weges extrem schwierig für mich. Mike und ich gehen gemeinsam los, aber er geht schneller als ich und bald sind wir getrennt. Ich suche bei jedem Schritt nach innerer Kraft, wiederhole mein Mantra immer und immer wieder: »Gottes Liebe, Gottes Stärke, Gottes Wille, ich kann.« Ich habe dieses Mantra schon auf anderen Bergen benutzt um auf langen Kletterstrecken meine Konzentration zu erhalten. Es hat mir geholfen die meisten meiner hohen Gipfel zu erreichen. Heute ist es eine Rettungsleine, die ich benutze um mich näher an die medizinische Hilfe heranzuziehen. Was auch immer da meinen Körper angreift, es zehrt meine Kräfte rasend schnell auf. Wenn es nicht bald aufgehalten wird, sind meine Chancen auf diesen Gipfel dahin, das weiß ich.

Von Gorak Shep folge ich dem Pfad nach Lobuche, der etwas durchquert, was die Tourenbeschreibung einen »Morast aus Moränengeschiebe« nennt. Noch schwerer fällt es mir, mich durch meine eigene Angst hindurchzumanövrieren. Die Schwerkraft bringt mich den steilen, ausgewaschenen Hang des Dughla Hill hinunter zum Boden des Tales, das der Lobuche Khola eingeschnitten hat. Als ich um eine Wegbiegung komme, erscheint mir das Dorf Pheriche schon täuschend nah. Jeder meiner Schritte wird durch starken Gegenwind erschwert. Ich muss mich vorbeugen, fast zusammenklappen, wiederhole mein Mantra einmal mehr und suche tief in meinem Innern nach der Energie, die meine Beine brauchen um jeden einzelnen Schritt der letzten anderthalb Kilometer bis zur medizinischen Hilfe zu gehen.

Pheriche eine Stadt zu nennen wäre eine Übertreibung. Fünf Teehäuser und verschiedene Hütten sorgen für Windschutz, Essen, Gesellschaft und eine begrenzte Auswahl an Verpflegung. Die spärliche Vegetation und die Gebäude aus Stein oder was immer an Holz aus Namche Bazaar oder Kathmandu – beides Tage oder gar Wochen entfernt – herangeschleppt werden konnte, ergeben einen Ort, an dem man sich von der Höhe und der Arbeit am Mount Everest ausruhen und erholen kann. Hier gibt es auch den schlichten Luxus von Bier, Limonade und einer kuriosen Mischung internationaler

Schnellgerichte, zurückgelassen von Expeditionen, die von den Bergen zurückkehrten.

Der Stützpunkt der *Himalayan Rescue Association* liegt gleich am Hauptweg, mitten zwischen den Teehäusern. Er bildet einen planmäßigen Zwischenstopp auf dem Weg ins Basislager und fast jeder, der vorbeikommt, nimmt an einem der täglichen Vorträge über die Höhenkrankheit teil. Nach sechs Wegstunden lasse ich meinen Rucksack bei einem Teehaus fallen und eile zur HRA. Als ich das kleine kombinierte Warte- und Behandlungszimmer betrete, breche ich vor Erschöpfung und Erleichterung fast zusammen.

Bill, der Oberarzt, blickt über seine Schulter und wirft einen Gruß in meine Richtung. »Ich weiß. Du bist auch krank.« Er wendet sich wieder seinem Patienten zu und deutet mit dem Kopf auf eine Holzkiste, die an einer Wand steht. »Setz dich da hin, wir kümmern uns gleich um dich.«

Mike wird von Melinda versorgt, einer Krankenschwester aus den Staaten. Sie nimmt seine Krankengeschichte auf, während ihr Mann Matt, ein Assistenzarzt, der während der Bergsteigersaison für die HRA arbeitet, seine Lungen abhorcht. Ich tausche ein Lächeln mit Skip aus und zähle sieben weitere Leute, die in dem überfüllten Raum stehen oder sitzen. Das medizinische Personal hat kaum Platz um sich umzudrehen. Pulsfrequenzen und Blutdruckwerte werden durch den Raum gerufen und unter Bedingungen notiert, die man bestenfalls als primitiv bezeichnen kann. Abgesehen vom medizinischen Personal scheint Skip der einzige Mensch in diesem Raum zu sein, der nicht hustet.

»Tief einatmen. Jetzt ausatmen.« Matt reagiert instinktiv und hebt sein Stethoskop, unmittelbar bevor der tiefe, nasse Husten in den Raum hinein explodiert. »Jetzt noch einmal tief atmen. Und ausatmen.« Automatisch ziehe ich einige Lagen meiner Fleece- und Goretex-Kleidung aus und sehe mir den

Raum genauer an. Ich bemerke die Schatten auf den Steinwänden und dem schmutzigen Boden. Der beißende Rauch des Yak-Dungs, der zum Heizen verbrannt wird, trägt zu einer geradezu mittelalterlichen Atmosphäre bei.

Als meine Augen sich an das spärliche Licht von der offenen Tür und einem kleinen Fenster gewöhnt haben, erschreckt mich der Anblick des großen, wurstähnlichen Überdruck-Sacks, der auf dem Boden ausgebreitet liegt; das Lebensrettungsmittel, das man benutzt um extreme Fälle eines Höhenlungenödems oder eines Höhenhirnödems zu behandeln. Er erinnert an die Unfähigkeit des Körpers den vorhandenen Sauerstoff in Höhenlagen über 3000 m noch wirkungsvoll zu verarbeiten. Man bewegt sich in einer Umgebung, in der Behinderung und sogar der Tod nur einen Atemzug weit entfernt sind. Ich habe von diesem Gerät gehört, aber es ist, wie wenn man von einem Sarg in einer Leichenhalle hört: Ich habe nicht erwartet so ein Ding jemals von nahem zu sehen. Jetzt liegt eines direkt vor mir und die Leute sehen durch seine durchsichtige Oberfläche um jemanden, der darinliegt, zu beobachten. Ich blicke kurz auf und fange Verns Blick auf. Seine Lippen bilden lautlos den Namen »Parry« und für einen Augenblick setzt mein Herzschlag aus. Erst jetzt höre ich das Geräusch der Luft, die in diese künstliche Atmosphäre gepresst wird, während Louis die Fußpumpe bedient um den Druck in dem Sack zu erhöhen. Dieser künstlich hervorgerufene Druck simuliert den Abstieg des Patienten in geringere Höhen.

Im Augenblick ist die Lage so, dass Parry ein Höhenlungenödem hat, Vern eine beidseitige und ich eine einseitige Lungenentzündung und der Rest von uns unterschiedliche Stadien von Bronchitis. Skip ist als Einziger jenem Bazillus entkommen, der uns alle überfallen hat, und bleibt gesund.

Nichts, weder Erfahrung noch Planung oder Training, kann

21

Krankheiten verhindern und eine erfolgreiche Tour ist immer abhängig von der Zustimmung unsichtbarer Mächte. Wetter und Unfälle gehören als Faktoren immer dazu, aber irgendwie demoralisiert mich hier in Pheriche die Vorstellung, dass so etwas wie ein einfaches Virus uns davon abhalten könnte, unser Ziel zu erreichen.

Das Gewicht meiner Erschöpfung und das Wissen um meine Krankheit laugen meine Energie und meine Stimmung aus. Ich bin beinahe so weit aufzugeben. Als ich die Nacht gemeinsam mit Parry und Vern auf den Holzbänken des HRA verbringe, sieht alles hoffnungslos aus. Obwohl Parry das, was eine Krise auf Leben und Tod hätte werden können, überstanden hat, will man uns drei doch noch zur Beobachtung dabehalten.

Mitten zwischen Husten und Keuchen döse ich ein. Bis zum Morgen hat der wichtige Höhenunterschied zwischen dem Basislager und Pheriche sich bereits positiv auf unsere körperliche Verfassung ausgewirkt und auch meine Stimmung beginnt sich wieder zu heben. Parry, Vern und ich ziehen ins Teehaus. Unser Job ist es nun, gesund zu werden und wieder zurück auf den Berg zu kommen, zurück zu der Herausforderung und dem Schicksal, das die Sagarmatha für uns bereithält. Skip und die anderen bleiben einige Tage und gehen dann zurück zum Basislager. Für uns drei wird Pheriche noch eine Weile länger das Zuhause bleiben.

Während der nächsten Woche entsteht zwischen Parry, Vern und mir eine enge Bindung. Wir gehen zu unseren täglichen Untersuchungen vom Teehaus zur HRA, schlendern dann zum »Strand«, einem Unterstand aus übrig gebliebenen Glaswollplatten, der einen warmen, windgeschützten Platz in der Sonne bietet. Die lockeren Gespräche, das Lachen und das Rückenreiben, das wir drei teilen, tragen ebenso zur Heilung bei wie die dickere Luft und die Medikamente. Auf Parrys

22

Gesicht mit den jugendlichen Sommersprossen breitet sich oft ein Lächeln aus, das ihn jünger erscheinen lässt, als er den Jahren nach ist, und seine extreme Fitness fast verbirgt. Gleichzeitig strahlt er eine stille Reife, Verlässlichkeit und Integrität aus. Es fällt leicht, ihm zu vertrauen. Vern spielt mit ansteckender Begeisterung auf seiner Geige und der Mundharmonika. Schmal, mit einem vollen, dunklen Bart und kahl rasiertem Kopf erinnert er mich an einen Rattenfänger, wenn er zu musizieren beginnt. Kinder und Erwachsene zieht es aus ihren Hütten und alle fallen in den Gesang ein. Vern drückt sich durch seine Musik aus, während ich einen tragbaren Computer benutze um meine Gefühle aufzuzeichnen. Als ich schreibe, wird mir klar, wie isoliert von den anderen und auch von meiner eigenen Kraft ich mich während dieser Expedition gefühlt habe.

Jede Expedition braucht unglaublich viel Aufmerksamkeit für die Details und viel Koordination und Bergsteigen erfordert immer ein gewisses Maß an individueller Konzentration und Entschlossenheit, ein Selbstvertrauen, das sich an Begriffe wie »Macho« und »Einzelgänger« anlehnt. Aber nichts, was ich bisher getan habe, hat mich darauf vorbereitet, wie allein ich mich hier fühlen würde. Trotz der Verbindung zu Parry und Vern fehlt etwas. Manchmal scheinen meine inneren Berge und Gletscherspalten die größere Gefahr, die größere Herausforderung zu sein als selbst der höchste Gipfel auf unserer Erde.

Als ich über unsere Funkverbindung zum Basislager höre, dass Skip Frank und John zum Lager II und dann weiter zum Lager III mitnimmt, muss ich aufstehen und ein Stück gehen. Ich fühle mich wie ein Versager. Dann, eines Abends beim Essen, sagt Vern: »Scheint so, als ob wir alle immer noch mehr husten als wir sollten. Vielleicht würde es die Heilung beschleunigen, wenn wir nach Deboche absteigen. Die Abwechslung und das Training würden uns auf jeden Fall gut tun.«

»Deboche?« Meine Reaktion ist so instinktiv wie die einer Mutter, die ihr Kind beschützt. »Aber das ist die falsche Richtung. Wir wollen doch wieder rauf!«

»Locker bleiben, Margo. Es geht hier die ganze Zeit um nichts anderes als wieder auf den Berg zu kommen.« Verns sanfte Stärke, Erfahrung und Logik machen sich bemerkbar, als Parry und er das Für und Wider eines weiteren Abstiegs diskutieren. Schließlich muss ich zustimmen. Es scheint Sinn zu machen. Und ganz nebenbei gibt es mir die Gelegenheit wieder einmal das Kloster in Tengpoche zu besuchen. Je länger wir reden, desto mehr glaube ich, dass ich dorthin muss um gesund zu werden. Das Gefühl von Isolation und die inneren Zweifel, die ich bisher erlebt habe, sind untrügliche Anzeichen dafür, dass etwas in meinem Innern nicht ganz in Ordnung ist. Und eines ist jedenfalls sicher: Ich will nicht allein in Pheriche bleiben, mit Martha als einziger Gesellschaft. Deboche ist eines der vielen kleinen Dörfer, die die Wanderer in der nepalesischen Khumbu-Region aufsuchen: bunte Perlen an der Schnur eines ausgetretenen Pfades, der Menschen mit ihren Tieren auf der Suche nach dem Abenteuer auf das Dach der Welt bringt. Auf 3350 m Höhe liegt es niedrig genug, dass Bäume, Büsche und riesige Rhododendren an den Hängen und zwischen den Gebäuden wachsen.

Vern hatte Recht. Dieser Ausflug bringt genau die Abwechslung, die wir brauchen. Ich schlafe zwölf Stunden pro Nacht und meine Stimmung erhebt sich hoch in die Luft, mit den Singvögeln, die sich in den Bäumen versammelt haben. Ich kann es daran sehen, wie aufrecht sich mein Körper hält, und ich kann es hören: an der Spontaneität und Fülle meines Lachens und daran, dass ich nicht mehr huste.

Für viele Menschen, die durch Deboche kommen, repräsentieren wir einen unerreichbaren Traum: Bergsteiger, die auf dem Mount Everest gewesen sind. Sie können nicht ahnen, wie wichtig ihr Interesse und ihre Fragen für die schwache Hoffnung sind, mit der ich noch an meiner Jagd nach dem Gipfel festhalte.

»Ja«, sage ich, »ich war auf dem Berg. Ich habe zehn Tage in 6550 m Höhe gelebt und gearbeitet.« Ich lausche meiner eigenen Erzählung darüber, dass ich in allen sieben Erdteilen geklettert bin, und bin immer noch überrascht von dem bisher Erreichten. Ich, Margo Chisholm, in Nepal als Bergsteigerin am Mount Everest. »Ja, es war kalt und Furcht einflößend. Ja, es gab Unfälle: Mindestens ein Sherpa und ein Mitglied des spanischen Teams wurden im Eisfall verletzt und mit dem Hubschrauber vom Basislager ausgeflogen.« Als ich ihnen darauf antworte, warum ich in Deboche bin, höre ich mich selbst ganz beiläufig sprechen: »Ich bin hier um mich von einer Lungenentzündung zu erholen und bereite mich darauf vor, den Gipfel wieder in Angriff zu nehmen.« Erholung von einer Lungenentzündung? Rückkehr zum Gipfel? Glaube ich tatsächlich, dass ich noch einen Schuss frei habe? *Ja, das glaube ich tatsächlich*. Ich muss lächeln, als ich mich mit solcher Entschlossenheit antworten höre. Anscheinend geht es mir wirklich besser!

Nach einigen Tagen wandern wir in 20 Minuten den steilen, schlammigen Pfad zu dem großen buddhistischen Kloster von Tengpoche hinauf. Vor drei Jahren hat ein Feuer dort viele unersetzbare heilige Bücher zerstört, nur zwei Tage, nachdem man das Kloster an die Elektrizität angeschlossen hatte. Ich habe den Ort bei meiner ersten Treckingtour im Himalaja besucht, kurz nach dem Feuer. Damals habe ich mich gefragt, ob ich wohl jemals zurückkehren würde; der Gedanke an eine Expedition zur Besteigung des Everest lag damals zu weit außerhalb meiner Lebenswirklichkeit, als dass ich auch nur daran gedacht hätte. Jetzt bin ich wieder da und suche nach etwas, das ich hier zurückgelassen habe.

Das obere Stockwerk des Museums für Sherpa-Kultur dient als Hauptgebetsraum, solange das ausgebrannte Kloster wieder aufgebaut wird. Ich betrete das Gebäude und werde in den friedlichen, ruhigen Gesang der Mönche und das Klingeln ihrer Zimbeln hineingezogen. Dann beginne ich eine vertraute, ruhige, fast körperliche Gegenwart zu spüren. Sie bringt mir mehr Trost als Furcht. Es ist meine Verbindung mit dem Geist meines Freundes Jonathan Wright, dem Fotografen und Bergsteiger, der mich vor 19 Jahren zum ersten Mal mit dem Traum vom Himalaja bekannt machte. Er wurde 1980 von einer Lawine getötet und sein Geist ist auf allen meinen Touren gegenwärtig.

»Jonathan, wo bist du gewesen?« Ich spüre seine Antwort ebenso real, als wenn er im Schneidersitz neben mir säße. »Ich bin nirgendwo gewesen, Margo. Du hast es diesmal einfach auf eigene Faust versucht.« Das ist wahr. Ich habe bei dieser Jagd Jonathan, Gott und meine ganze innere Unterstützungsmannschaft zurückgelassen. Jetzt weiß ich, weshalb es mir so schwer gefallen ist, auf diesen Berg zu kommen, weshalb ich mich so allein gefühlt habe und Marthas Stimme so laut war.

»Jonathan, ich schaffe es nicht mehr allein. Und ich will es auch nicht allein schaffen.« Mein Brustkorb scheint sich durch seine Gegenwart und Gottes Kraft zu weiten. Ich fühle mich vollständiger als jemals auf dieser ganzen Reise und während ich dasitze und dem Gesang zuhöre, kommen mir wieder einmal die Tränen, aber diesmal entspringen sie eindeutig meiner Dankbarkeit und Freude.

Zwei Tage später nehme ich meinen Rucksack, schwinge ihn auf meinen Rücken und begebe mich auf den Weg zum Basislager. Ich habe die Quelle meiner inneren Kraft wieder entdeckt. Sie trägt mich, verstärkt durch die körperliche Erholung und die Kameradschaft und Nähe zu Vern und Parry, mit neuer Entschlossenheit durch die dreitägige Wanderung hinauf zum Basislager.

Zurück auf 5334 m Höhe fühle ich die körperliche Schwäche wieder, vor allem, wenn ich bergauf gehen muss, selbst die kurze Strecke bis zur Toilette. Während der Expeditionstreffen, während der Vorbereitungen und des Packens der Ausrüstung für unseren Gipfelversuch überkommt mich das gleiche Gefühl von Hoffnungslosigkeit wie am Abend vor dem Abstieg nach Deboche. Wenn ich schwer atme, sind meine Atemwege eng und mein Brustkorb schmerzt ein wenig, aber insgesamt fühle ich mich stark genug es bis zum Lager II und – so hoffe ich – darüber hinaus zu schaffen. Ich will auf den Gipfel und ich sage mir, dass es nur darum geht, einen Fuß vor den anderen zu setzen.

Als die Klettermannschaften eingeteilt werden, bin ich bei der zweiten Gruppe. Martha lässt sich sofort hören: »Siehst du, ich habe es dir gesagt. Todd hat dich in die zweite Gruppe gesteckt, damit du die Vorderen nicht aufhältst.«

Ich lasse sie nicht an mich heran. Natürlich, wenn ich die Wahl hätte, würde ich am liebsten mit Skip und Vern in der ersten Mannschaft klettern, aber jeder in der zweiten Mannschaft hat eine ebenso gute Chance auf den Gipfel, auch ich.

Während ich meine Ausrüstung für den endgültigen Aufstieg zusammensuche, wachsen meine Aufregung und meine Furcht. Ich spüre ständig Marthas Sehnsucht danach, auszusteigen. Sie plappert fast ununterbrochen. »Es ist zu schwierig. Du kannst das nicht. Finde eine Entschuldigung, damit du nicht gehen musst. Fühlst du dich nicht zu krank zum Klettern? Hast du nicht zu starke Schmerzen?«

Ihre Stimme ist lauter und mächtiger als üblich und es fällt mir schwer, Argumente zu finden, mit denen ich ihr begegnen kann. Warum ist das so schwierig? Mein Hirn rast vor Anstrengung um die Furcht und den Pessimismus zu bekämpfen. »Atmen, Margo!« Die vertrauten Worte gleiten leicht und sanft durch das Chaos meiner Gedanken. Es sind Jonathans Worte, Worte, die ich seit dem Verlassen von Tengpoche wieder ignoriert habe. Stattdessen habe ich versucht mir mit Gewalt meinen Weg zu bahnen, habe versucht meinen eigenen Kopf durchzusetzen, statt auf Gottes Willen zu hören. Ich weiß nicht, warum ich jetzt auf einmal in der Lage bin zuzuhören. Aber ich bin dankbar, dass ich es kann.

Während die Stunden vorbeischleichen, wird das pessimistische Selbstgespräch immer leiser und ich kann mich auf den Gipfel konzentrieren. Meine erneuerte Verbindung zu Jonathan und Gott gibt mir die nötige zusätzliche Unterstützung. Gemeinsam können wir es bis zum Gipfel schaffen. Meine einzige Chance besteht darin, diese Verbindung aufrechtzuerhalten.

Freitag, 8. Mai 1992, Basislager
Oh, Gott, ich will auf diesen Gipfel! Es ist schwer für mich, etwas so sehr zu wollen, vor allem jetzt, wo die Widerstände noch größer sind als vorher. Es wäre einfacher, es nicht zu wollen. Aber ich will. Das ist die Wahrheit. Ich will auf den Gipfel. Es bringt mich fast zum Weinen, das so deutlich auszusprechen.

Morgens um 5.30 Uhr, nachdem ich gut geschlafen habe, wache ich auf um unserer ersten Mannschaft Glück zu wünschen, die zum Lager II aufsteigt. Ich gönne Skip und Vern den Gipfel von Herzen, aber ich empfinde es als großen Verlust, als die beiden das Lager verlassen. Skip war auf meinem Weg zum Mount Everest eine wichtige Quelle der Inspiration für mich und Verns Ermutigung und Offenheit während unserer Genesungszeit in Pheriche und Deboche haben sehr dazu beigetragen, dass ich jetzt wieder hier oben bin und mich auf meinen eigenen Gipfelanstieg vorbereite. Als sie gehen, habe ich das Gefühl, dass sie einen Teil meiner Kraft mitnehmen. Mein Mentor und mein Freund gehen einfach weg. Ich beobachte sie auf ihrem Weg durch den Eisfall und fühle mich aufgewühlt und traurig. Ich muss es ohne die beiden schaffen. Also ziehe ich mich in mein Inneres zurück um Kraft zu finden.

Als ich zu meinem Zelt zurückgehe, bleibe ich stehen und blicke über das Basislager. Die Energie und Aktivität so vieler Menschen hat sich so sehr auf diesen einen Zeitpunkt konzentriert – sich vorzustellen, dass wir in nur wenigen Wochen alles hier abbrechen und nach Hause zurückkehren werden, mutet seltsam an. Nicht nur unser Lager ist mit Vorbereitungen für den Gipfelanstieg beschäftigt. Viele Bergsteigergruppen sind heute hierher gekommen, von ihren Hoffnungen und Träumen durch den Eisfall, am Fixseil entlang zum Lager I und in das Westbecken gezogen. Gebetsfähnchen flattern im Wind und tragen Segenswünsche mit sich.

»Was wird auf dem Berg passieren?«, frage ich mich. »Wer wird es bis zum Gipfel schaffen? Werde ich dabei sein? Wie wird es sich anfühlen, auf dem höchsten Punkt der Welt zu stehen?«

Ich verbringe den Morgen mit Wäsche, schrubbe in einer blauen Plastikschüssel mit nepalesischer Seife den Dreck eines Monats aus Funktionswäsche und Unterkleidung. Ong Chu, unser freundlicher und großzügiger Koch, hat mich wieder einmal mit heißem Wasser versorgt und die Felsbrocken auf dem Gletscher geben ein natürliches Waschbrett ab. Das

Wasser in der Schüssel wird schnell schmutzig und ich frage mich, ob ich meine Kleider tatsächlich sauberer mache oder nur den Schmutz umverteile. Schließlich und endlich beende ich die Prozedur in der Illusion, meine Kleider seien jetzt sauber. Immerhin riechen sie nicht mehr ganz so schlecht. Nach einem gemächlichen Mittagessen nehme ich meine Kaffeetasse mit hinaus in die Sonne, lege Simon and Garfunkel in meinen Walkman und verbringe den Nachmittag damit, die Zacken meiner Steigeisen zu schärfen und meine Ausrüstung zu packen in der Erwartung, dass wir in zwei Tagen zum Lager II aufsteigen werden.

Am Abend werde ich nachdenklich und schreibe in mein Tagebuch: »Wie bin ich nur von Miggie, dem kleinen Mädchen in Greenwich, bis hierher gekommen? Ich bin 44 Jahre alt. Manchmal denke ich, ich sollte meine Vergangenheit überwunden haben, aber auf so vielerlei Weise begebe ich mich immer tiefer in sie hinein. Diese Berge zu besteigen und mich selbst zu finden – darum geht es wohl bei meiner jetzigen Reise.«

Ich huste. Mein ganzer Körper schüttelt sich und die Erinnerung an die Situation vor drei Wochen kommt wie eine Welle zurück. Ich stehe auf und gehe mit gerunzelter Stirn und einem stechenden Angstgefühl zurück zu meinem Zelt. Dann muss ich lächeln, weil ein Prickeln in meinen Rückgrat Jonathans Gegenwart anzeigt. Ich sehe hinauf zum Mount Everest und spreche mit ihm: »Wie ist das alles geschehen? Jonathan, wie bin ich hierher gekommen von jener Party in Aspen vor 19 Jahren, wo wir uns zum ersten Mal trafen?«

2. Was ist los mit mir?

Dienstag, 14. August 1973, Aspen, Colorado
Ich wollte nach New York ziehen. Jetzt bin ich in
Aspen, mit einer Wohnung, einem wunderbaren
Mann, der die Hälfte der Miete bezahlt, und einem
Job um die Rechnungen zu bezahlen. Die Dinge
ändern sich wirklich schnell.

»Jonathan. Jonathan Wright.« Ein schlaksiger Mann in den
Zwanzigern kam mit einem breiten, willkommen heißenden
Lachen auf uns zu. Selbst in diesem Wohnzimmer voll mit all
den gesunden, sonnengebräunten Menschen, die in den Bergen von Colorado lebten, liebten und arbeiteten, fiel er noch
auf. Ich war sofort gefesselt, atmete tief durch und sandte etwas, das mindestens wie ein freundliches Lächeln aussehen
sollte, zurück, während meine Gastgeberin mich bei der
Hand nahm und durch den Raum zog. Betsy entließ die anderen rund um Jonathan mit einem höflichen, aber bestimmten
Nicken. Sie legte ihre Hand auf meinen Rücken um ganz si-
cherzugehen, dass ich ihm genau gegenüberstand, und sagte:
»Miggie Chisholm, Jonathan Wright.« Als wir uns die Hand
gaben, sah ich hinauf zu seinem Gesicht, einen Kopf hoch
über meinem, und ich sah in Augen, die von einer Weisheit
und Leichtigkeit erfüllt waren, dass mir fast unheimlich zu-
mute wurde.
»Miggie ist Barbaras Schwester. Sie hat eine Wohnung in Silver King in Aussicht.« Indem sie sich mir zuwandte, sprach
sie weiter: »Jonathan sucht jemanden, mit dem er sich eine
Wohnung teilen kann. Ich finde, ihr zwei solltet darüber re-

31

den. Vielleicht könnt ihr einander ganz hilfreich sein.« Dann verschwand sie.

Ich nahm einen Schluck aus meinem Glas, fand auf diese Weise eine vorläufige Zuflucht vor seinem intensiven Blick und hoffte ein anderes Gesprächsthema zu finden. Ich war nicht gerade begeistert über Betsys Vorschlag; im Moment ging selbst für mich alles zu schnell.

»Was ich habe«, sagte ich zu Jonathan, »ist eine Zweizimmerwohnung. Ich habe eigentlich nicht daran gedacht, sie mit jemandem zu teilen. Tatsächlich habe ich mich eher darauf gefreut, allein zu leben. Ich habe die letzten paar Jahre in Denver gewohnt und wollte eigentlich nach New York ziehen, als Barb mir den Vorschlag machte sie zu besuchen. Nun sieht es so aus, als ob ich eine Weile bleibe.« Sie hatte mich unter ihre Fittiche genommen, als ich vor weniger als einer Woche bei ihr aufgetaucht war. Die letzten Jahre waren anstrengend gewesen und dieser Umzug war genau der Wechsel, den ich brauchte. Ich suchte wahrlich weder nach einer Beziehung noch nach einem Zimmergenossen. Meine nette kleine Wohnung würde mir gut passen, solange ich mit Barb in ihrem Geschäft zusammenarbeitete und versuchte ein Bein auf den Boden zu bekommen. »Ich habe auch gar keine Erfahrung darin, mit jemandem zusammenzuleben.«

»Das kann ich verstehen«, räumte Jonathan ein. »Aber lass mich meine Situation erklären.«

Während er sprach, versuchte ich mich an die Zeit zu erinnern, als ich das letzte Mal Zimmergenossen hatte. Middlebury College. War das gerade erst sieben Jahre her? Es kam mir vor wie 70. Erst Middlebury, dann die University of Denver, dann der Job in der Steuerabteilung einer großen Buchhaltungsfirma. Es war wohl doch noch nicht so lange her. Was die Lücken in der Zeit ausfüllte, war das finstere, leere Gefühl, das mich immer dann überkam, wenn ich es ruhiger angehen ließ und wenn ich allein war. Ich wusste nicht, was es war, ich wusste nur, dass ich es zudecken musste, dass ich ihm immer einen Schritt voraus sein musste, sonst wäre ich verloren. Verloren wie während meiner Depression in Middlebury. Damals hatte ich versucht ihm ins Gesicht zu sehen und es war einfach zu groß. Zu erschreckend. Niemand wusste, was in mir vorging. Wie konnte ich irgendjemandem davon erzählen? Ich war zu beschäftigt damit, den äußeren Anschein zu wahren. Ich versuchte alles nur Erdenkliche um das Gefühl zurückzubringen, an das ich mich aus meinen letzten Jahren in Garrison Forest erinnerte, in dem Mädcheninternat, das ich während der Highschoolzeit besucht hatte. Dorthin wollte ich zurück: in der Schulmannschaft Feldhockey spielen, bei den Aufführungen des Schultheaters mitmachen, Briefe an meinen Freund schreiben, beliebt sein. Aber der Zauber war fort. Ich musste ihn wieder finden.

Ich ließ meine Wachsamkeit ein wenig schleifen, als ich herausfand, dass Alkohol und Essen mir einen Teil der Angst nahmen. Im College schien das Trinken kein Problem zu sein – jeder in meiner Umgebung trank. Und mein übermäßiges Essen war ein Vergnügen, ein Teil meiner Persönlichkeit. Ich verbarg den Schmerz, wenn die Jungen aus der Studentenverbindung mich »Miggie, die fette Pommes-Königin« nannten. Bei einer Größe von 1,57 m und einem Gewicht von 57 Kilo war ich nicht fett. Nicht einmal wirklich übergewichtig. Was war also dabei, wenn meine Kleider etwas spannten? Es war einfach Zufall, dass ich immer dann, wenn mich einer der Verbindungsstudenten in der Imbissstube der *Student Union* sah, gerade Pommes frites aß. Aber ich war doch beliebt! Außerdem, mehr Essen oder ein wenig Alkohol halfen immer dabei, schmerzlichen Gefühlen die Spitze zu nehmen. Es fiel mir immer schwerer, der Welt ohne eine Art Puffer gegenüberzutreten.

Als ich an die *University of Denver* wechselte, wurde Skilaufen zu einem Teil meines Alltags. Ich fuhr, wann immer und wo immer ich konnte. Das härtere Training und eine vorübergehende Fähigkeit mein Essverhalten zu kontrollieren hielten mein Gewicht für etwa ein Jahr stabil und ich bekam immer noch gute Noten, wenn ich die Aufzeichnungen der anderen verwendete. Ich entwickelte ein weit gespanntes Netz von Freunden, die wie ich tagsüber Skiasse waren und nachts taten, was immer nötig war, um sich die Zeit auf den Skihängen zu sichern. Niemals ließ ich zu, dass meine innere Verletztheit mein Skilaufen störte, und ich lernte, dass ein bisschen Marihuana ebenso gut funktionierte wie Alkohol. Besser sogar, denn es verursachte keinen so heftigen Kater. Knabbereien machten meine wahllose Esserei unauffälliger und verdeckten die Tatsache, dass sie außer Kontrolle geriet. Die 10 Kilo, die ich bald zulegte, konnte ich allerdings nicht verstecken.

Auch nach meinem Hochschulabschluss blieb die innere Leere, egal wie viel Haschisch ich rauchte, trank, aß, arbeitete, Ski lief, was ich auch tat. Zwei Jahre später, als mein Job, mein Freund und alles andere in meinem Leben die Leere nicht mehr ausfüllen konnten, unternahm ich das, was mir der nächste logische Schritt zu sein schien um meine emotionale Abwärtsspirale aufzuhalten: Ich entschloss mich umzuziehen. Ich wollte zurück nach New York City. Dort konnte ich eine Stelle bekommen und ich wäre näher bei meinen Eltern und alten Freunden. Dann schlug mir Barb vor nach Aspen zu kommen. »Es wird dir gut tun und ich möchte, dass du meine Freunde kennen lernst. Du wirst sehen, die Leute in Aspen sind toll. Ich denke, du solltest hierher ziehen statt nach New York. Es ist viel gesünder und es würde dir hier leicht fallen, Diät zu halten. Hier ist jeder fit und dünn.« Mein Gewicht war inzwischen auf 73 Kilo angestiegen und obwohl ich mich bei den Worten meiner Schwester schämte, machten sie doch Sinn.

Barb war immer die Stillere von uns gewesen. Trotz ihres attraktiven und athletischen Aussehens war sie schrecklich schüchtern und immer schien sie mit Pferden besser zurechtzukommen als mit Menschen. Wir handhabten das Leben auf sehr unterschiedliche Weise: Ich kompensierte meine Ängste, indem ich freundlich war und ausging, während sie mit ihren umging, indem sie sich in ihre Pferdewelt zurückzog. Wie so viele Geschwister hatten wir einige Jahre lang oft heftig gestritten, aber als Barb aufs Internat ging, kamen wir uns näher. Ich hatte mit ihr und ihrer dreijährigen Tochter Meg ein Jahr lang ein Haus in Denver geteilt, bevor Barb wieder heiratete. Meg war jetzt sechs und der Gedanke wieder mit den beiden in einer Stadt zu leben war durchaus reizvoll.

Also war ich hier – und da redete jemand mit mir. »Gehts dir gut?« Jonathans Gesicht hatte einen spöttischen Ausdruck. »Ja, klar.« Ich wurde rot, das Ganze war etwas peinlich. »Meine Gedanken sind irgendwie abgedriftet. Ich glaube, ich hatte in der letzten Zeit doch mehr Stress, als ich dachte. Ich brauche wirklich etwas Ruhe und Frieden. Vor allem deshalb habe ich nach einer eigenen Wohnung gesucht.«

Jonathans Lächeln und seine Augen sagten mir, dass er verstand, vielleicht mehr, als mir lieb war, und geduldig begann er von vorn: »Also, wie ich schon sagte, bin ich Fotograf und die meiste Zeit auf Reisen. Ich brauche einen Platz zum Leben, aber es macht wenig Sinn, eine eigene Wohnung zu haben, wenn ich nur drei oder vier Monate im Jahr hier bin. Was hältst du von der Idee? Du suchst dir eine Dreizimmerwohnung und ich bezahle den Preisunterschied und wohne in dem kleineren Schlafzimmer. So habe ich einen billigen, sicheren Platz zum Wohnen und für meine Sachen, und du hast für das gleiche Geld mehr Raum zum Leben.«

Das fing an interessant zu klingen. Ein gut aussehender, faszinierender Mann, der um die ganze Welt reiste und anscheinend unglaublich spannende Dinge tat, bat mich die Wohnung mit ihm zu teilen. Die Möglichkeiten waren grenzenlos! Wir redeten noch eine ganze Weile an diesem Abend und je mehr Zeit ich mit Jonathan verbrachte, desto mehr fühlte ich mich zu ihm hingezogen. Er war auf dem Sprung zu einem Auftrag nach Nepal und brauchte eine schnelle Antwort. Und noch bevor der Abend zu Ende war, hörte ich mich sagen: »In Ordnung, lass es uns so machen.«

Eine Liebesbeziehung entwickelte sich nie zwischen uns. Stattdessen wurde Jonathan mein spiritueller Lehrer. Durch die Art und Weise, wie er lebte, zeigte er mir eine Welt, die ich nie zuvor kennen gelernt hatte. Es war ein Ort, wo die Menschen der Sehnsucht ihres Herzens folgten, wo das Herz wichtiger war als der Kopf, wo Sanftmut und Fürsorge eher die Regel als die Ausnahme darstellten und wo der Tod ein Anfang war, kein Ende. Jonathan lachte nicht über meine Unwissenheit; er verzweifelte auch nicht an meinem Skeptizismus, wenn wir über spirituelle Dinge diskutierten. Scham und Selbstverurteilung existierten in seiner Welt nicht.

Er teilte seine Liebe zu den großen Bergen mit mir, vor allem zu den Bergen in Nepal. Ich begann über Nepal zu lesen, über den Himalaja und das Bergsteigen im Himalaja. Es war geradezu unwiderstehlich verlockend. In Aspen hatte ich Berge von mehr als 4000 m Höhe um mich und ich konnte mir die Schönheit und das Wunder vorstellen von Gipfeln umgeben zu sein, die mehr als 6000 m hoch waren. Aber den 8848 m hohen Mount Everest zu sehen – nichts in der Welt konnte das möglich machen. Darüber nachzudenken, dass ich irgendeinen von ihnen besteigen könnte, übertraf selbst meine lebhafte Fantasie.

Während dieses ersten Jahres in Aspen schien mein Leben

recht normal. Ich ging zur Arbeit, amüsierte mich mit neuen Freunden und baute meine Beziehung zu Barbara wieder auf. Im Winter lief ich Ski, im Sommer ging ich gelegentlich zum Wandern. Alkohol und Haschisch gehörten zwar zu meinem Leben, kontrollierten es aber nicht, und ich verlor anscheinend mühelos an Gewicht. Ich hatte das Gefühl, als sei das schwarze Loch in meinem Innern verschwunden. Ich war an genau den sicheren Ort gekommen, den ich hatte finden wollen. Jonathan war gerade präsent genug um interessant zu bleiben, und wenn er auf Reisen war, musste ich nicht über all das nachdenken, was er während seiner Aufenthalte zu Hause in mir auslöste.

Die pragmatische, logische linke Seite meines Hirns rebellierte oft gegen seine spirituellen Konzepte aus der rechten Gehirnhälfte. Aber Jonathan säte neue Ideen und dann ließ er sie in Ruhe, damit sie zu ihrer eigenen Zeit wachsen und reifen konnten.

Weder mein Lebensstil noch meine Arbeit verlangten mir viel ab und keines von beiden erforderten großen Aufwand. Es war ein gutes und für den Augenblick leichtes Leben. Ich bekam eine monatliche Summe aus einem Fonds, den mein Großvater eingerichtet hatte, und nannte mich scherzhaft »abhängig wohlhabend«. Das Geld reichte aber gerade für meine Grundbedürfnisse und so brauchte ich einen Job, wenn ich nach meinem eigenen Geschmack leben wollte. Und was für mich wichtiger war: Ich brauchte einen Titel oder eine Visitenkarte um meine Existenz zu rechtfertigen. Meine Identität war immer mit dem verbunden, was ich tat oder was ich zu tun vorgab.

Abgesehen davon, dass er um die ganze Welt reiste um Fotos zu machen und große Berge zu besteigen, liebte Jonathan es, an den Felswänden rund um Aspen zu klettern. Meine Schulfreundin Leelee war zu Besuch gekommen und blieb; sie wohnte bei uns, bis sie eine eigene Wohnung gefunden hatte, und wir dachten, es würde Spaß machen, wenn Jonathan uns das Klettern beibrachte. Also überredeten wir ihn an einem warmen Herbstnachmittag mit uns zum *Turkey Rock* zu fahren.

Das Einzige, was ich über das Klettern wusste, war das Wenige, das Jonathan uns erzählte, während er Klettergürtel für uns herstellte und uns zeigte, wie man sie am Seil befestigt. Er sprach über das Klettern nach Gefühl: »Das Ertasten ist so wichtig wie das Sehen, wenn ihr nach Haltepunkten sucht. Ihr könnt euch beim Klettern nicht allein auf eure Augen verlassen. Benutzt euren Tastsinn. Freundet euch mit dem Fels an.« Und schon war er losgeklettert.

Er bewegte sich mit Leichtigkeit die Route entlang und beschrieb die ganze Zeit, was er mit seinen Händen und Füßen tat. Die Anmut, mit der er kletterte, und seine Zufriedenheit am Berg waren hypnotisierend. Ich war mir sicher, dass ich wie ein völliger Idiot aussehen würde, wenn ich an der Reihe war mich die Felswand hinaufzuhieven. Außerdem war ich sehr ängstlich. Ich mochte große Höhen nicht besonders, es gab nicht viel zum Festhalten, wenn man erst einmal im Fels war, und ich war nicht sicher, ob Jonathan oder das Seil mich halten könnten, falls ich fiel. Wenn ich fiel, besser gesagt.

»Ich weiß nicht, Migger, das macht mir wirklich ziemliche Angst. Wessen Idee war das eigentlich?«, fragte mich Leelee, als wir noch unten warteten, während Jonathan die Sicherung einrichtete. »Unsere.« Ich hoffte, dass meine Stimme nicht so sehr zitterte wie mein Magen. »Es wird schön, du wirst sehen. Jonathan weiß, was er tut.« Mein Verstand schrie, dass ich sicher sterben würde, wenn ich mit diesem Irrsinn weitermachte. Jetzt wünschte ich mir, ich hätte einen Joint oder etwas zu trinken dabei um mich zu beruhigen.

38

Nur zwei Dinge veranlassten mich zum Bleiben: mein Stolz und mein Vertrauen zu Jonathan. Ich vertraute ihm genug um ihm zu glauben – wenn er sagte, dass ich es konnte, konnte ich es wirklich. Jetzt gab es kein Zurück mehr, das ließ mein Ego nicht zu und Jonathan sollte stolz auf mich sein. Ich würde doch jetzt nicht vor zweien meiner besten Freunde kneifen.

Jonathans breites Grinsen tauchte über dem oberen Rand der Wand auf, die sich über uns erhob. »Gut. Wer von euch geht zuerst?« Leelee und ich sahen einander an, in unseren Augen spiegelten sich Aufregung und Panik. »Los, Migger. Du liest doch die ganze Zeit Bücher über die Berge.«

»Ich, glaube ich«, rief ich hinauf zu Jonathan und hoffte nur, dass meine Stimme enthusiastischer klang, als ich es war. »In Ordnung. Binde das Ende des Seils in deinen Klettergurt, wie ich es dir gezeigt habe.« Er beobachtete mich von oben, während ich mit dem Seil herumfummelte und Leelee den Knoten zweimal überprüfte. »Gut. Jetzt hole ich das Seil ein. Ruf ›Straff!‹, wenn es gespannt ist, und ›Ich komme!‹, wenn du losgehst, damit ich bereit bin. Bis gleich hier oben.«

Ich ging zum Fuß des Felsens und suchte nach Jonathans erstem Griff. Er lag 15 cm über meiner Reichweite. Schließlich fand ich etwas, woran ich mich klammern konnte, und brüllte: »Seil ein!«.

Das Seil straffte sich und zog sanft an meinem Geschirr. Ich wusste, dass Jonathan das andere Ende festhielt. »Ist straff!« Seine Stimme war sicher und zuversichtlich. Jetzt konnte es losgehen. »Ich komme!« – »Nachkommen!« Und auf einmal fasste ich schon nach meinem zweiten Griff. Ich hatte den sicheren Erdboden verlassen.

Ich hatte nicht den Schimmer einer Ahnung, was Jonathan damit meinte, sich mit dem Fels anzufreunden. Fels war Fels. Er war hart und rau und konnte mir die Haut vom Leibe reißen. Der Gedanke sich mit ihm anzufreunden erschien mir hirnverbrannt. Als ich mich diese Wand hinaufkämpfte, war alles, was ich fühlte, eine Mischung aus Aufregung und blankem Entsetzen. Nur ein 9 mm-Seil an dem Gewurstel rund um meine Taille stand zwischen mir und ernsthaftem Schmerz, vielleicht sofortigem Tod, wenn ich fiel.

Ich kämpfte mich langsam hinauf, suchte verzweifelt nach den Erhöhungen und Vertiefungen im Fels, die Haltepunkte für Hände und Füße zu sein versprachen. Auf halbem Wege merkte ich mit Schrecken, dass ich dabei war zu fallen. Meine Füße kamen ins Rutschen! Ich schrie hinauf zu Jonathan: »Oh Gott, ich falle. Ich kann mich nicht mehr halten!« Ich war total in Panik.

Jonathan hörte die Furcht in meiner Stimme und rief mir zu: »Ist in Ordnung, Miggie. Ich habe dich. Du kannst dir nicht wehtun, wenn ... – «

Mein rechter Fuß rutschte vom Fels ab und stieß in die dünne Luft. Ich ließ einen Ton los, mehr ein Quietschen als einen Schrei, während mein Verstand mir sagte, dass ich bei diesem Sturz bleibende Verletzungen davontragen würde.

Das Seil und Jonathan, der es gespannt hielt, fingen meinen Sturz fast sofort ab. Ich war nicht tot. Ich hatte mir nicht einmal wehgetan. Ich hatte nur einen Riesenschrecken bekommen. Während ich verschnaufte und das Seil mein Gewicht hielt, klopfte mein Herz so sehr, dass ich dachte, es würde meine Brust sprengen. Ich schloss die Augen, lehnte meine Stirn an das straffe Seil und atmete tief durch. Langsam kehrte mein Gehirn aus dem Nichts zurück und begann die Situation abzuschätzen. Das System funktionierte! Ich konnte Jonathan und dem Seil vertrauen. Es war möglich, so etwas zu tun ohne zu sterben, vielleicht sogar ohne Verletzungen! Jetzt begann ich zu glauben.

Ich warf einen Blick hinunter zu Leelee, die 6 m unter mir

stand. Sie sah winzig aus, aber sie applaudierte mir. Ich blickte hinauf und sah Jonathan, der wieder über den Rand schielte und grinste. Es war dasselbe Lächeln, das ich damals auf der Party gesehen hatte, als wir uns kennen lernten. Zuversicht und Vertrauen sprudelten von tief unten in mir hoch, als ich nach der Stelle suchte, an der ich vor dem Sturz gewesen war. Ich griff nach derselben Felstasche, in der ich meine Finger gehabt hatte, und setzte meinen linken Fuß wieder auf die kleine Ausbuchtung, von der er abgerutscht war. Und nun begann ich mit dem Fels zu sprechen, während ich mich nach oben bewegte. »Okay, wohin jetzt mit den Fingern? Hilf mir weiter. Ja, da ist einer.« Bis ich am oberen Ende dieser kurzen Kletterstrecke angekommen war, hatte ich wenigstens ein bisschen davon verstanden, was Jonathan damit meinte: sich mit dem Fels anzufreunden. Zum ersten Mal in meinem Leben fühlte ich die ungeheure Befriedigung, die es bedeutet, wenn man am oberen Ende einer Klettertour angekommen ist.

Im zweiten Jahr in Aspen fing ich eine Beziehung zu einem neuen Freund an, einem, der mich ebenso weit herunterzog, wie mich Jonathans Visionen hinaufgehoben hatten. Es fing harmlos an: Ich war auf einer Party, wir wurden einander vorgestellt und ich verliebte mich. Von Anfang an beschützte mich mein neuer Freund vor den Frustrationen der Welt und schenkte mir Abende leichtsinnigen Vergnügens. Aber bald verschlang diese Beziehung mein ganzes Geld und entfremdete mich von den Menschen, die mich liebten.
Warum ich die Beziehung zu einem solchen Freund aufrechthielt? Weil der »Freund« Kokain hieß und die Beziehung Sucht. Kokain gab mir das Gefühl auf dem Gipfel der Welt zu stehen. Jeder tat es und »wusste«, dass es nicht süchtig machte. Wir lösten alle Probleme der Welt, spät in der Nacht unter dem Einfluss der Droge.

Während ich in aller Ruhe weiterhin versuchte, mehr über die Berge und das Bergsteigen zu erfahren, wurde ich zunehmend abhängig von Essen, Alkohol und Drogen. Es wurde immer dringender, etwas zu essen oder zu trinken oder zu rauchen oder zu schlucken bei der Hand zu haben. Es war ein Weg die Wirklichkeit zu verändern, wenn auch nur ein bisschen; eine Möglichkeit das immer drohendere schwarze Loch auszufüllen. Ich konnte niemandem von meinem großen Interesse am Bergsteigen erzählen, weil sie sich dann fragen würden, weshalb ich es nicht aktiv betrieb. Also sprach ich nicht darüber. Ich las nur darüber und träumte viel. Meine Bücher über den Himalaja, das Klettern und den Buddhismus standen im Regal gleich neben meinen Selbsthilfebüchern.

Wenn ich mich so allein und leer fühlte, dass selbst meine Abhängigkeiten mir nicht mehr helfen konnten, ging ich zu einem Granitfelsen auf einer Wiese an dem Pfad, der dem Hunter Creek auf seinem Weg in die Wildnis folgte. Ich nannte ihn meinen Gottesfelsen und er wurde für mich zu einem Symbol der Stabilität und eines Wissens, das über mich selbst hinausging, zu einem Platz der Hoffnung.

Irgendetwas in mir wurde immer noch lebendig, wenn Jonathan da war. Es war, als würde ein Feuer in mir entfacht. Jedes Mal, wenn er in die Stadt kam, gab sein Geist der Flamme Nahrung. Jedes Mal, wenn er mein Leben wieder verließ, wurde es ein wenig dunkler als zuvor. Aber solange er über seine Abenteuer sprach oder mir seine Dias zeigte, war ich gefesselt. Ich konnte mich beinahe selbst dort in seiner Welt sehen. Aber als Jonathan mich tatsächlich einlud ihn auf einem einmonatigen Treck in Nepal zu begleiten, war ich verschreckt: »Oh, Jonathan, ich würde so gerne mitgehen. Aber du weißt, wie heikel ich mit dem Essen bin. Ich würde da drüben verhungern. Ich kann unmöglich von Linsen und Reis leben. Bring einfach viele schöne Dias mit.«

Meine Abhängigkeiten hatten die Grenzen meines Lebensraums abgesteckt. Ich tat so, als nähme ich es leicht, aber innerlich weinte ein Teil von mir wie ein Kind, das nicht in den Zirkus darf und nicht weiß, warum. Ich konnte mein Kokain, meinen Alkohol und mein Essen nicht verlassen, nicht einmal um meiner tiefsten Sehnsucht zu folgen. An diesem Tag begrub ich einen kleinen Teil meines Herzens.

Meine Lage hatte sich während der letzten paar Jahre in Aspen nicht gut entwickelt. Mein wachsender Kokain-Konsum ließ meinen Appetit schwinden. Mit 47 Kilo trug ich endlich Größe 36 und hatte den Körper, den ich mir immer gewünscht hatte. Aber ich war so unglücklich wie zuvor. Also wählte ich den scheinbar leichten Ausweg und nahm mehr Drogen. Ich ignorierte die Tatsache, dass ich inzwischen dünner war, als meiner Gesundheit gut tat, und dass mir die Haare ausfielen. Ich merkte nicht, dass ich immer mehr Zeit allein zu Hause verbrachte und mein Drogenkonsum der Grund war, warum mein Schwager mich entlassen hatte. Immer, wenn die zermürbende, seelenzerfetzende Einsamkeit und Depression zuschlug, schwor ich mir, es nie wieder zu tun. Meine nächtliche Entschlossenheit mit den Drogen aufzuhören oder sie wenigstens zu reduzieren löste sich aber jeden Morgen in Nichts auf.

Dann stahl ich meinem Dealer eines Tages im Winter 1978 etwas Kokain. Das konnte ich nun nicht mehr ignorieren. Ich war zur Diebin geworden um meine Gewohnheit aufrechtzuerhalten. Ich war 30 Jahre alt, lebte in einem Ferienort und war auf dem Weg nach Nirgendwo. Es wurde Zeit, das Leben endlich ernst zu nehmen. Mein suchtvernebeltes Hirn nannte mir die perfekte Lösung: »Zieh nach New York, wo deine Eltern in der Nähe sind und dir weiterhelfen können und wo du wieder einen richtigen Job bekommen kannst. Verlass diese Atmosphäre und du wirst keine Probleme damit haben, von den Drogen loszukommen.« Ich überzeugte mich selbst davon, dass Aspen das Problem war. Ebenso wie vorher Denver, Middlebury und Garrison Forest.

Im Frühjahr 1978 fand ich eine gute Stelle in New York City in einer »Fortune 500«-Firma, zog in eine kleine Wohnung, die ich mir leisten konnte, und begann neue Freundschaften zu schließen. Ich liebte New York. Es war intensiv, voller Leben und vertraut. Greenwich, Connecticut, wo meine Eltern immer noch lebten, war nur eine Autostunde entfernt. Nah genug um nach Hause zu kommen, wenn ich wollte; weit genug entfernt, damit weder sie noch meine alten Freunde sich in mein Stadtleben einmischen konnten.

Ich setzte alles daran, mich in meinem neuen Job zu bewähren. Ich ließ sogar die Drogen weg – für eine Weile jedenfalls. Mein Leben in der Stadt war anregend, aber bald hatte sich der Reiz dieses neuen Abenteuers abgenutzt. Die Angst zu versagen nahm mich jeden Morgen bei der Hand und saß neben mir am Schreibtisch. Die Angst, dass jemand im Management herausfand, was ich ja bereits wusste: dass irgendetwas in mir nicht in Ordnung war, dass ich nicht so gut war wie meine Kollegen und meine Eignung für diesen Job nur vorgetäuscht. Ich hielt mich gut, aber das kostete jedes Gramm Energie, das ich aufbringen konnte. Bald begann das Leben mit dieser Angst mich zu zermürben. Als die Firma 40 Revisoren und Techniker in einem großen Hotel zu einem zweiwöchigen Kurs zusammenbrachte, in dem Arbeiten unter hohem Druck und bei starker Konkurrenz simuliert werden sollte, verfiel ich auf ein altes Mittel, das ich als Kind gelernt hatte: Ich erfand eine Krankheit.

Wir wurden in Teams zu jeweils drei Personen aufgeteilt, unterschiedlichen Gehaltsstufen zugeordnet und in allen Phasen unseres Verhaltens beobachtet und kritisiert. Jede Präsentation, jedes Projekt wurde für mich zu einer neuen Möglichkeit zu versagen. Die wirklichen Ergebnisse und Einschätzungen waren unerheblich. Mein eigenes Gefühl bevorstehenden Unheils war meine Wirklichkeit: Ich war für nichts gut genug. Schließlich kamen meine alten Überlebensinstinkte zum Zuge und ich entwickelte eine ernste »Ohrenentzündung«. Den letzten Morgen des Kurses verbrachte ich in der Notaufnahme eines nahe gelegenen Krankenhauses, während die anderen beiden Mitglieder meines Teams unsere große Präsentation ohne mich absolvierten. Die Scham und das Schuldgefühl, die ich wegen meiner Lüge empfand, waren leichter für mich zu ertragen als meine Angst den Ansprüchen nicht zu genügen. Wie immer.

Als ich acht Jahre alt gewesen war, hatte ich herausgefunden, dass ein verdrehtes Knie oder ein umgeknickter Knöchel mir Aufmerksamkeit verschafften und mir ermöglichten mich in einer Weise als etwas zu Besonderes fühlen, wie es mein Aussehen und meine Leistungen niemals vermochten. Aber die Aufmerksamkeit ließ immer wieder nach und ich blieb verschreckt und einsam zurück bis zu meiner nächsten Verletzung oder Krankheit. Vorgetäuschte Verletzungen und erfundene Krankheiten waren sichere Zufluchtsorte, wenn ich in der Welt nicht richtig funktionierte und niemandem sagen konnte, wie groß meine Angst wirklich war. Ich erhielt Mitleid, das ich als Liebe missdeutete. Ich erhielt etwas, das sich wie Respekt anfühlte. »Seht euch an, wie gut Margo ihre Arbeit macht, obwohl sie sich nicht gut fühlt. Seht euch nur an, wie gut sie mit ihren Problemen zurechtkommt.« Jedes Mal, wenn ich log, bewies ich mir selbst, dass ich es nicht wert war, gemocht zu werden, außer, wenn ich etwas Besonderes tat um Aufmerksamkeit zu erregen. Statt mich selbst zu schätzen, baute ich einen Vorrat von Schuld und Scham auf. Einen Vorrat, den Martha sorgfältig pflegte.

Ich fiel nicht durch das Training. Sie entließen mich nicht. Meine Leistung, so »offensichtliche« körperliche Schmerzen zu überwinden, brachte mir Anerkennung ein. Ich bekam, was ich zu brauchen glaubte, aber meine Scham, meine Schuldgefühle und meine Selbstzweifel wurden nur noch stärker. Ich musste immer härter arbeiten um meine Fassade aufrechtzuerhalten.

Nach sechs Monaten in dem neuen Job entdeckte ich, dass der Ehemann einer meiner Kolleginnen Zugang zu Drogen im Allgemeinen und zu Kokain im Besonderen hatte. Mein Körper prickelte vor Aufregung bei der Vorfreude auf die Erlösung von meinem Kampf. Ich wusste, das war es, was ich brauchte: gerade genug, sodass ich mich auf meine Arbeit konzentrieren konnte. Ich wusste, diesmal würde ich mit dem Kokain umgehen können. Ich konnte mit Leuten zusammensein, die völlig high davon waren, und trotzdem kontrollieren, wie viel ich nahm. Nebenbei war es die einfachste mir bekannte Art abzunehmen.

Und ich hatte etwa 9 Kilo zugelegt, seit ich in New York angekommen war. Mein Essen geriet immer mehr außer Kontrolle, vor allem auf Partys, wo ich auch wieder Haschisch rauchte, und nachts, wenn meine Einsamkeit unerträglich wurde. Kokain hatte meine Sehnsucht und mein Bedürfnis nach Essen immer gedämpft. Ich würde nur ab und zu eine Straße schnupfen um mich vom Essen abzulenken und meine Energie zu erhalten.

Meine Kontrolle dauerte etwa 60 Sekunden. Innerhalb etwa eines Monats brauchte ich mehrere Straßen Kokain und endlosen Essensnachschub um den Tag im Büro zu überstehen. Die Drogen hielten mich nicht mehr vom Essen ab. Bald war ich so weit, dass ich in den Arbeitsräumen schnupfte, wo jederzeit jemand hereinkommen und mich erwischen konnte. Ich war obenauf, enthusiastisch und produktiv, solange meine

Versorgung gesichert war. War das nicht der Fall, wurden meine Schreibtischschubladen mit Schokoriegeln und Kartoffelchips bestückt. Der Vorrat wurde jeden Morgen aufgefüllt und am Ende des Tages war alles weg. Ich war müde und voller Entschuldigungen für all die Arbeit, die nicht erledigt war. Dann kaufte ich wieder Koks und der Kreislauf begann von vorn. In den nächsten eineinhalb Jahren entwickelte ich einen Durchschnittskonsum an Kokain im Gegenwert von 1000 Dollar pro Woche und nahm weitere 27 Kilo zu.

Im Frühjahr 1980 rief mich Jonathan an um mir zu erzählen, dass seine Frau soeben eine Tochter zur Welt gebracht hatte. Er war stolz und voller Freude und wollte sein Glück mit mir teilen. Wir hatten unsere Freundschaft über die Jahre gerettet, selbst als die Unterschiede zwischen unseren Lebensstilen krasser geworden waren. Das schlichte Wissen, dass er sein Leben immer noch nach den Prinzipien führte, die ich während unserer gemeinsamen Zeit in Aspen bei ihm kennen gelernt hatte, gab mir die Zuversicht, dass ich eines Tages, irgendwie, in der Lage sein würde genauso zu leben. Jonathans Leben schien meine letzte Hoffnung zu sein.

Sechs Monate später war er tot, auf einer Klettertour in China von einer Lawine getötet. Ich war gerade bei meinen Eltern zu Besuch, als Leelee mit dieser Nachricht anrief. Als ich den Hörer auflegte, schaukelte mein Körper ganz von selbst. Er schaukelte um mich vor der Welle von Trauer und Verwüstung zu schützen, die mir die Luft abzudrücken drohte. Schaukelte um das schrille Stöhnen zurückzuhalten, das meiner Kehle zu entschlüpfen drohte. Schaukelte um sich selbst vor der Auflösung ins Nichts zu bewahren. Ich hatte Jonathan zu meiner Rettungsleine gemacht, er war meine einzige Verbindung zu der Möglichkeit jemals wieder aus einer Position der Integrität heraus leben zu können. Als er starb, hatte ich das Gefühl, dass diese Rettungsleine zerriss.

Jetzt konnte ich mich nur noch auf meine Abhängigkeiten verlassen. Mein Verhalten im Büro wurde immer unprofessioneller: Immer öfter »arbeitete« ich zu Hause ohne etwas dabei zu leisten. Im Büro aß ich ununterbrochen. Ich schnupfte Kokain in unverschlossenen Arbeitsräumen. Als ich annahm, dass meine Kündigung unmittelbar bevorstand, besaß ich die Geistesgegenwart, die Firma zu verlassen, bevor man mich feuerte. Ich brauchte meine Ersparnisse auf und erfand besondere Anlässe um mehr Geld von meinen Eltern zu bekommen. Überleben bedeutete für mich jetzt, zu planen, wie ich meine Versorgung mit Kokain, Haschisch, Junk Food und Alkohol sichern konnte.

Für manche Menschen ist Kokain eine sehr soziale Droge. Für mich hatte es die meisten sozialen Aspekte verloren. Ich bewaffnete mich mit 3,5 g Koks, einer Flasche Grand Marnier und einer Portion Haschisch und igelte mich mit Puzzlespielen, Kreuzworträtseln und Computerspielen in meiner Wohnung ein. Ich zog die Jalousien zu und ging nicht ans Telefon. Die Portion Koks reichte für zwölf Stunden Flucht. Sobald sie an Wirkung verlor, begann ich zu essen. Nur so konnte ich bis zum nächsten Drogenkauf überleben. Jedes Mal sagte ich mir: »Nie wieder.« Jedes Mal fing ich wieder an. Irgendwie half es mir immer noch.

Nichts war vergleichbar mit dem unglaublichen Gefühl der ersten Straße Kokain am Tag. Ich sehnte den Moment herbei. Nichts wird jemals ganz die Erinnerung an jene Euphorie auslöschen können, die mich regelmäßig bei dieser ersten Straße erfasste. Den Rest des Tages und oft auch die Nacht brachte ich mit dem Versuch zu dieses zauberhafte Gefühl wieder herbeizurufen.

Für kurze Zeit bewirkte es, dass ich mich schlank fühlte. Und schlau. Einfach in Ordnung. Es war eine Flucht vor der Margo, die ich nicht ertragen konnte: vor der talentierten, intelli-

genten, gebildeten Frau, die unfähig war, einen Job durchzuhalten, 82 Kilo wog und sich mehrere Abende in der Woche
in ihrer Wohnung einschloss. Ich log fast jeden fast ständig
an, weil ich den Gedanken nicht ertragen konnte, dass irgendjemand die Wahrheit über mich herausfand. Mein Verhalten
enttäuschte mich und andere immer öfter. Ich hasste mich
und ich hasste, was ich tat. Ich saß in der Falle und konnte
nicht aufhören. Ich war verzweifelt.

Donnerstag, 20. August 1981, New York City
Ich habe es getan. Nie habe ich mich besser
gefühlt. Ich weiß jetzt, wie ich meine Esserei in den
Griff bekomme, und ich habe auch mit dem
Rauchen aufgehört.

»Isst du schon wieder?« Das Missfallen in der Stimme meiner
Mutter war deutlich hörbar, als ich dastand und in den offenen Kühlschrank spähte. »Sind diese Hosen nicht enger als
beim letzten Mal? Was machen wir bloß mit dir?«
Ich fühlte, wie ihr Urteil sich wie eine Decke über mein Herz
legte. Es spiegelte meine eigene Scham wider. Trotz des starken Kokain-Konsums war mein Körper aufgegangen wie ein
Ballon, seitdem ich Aspen verlassen hatte. Ich konnte mein
Essverhalten nicht mehr kontrollieren und in der Stimme
meiner Mutter hörte ich das Echo meiner eigene Meinung:
dass etwas in mir falsch lief.
»Ich weiß nicht«, murmelte ich, der krampfhafte Versuch
nicht zu weinen ließ die Worte undeutlich werden. Das folgende Schweigen war schwer von der unausgesprochenen
Verurteilung, die in ihm lag.
»Miggie, hast du schon mal daran gedacht, auf eine Diätfarm
zu gehen?« Ich brach in Tränen aus. »Natürlich! Nichts ande-

res hat bisher geholfen. Ich würde schon morgen gehen, aber ich kann es mir nicht leisten. Ich weiß, dass ich Hilfe brauche, Mum, aber ich habe keine Ahnung, woher ich sie bekommen oder wohin ich mich wenden soll.« – »Miggie, wenn du einen Ort findest, an dem man dir hilft abzunehmen, bezahle ich es.«

Mein süchtiger Verstand glaubte, wenn ich nur abnehmen könnte, bekäme ich automatisch meinen Kokain-Konsum unter Kontrolle und mein Leben würde großartig. Bewaffnet mit Mums ermutigender Zusage mir finanziell zu helfen würde ich den Ort mit der Antwort auf alle meine Probleme finden, oder ich würde auf der Suche sterben.

Ich wählte ein Programm in Vermont mit einem scheinbar idealen Preis-Leistungs-Verhältnis. Ich würde vier Wochen dort sein und konnte innerhalb weniger Tage anfangen. Ich war schrecklich aufgeregt, als Mum zustimmte. Ich wusste, das war die Antwort: Information, ausgewogene Ernährung und psychologische Unterstützung in einer geordneten Umgebung. Zum ersten Mal hörte ich von dem Konzept eines gemäßigten Essverhaltens. Es schien so simpel: einfach geringe Mengen zu essen. Ich musste mich nicht benachteiligt fühlen. Ich konnte essen, was ich mochte, und trotzdem abnehmen. Eine meiner Zimmergenossinnen machte mich mit Abführmitteln bekannt. Als ich einige davon nahm um mein Verdauungssystem zu reinigen, fühlte ich mich dünner. Und, was viel wichtiger war, ich sah dünner aus und die Waage zeigte weniger an. Als ich nach einem verlängerten Aufenthalt von acht Wochen meine Sachen packte, hatte ich 11 Kilo abgenommen und wusste, ich hatte alles bekommen, wofür ich dort gewesen war: Informationen für eine dauerhafte Lösung und schnelle kurzfristige Hilfe. Jetzt würde sich alles ändern.

In dieser Nacht feierten ich und meine neuen Freunde in

Vermont eine Party mit einer Flasche Wodka und einigen Gramm Koks. Als ich nach Hause kam, aß ich eine Weile mäßig, aber in einem Zustand seligen Selbstbetrugs unterschlug ich meine anderen Exzesse. Sobald ich einen beendete, fing ich mit einem anderen an. Ich glaubte, dass meine Lebensqualität stieg, wenn ich dem Leben alles abforderte. Und Drogenkonsum hatte immer schon meinen Zigarettenkonsum erhöht.

»Wenn Sie weiter rauchen, sind Ihre Chancen keinen Lungenkrebs zu bekommen gleich null.« Ich saß an dem glänzenden Schreibtisch eines naturheilkundlichen Arztes. 23 Jahre lang hatte ich Zigaretten geraucht, aber er machte mir solche Angst, dass ich wusste, ich musste aufhören. Also gab ich gleich alles auf. Einfach so. Ich nahm an einem Entwöhnungsprogramm für Raucher teil um von den Zigaretten loszukommen; die Entzugserscheinungen von Koks und Haschisch stand ich allein durch. Ich ließ die Finger ganz von den Zigaretten und nahm nur noch sehr selten Kokain oder Haschisch. Aber mein Alkohol- und Abführmittelkonsum stieg, weil mein Essverhalten immer wieder außer Kontrolle geriet, und mein Gewicht ging wie ein Jo-Jo hinauf und hinunter. Eine echte Lösung hatte ich nicht gefunden. Im Sommer 1983 verlor New York seinen Zauber für mich und ich zog in ein Stadthaus in Greenwich, dessen Kauf meine Eltern unterstützten. Ich behielt lediglich die Firma für Finanz- und EDV-Beratung, die ich vor drei Jahren in New York gegründet hatte, in einem Büro, das ich mit meinem Vater teilte.

Als wir eines Tages wieder einmal über das Abnehmen sprachen, sagte mein Vater: »Warum isst du nicht einfach weniger?«

Ich hätte ihm am liebsten etwas an den Kopf geworfen.

»Himmel, denkst du nicht, ich würde das tun, wenn ich könnte? Glaubst du, ich will gerne so aussehen? Glaubst du, ich esse so, weil ich es will?« Ich hatte eine Monatskarte für den Vorortzug und war Mitglied in dem Club mit dem besten Tennisprogramm. Meine Kunden suchten Rat bei mir. Ich hatte ein hübsches Auto, elegante Kleider und passende Freunde. Nach außen hin machte ich den Eindruck einer erfolgreichen, unabhängigen Geschäftsfrau aus der Vorstadt. Im Innern fielen die mühsam zusammengeklebten Teile immer mehr auseinander. Ich ließ Mahlzeiten aus, aß riesige Salate, machte Kneipentouren und ließ dafür wieder ein paar Mahlzeiten ausfallen. Ich benutzte weiterhin Abführmittel. Sie taten, was ich von ihnen erwartete: Sie sorgten dafür, dass ich dünner aussah.

Während der nächsten zwei Jahre blieb meine Nahrungsaufnahme unregelmäßig und ich erhöhte meinen Konsum von Abführmitteln um die zusätzlichen Kalorien los zu werden oder jedenfalls zu verhindern, dass sich das überflüssige Essen irgendwo an meinem Körper zeigte. Abführmittel machten mich nicht dünner, sie ließen mich nur so aussehen, indem sie alles Wasser aus meinem Körper zogen. In diesen 24 Monaten war ich völlig davon besessen, ob ich aß oder nicht aß, wie viel ich wog und wie ich abnehmen könnte. Meine krampfhafte Kontrolle wurde schwächer. Langsam setzte ich wieder an, näherte mich wieder den 73 Kilo, und das trotz steigendem Gebrauch von Abführmitteln und ständigen Diätversuchen. Meine Fähigkeit, in dieser Welt noch zu funktionieren, nahm zusehends ab.

Ich nahm zwischen 60 und 90 Abführtabletten am Tag, und das fünf Tage in der Woche. Sie waren die Droge meiner Wahl geworden. Ich trieb ein endloses Spiel mit wechselnden Apotheken um den erhobenen Augenbrauen und den Fragen bei meinen Einkäufen zu entgehen, die zu groß und zu häufig ausfielen um noch normal zu sein.

Ich trank immer mehr. Aber ich sah nie so aus oder verhielt mich so, wie ich dachte, dass ein Alkoholiker aussah oder sich verhielt. In meinen Augen war ich glücklich, lustig und unterhaltsam, wenn ich ein oder zwei Gläser getrunken hatte. Manchmal wurde ich nach drei, vier oder fünf Gläsern ein kleines bisschen laut, aber es gab immer jemanden, der noch ein wenig lauter war. Natürlich fühlte ich mich im Umgang mit anderen Menschen und in geselligen Situationen entspannter, wenn ich etwas getrunken hatte. Ich verbrachte immer mehr Zeit mit den Leuten im *Morgan*, einer Kneipe am Ort, wo mein Dämmerschoppen sich oft bis zum Schließen hinzog. Die Fähigkeit mit einem zugekniffenen Auge an der gelben Linie entlang mit dem Auto nach Hause zu fahren, wurde zu einer echten Kunst, einer, über die wir lachten, wenn wir am nächsten Abend wieder zusammenstanden. Zu Hause trank ich nicht sehr oft. Da betrieb ich Essensmissbrauch.

Ich aß wie ein grasendes Weidetier: vom Moment des Aufwachens am Morgen, bis ich am Abend ins Bett ging, manchmal auch noch darüber hinaus. Es war nichts Ungewöhnliches für mich, um vier Uhr morgens aufzuwachen und rohe Hotdogs zu verschlingen ohne dabei ganz wach zu werden. Es war tröstend und beruhigend, nicht nur die Nahrung selbst, sondern auch der Vorgang des Essens. Es beruhigte auf dieselbe Weise wie das Rauchen, bevor ich damit aufgehört hatte. Aber nach einer Weile reichten Essen und Alkohol nicht mehr aus um meinen Selbsthass zu dämpfen. Also begann ich Beruhigungsmittel zu nehmen. Sie funktionierten sehr gut und sie waren immerhin Medizin, keine Drogen.

Nach kurzer Zeit verbrachte ich zwischen zwei und fünf Tagen in der Woche zu Hause, unfähig das Haus zu verlassen. Ich wachte voller Selbsthass und Angst vor der Welt auf, ich war nicht in der Lage arbeiten zu gehen. Also nahm ich das

Telefon, rief im Büro an und erzählte ihnen die Lüge des Tages.

Ich musste lügen. Ich konnte nicht arbeiten. Und ich konnte niemandem die Wahrheit sagen, schon gar nicht meinem Vater. Wie hätte ich ihnen sagen sollen, dass ich nicht kommen konnte, weil ich zu viele Abführmittel genommen hatte, am Abend vorher betrunken gewesen war und erst nachts um zwei nach Hause gekommen war? Also tat ich oft, was jeder gute Süchtige, der sich selbst etwas vormacht, tut um seine Spuren zu verwischen: Ich log. Ich log die meiste Zeit jeden in jeder Hinsicht an. Ich zog mich auf das zurück, was ich so gut kannte: Ich erfand Krankheiten und Unfälle und verletzte mich absichtlich um einen Beweis zu haben. Ich schlug mit dem Kopf gegen die Wand um die Beule zu erzeugen, mit der ich eine erfundene Gehirnerschütterung beweisen konnte. Seife im Auge brachte die aufgeschwollene Rötung, die einen Kratzer auf der Hornhaut vortäuschte. Indem ich ein Parfüm einatmete, gegen das ich hochgradig allergisch war, verschaffte ich mir die zugeschwollene Nase, die meinen Schnupfen bestätigte. Kein Gedanke an den wirklichen Schaden, den die selbst verursachten Unfälle hinterließen. Wichtig war nur, dass niemand meine Lügen durchschaute.

Mein Vater bemitleidete mich meistens von Herzen und sagte, ich solle auf mich aufpassen. Dann legte ich den Hörer auf und es zerriss mich fast. Wieder einmal hatte ich ihn angelogen, einen Mann, den ich von Herzen liebte und von dem ich herzliches, fürsorgliches Mitleid bekam. Meine Mutter war während eines großen Teils ihres Erwachsenenlebens krank gewesen: schwere Allergien, Zuckerkrankheit, Pilzerkrankungen, Migräne, Nierenversagen, Überfunktion der Schilddrüse und inzwischen war sie fast blind – die Liste war endlos. So fiel es meinem Vater leicht, zu glauben, dass auch ich oft krank oder verletzt war. Aber ich konnte nicht mit dem wachsenden schmerzlichen Gefühl und mit dem drohenden Verhängnis des schwarzen Lochs leben, das gleich unter dem schützenden Schleier von Essen und Alkohol lauerte.

Wenn ich konnte, warf ich mir ein paar Kleider über, setzte mich ins Auto, ging in den Lebensmittelladen, den Getränkeladen, die Drogerie und die Videothek. Dann kam ich mit Taschen voller Essen, Stapeln von Videos, einer Flasche Grand Marnier oder Wodka, Beruhigungs- und Abführmitteln zurück und schloss mich von der ganzen Welt ab.

Meine Tage wurden zu einer trüben Mischung aus Essen und Dösen im Drogenrausch; ich lag auf dem Sofa und sah mit einem Auge Videos an, an die ich mich nie erinnern konnte, weil mein Hirn so vernebelt war. Ich stand nur auf um die Schüssel mit Popcorn wieder zu füllen, mir ein neues Sandwich zu machen, wieder ein bisschen Beruhigungsmittel zu nehmen oder um auf der Toilette zu sitzen, wenn meine Eingeweide so verkrampft waren, dass ich am liebsten laut geschrien hätte.

Ich hatte ständig Durchfall und schied klare Flüssigkeit aus. Es war erniedrigend, aber erst dann fühlte ich mich nicht bis zum Bersten aufgebläht. Die Waage wurde zur Besessenheit. Ich stand zehn, zwanzig Mal am Tag darauf. Ich lebte in einem Zustand extremen Wassermangels. Oft hatte ich Herzrhythmusstörungen.

Schließlich war ich an dem Punkt angelangt, wo ich mein Leben nicht mehr ertragen konnte und doch keine Macht zu haben schien es zu ändern. Aber ich konnte den Anblick der Wahrheit nicht ertragen, konnte ihr nicht ins Auge sehen. Ich aß mehr, trank mehr, nahm mehr Beruhigungs- und Abführmittel. Aber mein Leben war in Ordnung. Meine Schwester Barbara hatte wirklich ein Problem. Sie war die Alkoholikerin, die trank, bis sie den Verstand verlor. Sie war diejenige, die zu nachtschlafender Zeit alle anrief und über Möbel fiel.

Sie war diejenige, über die alle sprachen und sagten: »Was sollen wir bloß mit ihr machen?« Ich hatte kein Problem. Ich war nur dick. In Wirklichkeit waren wir beide dabei zu sterben – innerlich und äußerlich.

Donnerstag, 2. Januar 1986, Tucson, Arizona
Jetzt ist es passiert. Barbara ist zu weit gegangen.
Ihre Trinkerei ist völlig aus dem Ruder gelaufen.
Sie braucht wirklich Hilfe.

Ich kämpfte mit Essen, Trinken und Drogen. Barbara konzentrierte sich auf Alkohol. Als sie Weihnachten 1985 an die Ostküste kam, konnte man ihr Benehmen nicht mehr ignorieren. Am Tag vor Weihnachten stellte meine Mutter ihr ein Ultimatum mit dem Ergebnis, dass sie während ihres restlichen Aufenthalts nichts mehr trank. Aber sobald sie nach Tucson zurückgekehrt war, wo sie jetzt lebte, ging es wieder los. In der Nacht auf den 19. Januar 1986 stellte die Polizei sie vor die Wahl, sich behandeln zu lassen oder in die Ausnüchterungszelle zu wandern. Sie entschied sich für die Behandlung und ging in eine Einrichtung nicht weit von zu Hause.
»Margo?« Eine von Barbaras Beraterinnen war am Telefon. Meine Schwester war erst seit einer Woche in Behandlung und ich fürchtete, es sei etwas passiert. »Nein, nichts, wir veranstalten nur demnächst, was wir die Familienwoche nennen, ein Teil unseres Behandlungsprogramms. Wir laden so viele Familienmitglieder wie möglich ein daran teilzunehmen. Sie könnten das Personal hier kennen lernen und etwas von dem Programm miterleben und es würde Barbara sehr helfen zu wissen, dass Sie sie unterstützen. Die Unterstützung aus der Familie ist unerlässlich, damit ihre Schwester wieder gesund wird, und ich weiß, sie würde sich freuen.«

»Ich muss ein paar Termine verlegen. Aber ich werde kommen, wenn ich es irgendwie schaffe.« Es war ein gutes Gefühl, gebraucht zu werden. »Ich werde alles tun um Barbara mit ihrem Problem zu helfen.« Es fiel mir leicht, Mitleid mit meiner geliebten Schwester zu zeigen; ihr Problem war so offensichtlich und es war peinlich für die Familie. Mitte Februar flog ich gemeinsam mit meinem Vater, Barbs Mann und ihrer Tochter Meg nach Tucson um dort fünf Tage zu verbringen und Barbara zu helfen, dass es ihr besser ging. Meine Mutter war zu krank für die Reise.

In der ersten Gruppensitzung saßen 20 Familienangehörige im Kreis und waren voller ängstlicher Erwartung. Chris, die Beraterin, sagte uns, Alkoholismus sei eine Familienkrankheit und dass auch wir geheilt werden müssten. Man konnte eine Stecknadel fallen hören. Sie sagte, wir seien dort um uns selbst zu helfen, nicht, wie sie sie nannte, den Patienten.

Mein Gehirn begann fieberhaft zu arbeiten. Die Sache lief nicht nach meinem Plan. Gebt mir Informationen! Lasst mir meine mitleidige Haltung! Ich bin schließlich in einer Therapiegruppe in New York. Mein Therapeut und ich reden seit Jahren miteinander und es geht mir gut. Meine Schwester hat ein Problem, nicht ich. Was ist mit ihr? Über sie wollen wir hier sprechen. Wissen Sie das nicht? Plötzlich war mir richtig übel.

Ein Blick durch den Raum bestätigte, dass nicht nur ich mich unbehaglich fühlte. Die Leute wanden sich auf ihren Stühlen, zwei aus der Gruppe gingen zur Toilette. Chris sprach ruhig weiter. »Ich möchte, dass jeder von Ihnen sich vorstellt und einige Dinge nennt, die er aus der Familienwoche mitnehmen will.« Sie betonte, es gehe um unsere eigenen Bedürfnisse, nicht um die der Patienten.

Wie immer begierig darauf, zu gefallen und Anerkennung für meine schnelle Lernfähigkeit zu erhalten, meldete ich mich, bevor irgendjemand anderer sich auch nur bewegen konnte, und platzte heraus: »Ich will mich selbst besser kennen lernen und herausfinden, wie ich meiner Schwester helfen kann nicht zu trinken.« Ich war sicher, dass es genau das war, was die Beraterin hören wollte. Die richtige Antwort parat zu haben gab mir immer ein gutes Gefühl. Und ich glaubte sogar, dass ich die Wahrheit sagte.

Aber als ich den anderen im Kreis zuhörte, wusste ich, dass ich noch einmal etwas sagen musste. Ich wusste nicht genau, was ich sagen sollte. Ich wusste nur, dass irgendwo tief in mir eine Wahrheit bereit war herauszukommen. Ich sah mich in dem Kreis um. Einige Leute weinten. Viele waren auf die Vorderkante ihres Stuhls gerutscht und saßen nun mit geradem Rücken und verschränkten Armen da. Ohne mein Zutun hob sich meine Hand und als Chris fragte: »Was gibt's, Margo?«, brach ich in Tränen aus.

»Ich muss Ihnen sagen, dass ich von Abführmitteln abhängig bin und eines meiner Ziele für diese Woche ist, das zu überwinden.« Es war ein innerer Dammbruch. Niemand außer meinem Therapeuten hatte von den Abführmitteln gewusst; es war mir zu peinlich, mit irgendjemandem darüber zu sprechen, und er war nicht sehr besorgt gewesen. Natürlich hatte ich ihm niemals gesagt, wie viel ich davon nahm, aber hier, in diesem Kreis, konnte ich mich nicht länger selbst belügen. Ich musste die Wahrheit sagen. Das Geheimnis war gelüftet und schon in diesem Moment wusste ich, dass ich es niemals wieder hinter einer verschlossenen Tür verstecken könnte. Was ich damals noch nicht wusste, war, dass ich durch die nun geöffnete Tür in ein völlig neues Leben gehen würde.

Es war nicht mein bewusster Wille, der an diesem Tag meine Hand hob und mein eigenes unaussprechliches Verhalten zugab. Gott tat für mich, was ich nicht für mich selbst tun konnte; er erlaubte mir um Hilfe zu bitten, als ich selbst nicht einmal bewusst zugeben konnte, dass ich welche brauchte. Zum ersten Mal in meinem Leben fühlte ich mich anerkannt dafür, dass ich die Wahrheit sagte, und zwar nicht die Wahrheit, die irgendjemand zu hören wünschte oder erwartete, sondern meine eigene. Ich spürte die Unterstützung von Menschen, die meinen Schmerz kannten, als ich meiner eigenen Scham, meinen Schuldgefühlen und meinen Gewissensbissen gegenübertrat.

Am Ende der Familienwoche machte ich an Chris' Büro Halt um mich zu verabschieden. Es folgte ein Gespräch, das mir stundenlang vorkam. Ich spürte einen Schmerz, den ich nicht verstand, und ich konnte meine Tränen nicht aufhalten. Ich hatte große Angst nach Greenwich, in mein Stadthaus und zu meinem Barhocker im *Morgan* zurückzukehren, aber ich wusste nicht, warum. Ich fühlte mich vollkommen wehrlos und äußerst verwundbar. Was sollte ich tun? Mein Leben musste sich ändern, aber ich wusste nicht, wie.

Chris kam hinter ihrem Schreibtisch hervor, brachte ihr Gesicht 15 cm vor meines und sah mir direkt in die Augen. »Du hast eine Essstörung. Sie ist primär und fortschreitend und sie wird dich umbringen, wenn du nichts gegen sie unternimmst.« Dann gab sie mir die Visitenkarte einer Therapieeinrichtung für Essstörungen und hielt mich im Arm, solange ich schluchzte.

Noch in dieser Nacht wählte ich die Servicenummer des *Rader Institute* und ich vereinbarte in zehn Tagen mit der Behandlung zu beginnen. Wenn ich noch Zweifel an der Ernsthaftigkeit meines Problems gehabt hatte, so verschwanden sie, als ich nach Greenwich zurückkehrte und immer noch nicht in der Lage war meine Gewohnheiten aufzugeben. Trotz meiner Entschlossenheit aufzuhören, nahm ich in jener Woche noch einmal mehr als zwei Kilo zu. Ich sah, wie meine Abhängigkeiten mein Leben regierten, und beobachtete meine Selbstzerstörung, als sähe ich in einer Fernsehreportage den Raubtieren am Skelett eines toten Löwen zu. Ich war hilflos und ohne jede Hoffnung.

Einige Tage lang wusste ich nicht, ob ich überhaupt lange genug am Leben bleiben wollte um die Behandlung zu beginnen. Ich war verängstigt, konnte mir weder vorstellen weiterzuleben wie bisher noch auf das Essen zu verzichten, das mich vor meinem inneren Schmerz beschützte, und auf die Abführmittel, die, wie ich glaubte, die negativen Folgen meines Essverhaltens im Zaum hielten. Umgeben vom Nebel einer unvorstellbaren Demoralisierung sah ich keine Chance weiterzuleben ohne ständig zu essen.

Ich hatte kaum eine Vorstellung davon, wie die Behandlung ablaufen würde. Ich wusste, dass ich mich freiwillig für 42 Tage in ein Krankenhaus ohne Radio, Fernsehen und Freizeitlektüre begab. Ich ging, weil ich sterben würde, wenn ich es nicht tat. Ich wagte nicht zurückzuschauen; die Dunkelheit war mir auf den Fersen.

Mittwoch, 26. Februar 1986, über Colorado
Jetzt geht es also los. Bin unterwegs nach San Diego. Weniger als eine Stunde noch. Habe in Denver eine Atavan genommen. Habe die Rockys gesehen, als wir vorbeiflogen, und hatte das Gefühl, dorthin sollte ich eigentlich gehen. Ich habe Angst.

Der Flug verging in einer verschwommenen Mischung aus Wodka, einem gestohlenen Beruhigungsmittel meiner Mutter und dem ununterbrochenen Verzehr von Cashew-Nüssen. Während ich das Magazin der Fluggesellschaft las und den Film ansah, dachte ich immer wieder: »Nichts hat bisher geholfen. Warum soll es diesmal anders sein?«

60

Als ich mich an diesem Abend um 9.30 Uhr im Krankenhaus anmeldete, schottete ich mich gefühlsmäßig sofort ab. Kühl, ruhig und effizient erledigte ich den erforderlichen Papierkram und es ging mir gut, bis die Empfangsschwester sich über den Tisch beugte und sagte: »Geben Sie mir ihre rechte Hand, Margo, damit ich dieses Namensbändchen um ihr Handgelenk binden kann.«

Da wusste ich, ich musste nirgendwo anders mehr hingehen. Dies war kein Hotel oder die Kurklinik in Vermont. Ich wog mehr als 72 Kilo, nahm 90 Abführtabletten am Tag, konnte nicht mehr aufhören zu essen und Alkohol zu trinken. Ich war eine Suchtkranke, die sich freiwillig in ein Krankenhaus begab um ihre Essstörung behandeln zu lassen. Ich schluckte die Tränen herunter und war sicher, die Angestellte, die mich zu meinem Zimmer brachte, würde nicht merken, wie groß meine Angst war. Ich ging sofort zu Bett und erwachte am nächsten Morgen mit dem Urschrecken nicht zu wissen, wo ich war. Dann erinnerte ich mich und die Angst war nicht mehr namenlos. Ich hatte Angst, das Programm könnte scheitern, und ich hatte noch mehr Angst, es könnte helfen. Ich wusste nicht, was mich mehr schreckte.

An diesem Tag machte man mich mit dem Zeitplan, mit den Angestellten und den anderen Patienten bekannt. Ich verbrachte die Zeit damit, noch einige Verwaltungsformulare und medizinische Fragebögen auszufüllen, mir wurde Blut fürs Labor abgenommen und ich wurde ärztlich untersucht. Ich versuchte verzweifelt mir auf diesen Ort und dieses Programm einen Reim zu machen. Meine Angst war so groß, dass ich nach irgendeinem Weg suchte um den Aufruhr in meinem Innern zu verbergen, um gut auszusehen. Ich beantwortete ihre Fragen wahrheitsgemäß genug, um sie wissen zu lassen, dass ich Probleme hatte, aber ohne zu enthüllen, wie verzweifelt leer ich mich wirklich fühlte. Wenn sie das herausfänden, würden sie mir sagen, dass ich ein hoffnungsloser Fall sei, und mich bitten zu gehen. Es gab aber keinen anderen Ort, an den ich gehen konnte. Ich würde sterben, wenn ich meine alten Gewohnheiten wieder aufnahm. Ich stand mit dem Rücken zu einer harten Wand und hatte nicht mehr die Kraft zu kämpfen.

Dann aber bemerkte ich, dass etwas hier ganz anders war. Die Leute vom Personal waren nicht nur fürsorglich, sie erzählten mir Geschichten über ihre eigenen Erfahrungen mit Essen, die den meinen sehr ähnlich klangen. Zum ersten Mal hörte ich, dass meine Essstörung eine Krankheit war. Sie sagten mir, ich sei nicht allein und es sei nicht meine Schuld. Ich wusste nicht, ob ich ihnen wirklich glaubte, aber es fühlte sich an, als ob jemand ein 200-Kilo-Gewicht von meinen Schultern genommen hätte. Immer noch dachte ich, dass ich moralisch irgendwie unzulänglich sei, aber hier gab es Menschen, die mir sagten, es sei nicht meine Schuld. Ich hatte eine Krankheit und sie war behandelbar. Nicht heilbar, aber jedenfalls behandelbar. Die Geschichten, die sie mir erzählten, handelten von Menschen, die die gleichen Gefühle hatten wie ich. Selbst die Gefühle aus der Zeit, als ich acht war oder noch jünger. Allmählich spürte ich große Erleichterung und Hoffnung, zum ersten Mal echte Hoffnung. Nach einigen Tagen bekam ich eine Zimmergenossin und begann an den regelmäßigen Sitzungen der Gruppen- und Einzeltherapie teilzunehmen.

Während ich mit einem Dutzend anderer Patienten und Angestellten in einem Kreis orangefarbener Plastikstühle saß, erfuhr ich, dass ich meine Krankheit erst dann besiegen könnte, wenn ich mich meiner eigenen Machtlosigkeit ergab. Die Wärme, die die fürsorglichen Menschen in diesem ansonsten kalten Anstaltsraum ausstrahlten, taute allmählich Risse in meine schützende Hülle. Aber erst, als mich eine andere Patientin während einer Gruppensitzung hart anging, zerbrach meine harte Schale. Sie saß mir in dem Kreis gegenüber, beugte sich vor, legte ihre Ellbogen auf ihre Knie und sah mich direkt an. »Margo, ich habe dich beobachtet und deine Antworten auf die Fragen gehört, die man dir stellt, aber ich weiß nichts über dich. Du hast uns nichts darüber gesagt, was wirklich in dir vorgeht. Wer bist du?«

Da brach ich zusammen. Ich heulte fast 24 Stunden lang. Ich heulte in der Gruppensitzung, auf dem Flur, in meinem Zimmer, während der Mahlzeiten, auf meinem Bett, bevor ich schlafen ging und wenn ich wach wurde. Wo ich auch ging, hinterließ ich Pfützen. Durch meine Tränen hindurch hörte ich andere sagen: »Es kann dir nichts passieren, wenn du dich gehen lässt, du musst dich hier nicht zusammenreißen. Vertraue dem Gang der Dinge. Vertraue deinen Tränen. Hab Vertrauen zu Gott, Margo.«

Vertrauen. Ich vertraute nur einem: meinen Abhängigkeiten. Sie hatten immer getan, was ich von ihnen verlangt hatte. Sie hatten den Schmerz des Geheimnisses genommen, das ich mit mir herumtrug. Das Geheimnis, dass ich nicht genügte, dass ich nicht gut genug war, nicht schlau genug um mein Leben zu verdienen.

»Hab Vertrauen in deine eigene höhere Macht«, sagten sie. Ich konnte mir nicht vorstellen, was sie meinten. Religion hatte mir nie geholfen, aber ich war verzweifelt. Ich sprach mit einer der Beraterinnen und sie sagte, es gehe nicht um Religion. Es gehe um das Vertrauen, dass eine Macht, die größer war als ich, mir in meiner Machtlosigkeit gegenüber Essen, Abführmitteln, Drogen und Alkohol helfen würde.

Verletzt und verwirrt ließ ich mich schließlich in eine dampfend heiße Badewanne fallen. Ich löschte das Licht, und während das Wasser meinen Körper beruhigte, schloss ich meine Augen und begann mit etwas oder jemandem zu sprechen, ich wusste nicht mit wem oder was. Ich fing einfach an zu reden und sagte: »Ich weiß nicht, wohin ich mich wenden soll, ich weiß nicht, an wen ich mich wenden soll außer an Gott. Wenn du da bist – ich brauche deine Hilfe. Jonathan, wenn du da bist, ich brauche deine Hilfe. Wenn da jemand ist, hilf mir.« Ich ließ mich vom Wasser durchweichen und flehte das Universum um ein greifbares Zeichen an, eine Vorstellung, die ich nutzen konnte, etwas, in das ich mein Vertrauen setzen konnte. Jonathans Gesicht füllte mein inneres Auge. Jonathan, Gott, etwas oder jemand nahm mich in seine Arme und hielt mich fest, tröstete und beruhigte mich. Ich konnte es kaum glauben. Unglaublich. Zum ersten Mal hatte ich ein tiefes Gefühl der Hoffnung. Ich wusste, ich konnte gesund werden und es gab eine Kraft, die größer war als ich und der ich vertrauen konnte.

Dieses Erlebnis in der Badewanne war der Wendepunkt für mich. Vertrauen. Ich erinnerte mich, wie es sich angefühlt hatte, zu Jonathan den Felsen hoch zu klettern. Tastend, langsam öffnete ich mich der Gruppe. Stück für Stück ließ ich sie an meine Geheimnisse heran. Ich fand heraus, dass ich nicht die Einzige war, die sich in einem Raum voller Menschen allein fühlte. Ich war nicht die Einzige, die sich fast umbrachte bei dem verzweifelten Versuch niemanden wissen zu lassen, was in ihr vorging. Jetzt hatte ich Menschen, mit denen ich über meinen Schmerz und meine Machtlosigkeit gegenüber meiner Krankheit sprechen, lachen und weinen konnte. Es gab hier Leute, die länger abstinent – die Essstörungsvariante von nüchtern – geblieben waren, als ich es mir jemals vorstellen konnte: Manche 30 Tage, manche ein ganzes Jahr lang. Leute, die mir die Hoffnung gaben, dass ich es auch schaffen würde. Menschen, die mich liebten, mein inneres Ich. Menschen, die mir sagten, sie würden mich so lange lieben, bis ich mich selbst lieben könnte. Ich glaubte ihnen. Ich spürte ihre

Liebe und glaubte ihnen, wenn sie mir sagten, dass ich gerade erst angefangen hätte herauszufinden, wer Margo ist. Dass ich, wenn ich wollte, mehr Freude erleben würde, als ich mir jemals vorstellen könnte, und dass hinter dem Wissen um meine eigene Wahrheit eine unglaubliche Freiheit auf mich wartete.

Während der 42 Tage in *Rader* lernte ich, wie gefährlich diese Krankheit wirklich war. Bei einem Treffen mit dem Abteilungsarzt, bei dem meine Laborwerte durchgegangen wurden, hatte er sich nicht zurückgehalten. »Wissen Sie, was Elektrolyte sind, Margo?«, fragte er. »Klar. Kalium und Natrium hauptsächlich. Ich weiß, dass sie davon abhängig sind, wie viel Wasser im Körper ist, und dass es schlecht für den Organismus ist, wenn sie aus dem Gleichgewicht geraten.« Ich hatte über die Jahre hinweg eine Menge medizinischer Fachausdrücke gelernt um meine eingebildeten Krankheiten zu unterstützen. »Richtig. Und Ihre waren aus dem Gleichgewicht. Erinnern Sie sich daran, dass sie gesagt hatten, ihr Herz schlage seit einiger Zeit unregelmäßig?« Meine Herzrhythmusstörungen waren bei dem Aufnahmegespräch ans Licht gekommen. »Mhm. So war es jedenfalls. Es schlug ganz schnell und dann machte es eine Art Pause. Ich erinnere mich, dass ich einmal im Bett lag und mein Herz so stark und schnell in meiner Brust rumpelte, dass ich dachte, es würde explodieren. Und dann hörte es einfach auf. Ich weiß nicht, wie lange, wahrscheinlich nicht sehr lange. Ich erinnere mich, wie ich mich fragte, was wohl geschehen würde, wenn es nicht wieder anfinge.« Ich lachte nervös, erinnerte mich an meine Angst und fragte mich, wann das gewesen war. Diese Geschichte hatte ich ihm bisher nicht erzählt. Ich hatte befürchtet, er würde mich für zu krank halten um die Behandlung fortzusetzen.

Der Doktor lachte nicht. »Margo, Sie waren in jener Nacht dem Tod näher als Sie ahnen. Das Herz braucht Elektrolyte um richtig zu schlagen, und Sie hatten praktisch keine mehr, als Sie hier ankamen. Mit Ihren Herzrhythmusstörungen und der Menge an Abführmitteln, die Sie genommen haben, hätten Sie bald einen schweren Herzanfall erlitten.« Ich war mir nicht sicher, dass ich ihn richtig verstand. »Sie meinen, ich wäre gestorben?« – »Genau das meine ich«, antwortete er ernst. »Ich glaube nicht, dass sie noch vier Monate gelebt hätten. Sie müssen begreifen, dass Sie sterben werden, wenn sie zu ihren alten Verhaltensmustern zurückkehren.«

Dieses Gespräch versetzte mich in Angst und Schrecken. Ich musste mein Verhältnis zu Essen, Alkohol und Drogen ändern, wenn ich am Leben bleiben wollte. Sonst würde mich das komplizierte Netz der Abhängigkeiten, die in der vertrauten Umgebung von Greenwich und New York City entstanden waren, umbringen. In jedem Falle würde es die neue Hoffnung umbringen, die so langsam in meinem Herzen Wurzeln schlug. Ich begann alle Haltungen und Verhaltensweisen aus meinem alten Leben zu untersuchen, selbst die Menschen, mit denen ich mich herumtrieb, und die Orte, die ich aufsuchte. Aber wenn ich nicht zurückgehen konnte, was blieb mir dann?

Der Aufbau eines neuen Lebens würde dem Stricken eines Pullovers mit vielen verschiedenen Garnen ähneln. Ich konnte ein paar nützliche Fäden aus alten emotionalen Decken herüberretten, die ich aufbewahrt hatte. Einige würden von hübschen Kleidern kommen, die zu einem Kind passten, aber nicht zu einer Erwachsenen. Einige Fäden würden ganz neu sein, gesponnen aus dem Wissen über mich selbst, das ich soeben gewonnen hatte. Aber es gab kein Strickmuster, an das ich mich halten konnte, und so bat ich bei einem unserer wöchentlichen Treffen meine Beraterin um Hilfe. »Hab Vertrauen in das, was geschieht«, riet sie mir. »Das Muster kommt schon, wenn du es brauchst.«

Ich sprach auch mit meiner Betreuerin bei den Anonymen Esssüchtigen. »Fang einfach an und wenn er nicht passt, fang wieder von vorn an und mach es noch einmal«, sagte sie mir. »Versuch einfach nicht zwanghaft zu essen, keinen Alkohol zu trinken und keine Drogen zu nehmen, egal was passiert.« Das also würde meine Genesung sein: ein unsicherer Prozess des Sortierens, Entdeckens und Wählens, ohne sich dabei auf irgendwelche Stoffe oder alte Gewohnheiten zu verlassen um die Realitäten des Lebens abzumildern. Man hatte mich gewarnt, dass es manchmal schmerzhaft sein würde. Unter Tränen und aus meiner anscheinend immer noch offenen Verletzlichkeit heraus fragte ich, wie lange dieser Prozess dauern würde, und meine vertrauten Freunde antworteten: »Dein ganzes Leben lang.« Aber dann fügten sie hinzu: Wenn ich jeden Tag aufs Neue meinen Teil dazutäte, würde ich Dinge erleben, die ich mir niemals vorzustellen gewagt hätte. Ich musste nur einen Tag nach dem anderen diese »Beinarbeit« erledigen. Und das konnte ich.

Genesung war keine intellektuelle Übung mehr: Lerne diese Prinzipien und du wirst ein ausgewogenes Leben bekommen. Die emotionalen Fäden, an denen ich jeden Tag zog, waren tief in meiner Vergangenheit angebunden. Aus dem Nichts heraus konnte ein anscheinend unbedeutendes Ereignis oder Wort, ein Ereignis der Stärke Zwei auf der Richterskala meiner Gefühle, ein emotionales Nachbeben bis Stärke Neun auslösen. Allmählich begriff ich, dass sich die meisten meiner Reaktionen auf das Leben auf meine Vorgeschichte bezogen, nicht auf die Ereignisse der Gegenwart. Ich wurde überrascht von Erinnerungen und Gefühlen, an die ich jahrelang nicht gedacht hatte; manche hatte ich absichtlich vergessen.

Ich sprach mit Becky über dieses Phänomen. Becky war eine treue Ratgeberin in Fragen meiner Genesung und sie war zu einer meiner engsten Freundinnen geworden. Oft rief ich sie an, wenn ich über meine Ängste sprechen musste. »Ich sage dir, was mir geholfen hat, Margo.« Einer der Gründe, warum ich ihr so sehr vertraute, war, dass sie mir selten sagte, was ich tun sollte. Stattdessen teilte sie unverdrossen mit mir, was sie in einer ähnlichen Situation getan hatte. »Jedes Mal, wenn eine Erinnerung in mir hochkommt und ein starkes Gefühl auslöst, benutze ich es um eine enge Beziehung zu mir selbst in diesem Alter aufzubauen.«

Schon bald lernte ich einiges über mich selbst im Alter von vier, acht, 13, 19 und 35 Jahren. Ich machte mir Sorgen, ob ich vielleicht eine gespaltene Persönlichkeit hätte. Becky versicherte mir, dass ich in Wirklichkeit nur alle die Arten kennen lernte, auf die ich mich selbst vernachlässigt hatte um die Anerkennung und Liebe zu bekommen, die ich zum Überleben brauchte. In diesem Prozess wurde ich heil und vollständig. Ein weiterer Traum erfüllte sich.

Als ich Leelee und ihre Familie im Herbst 1987 in Aspen besuchte, tauschten wir beide Erinnerungen über unsere frühen Zeiten in Aspen aus. »Wir haben damals verrückte Sachen gemacht, Migger«, sagte Leelee lachend. »Allerdings«, sagte ich. »Erinnerst du dich an die Klettertour am *Turkey Rock* mit Jonathan? Am Boden waren wir so ängstlich und später oben waren wir so stolz.« – »Natürlich erinnere ich mich. Und wo wir gerade dabei sind: Alex war in Afrika, auf dem Mount Kenya und dem Kilimandscharo. Sie war begeistert. Ich habe an dich gedacht, als sie davon erzählte.«

Alex war eine gute Freundin von Leelee und eine hochkarätige Anwältin in Boston, die ihren Beruf liebte. Und sie hatte einen Berg bestiegen. Nicht irgendeinen Berg. Sie hatte den Mount Kenya bestiegen. Den Berg, der mich so angezogen hatte. Wenn sie das konnte, warum nicht auch ich? Der Zufall war zu groß, als dass man ihn ignorieren konnte.

Ich rief Alex in Boston an um sie nach ihrer Reise zu fragen.

»Ja, Margo, es war wunderbar. Harte Arbeit, aber es hat sich wirklich gelohnt.« Als ich meine Kondition infrage stellte, sagte sie: »Ich konnte ausreichend trainieren, selbst bei meinen langen Arbeitszeiten. Du würdest das ohne Weiteres schaffen.« Konnte das sein? Ich versuchte mich auf das zu konzentrieren, was sie sagte, aber die pessimistische Stimme in meinem Kopf machte es fast unhörbar. Das war meine innere Kritikerin Martha in Bestform. Es konnte überhaupt nicht sein, ich war sowieso nicht stark genug und so weiter und so weiter und so weiter.

Aber von irgendwo ganz tief drinnen stoppte eine andere Stimme diese Litanei: »Nein, Martha. Das ist nicht wahr. Ich habe es mir verdient und vielleicht ist das die Antwort.« Wieder einmal tat Gott Dinge für mich, die ich noch nicht selbst für mich tun konnte. Die Ereignisse hatten sich in einer Weise getroffen, die ich mir nicht hätte vorstellen können: die Reise nach Aspen, das Gespräch über *Turkey Rock*, meine Lust auf den Mount Kenya, Alex und ihre Reise. Wie zuvor machte ich einfach mit und nahm so gut am Leben teil, wie ich konnte, und das Universum gab mir den Schlüssel in die Hand um die Tür zu meinem Traum aufzuschließen.

Im Januar 1988 feierte ich meinen 40. Geburtstag. Als ich noch süchtig gewesen war, hatte ich schon den Gedanken 40 zu werden verabscheut. Irgendwie markierte es das Ende meiner Jugend, das Ende aller Chancen meine Träume und Ziele zu erreichen, das Ende aller Hoffnung auf Veränderung. Jetzt freute ich mich auf die 40 und wollte es feiern und in Ehren halten, dass ich lebte und mein fünftes Lebensjahrzehnt begann. Ich gab zu meinen Ehren ein Fest mit Abendessen und Tanz in San Diego und lachte und tanzte mit meinen Freunden die ganze Nacht. Mein Vater, meine Schwester Barb, ihre Tochter Meg und Leelee, sie kamen alle geflogen um an der Party teilzunehmen. Ich war gerührt von der

Mühe, die sie sich machten, und fühlte mich geehrt durch all die Menschen, die zusammengekommen waren um mit mir zu feiern.

Und ich schenkte mir auch selbst etwas: eine Woche in einem Ferien- und Gesundheitszentrum namens *Canyon Ranch*. Barb hatte mir schon vor Jahren davon erzählt und ich war ganz gefesselt gewesen und hatte die Informationen für irgendwann in der Zukunft zurückgelegt. Jetzt war der richtige Zeitpunkt gekommen. Ich hatte mir alle Informationen über eine Bergsteigerreise zum Mount Kenya und zum Kilimandscharo kommen lassen, die für den nächsten Sommer angeboten wurde. Die Woche auf der *Canyon Ranch* würde nicht nur Ferien bedeuten, sondern wäre auch eine Messlatte, nach der ich überprüfen wollte, ob ich bis Juni fit genug fürs Bergsteigen sein könnte.

Der Aufenthalt auf der *Canyon Ranch* brachte das, was ich erwartet hatte, und noch mehr: gesundes Essen, Wüstenwanderungen, befriedigend schmerzende Muskeln, tägliche Massagen, lange, durchgeschlafene Nächte, interessante Menschen – und die Bestätigung, dass ich tatsächlich genug Kondition hatte um die Reise nach Afrika für Juni zu planen. Am Tag meiner Rückkehr reservierte ich mir einen Platz.

»Atmen. Denk einfach daran zu atmen. Und keinen Alkohol, egal was passiert.« Beckys Stimme am Telefon gab mir Sicherheit. Sie hatte immer so einfache, praktische Ratschläge zur Hand, wenn ich im Zustand emotionalen Aufruhrs zu ihr kam. Selbst nach zweieinhalb Jahren der Genesung konnten mich die einfachsten Dinge manchmal aus der Bahn werfen und ihr Rat half mir in der Gegenwart zu bleiben.

»Beck, woher kommt das? Ich breche zum größten Abenteuer meines Lebens auf und ich könnte heulen. Ich verstehe es nicht.« Ich war jeden einzelnen Kilometer gelaufen, den ich laufen konnte, hatte sowohl den oberen als auch den unteren Teil meines Körpers mit Krafttraining aufgebaut und mir die notwendige Ausrüstung besorgt. Ich besaß sogar einen Vorrat an Kassetten für den Walkman um sie beim Wandern zu benutzen. Diesen Trick hatte ich beim Joggen gelernt und ich wollte die vertrauten Melodien auch bei diesem Abenteuer bei mir haben. Was noch fehlte, war ein wenig Packen in letzter Minute und der Weg zum Flughafen.

»Vielleicht ist das, was du da spürst, Dankbarkeit, Margo.« Das lag nicht einmal in der Nähe der Möglichkeiten, an die ich gedacht hatte. »Manchmal fühlt sich das ganz ähnlich an wie Traurigkeit. Überprüf das mal in deinem Innern.« Sie erinnerte mich daran, dass ich einige Wunden aus meiner frühen Kindheit geheilt hatte, dass ich mich stark fühlte, wenn ich die Wahrheit sagte und an mich selbst glaubte, und dass ich mich heute dazu aufmachte mir einen Traum zu erfüllen, indem ich auf den Mount Kenya und den Kilimandscharo stieg. »Du hast dir noch nie selbst so die Ehre erwiesen, Margo. Genesung von Abhängigkeiten ist keine Garantie dafür, dass alles einfach wird, es bedeutet nur, dass wir es tun können. Ich bin wirklich stolz auf dich.«

Nachdem ich aufgehängt hatte, erlaubte ich mir mich hinzusetzen, die Dankbarkeit zu spüren und zu weinen. Erinnerungen und Gefühle aus den letzten 40 Jahren schwappten wie Wellen über mich hinweg. Erst die Traurigkeit und Selbstverurteilung wegen all der Gelegenheiten, bei denen ich gesagt hatte, dass ich etwas tun wollte, und es dann doch nicht getan hatte, weil ich zu krank oder zu schwach oder zu beschäftigt war: Die Woche bei einem Survival-Kurs, die ich abgesagt hatte, weil ich mir den Knöchel verdreht hatte; das Fahrrad, das ich mir gekauft hatte um darauf zu trainieren und auf dem ich nie gefahren war; die Sportcenter, in denen ich mich angemeldet hatte und nie mehr aufgetaucht war. Direkt darauf jedoch folgte die Dankbarkeit für den Mut nach *Rader* zu gehen und für meine Bereitschaft, der Sehnsucht meines Herzens zu folgen und auf den Mount Kenya zu steigen. Es gab so vieles, für das ich heute dankbar sein konnte. Ich bekam gute Noten in meinem Fortbildungsprogramm und war ganz fasziniert von der Möglichkeit Beraterin zu werden. So viele Teile meiner inneren Familie waren inzwischen meine Freunde; sie mussten nicht mehr weglaufen und sich verstecken aus Angst, dass ich sie oder ihre Gefühle missachten würde. Ich sah nicht nur meistens aus wie ein vollständiger Mensch, ich fühlte mich auch tatsächlich so. Selbstkritik war oft immer noch das erste Gefühl, das auftauchte, aber vielleicht würde sich auch das eines Tages ändern.

3. Willkommen in Afrika

Dienstag, 7. Juni 1988, Nairobi
Sonnenaufgang über Afrika. Jedenfalls über einer
Wolkenbank über Afrika. Blauer Himmel über mir,
wattige weiße Wolken unter mir. Willkommen in
Afrika, Margo.

»Das ist unglaublich! Ich kann mir gar nicht vorstellen, was
das für ein Gefühl gewesen sein muss, der älteste Teilnehmer
des *Ironman* zu sein, der bis zum Ende durchgehalten hat.
Was für ein Gefühl von Leistung und Erfolg.« Mein Sitznach-
bar würde auch einer meiner Kletterpartner auf dem Mount
Kenya und dem Kilimandscharo sein. Norton war Rentner
und Ende sechzig; früher war er leitender Angestellter in einer großen Firma gewesen. Er hatte mich angerufen, bevor
wir die USA verließen, und hatte sich mit mir in London ver-
abredet. Ich war froh darüber. Seine positive Einstellung und
Sichtweise waren ansteckend und ich war fasziniert davon,
wie aktiv er sein Leben gestaltete.
»Ach, was ich da getan habe, ist wirklich nicht viel. Man muss
nur Ausdauer haben und die Bereitschaft körperliche
Schmerzen durchzustehen. Jeder, der dumm genug ist und
dessen Körper ihn nicht im Stich lässt, kann das machen.«
Norton rückte seinen hoch gewachsenen Körper in dem engen Flugzeugsitz zurecht. Wir waren seit dem Abflug in
Heathrow schon Stunden unterwegs und immer noch lag ein
abendfüllender Spielfilm zwischen uns und Nairobi. Seine
Stimme hatte den geschliffenen Klang des Firmenprotokolls
und er hängte absichtlich tief, was er erreicht hatte. Er unter-

brach sich und drehte sich seitwärts in meine Richtung. »Wissen Sie, was Sie getan haben und was Sie jeden Tag tun, na, das erfordert wirklichen Mut. Ich war nie mit den Dingen konfrontiert, von denen sie da sprechen. Und ich weiß nicht, ob ich es gekonnt hätte. Der wirkliche Held hier sind Sie.« Ich war sprachlos. Was sah er da, was ich nicht sehen konnte? Was sollte ich auf einen solchen Kommentar antworten? Ich spürte einen Kloß im Hals, einen Vorboten von Tränen der Dankbarkeit. »Danke.« Es klang matt, aber es kam von Herzen, vielleicht noch tiefer aus meinem Innern. Ich drehte mich um um aus dem Fenster zu sehen. Hätte ich jetzt einen Drink gehabt, hätte ich wohl einen Schluck genommen.

Mein Kopf versuchte mich auf die Zukunft auszurichten: auf die Berge, die anderen Leute, die da sein würden, den Führer, das Wetter, das Essen, ob ich genug Kleidung bei mir hätte – alles, nur nicht still hier sitzen. Ich ahnte, dass es bei dieser Reise mehr um geistige und spirituelle Stärke gehen würde als um bloße körperliche Ausdauer. Trotzdem fragte ich mich, wie ich mit Schlafsäcken, Zelten und stundenlangen Wanderungen zurechtkommen würde. Ich flüsterte ein Dankgebet für Nortons Bereitschaft mir zu sagen, was er in mir sah. Das gab mir ein gutes Gegengewicht zu Marthas kritischer Sicht.

Der Film fing an, aber Nortons anerkennende Worte hatten etwas verändert. Es war, als wäre mein Inneres ein drehender Kreisel, den er mit seinem Finger angestoßen hatte, und ich wollte sehen, wohin mich das brachte. Trotz meiner Müdigkeit nach den vielen Flugstunden und der Zeitverschiebung nahm ich also mein Tagebuch heraus und begann über die letzten Wochen zu schreiben, vor allem über die Zeit, die ich bei Mum und Pop in Greenwich verbracht hatte.

Jeden Tag kamen neue Erkenntnisse und Einsichten auf mich zu. Aber jeder Sieg schien auf einem schmerzhaften Fundament aufgebaut zu sein: dem Schmerz der Veränderung die

Dinge auf eine neue, manchmal seltsam anmutende Weise zu tun. An manchen Tagen schien die Gefühlsarbeit beim Umbau einer vierzigjährigen Fehlprogrammierung so überwältigend wie das Ersteigen innerer Berge, viel höher und uneinnehmbarer als der Mount Kenya. Ich musste mich ständig daran erinnern, nicht zwei Schritte auf einmal zu machen.

Jede Erfahrung half mir dabei, mehr über meine neuen Grundlagen herauszufinden. Zorn, Angst und Traurigkeit, meine reflexartigen Reaktionen auf die Vergangenheit, waren manchmal so stark, dass ich merkte, sie waren Markierungen, emotionale Zeichen, die mir sagten: »Hier nicht entlanggehen: Gefahr!« Aber anscheinend hatte ich nicht die Wahl. Ich musste mein gesamtes inneres Territorium erkunden um herauszufinden, was die Wahrheit war und was nicht.

Vor allem der Zorn schien ein Schlüsselgefühl für mich zu sein. Manchmal äußerte er sich in Verurteilungen, manchmal in Wut.

Mit professioneller Hilfe war ich rückwärts durch die Enttäuschungen meines Lebens gewandert, durch eine Kindheit, die nicht perfekt, aber sicherlich auch nicht schlecht war. Bis zu einem Ereignis, bei dessen Erinnerung ich mich vor Schmerz krümmte. Als ich der Wahrheit ins Gesicht sah, verstand ich, dass ich es bis zur Nichtexistenz verkleinert hatte, weil ich es anders nicht ertragen konnte. Aber jetzt hatte ich keine andere Wahl: Ich musste das Gefühl von Schande und Verrat wieder erleben, das ich empfunden hatte, als ich im Alter von gerade einmal sechs Jahren von meinem Großvater befummelt worden war. Ich musste mir meinen Zorn auf meine Eltern eingestehen, die mich davor nicht geschützt hatten. Erst dann konnte ich mir erlauben meine Trauer um den Teil von mir zu spüren, den ich damals zur Seite geschoben hatte um so zu tun, als sei nichts passiert, um mir die Zustimmung der anderen zu erhalten, um zu überleben.

Ich wusste, ich war nicht allein. Viele Kinder werden jedes Jahr missbraucht, viele wesentlich schlimmer als ich. Aber zum ersten Mal in meinem Leben war ich jetzt in der Lage, das kleine Mädchen in die Arme zu schließen, das ich gewesen war, ihr meine Liebe zu zeigen und ihr zu sagen, dass es nicht ihre Schuld war. Diese Wahrheit aufzudecken war eine machtvolle Erfahrung, aber ich wusste, ich hatte noch viel Arbeit vor mir um die Tür zur Genesung ganz aufzustemmen.

Auf meinem Weg nach London hatte ich in Greenwich Halt gemacht, entschlossen mit meinen Eltern über die wieder gefundene Wahrheit dieses Kindesmissbrauchs zu sprechen. Ein Tag und ein weiterer verging und ich wartete auf den richtigen Zeitpunkt um meiner Mutter von meinen Erinnerungen zu erzählen. Es würde doppelt schwierig werden, mit ihr darüber zu sprechen, weil es um ihren eigenen Vater ging. Schließlich marschierte ich nach einigen fehlgeschlagenen Versuchen zu ihr in die Küche und wusste, jetzt war der Zeitpunkt gekommen. Wir waren in ihrem Allerheiligsten, an ihrem abgesonderten, tatsächlich fast heiligen Ort, wo sie vor der Außenwelt sicher war. Ihre ernsten Krankheiten schränkten ihre Bewegungsfreiheit ein und ihre schweren Allergien nahmen ihr alles bis auf einen sehr vorsichtig arrangierten Umgang mit anderen Menschen. Aber hier, in ihrer Küche, hatte sie das Gefühl ihre Welt unter Kontrolle zu haben.

»Mum, ich muss mit dir über etwas sprechen.« Meine Stimme klang höher als normalerweise, fast wie die eines kleinen Mädchens. Jetzt konnte ich die Worte nicht mehr zurücknehmen, ich hatte schon zu viel gesagt.

»Oh, Gott.« Die Worte entschlüpften ihr fast lautlos, zitternd vor Angst und in einer unwillkürlichen Vorbereitung auf Schmerz. Dann hatte sie sich sofort wieder im Griff und ihre Stimme war jetzt sanft und kontrolliert. »Natürlich, Miggie.« Sie kam vom Spülbecken herüber, trocknete sich die Hände mit mechanischen Bewegungen an einem Handtuch ab, das sie irgendwo unterwegs aufgenommen hatte, und setzte sich auf ihren Stuhl am Küchentisch. Es war immer ihr Stuhl gewesen, der, der seitlich stand, der sie weder mit der Schönheit draußen noch mit der inneren Wirklichkeit ihrer Welt konfrontierte, sondern sie in der Mitte beließ.

Ich atmete tief durch. Ich wusste, meine Worte würden sie tief verletzen und genau jenen Schmerz verursachen, den sie instinktiv vorausgeahnt hatte. Ich saß neben ihr auf meinem Platz, dem, von dem aus man die schöne Welt dort draußen sehen konnte, atmete noch einmal tief ein und erzählte ihr alles. Dass ich so lange versucht hatte so zu tun, als wäre es keine große Affäre. Dass sich die kleine Sechsjährige in mir selbst Vorwürfe gemacht hatte und dass ich als dieses kleine Mädchen das Wissen brauchte nicht schlecht zu sein und noch immer von meiner Mami geliebt zu werden. Ich sagte ihr, ich könne es nicht länger als Geheimnis für mich behalten, ich könne nicht so tun, als würde es mir nichts ausmachen. Ich musste es herauslassen um den mächtigen Zauber zu brechen, der 34 Jahre lang auf mir gelastet hatte.

»Oh, Gott.« Mums Körper sackte vornüber. Ihre Hände versuchten die Tränen zu verdecken, die über ihr Gesicht strömten. Dann redeten wir. Sie sagte mir, wie schwer es für sie sei zu hören, dass ihr Vater, der so vornehm gewesen war und den sie so sehr geliebt und verehrt hatte, so etwas getan hatte. Und sie erzählte, eine Urenkelin, auch sechs Jahre alt, hätte gesagt, dass Poppy auch sie »da unten« angefasst habe. Man hatte dem kleinen Mädchen gesagt, sie müsse sich irren und solle das Ganze vergessen.

Mum versicherte mir, dass sie mich liebte und dass sie froh war, dass ich es ihr gesagt hatte, aber irgendetwas fehlte an ihren Worten. Ihr eigener Überlebensdrang kam ihrem Herzen in die Quere. Die Loyalität zu ihrem Vater, das Bedürfnis ihr Bild von ihm zu bewahren und der Schmerz, den sie fühlte, wenn sie sich davon verabschiedete, waren zu viel. Meine Mutter und ich hielten einander in den Armen und weinten lange. Unser Schmerz war so wirklich und doch so verschieden. Ich weinte um alle kleinen Mädchen, denen man gesagt hat, ihre Wahrheit sei eine Lüge. Sie weinte um die Wahrheit, von der sie wusste, dass sie sie nicht zulassen konnte.

Mehr als die Reinigung, die ich erhofft hatte, fühlte ich Resignation. Ich musste mich selbst daran erinnern, dass es nicht Zweck meines Gesprächs mit Mum gewesen war, irgendetwas von ihr zu bekommen. Es ging um mich, um das kleine Mädchen in mir, das ich selbst so früh im Stich gelassen hatte. Ich betrachtete mein neues Verständnis der schwierigen und sich überlappenden Stränge von Überlebensinstinkten, die zwischen mir und meiner Mutter gespannt waren, und konnte damit beginnen, Mum mit ihrer ganzen eigenen Wahrheit zu akzeptieren: mit ihrem Mut wie mit ihrer Schwäche. Der Schleier der Resignation hob sich. Jetzt konnte ich mein Leben in größerer Freiheit leben. Ich konnte meine Mutter lieben ohne versuchen zu müssen so wie sie zu sein und ohne zu versuchen etwas von ihr zu bekommen, das sie nicht geben konnte. Das neue Leben, das man mir versprochen hatte, entwickelte sich aus den Fäden des alten.

Ich schloss mein Tagebuch, gerade als der Kapitän unseren Landeanflug nach Nairobi ankündigte. Ich fühlte mich seltsam in meiner Haut, als beobachtete ich die Person, die ich immer hatte sein wollen. Manchmal, wie in diesem Augenblick, konnte ich nur ungläubig den Kopf schütteln und Gott für die Möglichkeit danken mein Leben zu leben. Ich kam zum Bergsteigen nach Afrika – unglaublich.

Das Flugzeug landete in Nairobi und meine Müdigkeit verschwand; lächelnd freute ich mich auf das kommende Abenteuer. In den Hinterzimmern meines Verstandes liefen nonstop Marthas verurteilende Kommentare: Ich würde mich auf dem Flughafen verlaufen, niemand würde dort sein um mich abzuholen und überhaupt, was glaubte ich, wer ich war, dass ich den Mount Kenya besteigen wollte? Ich stand in der Reihe hinter Norton, als wir in die tropische Hitze hinaustraten, vorbei am einschüchternden Starren von Wachen mit Maschinenpistolen.

Als wir den bürokratischen Irrgarten der Zollabfertigung hinter uns gebracht hatten, kam ein auf eckige Weise gut aussehender Mann mit einem Vollbart und einem Willkommenslächeln auf uns zu und stellte sich als Skip Horner vor: unser Bergführer. Ich mochte ihn vom ersten Augenblick an, hörte aber nur halb zu, als er erklärte, was bis zu unserer Ankunft am Fuß des Mount Kenya geschehen würde. Unsere erste Aufgabe war es, die Zeit totzuschlagen, während wir auf die anderen Mitglieder unserer Gruppe warteten.

Ich begann ihn nach seinem Leben als Bergführer zu fragen. Ich wollte mehr über das erfahren, was meine Leidenschaft entzündet hatte: die schönen, exotischen Bilder von entrückten Orten und wunderbaren Abenteuern, die er beschrieb.

Als ich ihm sagte, meine einzige bergsteigerische Erfahrung sei die vom *Turkey Rock* in Aspen, überraschte er mich mit der Bemerkung, da habe er auch einmal gelebt. Wir spielten »Wen kennst du?« und tauschten Kleinstadttratsch aus und es zeigte sich, dass wir dort zur selben Zeit gelebt hatten und womöglich sogar einige Male auf denselben Partys gewesen waren.

Ich schüttelte lachend den Kopf. »Ich wundere mich immer wieder, wie klein die Welt ist.« Das war eine glatte Untertreibung. Hier saß ich in Afrika und unterhielt mich mit dem Führer einer Abenteuerreise über gemeinsame Erfahrungen aus einer Zeit vor 15 Jahren. »Kanntest du ganz zufällig einen Mann namens Jonathan Wright, als du in Aspen warst?«

»Ja, ich kannte ihn gut.« Skip brach ab und verlor sich in Erinnerungen. »Wir waren am Tag vor seinem Aufbruch zu seiner letzten Reise, der nach China, zusammen beim Bergsteigen am *Independence Pass*.« Seine Antwort raubte mir den Atem. Ich konnte nicht sprechen, aber Skip tat es. »Ist das auch wieder so ein Zufall?«

»Ich kann dir gar nicht sagen, was für ein Geschenk es für mich ist, dass du Jonathan kanntest. Er war es, der mich zum *Turkey Rock* mitnahm. Wegen seines Lebens und seiner Liebe zu den Bergen bin ich letzten Endes hier.« Ich glaubte nicht an Zufälle. Was wie Zufälle aussah, waren einfach Wunder, bei denen Gott anonym bleiben wollte. Ich fühlte mich von innen her erwärmt und so erfüllt mit Erinnerungen an Jonathan, als wäre er körperlich anwesend. Skip lächelte und in seinen Augen sah ich dieselbe Lust am Abenteuer des Lebens wie bei Jonathan.

Die anderen Mitglieder unserer Reisegruppe kamen an und schließlich waren wir komplett. Wir waren sechs, Skip eingeschlossen, und luden unsere Kleidersäcke und Gepäckstücke in die Kleinbusse, die uns zu unserem Hotel brachten. Norton, Skip und ich fuhren in dem einen, die anderen drei in dem zweiten. Da war ein Paar aus Kanada: Marc, ein Neurochirurg Anfang dreißig, der nicht mal alt genug für die erste Zwischenprüfung aussah, geschweige denn um an anderer Leute Gehirn herumzuoperieren, und die kluge, witzige und gesellige Janice, die ebenso wie Marc eher wie ein Teenager aussah. Sie wollten noch in diesem Jahr heiraten. Und da war Laura, meine Zimmergenossin in Nairobi und zukünftige Zeltpartnerin auf dem Berg, eine freundliche, attraktive Amerikanerin mit einem wunderbaren Sinn für Humor.

Laura und ich verbrachten den Abend damit, unsere Taschen umzupacken und alles zusammenzustellen, von dem wir glaubten, dass wir es auf dem Berg brauchen würden. Nach

Skips Aussage mussten wir damit rechnen, dass es zu Beginn heiß und feucht sein würde, in der Mitte regnerisch und kühl und auf dem Gipfel kalt und verschneit, und er erinnerte uns daran, dass es unterwegs keine Gelegenheit geben würde etwas zu kaufen, wenn uns irgendetwas fehlen sollte. Unser Zimmer war in völliger Auflösung und spiegelte das unentschlossene Sortieren und Umsortieren unserer Kleider und anderer Ausrüstungsgegenstände wider. Keine von uns wusste wirklich, was sie auf dem Berg zu erwarten hätte.

Ein Klopfen an der Tür, gefolgt von Skips Stimme: »Laura, Margo, wie gehts mit dem Packen?« Wir öffneten die Tür. Er lachte, als er hereinkam und sich vorsichtig seinen Weg zwischen den Stapeln hindurch suchte. »Das ist es wohl, was man als ›Kraut und Rüben‹ bezeichnet.«

»Kraut und Rüben.« Wenigstens hatte das, was wir hier taten, einen Namen. Ich überprüfte noch einmal, was ich ausgesucht hatte, besonders im Hinblick auf Skips Bemerkungen über möglichen Regen und absolut sichere Kälte. Als ich meine endgültige Auswahl an T-Shirts in den Kleidersack stopfte und mir dann Platz im Bett schaffte, damit ich zum Schlafen hineinkriechen konnte, war ich dankbar, dass wir für unsere Ausrüstung Träger haben würden.

Mein Organismus reagierte auf die Zeitverschiebung und Aufregung, sodass ich nachts um drei aufwachte, als wäre es Zeit den Tag zu beginnen. Bis um halb sieben gelang es mir noch, weiterzuschlafen, dann gab ich auf und schwang meine Beine aus dem Bett um mich anzuziehen. Nach dem Frühstück bestiegen wir einen Landrover um zu den *Bandas* zu fahren, den Hütten, von wo aus wir den Aufstieg auf den Mount Kenya beginnen würden.

Die vierstündige Reise brachte uns von Nairobis städtischen Asphaltstraßen zu groben Pisten auf dem Weg zum Mount Kenya. Ich sah Grasland, grüner als ich es jemals für möglich gehalten hatte, und kleine Farmen mit Mais-, Tee- und Kaffeefeldern. Mit 5195 m Höhe erhebt sich der höchste Gipfel des Mount Kenya fast 1200 m über den höchsten Punkt der Aberdare-Berge, der massiven Bergkette in einem in Nord-Süd-Richtung verlaufenden Sumpfland, dem Gebiet, in dem man am besten Großwild sehen kann. Die rauen vulkanischen Ursprünge hatten es auch zu einem idealen Versteck für die Mau-Mau-Rebellen gemacht, die in den frühen Fünfzigerjahren gegen die Briten und die Siedler für Kenias Unabhängigkeit kämpften.

Obwohl der Äquator seine Nordflanken durchschneidet, besitzt der Mount Kenya elf Gletscher: ständige Schnee- und Eisfelder, von denen man manche auf den Hängen sehen kann, die sich wie abgebrochene, vom Alter verfärbte Zähne aus dem reichen, grünen und sanften Hügelland erheben. Als europäische Missionare Mitte des 19. Jahrhunderts von Eis auf diesen Bergen berichteten, wurden ihre Aussagen von den gesetzten Mitgliedern der *Royal Geographic Society*, die sicher und warm in ihren holzvertäfelten Salons in London saßen, nicht geglaubt und als Unsinn abgetan. Es mussten fast 40 Jahre vergehen, bevor diese Berichte durch »verlässliche« Quellen bestätigt wurden.

Der erste ernsthafte Versuch den Mount Kenya zu besteigen fand 1893 statt. Es gelang aber erst 1930, als ein junger britischer Auswanderer, Eric Shipton, neue Routen auf den Berg etablierte. Shipton machte weiter und wurde in Bergsteigerkreisen zu einer Legende, einige halten ihn für den größten Bergentdecker aller Zeiten. Die letzte undurchstiegene Route auf den Mount Kenya wurde 1980 erobert.

Als wir durch das Grasland und den Regenwald mit seinen moosbewachsenen Bäumen, Ranken und Schlingpflanzen fuhren, überkam mich selbst das Gefühl ein richtiger Entdecker zu sein und ich beobachtete staunend, wie die Bergspitzen die Windschutzscheibe unseres Wagens ausfüllten. Aber ich war nicht einfach nur da um zu schauen, ich würde dort hinaufsteigen. Auf einer Höhe von gut 3000 m erreichten wir die *Bandas* am Rande dessen, was man die Sumpfzone nennt. Wir würden eine Nacht dort verbringen um uns zu akklimatisieren, bevor der Aufstieg begann. Im Alter von 40 Jahren war ich hier um meinen ersten Berg zu besteigen, meine ersten beiden Berge.

Am nächsten Morgen fühlte ich mich ziemlich dekadent, als die 23 Männer, die in den nächsten paar Tagen unsere Träger und Köche sein würden, aus der bunten Ansammlung von Fahrzeugen purzelten, mit denen sie zu den *Bandas* gekommen waren. Sie waren in eine solch farbenprächtige Mischung aus Pullovern, Jacken, Hüten, Overalls und Stiefeln gekleidet, dass sie wie ein wandelnder Secondhandladen aussahen. Aber im Gegensatz zu uns fünfen, die zum ersten Mal hier waren und über ein recht unterschiedliches Maß an Vorstellungsvermögen darüber verfügten, was vor uns lag, waren sie gewiefte Profis. Sie wussten genau, was sie taten und wohin sie gingen, als sie die verschiedenen Kisten, Taschen und Säcke ordneten, in denen unsere Kleider, Zelte und Lebensmittel untergebracht waren.

Bevor wir noch darüber nachdenken konnte, folgten wir alle einem Pfad durch das Zauberreich einer Vegetation, die höher wuchs als alles, was ich jemals gesehen hatte. Das Heidekraut stand hier schulterhoch und üppig. Riesige Pflanzen, Kreuzkraut genannt, trugen schöne, große Sternenkronen aus grünen und weißen Blättern an den Spitzen ihrer Arme und erinnerten mich an den Riesen-Sguaro, den Kaktus in der Wüste von Arizona. Das Gras wuchs in kniehohen Büscheln.

Die langen Hosen und Fleece-Jacken für den frühen Morgen wurden lange vor der Mittagszeit ausgezogen, als die Wärme der afrikanischen Sonne eher zu Shorts und T-Shirts und einige der Männer sogar zu nackten Oberkörpern verlockte. Bis zum frühen Nachmittag hatten wir fast 700 Höhenmeter gewonnen und es waren Wolken aufgezogen, die einen spürbaren Temperaturrückgang und leichten Nebel mit sich brachten. Der Nebel ging in Regen über und wir machten eine Pause um die langen Hosen, die Sweatshirts und die Regenkleidung wieder anzuziehen.

Wasser drang in meine Stiefel und meine Socken waren triefend nass. Das Wandern durch das Büschelgras und über das unregelmäßige vulkanische Geröll auf unserem Weg wurde zu einer zunehmenden Herausforderung und meine Stimmung wurde ebenso schlecht wie das Wetter. Gern hätte ich jemanden oder etwas gefunden, das verantwortlich für meinen Verdruss war, aber stattdessen halfen mir die Mittel, die ich während meiner Genesung praktiziert hatte, meine Einstellung der Lage anzupassen. Ich konnte Becky hören, die mit mir darüber sprach, in der Gegenwart zu bleiben, die »Beinarbeit« zu tun und die Ergebnisse Gott zu überlassen. Ich musste mir diese Reise meines Lebens nicht ruinieren, nur weil meine Füße kalt und nass waren. Mit einem gewissen Stolz begriff ich, dass ich zwischen körperlichem Unbehagen und einer echten Krise unterscheiden konnte. Vor nicht allzu langer Zeit hatte ich nicht einmal gewusst, dass es einen Unterschied gab.

Am Lake Ellis schlugen wir unser Lager auf, umgeben von zerklüfteten Hängen und höheren Gipfeln. Irgendwann mitten in der Nacht kroch ich aus meinem warmen Schlafsack und ging zum Pinkeln nach draußen. Die meisten Wolken waren weggeblasen und der Himmel war voll mit zahllosen Sternen, was es noch kälter erscheinen ließ, als es ohnehin war. Ich starrte hinaus in die Tiefen des Weltraums und sagte dem Universum Dank dafür, dass ich hier sein durfte.

Der zweite Tag der Wanderung brachte uns auf eine Bergkette

und auf der anderen Seite wieder hinunter, am Lake Michael-son und einem kleinen Fluss vorbei, wo wir unsere Wasser-vorräte auffüllten, dann einen zweiten Bergrücken hinauf, wieder hinunter und wieder hinauf. Wir krochen an Steilhängen entlang, mehr als 300 m über Tälern, die durch Gletscher und Erosion eingekerbt waren. Wir folgten der so genannten Chogoria-Route zum Point Lenana. Auf einer Höhe von 4985 m ist er der Bergwanderer-Gipfel des Mount Kenya, der höchste Punkt des Berges, den man ohne alpine Technik und Ausrüstung erreichen kann.

Irgendwann im Laufe des Tages bekam ich böse Kopfschmerzen und befürchtete, es könnte ein Symptom von Höhenkrankheit sein, eine gefährliche Bedrohung für jeden, der sich in Höhen über 3000 m begibt. Skip hatte uns gesagt, die beste Art auf uns aufzupassen wäre uns nicht zu sehr zu schinden und viel zu trinken. Zu Hause trank ich Diätlimonade aus der Dose und hier fand ich es schwierig, genug Wasser zu trinken um meinen Flüssigkeitshaushalt in Ordnung zu halten. Ich merkte, dass mir die Höhe auch sonst zu schaffen machte. Im einen Moment erfüllte ein Lächeln mein Gesicht, so breit, dass ich zu platzen glaubte, und im nächsten Augenblick war ich den Tränen nahe. Meine Stimmung stieg so hoch und fiel so tief wie die Hänge, die wir überquerten, sie wechselte zwischen dem Gefühl groß und stark zu sein und dem Bedürfnis aufzugeben, weil meine Beine so wehtaten. Einige Male spürte ich Jonathans Gegenwart, die mir Mut machte und mich aufforderte aufzublicken um die unglaubliche Aussicht zu genießen, als wir genug Höhe gewonnen hatten um über einen Bergkamm zu sehen.

Wir lagerten in dieser Nacht auf 4300 m Höhe in der Nähe einer baufällig aussehenden Blechhütte mit Namen *Minto's hut*. Als wir unser Ziel erreichten, schneite es ziemlich stark. Nach dem Abendessen fühlte ich mich wirklich miserabel. Meine

Kopfschmerzen wurden schlimmer und mein Magen rumorte. Ich ging zu Bett, konnte aber nicht schlafen. Die Zeit schien stillzustehen und die Nacht nahm kein Ende. Ich musste etwas tun um ein wenig Ruhe zu finden, denn um 4.15 Uhr wollten wir aufstehen um den Gipfel anzugehen. Schließlich ging ich hinaus und steckte mir den Finger in den Hals um mir etwas Erleichterung zu verschaffen und bald, nachdem ich wieder in meinen Schlafsack gekrochen war, fiel ich in einen unruhigen Schlaf.

Beim Frühstücksruf erwachte ich mit wenig Appetit und anscheinend noch weniger Kraft. Ich ging um die Außenwand der Hütte, beobachtete meine Gefährten und die Träger und brachte mich dazu, an Beckys Merkspruch aus den Zeiten zu denken, als ich sie anrief, weil ich mich nicht gut fühlte. Sie hatte immer gesagt: »Auch das geht vorbei. Du kannst alles schaffen, immer eine Stunde auf einmal, selbst das.« Ich war mir nicht sicher, aber ich wusste, dass ich keines der Geschenke auslassen wollte, die mich auf dieser Reise erwarteten; und der Gipfel lag noch vor mir.

Wir verließen das Lager im Dunkeln um 5 Uhr morgens, damit wir den Point Lenana schaffen und noch bei Tageslicht unser nächstes Lager erreichen konnten. Die Kreise unserer Stirnlampen leuchteten auf dem Neuschnee und den Felsen an unserem Weg, als wir auseinander fielen, jeder und jede im eigenen Tempo. Skip und Marc führten und waren bald weit voraus. Laura, Janice und ich lagen in der Mitte. Norton am Ende war langsam, aber stetig. Er hatte große Schwierigkeiten mit der Höhe, vor allem als wir über 4500 m kamen.

Der Pfad wurde bedeutend steiler. Ich hielt den Kopf unten und zwang mich zu der Anstrengung, die jeder Schritt erforderte, sah aber gerade in dem Moment auf, als die Sonne über den Wolken aufging, die jetzt die Täler unter uns anfüllten. Die Sonne umgab uns mit ihrer Wärme und zeigte uns, wohin wir gehen mussten um unser Ziel zu erreichen.

Wir suchten uns unseren Weg durch Schnee, Eis und Felsen und kletterten dabei durch Geröll – Gesteinsbrocken, manchmal so klein wie Kiesel, manchmal so groß wie eine Männerfaust –, das unser Fortkommen erschwerte. An einer Stelle kämpfte ich mit mir selbst, widersprach der Stimme, die sagte: »Das schaffst du nie«, mit meinem Glauben, dass Gott und ich gemeinsam es konnten. Ich wusste, ich konnte so langsam gehen, wie ich es brauchte, und ich begann häufig einen Ruheschritt einzulegen: Man drückt das untere Knie durch, lässt das obere Bein kurz ausruhen, nimmt einen tiefen Atemzug. Schritt, atmen. Schritt, atmen.

Ich erreichte den Gipfel des Point Lenana bei strahlendem Sonnenschein, mein Gesicht voller Tränen, während mich Wind und Kälte daran erinnerten, dass ich in fast 4800 m Höhe auf meinem ersten Berggipfel stand. Es gibt keine Worte, die meine Freude, Dankbarkeit und Befriedigung beschreiben könnten. Ich konnte einen Traum haben und ihn wahr machen. Ich konnte harte körperliche Arbeit leisten und die pessimistischen Stimmen in meinem Innern überwinden um ein ersehntes Ziel zu erreichen.

Wir standen da und nahmen die Rundumsicht in uns auf, einschließlich der höheren Zwillingsgipfel von Nelion und Batian, die weniger als eineinhalb Kilometer entfernt wie Finger aufragten. Dazwischen lag der Lewis-und-Gregory-Gletscher, der das Tal 700 m unter uns ausfüllte. Der vulkanische Fels leuchtete schwarz gegen den strahlend weißen Schnee, während Wolken den größten Teil des Sumpflandes, des Waldes und der Ebene verdeckten. Wir fotografierten uns gegenseitig neben dem hohen Metallkreuz; es markiert diesen Gipfel wie der Griff eines König-Artus-Schwertes, das auf den perfekten Ritter wartet, damit er vorbeikommt und sein Recht beansprucht das Land zu regieren. Ich fühlte mich so stark, dass ich mir vorstellte, ich könnte es ohne weiteres Nachdenken herausziehen.

Wir stiegen in westlicher Richtung ab und folgten der Nara Meru-Route abwärts. Der Schnee war auf dieser Seite viel tiefer; an einigen Stellen musste Skip mit seinem Eispickel Stufen schlagen. Jeder mögliche Fehltritt hätte zu einer Rutschpartie geführt, ohne Chance auf Halt, bis ich bei den Felsen am unteren Rand angekommen wäre, mehrere 100 m tiefer. Die Herausforderung und das Abenteuer waren aufregend, und nur gelegentlich stach eine vereinzelte Nadel der Angst zu. Am Ende des ersten Bergrückens machten wir eine Imbisspause und blickten zurück. Noch konnten wir unsere Fußstapfen sehen, die vom Gipfel herabführten bis zu unserem Standort.

Der Weg war schlecht markiert, als wie eine sehr steile Passage aus lockerem Fels und Staub hinuntergingen, bis wir über einen Fluss zu unserem Lager gelangten. Der Anblick der schon aufgestellten Zelte, das Treiben rund um das Küchenzelt und die Träger, die mit ihren eigenen Vorbereitungen für den Nachmittag beschäftigt waren, waren ebenso willkommen wie ein erleuchtetes Fenster zu Hause. Ich schlief die ganze Nacht tief und fest, geradezu erschlagen von dem Zusammenspiel von Erschöpfung und Aufregung.

Am nächsten Tag setzten wir unseren Abstieg durch die Fantasiewelt eines senkrechten Sumpfes fort. Die Naturgesetze der Schwerkraft schienen in diesem moorigen Hochland außer Kraft gesetzt zu sein. Wir waren wieder von überlebensgroßen Pflanzen umgeben und überall, wo wir hintraten, war der Boden weich und durchnässt. Bald waren wir von Schlamm bedeckt, während wir versuchten von einer Insel kniehohen Grases zur nächsten zu springen. Kleine Bäche liefen klar und schnell zwischen tief eingeschnittenen Ufern dahin und kreuzten gelegentlich unseren Weg, während wir der unberechenbaren Linie von rotweiß gestreiften Pfählen folgten, die uns zur Straße brachte, wo unsere Fahrzeuge auf uns warteten um uns für einige Tage der Ruhe und Wildbeobachtung nach Amboseli zu bringen.

In den Tagen nach dem Aufstieg schwankte ich zwischen Extremen: der Ekstase und Befriedigung diesen Traum erreicht zu haben und einer tiefen Traurigkeit, die mich verfolgte. Ich wollte nicht trinken oder zwanghaft essen, aber Martha sagte mir, weil ich es nicht täte, sei ich nicht wirklich ein Teil der Gruppe. Wenn die anderen feierten, fühlte ich mich anders als sie und wagte es nicht, meine Gefühle zu zeigen oder über sie zu sprechen. Ich hätte gern geweint, aber es gab keinen Platz zum Alleinsein, also nahm ich meine Gefühle mit in mein Tagebuch und schrieb darüber.

Ich schrieb über meine Freude und Traurigkeit und fühlte die Frustration und den Schmerz all der Jahre, die ich damit verbracht hatte, mein Leben zusammenzuhalten, meine Gefühle wegzuschieben, weil sie »unpassend«, »falsch« oder »schlecht« waren. Alkohol und Essen hatten das Unbehagen beseitigt, das solche Gefühle verursachten. Jetzt hatte ich andere Möglichkeiten. In meinem Tagebuch konnten alle meine Gefühle gleichzeitig existieren, ohne miteinander im Wettstreit zu liegen. Ich musste nichts mit ihnen anfangen oder sie in Ordnung bringen. Ich konnte sie, ihre Macht und ihren Platz in meinem Leben einfach annehmen und dann konnte ich schlafen gehen und mich auf den morgigen Tag freuen.

Dienstag, 14. Juni 1988, Amboseli Wildreservat
Heute haben wir den Kili endlich zu sehen bekommen. Beim Aufstehen war es noch bewölkt, aber die Wolken lösten sich auf, als wir fuhren, und da

war er dann. Diese berühmte Schneekappe mit den Elefanten, die über die darunter liegende Ebene spazieren.

Zwei weitere Tage der Großwildbeobachtung an verschiedenen Orten wärmten mein tierliebendes Herz und gaben meinem Körper Zeit sich von dem Aufstieg auf den Mount Kenya zu erholen. Als wir uns der Grenze zwischen Kenia und Tansania näherten, beherrschte der Kilimandscharo den Horizont. Ich hatte noch nie etwas derart überwältigend Großes gesehen. Wir fuhren stundenlang und er schien einfach nicht näher zu kommen. Es war, als würde er mit uns nach Süden ziehen und immer vor uns bleiben.

Der Kilimandscharo bedeckt eine Fläche von mehr als 3200 Quadratkilometern; an seinem Fuß erstreckt er sich auf einer Fläche von 80 mal 40 Kilometern. Er hat drei Gipfel, Shira, Kibo und Mawenzi. Der Kibo ist mit 5895 m der höchste von ihnen und er war unser Ziel. Die Tour würde mit Auf- und Abstieg sechs Tage dauern und am Gipfel würden wir 1000 m höher stehen als am Mount Kenya. Während wir durch das saftige Land und durch die kleinen Dörfer reisten, fiel es mir leicht, das Staunen nachzufühlen, das die Handelskarawanen und Sklavenkolonnen empfunden haben mussten, als sie vor vielen Jahren aus dem Herzen des Kontinents zum Küstenzentrum Mombasa gezogen waren. Schwieriger war es, sich klarzumachen, dass wie der Mount Kenya auch der Kilimandscharo vor kaum weniger als 100 Jahren zum ersten Mal von Europäern gesehen wurde.

Im Kibo Hotel in Marangu packten Laura und ich unsere gesamte Ausrüstung aus und breiteten sie auf dem roten Linoleumboden des Schlafzimmers mit seinem blumengemusterten Viereck in der Mitte aus. Wir sortierten die Ausrüstungsgegenstände aus, die wir am nächsten Tag mitnehmen wollten, und packten alles wieder ein. Diese »Kraut-und-Rüben-Aktion« kostete mich schon weniger Zeit als die in Nairobi und ich fühlte als Zugabe die Befriedigung darüber, zu wissen, was bei meinem letzten Aufstieg geholfen hatte und was nicht.

Wir brachen am nächsten Morgen um halb neun auf und gingen zunächst einen Teil unseres Weges vom Vortag zurück. In dem kleinen Dorf Moshi versorgten wir uns mit Gemüse und die Träger kauften ihre Lebensmittel für die Tour. Ich fühlte mich wie auf dem Präsentierteller, als die Kinder und Erwachsenen aus dem Dorf uns umringten, auf uns zeigten und untereinander redeten.

Unser nächster Haltepunkt war Machame, wo wir den örtlichen Metzger besuchten. Während wir alles beobachteten, suchte John, unser tansanischer Führer und Koch, für unsere Mahlzeiten eine Auswahl Rindfleischscheiben von einem Gerippe aus, das in der frischen Luft hing. Als wir den Laden verließen, hielt er stolz seine zusätzliche Beute hoch, ein Kuhmaul. Zu unserem kaum verhüllten Amüsement wurde daraus etwas, das wir an diesem Abend zärtlich »Kuhlippensuppe« tauften.

Bald hinter Machame wurde das, was man uns andeutungsweise als Straße vom Dorf zum Anfang des Aufstiegs beschrieben hatte, schlechter. Die Spurrillen wurden tiefer und der Wald schien uns immer mehr einzuschließen. Unser Fahrer, der gerade erst zu fahren lernte, würgte unseren uralten Land Cruiser um jede Kurve.

Kürzliche Regenfälle hatten den Boden in Schlamm verwandelt. Zweimal blieben wir stecken, obwohl der Vierradantrieb die ganze Zeit lief. Einen Moment lang waren wir auf dem hohen Teil des Weges, dann wieder in den Spurrillen und fuhren seitwärts, bis es nicht mehr weiterging. Zum Glück war die Straße auch ein Flussbett, sodass sie einen guten Meter tiefer lag als der Farn und die Bäume um uns. Wenigstens fuhren wir nicht an der Seite des Berges. Jedes Mal, wenn wir stecken blieben, stiegen wir alle aus, griffen uns Äste und alles an losen Blättern, was wir finden konnten, bedeckten die Straße damit und stopften einiges davon unter die Reifen. Dann kletterten wir alle auf die Stoßstangen, Kotflügel und Trittbretter, um mit unserem Gewicht die Zugkraft zu erhöhen, und hofften, dass wir nicht herunterfielen oder abgeworfen würden, wenn der Fahrer den Wagen vor und zurück schaukelte, bis er genug Zug hatte um wieder voranzukommen. Als wir die Hütte der Nationalparkwächter und den Anfang des Aufstiegs erreichten, fragten wir uns alle, ob wir nicht besser zu Fuß gegangen wären.

Der Weg, den wir für den Aufstieg benutzten, die Machame-Route, war der am seltensten begangene. Sobald die Träger ankamen und die Ausrüstung aufluden, brachen wir zu unserem ersten Ziel auf, dem Machame-Lager. Unsere Wanderung durch den Regenwald war voller Wunder – leuchtend rote Pilze, riesige Farne, Moos, das von den Bäumen hing –, aber der Weg war ein ständiges Aufwärtsschieben und der nasse, schlammige Boden machte das Gehen schwierig. Zudem hatte ich mit dem Essen zu kämpfen.

Zu Hause war ich darauf getrimmt, drei Mahlzeiten am Tag einzunehmen und keine Kleinigkeiten zwischendurch zu essen. Am Mount Kenya und auch hier gab es manchmal vier Mahlzeiten am Tag und Skip sagte mir, ich müsse Zwischenmahlzeiten, z.B. Müsliriegel, zu mir nehmen, wenn ich genug Kraft für den Aufstieg haben wollte. Ich fand es immer noch schwierig, genug Wasser für meinen Flüssigkeitshaushalt in dieser Höhe zu trinken. Und jetzt fragte ich mich, ob ich nicht meine mir selbst auferlegte Abstinenz aufgeben musste um den Aufstieg vollenden zu können. War mein Essensprogramm flexibel genug um sich den Erfordernissen des

Bergsteigens anpassen zu lassen? Ich war besorgt, dass ich Skips Bemerkungen als Entschuldigung benutzen würde um zu essen, wenn ich nicht wirklich etwas brauchte.

Meine Abhängigkeit vom Essen war etwas anderes als mein Alkoholismus. Ich wusste, dass ich auf Alkohol verzichten konnte und es gab ja auch immer etwas nicht Alkoholisches zu trinken. Aber ich *musste* essen. Und hier musste ich zu anderen Zeiten und in anderen Mengen essen, als ich es von zu Hause gewöhnt war, einfach um den Aufstieg durchzuhalten. Ich wünschte mir so sehr jemanden, mit dem ich darüber sprechen könnte. Jetzt wäre es wunderbar gewesen, einfach einen Telefonhörer zu nehmen und Becky zu Hilfe zu rufen. Ich fühlte mich immer stärker von den anderen Bergsteigern getrennt, während mein Verstand arbeitete um das Ganze zu begreifen und eine Lösung zu finden.

Als wir das Lager erreichten, taten mir mein Rücken und meine Knöchel weh und ich hatte kaum noch Kraft. Die zwei Uniport-Iglus dort waren dazu gedacht, Bergsteigern eine Unterkunft zu bieten, aber in unseren eigenen Zelten war es sauberer, ruhiger und wärmer. Ich war froh in dieser Nacht eines für mich allein zu haben. Auf meinem Schlafsack liegend dankte ich Gott für meine Genesung und war glücklich darüber, wie ich den ganzen Tag einen Fuß vor den anderen hatte setzen können. Aber gleich hinter der Dankbarkeit lauerte meine Angst davor, wie ich mich während des Bergsteigens mit dem Essen verhalten sollte. Ich wollte das neue Leben nicht aufgeben, das ich mir in den letzten zwei Jahren geschaffen hatte, nicht einmal für den Gipfel des Kilimandscharo.

In dieser Nacht fand ich einen Ort des Gleichgewichts und der Heiterkeit in meinem Tagebuch. Ich aß ja nicht deshalb mehr, weil ich meine Empfindungen knebeln oder mir künstlich das Gefühl verschaffen wollte, dass ich dazugehörte. Ich aß mehr, weil mein Körper Brennstoff brauchte, wenn ich auf diesen Berg steigen wollte. Es war lebenswichtig für mich, mein Verhalten hier zu verändern. Darum ging es ja bei echter Genesung: Mit Urteilsfähigkeit auf mich selbst aufzupassen. Ich verinnerlichte das Gefühl abgesondert und allein zu sein und stellte fest, dass Gott dort auf mich wartete. Ich war anders als die anderen auf dieser Reise, ich konnte keinen Alkohol trinken und nicht alles, was ich wollte, zu jeder beliebigen Zeit essen, aber das bedeutete nicht, dass ich weniger wert war als sie oder dass ich nicht dazugehörte.

Nachts um halb drei begann es zu regnen und, wenngleich es ziemlich warm war, es regnete immer noch, als wir um acht Uhr mit unserer Wanderung begannen. Ich ging mit Skip voraus und wir folgten Steinmännern – zur Wegmarkierungen aufeinander gestapelten Steinen – um uns nicht zu verlaufen. Ich genoss es sehr, über die alten Zeiten in Aspen und über die Veränderungen zu sprechen, die seitdem in unserem Leben geschehen waren. Bald zog ich meinen Parka aus. Das rote Oberhemd, Shorts und Regenhosen waren alles, was ich zu meiner Behaglichkeit brauchte. Ich mochte es, Skip zu beobachten und ihm zu folgen, wie er scheinbar ohne Anstrengung über die raue Oberfläche dieses schlafenden Vulkans stieg. Ich spielte ein wenig mit sexuellen Fantasien, wusste aber schon, die Rolle dieses Mannes in meinem Leben würde keine romantische sein. Nicht nur weil Skip bereits eine Frau hatte, die er offenbar sehr liebte: Meine Verbindung zu ihm hatte, wie die mit Jonathan, mit den Bergen und mit meiner Seele zu tun.

Als wir höher stiegen, fiel die Temperatur und es regnete weiter. Beides in Verbindung mit dem immer steiler werdenden Gelände forderte in körperlicher wie seelischer Hinsicht seinen Tribut von mir. Bis zum Mittag, als wir unser Ziel auf dem Shira-Plateau erreichten, war ich durchgefroren und ging in kleinen Pfützen – in meinen Stiefeln platschte bei jedem Schritt das Wasser. Wir warteten in der einzigen Uniport-Hütte, bis die Träger mit den Zelten ankamen, dann half ich ihnen beim Aufstellen. Meine Hände waren so kalt, dass sie fast nutzlos waren, selbst in den Polypro-Handschuhen. Aber die Beschäftigung lenkte mich davon ab, wie unbehaglich mir zu Mute war. Obwohl es erst früher Nachmittag war, kroch ich bald in mein Zelt und wärmte mich in meinem Schlafsack auf. Ich hörte Musik aus meinem Walkman, machte ein Nickerchen und las. Aber nichts von alledem half gegen die lauernde Angst in meinem Innern.

Ich fürchtete mich vor der Kälte und machte mir Sorgen, dass ich nicht vier weitere unbequeme Tage wie diesen durchhalten würde, zumal wir immer höher stiegen. Und es schreckte mich vor allem, dass ich mit niemandem über meine Ängste sprechen konnte. Klug genug meine Angst nicht mehr zu ignorieren betete ich und schrieb in mein Tagebuch. Abgesehen von einem kurzen, kalten und nassen Ausflug zum Pinkeln blieb ich warm und trocken und wurde im Laufe der Zeit dankbarer für meine Fähigkeit meine Einstellung zu ändern. Schließlich konnte ich alles, einschließlich des Wetters, Gott übergeben.

Als die Zeit zum Abendessen nahte, war ich ausgeruht und vom größten Teil meiner Angst befreit. Wir versammelten uns um das Kochfeuer und verteilten unsere Fäustlinge, Socken und Stiefel über Felsen, Stöcke und Eispickel, überall, wo sie ein wenig Hitze abbekommen konnten um zu trocknen. Es regnete immer noch ein wenig, allerdings sah es so aus, als würde die Wolkendecke aufreißen.

An diesem Abend drehte sich das Gespräch um Dichtung. Skip sprach über einige von Robert Frosts Gedichten und darüber, wie sie ihn zu Tränen gerührt hatten. Das widersprach völlig meinem Bild von Skip als dem tüchtigen, freundlichen, wenn auch zurückhaltenden Führer von Abenteuerreisen. Als ich schlafen ging, versuchte ich mir vorzustellen, wie es sein würde, eine solche Reise mit einem empfindsamen und doch starken Mann gemeinsam zu erleben. Aber so etwas gab es wohl nur im Traum.

Als um halb sieben der erste Weckruf zu hören war, lag ich schon wach in meinem Schlafsack und benutzte meine Füße als natürliche Heizkörper bei dem Versuch, meine Socken zu trocknen. Sie waren immer noch feucht vom Tag zuvor, aber ich trug sie trotzdem. Der Boden war durchnässt, obwohl der Regen aufgehört hatte. Die verbleibenden Wolken drohten immer noch und verbargen den Kibo und seinen Gipfel, der noch mehr als 2500 m über uns lag. Als wir das Lager verließen, wölbte sich ein Regenbogen über uns, die Sonne brach durch und gab uns Hoffnung auf gutes Wetter für den Aufstieg. Bald jedoch stiegen die Wolken aus dem Wald und Sumpf unter uns hoch und hüllten uns in einen Nebel, der eine unheimliche Atmosphäre schuf, wie in einem Science-Fiction-Film. Der Weg war mit Steinmännern markiert und sie lagen gerade weit genug auseinander, dass immer einer verschwand, bevor der nächste in Sicht kam. Wir gingen in blindem Vertrauen zu unserem Anführer hintereinander und gewannen weitere 30 Höhenmeter, dann weitere 300, während das Gelände immer unwegsamer wurde.

Wir stiegen über einen Höhenzug nach dem anderen, geformt aus uralten Lavaströmen. Der Schutt, den ihr wiederholtes Erstarren hinterlassen hatte, machte unsere Querfeldeinwanderung zu einer echten Herausforderung. Ich hörte die Kassetten an, die ich zu Hause aufgenommen hatte, und sang mit John Denver, den Eagles, Dan Fogelberg und Neil Diamond, während ich an etwas auf- und abkletterte, das gut auch die Rippen eines Riesen hätten sein können. Gelegentlich sah ich Skip und seine unvermeidliche weiße Mütze oder

Lauras roten Fleece-Pullover in der Ferne und merkte erst jetzt, wie groß der Berg wirklich war und wie weit wir noch zu gehen hatten.

Ich konnte nicht anders als lächeln, als die Dankbarkeit von ganz tief unten hochperlte. Hier war ich, Margo Chisholm, eine Frau von 40 Jahren. Eigentlich hätte ich längst an meinen Abhängigkeiten gestorben sein sollen, aber stattdessen lebte ich in einem Zelt, trug nasse Socken und Stiefel, kletterte über unwegsame Felsen und war auf dem Weg zum höchsten Punkt auf dem afrikanischen Kontinent. Immer einen Schritt nach dem anderen, so hatte ich gelernt jeden Tag meiner Behandlung durchzustehen. Und auf diesem Berg halfen die gleichen einfachen Prinzipien wie auf denen, die ich in meinem Innern erklimmen musste. Pack es an, setz einen Fuß vor den anderen und es können ungewöhnliche Dinge geschehen.

Unser Ziel, die Barranco-Hütte, sah aus wie eine Maisscheune in Iowa. Zwischen den Bergrücken und dem Geröll in einem tiefen Tal, 4000 Meter hoch im afrikanischen Himmel, schien sie deplatziert und jämmerlich dürftig, verglichen mit der majestätischen Natur um uns herum. Wieder einmal hängten wir unsere Socken, Stiefel und Überkleider rund um das Feuer. An diesem Abend drehte sich die Unterhaltung um Beziehungen, Übereinstimmung und den Sinn des Lebens. »Was würdet ihr tun, wenn ihr wüsstet, dass ihr nur noch ein Jahr zu leben hättet?«, fragte jemand die Gruppe.

Ich hörte mich sagen: »Ich würde hiermit weitermachen, solange ich könnte.« Die Intensität meiner Überzeugung überraschte mich. Scheinbar einzelne und unverbundene Fäden kamen zusammen und bildeten ein gemeinsames Thema: Jonathans Einfluss in Aspen, eine Safari von vor zwei Jahren, als ich den Mount Kenya sah und zum ersten Mal den Ruf verspürte ihn zu besteigen und jetzt hier zu sein, wieder in Afrika, den einen Gipfel erreicht, dazu entschlossen, den zweiten zu schaffen. Ich wusste, dass in meinem Innern etwas Wichtiges vor sich ging. Ich wusste nur nicht, was es für die Zukunft bedeutete. Ich musste meine Ausbildung beenden, meinen beruflichen Weg verfolgen. Ich hatte keine Zeit zum Bergsteigen. Und außerdem hasste ich die Kälte! Ich war froh, dass all dies nur ein Gespräch war und nicht die Wirklichkeit. Die Wolken verzogen sich und enthüllten einen vollkommenen neuen Mond am tiefen nächtlichen Äquatorhimmel. Milliarden von Sternen blinzelten mir zu, als ich im Eingang meines Zelts noch eine Orange aß und feststellte, dass Gott und Jonathans Geist bei mir waren. Ich mummelte mich in der Wärme meines Schlafsacks ein und fiel in tiefen Schlaf.

Als ich wach wurde, war es eiskalt, aber der Himmel war immer noch klar und zum ersten Mal in drei Tagen waren meine Socken trocken, als ich sie anzog. Einmal stieg die Sonne über die Bergkette und erwärmte kurz die Luft. Ach, was war ich dankbar für die kleinen Dinge im Leben: trockene Strümpfe, Sonnenschein und die Fähigkeit meine Einstellung zu ändern.

Wir befanden uns direkt unter einer mächtigen Felswand mit Namen Breach Wall, die mehr als 1300 m hoch an der südwestlichen Seite des Kilimandscharo steht. Unser Weg führte uns in östlicher Richtung um diese Wand, aufwärts aus dem Barranco oder Tal heraus, in dem wir uns befanden, durch ein weiteres Tal und zu dem Bergrücken auf der anderen Seite. Hier gab es einen wunderbaren Blick auf den Mawenzi, den Zwillingsgipfel des Kibo, den Heim- und den Kerstengletscher. Die Spitzen der Wolken unter uns sahen aus wie Schlagsahne.

Ich war aufgeregt und nervös, als ich an diesem Abend an der Barafu-Hütte in mein Zelt kroch, und konnte nicht einschlafen. Es war beängstigend, sich vorzustellen, dass wir uns hier in über 4500 m Höhe noch oberhalb des Mount Whitney befanden, des höchsten kontinentalen Punktes der USA, und dass ich morgen auf dem Gipfel des Kilimandscharo stehen würde. Auch Marthas Stimme war aktiv, sie beurteilte mein Essverhalten, versuchte einzuschätzen, ob ich auf dieser Reise zugenommen hatte und ob ich mehr oder weniger aß als die anderen Frauen. Schließlich konnte ich alles loslassen, Kontakt zu Gott herstellen und sogar die Schönheit des Mondes und des Nachthimmels bewundern, als ich zum Pinkeln hinausging.

Ich war gerade dabei, einzuschlafen, als Skip an der Seitenwand des Zeltes raschelte. »Aufstehen, Margo. Der Kibo wartet.« Unser Gipfelversuch sollte beginnen. Es war Mitternacht und ich konnte die Nachtkälte sogar in meinem Schlafsack spüren. Wir brachen mitten in der Nacht auf, weil die dann noch gefrorenen Schneefelder stabiler zum Gehen sein würden. Ich zog mich an: Funktionsunterwäsche, eine rosa Hose aus Sweatshirtstoff, die Windhosen und Gamaschen, Polypro-Socken, Wollsocken, Bergstiefel, zwei T-Shirts, Oberteil aus Polypro, Fleece-Jacke, Daunenjacke, Handschuhe aus Polypro und schwere wollene Fäustlinge. Ich zog eine Schicht über die andere und hoffte im Stillen, dass ich noch gehen könnte, wenn ich fertig angezogen war.

Eine schnelle Tasse Kaffee und etwas Müsli und weg waren wir. Der Mond war gerade untergegangen und die Kreise unserer Stirnlampen schienen vom Fels aufgesaugt zu werden, bevor sie Licht auf unseren Weg werfen konnten. Der Wind hatte während der Nacht aufgefrischt und ich fror trotz der vielen Lagen Kleidung, die ich trug. Der Aufstieg war schwieriger, als ich erwartet hatte, und wir mussten noch mehr als 1200 Höhenmeter schaffen. Wir kletterten durch loses Gestein und über abwärts geneigte Felsplatten. Immer wieder wurde der Weg durch alte Schneefelder unterbrochen, manche recht groß und mit schlüpfriger, unregelmäßiger Oberfläche. Die Angst machte jeden Schritt unsicher und meine Stimmung gereizt. Jemss, einer unserer Träger, hatte keine eigene Stirnlampe und folgte mir so dichtauf, dass er mir ständig in die Hacken trat. Ich ging auf einer dünnen Linie zwischen Gereiztheit und Dankbarkeit, dass ich ihm etwas Licht zum Sehen geben konnte. Janice rutschte aus und man half ihr wieder auf die Beine. Laura hatte eineinhalb Wegstunden vom Lager entfernt mit schrecklichen Magenkrämpfen und Übelkeit zu kämpfen. Skip blieb für den Rest des Weges bei ihr. Während wir uns vom Fels ins Geröll und in den Schnee und wieder zurück bewegten, brach die Zeit kurz vor Einbruch der Morgendämmerung an, wo die Nacht am tiefsten ist. Die Temperatur fiel noch immer.

Ich quälte mich weiter und setzte einen Fuß vor den anderen. Zu keinem Zeitpunkt hatte ich Zweifel daran, dass ich es bis zum Gipfel schaffen würde. Ich spürte Gottes und Jonathans Gegenwart; sie halfen mir bei fast jedem Schritt. Wenn meine Zehen oder Finger oder mein Nacken zu kalt wurden, sagte mir meine Erfahrung, dass es nicht so bliebe. Ich wusste, ich brauchte mich nicht elend zu fühlen, nur weil Teile von mir es unbequem hatten.

Nach mehr als sechs Stunden harter Arbeit in Kälte und Wind auf der schwierigen Strecke erreichten wir Gilman's Point auf dem Rand des Kibo-Kraters gerade rechtzeitig um die Sonne über dem gegenüberliegenden Rücken in zweieinhalb Kilometern Entfernung aufgehen zu sehen. Das willkommene Licht füllte die Tiefen des Kraters, fast 100 m unter uns. Wir waren jetzt in 5800 m Höhe, aber wir waren noch immer nicht am Gipfel. Unser Endziel hieß Uhuru Peak, noch eine Stunde entfernt. Der Name bedeutet »Freiheit« auf Suaheli; als Tansania von der Kolonialherrschaft unabhängig wurde, bekam er diesen neuen Namen statt des alten, »Kaiser-Wilhelm-Spitze«. Als ich auf dem Kraterrand entlangstapfte, ging mein Atem in kurzen, flachen Stößen. Ein trockener, bellender Husten wurde jedes Mal ausgelöst, wenn ich mehr als einen halben Atemzug nahm.

Ich beobachtete Marc, der kurz auf dem Gipfel stand und dann an mir vorbei herunterstieg um Janice zu helfen. Ich machte weiter, die erste Frau aus unserer Gruppe, die den provisorischen Flaggenmast und den Metallkasten mit dem Gipfelbuch erreichte, und sah die Abwärtsneigung der riesigen Schneefelder in den Wolken über den Ebenen von Kenia und Tansania verschwinden. Ich spürte ein Gefühl von Demut und Dankbarkeit, als mir klar wurde, was ich während der letzten zwei Wochen geleistet hatte und wo ich in diesem Augenblick stand. Ich war sehr stolz auf dem Gipfel dieses Berges zu stehen.

Dann, als meine Mannschaftskameraden ankamen, stiegen andere Gefühle in mir hoch. Skip kam mit Laura an der Hand herauf. Marc kam mit Janice zurück, Jemss und Robert, ein anderer Träger, folgten gleich hinter ihnen. Alles, was ich sehen konnte, waren Paare, Paare, die am Gipfel ankamen. Eine heftige Traurigkeit begann meine Dankbarkeit zur Seite zu drängen. Meine Freudentränen wurden vergiftet durch das Gefühl verlassen und allein gelassen zu werden, wenn ich stark war. Die Starken helfen den weniger Starken. Aber wer ist für die Starken da? Ich war mir nicht ganz sicher, ob meine Dankbarkeit, den Gipfel erreicht zu haben, überwog oder die Traurigkeit, dass ich es allein geschafft hatte.

Fast gleichzeitig spürte ich eine Gegenwart in mir und dachte, ich hörte eine Stimme sagen: »Ich bin bei dir.« Es war nicht auf die gleiche Weise gegenwärtig wie ein wärmender Körper, aber irgendwie wusste ich, es gab mir etwas viel Realeres und

Bleibenderes: ein Gefühl von Frieden, Freude und innerer Heilung, das ich niemals zuvor gespürt hatte. Gottes, Jonathans und mein eigener Geist taten sich zusammen um mich wissen zu lassen, dass ich in Wirklichkeit nicht allein war.

Und da war noch etwas anderes. Leise aber mit Macht von ganz tief unten in meinem Herzen wurde der Deckel einer Kiste weggesprengt, die jahrelang fest verschlossen gewesen war. Und sie war randvoll mit unglaublichen Träumen. Ich hatte das Gefühl wirklich unbegrenzter Möglichkeiten. Etwas hatte sich verändert. Ich wusste, ich würde niemals wieder dieselbe sein.

»Okay, Leute, Zeit fürs Gruppenfoto.« Skips Begeisterung und unterstützende Führung waren immer noch da. »Kommt rüber, bevor wir alle erfrieren oder von diesem Gipfel heruntergeblasen werden.«

Als wir uns und unsere Kameras versammelt hatten, fragte jemand: »Wo ist Norton?« Mich traf fast der Schlag – ich war so von meinen eigenen Gefühlen beherrscht gewesen, dass ich nicht einmal gemerkt hatte, dass er fehlte. »Ich habe ihn schon seit einigen Stunden nicht mehr gesehen, aber John war bei ihm.« Skips gelassene Zuversicht beruhigte uns. »Sie gingen heute Morgen sehr langsam. Ich werde am Gilman's Point warten und wenn sie bis in etwa einer Stunde nicht auftauchen, denke ich, Norton hat es nicht geschafft und sie sind umgekehrt.« John, einer unserer tansanischen Bergführer, kannte den Berg gut. »Wir treffen uns alle später an der Horumbu-Hütte. Wenn sie es hier nicht geschafft haben, treffen wir sie dort.«

Wir stiegen zum Gilman's Point ab und machten dort eine Pause mit Studentenfutter und Wasser. Obwohl wir unsere Wasserflaschen in den Rucksäcken trugen, hatten sie eine Eisschicht – eine weitere Bestätigung für mich, wie extrem dieses

Abenteuer wirklich war. Skip bereitete sich darauf vor, eine Weile am Gilman's Point zu warten, für den Fall, dass Norton und John doch noch bis hierher kamen. Der Rest folgte dem Kraterrand zum *Johannes Notch* und ging die fast 1000 Höhenmeter über kieselähnliche Aschestücke hinunter, die zur Kibo-Hütte führen, der höchsten Schutzhütte auf der Marangu-Route. Ich folgte Marc und schoss den steilen Abhang vor lauter Begeisterung nur so hinunter. Neil Diamond sang »Soolaimon« in meinem Kopfhörer, während ich, die Arme ausgebreitet wie Vogelschwingen, durch das weiche Geröll hinunterrannte, mich mit langen, gleitenden Schritten in die Serpentinen des ascheartigen Bodens legte und laut lachte. Meine unglaubliche Freude und Energie fühlten sich besser an als jeder Drogenrausch, den ich jemals erlebt hatte.

Wenn man aus 5895 m Höhe vom Gipfel zurückkehrte, fühlte sich die Luft an der Kibo-Hütte in 4700 m Höhe fast wie auf Meereshöhe an. Diese Hütte hatte Ähnlichkeit mit einem Hauptbahnhof; sie war voll von Trägern und Bergsteigern jeglicher Art. Wir aßen Brote mit Erdnussbutter und Gelee zu Mittag und machten unter den wachsamen Blicken von Jemss und Robert ein Nickerchen. Obwohl ich immer noch hustete und meine Nasenschleimhäute sehr trocken waren, fühlte ich mich nach der kurzen Rast wieder kräftiger.

Bis zur Horumbu-Hütte, wo wir die Nacht verbringen sollten, hatten wir noch einen langen Weg vor uns. Auf einer Höhe von 3657 m ist Horumbu eigentlich ein kleines Dorf aus Schlafhütten rund um eine zentrale Essgelegenheit. Über die Jahre hin ist es den Anforderungen der großen Zahl von Bergsteigern auf der Marangu-Route zum Kili immer weiter angepasst worden; hier finden mehr als 200 Menschen Platz. Ein langer, ausgetretener Pfad führte uns den Berg hinunter zu dem breiten, unwegsamen und relativ flachen Sattel, der den Kibo von seinem Schwestergipfel Mawenzi trennt, einem zerklüfteten Felsenturm, der in krassem Gegensatz zu dem sanften Abhang des Kibo-Kraters steht. Auf unserem Weg abwärts holten wir überraschend Norton und John ein und wir kamen zusammen in Horumbu an.

Wie Norton uns berichtete, hatte er nach nur wenigen Stunden des Aufstiegs beschlossen umzukehren. Er wusste, er ging so langsam, dass er nicht genug Zeit haben würde den Gipfel und die Hütte zu erreichen, also kehrte er um, marschierte zurück zum Lager und nach etwas Schlaf gingen John und er quer zum Hang um uns zu treffen. Ich war begeistert von seiner Bereitschaft seine Grenzen zu erkennen und ihnen zu trauen und von seiner Entschlossenheit Alternativen zu finden um sein Ziel zu erreichen.

Als ich mit Norton zusammensaß und über seine Pläne für einen erneuten Gipfelversuch sprach, schwappte eine große Gefühlswelle über mich. Am liebsten hätte ich geweint; ich wünschte mir jemanden, der mich im Arm hielt. Ich fragte mich, weshalb ich mich so bedürftig fühlte, so durcheinander nach einem so kraftvollen und erfüllenden Tag. Martha meinte, mit mir stimme wirklich etwas nicht und ich würde niemals in der Lage sein wirklich und tief die Freude und Befriedigung darüber zu spüren, dass ich meinen Traum lebte und in der Lage war ihn zu verwirklichen.

Ich dachte an eine Regel, die ich zu Hause gelernt hatte: Mach es nicht komplizierter, als es ist. Ich hörte auf tiefere Gründe für meine Gefühle zu suchen. Es war doch wirklich ganz einfach. Ich war 40 Jahre alt, war seit mehr als 30 Stunden ohne Schlaf und hatte mehr als die Hälfte dieser Zeit damit verbracht, auf den Gipfel des höchsten Berges in Afrika zu steigen. Zwei Jahre zuvor war ich kurz davor gewesen zu sterben und konnte nicht einmal eine Treppe hochsteigen ohne eine Pause zu machen. Ich ging mit den anderen zum Abendessen und dann ins Bett.

Erschöpfung, Aufregung und die Höhe taten sich mit den hier und da auftretenden Schmerzen von der Tour und den Krämpfen vom ersten Tag meiner Periode zusammen und sorgten für eine unruhige Nacht. Und sie machten mich anfällig für alte Verhaltensweisen. Am nächsten Morgen, als ich mit den anderen beim Frühstück saß, ertappte ich mich dabei, dass ich Anerkennung für die Leistung erwartete überhaupt anzutreten und dass ich um Mitleid kämpfte, indem ich Schmerzen erfand, die ich gar nicht hatte. Ich wusste aber inzwischen, dass ich mein inneres Fühlen durch mein äußeres Verhalten beeinflussen konnte. Als Marc und Skip also auf dem langen Weg hinunter durch den Sumpf und in den Wald hinein das Tempo erhöhten, joggte ich mit ihnen. Das Laufen hob meine Stimmung und in Gedanken wagte ich einen Blick in die Kiste, die sich auf dem Gipfel aufgetan hatte.

Was würde ich tun, wenn ich wirklich glaubte, dass ich es könnte? Es gab noch andere Berge: den McKinley in den Staaten, den Elbrus in Europa, vielleicht eine Expedition in Jonathans Himalaja um zu sehen, wie weit ich gehen könnte. Es gab auch Flussabenteuer: den Colorado hinunter durch den Grand Canyon, den Bio Bio in Chile und den Çoruh in der Türkei. Als ich darüber nachdachte, war es einfach, zu glauben, dass Zeit und Geld die größten Hürden wären, auf die ich treffen würde, aber ich wusste, das war nicht wahr. Meine eigenen inneren Zweifel und Ängste waren die wirklichen Hindernisse, die ich überwinden musste um diese Träume zu erreichen.

Als sich unsere Gruppe an unserem letzten gemeinsamen Abend im Hotel versammelte, waren alle sentimentaler Stimmung, weil die Reise jetzt zu Ende ging. Wir hatten als Mannschaft gut zusammengearbeitet und einander auf dem Weg zum Gipfel unterstützt. Am Ende des Abends folgte ich Skip aus dem Restaurant, wo wir unser Abschiedsfest gefeiert hatten. Ich wollte einige Worte mit ihm allein sprechen. »Skip«, meine Stimme war ruhig, meine Gefühle nahe unter der Oberfläche. Er blieb stehen und drehte sich um. »Danke für das unglaubliche Geschenk, zu dem du mir in den letzten zweieinhalb Wochen verholfen hast. Deine Ermutigung und Führung waren ein wirklich wichtiger Teil meines Erfolgs auf beiden Bergen. Ich bin dir sehr dankbar.«

Er strahlte mich an, sein unglaubliches Lächeln füllte den ganzen Rahmen seines Vollbarts aus. »Margo, du bist eine feine Frau mit einer großartigen Einstellung. Es wäre schön, dich auch auf anderen Reisen dabei zu haben.« Ich spürte seine Bestätigung bis in die Zehenspitzen, als er die Hände nach mir ausstreckte und mich umarmte.

»Davon träume ich auch«, sagte ich zögernd. Ich trat zurück, hielt ihn an beiden Händen, sah ihn an und lächelte. Tränen der Dankbarkeit rollten meine Wangen hinunter. »Es ist kein Zufall, dass du ein so guter Freund von Jonathan warst und dass du mich auf meinen ersten Berggipfel gebracht hast. Ich hoffe auf eine Fortsetzung. Jonathan wollte immer, dass ich nach Nepal und in den Himalaja gehe. Wir werden sehen. Ich fange an zu glauben, dass solche Träume wahr werden können. In meinem Leben haben sie damit schon begonnen.«

Am nächsten Tag flog ich zusammen mit Laura über Addis Abeba und Rom nach London. Laura kehrte nach New York zurück, ich wollte noch ein paar Tage in Aspen verbringen, bevor ich nach San Diego reiste.

Donnerstag, 23. Juni 1988, auf dem Flug von London nach New York

Die Zeit wird zeigen, welche langfristige Wirkung diese Reise auf mich hat. Ich weiß, dass ich jetzt all die Dinge tun kann, von denen ich so viele

Jahre lang nur geredet habe. Ich glaube stärker an mich als jemals zuvor. Die Genesung gibt mir immer mehr Freiheit, mehr Möglichkeiten, als ich jemals für denkbar gehalten hätte. Und mehr Gelassenheit. Wer hätte das gedacht!

»Leelee, es war zauberhaft. Mehr als zauberhaft.« Wir liefen um den Golfplatz an der *Cemetry Lane*; es war die erste Gelegenheit miteinander zu reden, seit ich am Tag zuvor in Aspen angekommen war. »Ich war hin und weg, als er sagte, dass er ein Freund von Jonathan gewesen ist. Es war alles so perfekt. Die ganze Reise war einfach vollkommen.« Ich war mächtig obenauf und wollte mich nicht an den Regen, die Kälte und die Einsamkeit erinnern, bis ich die Dias sah. Ich musste laut loslachen: »Niemals hätte ich mir vorgestellt, dass mein Leben so aussehen würde.«

»Es ist unglaublich. Ich hatte lange Zeit solche Angst um dich.« Leelee stieß die Worte zwischen den Atemzügen heraus. »Manchmal habe ich bei dir angerufen nur um sicher zu gehen, dass du nicht tot warst. Aber ich habe immer gewusst, dass du da irgendwie herauskommst. Und ich habe Recht behalten. Was für eine Veränderung!«

Ich nahm Leelee und ihre beiden Söhne Michael und Matt zu einem Besuch bei meinem Gottesfelsen am Hunter Creek mit. Ich wollte diesen besonderen Ort mit ihnen teilen und Gott für die Hilfe danken, durch die ich die Bereitschaft gefunden hatte weiterzuwachsen. Er hatte mir geholfen mit den körperlichen und emotionalen Herausforderungen auf dem Berg fertig zu werden und er hatte mir geholfen die Kiste mit den neuen Träumen zu öffnen.

Ich begann ein Buch mit dem Titel »Seven Summits« zu lesen, über zwei erfolgreiche Geschäftsleute, Dick Bass und Frank Wells, die versucht hatten den höchsten Berg auf jedem der sieben Erdteile zu besteigen. Dick Bass hatte es geschafft und Frank Wells war dem Ziel sehr nahe gekommen; nur der Everest fehlte ihm. Dies war nicht das erste Buch über das Bergsteigen, das ich las, aber zum ersten Mal dachte ich beim Lesen: »Wenn die es konnten, kann ich es vielleicht auch.« Ein flüchtiger Gedanke nur, natürlich, aber einer, den ich nicht sofort zu den Akten legte.

Norton rief von zu Hause in Kalifornien an um mir zu berichten, dass er den Gipfel des Kili beim zweiten Anlauf geschafft hatte. Ich freute mich sehr für ihn und war berührt von seiner Bereitschaft sich bis an seine Grenzen zu wagen. Er war ein wichtiges Vorbild für mich. Er lud mich ein mit ihm gemeinsam irgendwann in diesem Sommer einen Kletterkurs in Schnee und Eis am Mount Rainier mitzumachen. Ich wusste, ich wollte gern, aber ich war noch nicht bereit mich festzulegen.

Als ich meine Flugverbindung nach San Diego rückbestätigte, sah ich meiner Heimkehr mit gemischten Gefühlen entgegen. Ich fragte mich allmählich, wie ich mich wieder an mein normales Leben gewöhnen sollte. Das Bett zu machen, das Haus sauber zu halten und gesunde Mahlzeiten zu kochen, das alles schienen mir auf einmal große Aufgaben zu sein. Fast schien das Leben auf dem Kilimandscharo einfacher zu sein. Ich wusste, ich würde mich mehr und mehr auf Gott verlassen müssen um die Kraft dafür zu finden, alles zu tun, was ich tun musste, wenn ich wirklich meine Träume leben und mich nicht nur nach ihnen sehnen wollte.

4. Das ist es, was ich tun will

Dienstag, 26. Juli 1988, Mount Rainier
Die Wirklichkeit holt den Traum ein, die Rose hat
ihre Blüte verloren. Dies ist die Wirklichkeit
dessen, was ich tun will. Schmerz und Müdigkeit.
Kalte Füße. Nie allein sein. Und das Gefühl von
Erfolg am Ende des Tages. Und die Schönheit.
Selbst wenn ich traurig und verletzt bin, zieht es
mich noch an.

Ich kam am Sonntagnachmittag in Seattle an und hatte reichlich Zeit mit meinem Mietwagen zum Paradise Inn am Fuße
des Mount Rainier zu fahren. Der Flug von San Diego hatte
mir eine wunderbare Sicht über diesen 4391 m hohen Kegel
aus Vulkangestein und Asche beschert. Der ständig schneebedeckte Gipfel des Mount Rainier, der sich 72 km östlich des
Puget Sound so majestätisch erhebt, ist mehr als 150 km weit
aus jeder Richtung zu sehen. Captain George Vancouver hat
ihn bei seinen Erforschungen der Küste 1792 identifiziert und
benannt, aber die erste nachgewiesene Besteigung fand erst
1870 statt. 1899 machte die Regierung ihn zu einem Nationalpark, seitdem hat er bis heute seinen einzigartigen Platz in der
amerikanischen Bergsteigerei bewahrt.
In allen 48 niedriger gelegenen Staaten der USA ist der Mount
Rainier das größte Gletschersystem mit nur einem Gipfel.
Leicht erreichbar und ganzjährig schneesicher ist er ein idea-
ler Ort um Klettertechnik in Eis und Schnee zu lernen. Viele
amerikanische Expeditionen nutzen die Hänge des Mount
Rainier zum Training, wenn sie größere Unternehmungen auf

Bergen in der ganzen Welt planen, selbst am Mount Everest. Und deshalb war auch ich hier.

Ich näherte mich meinem neuen Traum wie meinem alljährlichen Wunschzettel zu Weihnachten. Ich stürzte mich auf Kataloge von Abenteuerreisen und knickte die Seiten all jener Bergtouren um, die mich interessierten. Dann ging ich sie ein zweites Mal durch um meine Wahl einzugrenzen. Zu meinem Glück wurde eine Reise zum Cerro Aconcagua, dem höchsten Berg in Südamerika, für die Zeit der Winterferien angeboten. Wir würden auf dieser expeditionsähnlichen Reise einige Lager auf dem Berg errichten und die Ausrüstung selbst von einem Lager zum anderen tragen. Einige Tage lang konnte ich kaum glauben, dass ich eine solche Reise überhaupt in Erwägung zog, geschweige denn, dass ich sie tatsächlich plante.

Ich setzte mich mit dem *Rainier Mountaineering Institute* wegen eines Eis-und-Schnee-Kurses in Verbindung, der mir die nötige Erfahrung und Übung für Südamerika verschaffen sollte. Ich lieh mir Steigeisen, einen Eispickel und ein Paar Kletterstiefel aus Kunststoff und richtete mich in meinem Zimmer ein. Dann ging ich spazieren. Der Gipfel, der mein Ziel darstellte, stand in kahler Schönheit im hellen Mondlicht, eine unglaubliche Masse Fels und Schnee, 2743 m über mir. Aus der Sicherheit der zivilisatorischen Errungenschaften gesehen schienen seine Hänge ruhig dazuliegen und die harten Realitäten Lügen zu strafen, die zwischen mir und dem Gipfel lagen. Norton hatte diese Tour vorgeschlagen, als wir vom Kili zurückgekehrt waren, dann aber in letzter Minute beschlossen selbst nicht zu kommen. Er ermutigte mich den Kurs trotzdem mitzumachen und sagte: »Margo, ich weiß, dass du noch eine Menge Berge besteigen wirst, und dieser Kurs wird sehr nützlich für dich sein.« Seine optimistische Sicht und seine moralische Unterstützung hatten viel dazu beigetragen, dass ich jetzt hier war.

Vor meiner Abreise aus San Diego hatte ich an einem der regelmäßigen Treffen mit Leuten in der Genesungsphase teilgenommen und über meine Angst vor dieser Reise gesprochen. Ich hörte mich selbst zu den anderen im Raum sagen, dass ich mich wie an einer Wasserscheide fühlte. Mit dem Mount Rainier entschied ich bewusst, dass ich hohe Berge besteigen wollte, dass ich mir Ziele setzte, die ich vielleicht nicht erreichen würde.

Am Montagmorgen war ich früh auf den Beinen um vor dem Paradise Inn meine fünf Mitstreiter und unsere Bergführer, Paul, Dave und Curtis, zu treffen. Die drei waren jung, ehrgeizig und tüchtig und Pauls große äußere Ähnlichkeit mit Jonathan bewirkte, dass ich mich sofort wohl fühlte.

Der klare blaue Himmel und der warme Sonnenschein wurden von dem dichten Blattwerk fast verdeckt, als wir durch Wäldchen aus Douglasfichten wanderten. Wir überquerten Bergwiesen voll mit leuchtend weißen, gelben und blauen, tauglitzernden Wildblumen. Die Leute vor mir sahen aus wie 20-Kilo-Rucksäcke auf Beinen, als sie sich den Pfad hinaufbewegten und Kochtöpfe, Schlafmatten und Schutzhelme schleppten, die wie Schmuckgegenstände neben Eispickeln und Schneeschaufeln hingen.

Als wir nach dem Überqueren der Baumgrenze aus der letzten Baumgruppe auftauchten, machten wir Mittagspause. Kalte Luft vom Gletscher begrüßte uns dort und wir zogen lange Hosen und Jacken aus unseren Rucksäcken um uns für die Nachmittagswanderung wärmer anzuziehen. Allmählich artete die Tour in Arbeit aus. Wir hatten noch nicht einmal einen halben von fünf ganzen Tagen hinter uns und nun machte sich ein heißer, stechender Schmerz, wahrscheinlich von einem eingeklemmten Nerv, in meiner linken Hüfte bemerkbar und strahlte in meinen unteren Rücken. Ich nutzte jedes Gramm Energie in mir um mit den anderen Schritt zu halten.

Die geliehenen Kunststoffstiefel fühlten sich auf dem Pfad unbequem und klobig an und schienen auch nicht richtig zu passen. Ich hoffte nur, dass sie auf Eis und Schnee bequemer sein würden. Trotz all der Stunden, die ich seit dem Kili mit Krafttraining, Joggen und auf dem Stairmaster zugebracht hatte, fühlte ich mich immer noch nicht in Form. Würde ich jemals als Kletterer Erfolg haben?

Ich biss in das Sandwich, das Paul mir gebracht hatte. »Ich habe die Absicht im Januar den Aconcagua in Argentinien zu besteigen«, erzählte ich ihm beim Kauen. »Man hat mir gesagt, dieser Kurs würde mir einiges beibringen, was ich dafür brauche. Was meinst du?« – »Ich glaube, du wirst dort mit dem, was du in den nächsten Tagen hier lernst, prima klarkommen. Ich bin selbst nie dort gewesen, aber ich kenne eine Menge Führer und Kunden, die dort waren.« Pauls schlaksiger Körper, sein entspanntes Verhalten und seine ruhige Stimme erinnerten mich sehr an Jonathan. Die Ähnlichkeit tröstete mich über mein Unbehagen hinweg. »Das Schwierigste ist die Kondition. Du musst wirklich fit und in der Lage sein mindestens 18 Kilo auf Meereshöhe ohne Schwierigkeiten zu tragen, damit du es schaffst. Der Aufstieg auf den Aconcagua ist viel länger und schwieriger als der auf den Rainier.«

Am Nachmittag kletterten wir durch Felsen, Schnee und Eis und näherten uns dem Cowlite- und dem Ingraham-Gletscher. Die anderen fünf Neulinge und ich bekamen unsere ersten Lektionen in Eigenbremsung, einer Sicherungstechnik, die von Bergsteigern benutzt wird um einen Sturz auf einem schneebedeckten Abhang zu stoppen. Paul erklärte, dass diese Technik eines Tages unser eigenes Leben oder das unserer Gefährten retten könnte, unabhängig davon, ob wir mit oder ohne Seil kletterten. Er zeigte uns, wie man den Schaft und Kopf des mittelalterlich anmutenden Eispickels packt, und Dave und Curtis zeigten uns das Ganze auf dem Abhang vor uns. Als ich an der Reihe war absichtlich auf meinem Hinterteil den Hang hinunterzurutschen, raste das Adrenalin durch meinen Organismus.

Zuerst blockierte der Schrecken über das unkontrollierte Rutschen alle Techniken, die ich eben gelernt hatte. Dann spürte ich die Aufregung, als mein Eispickel sich in den Gletscher grub. Loser Schnee und Eisstücke sprühten um meinen Kopf. Ich hörte auf zu rutschen. Als ich den Hang hinauf zurückblickte, sah ich die Furche, die meine erfolgreiche Eigenbremsung im Eis hinterlassen hatte.

Ich rappelte mich auf, winkte mit beiden Armen und schrie aus aller Kraft meiner Lungen »Juhuu!«, als hätte ich gerade eine olympische Goldmedaille gewonnen. Es machte nichts aus, dass ich doppelt so alt war wie die Bergführer und eine der ältesten unter den Teilnehmern. Ich konnte es!

Während des gesamten nächsten Tages gingen die kurzen Stöße brennenden Schmerzes in meinem Rücken weiter, als wir 700 Höhenmeter durch Eis und Schnee bis zum Camp Shurman zurücklegten, zu einer Schutzhütte, die eingeklemmt am Fuß des Steamboat Prow liegt. Von Zeit zu Zeit war der Schmerz so schlimm, dass er mir den Atem nahm, und doch beobachtete ich mich dabei, wie ich ihn noch größer machte. Die Grenze zwischen echten Schmerzen und meinem alten Trick körperliches Leiden zur Maskierung meiner inneren Angst, meiner Selbstverurteilung und meines Unglücklichseins zu benutzen verwischte sich. Ich war dabei, mich mehr zu schinden, härter zu arbeiten als jemals zuvor, ohne eine Vorstellung davon, was normal oder üblich war, und ich hatte keine Gebrauchsanweisung dafür.

Einmal blieb ich stehen und lehnte mich in den Hang, stützte meinen Körper auf den Kopf des Eispickels und Curtis rief: »Margo? Alles in Ordnung?« Es fiel mir schwer zu antworten, weil ich mit den Tränen kämpfte. »Ja doch, ich bin in Ordnung, es ist nur mein verdammter Rücken. Tut höllisch weh. Manchmal muss ich einfach stehen bleiben und ihn ein bisschen ausruhen.«

»Der Schmerz ist gar nicht so schlimm«, schoss Martha dazwischen, bevor Curtis auch nur antworten konnte. »Du bist doch nur müde und suchst nach einer Entschuldigung um dich auszuruhen.«

»Sei bloß still«, antwortete ich ihr lautlos. »Ja, ich bin müde, und ja, mein Rücken tut höllisch weh. Das ist nicht dasselbe, wie wenn man mit einer erfundenen Verletzung Wochen auf Krücken verbringt. Es ist nicht dasselbe. Ich bin nicht dieselbe!« Ich sprach mit echter Überzeugung.

Glücklicherweise konnte Curtis die Unterhaltung nicht hören, die sich in meinem Kopf abspielte, als er sich über den Hang zu meinem Standplatz hinbewegte. »Du bist ein harter Knochen, Margo. Ich kenne eine Menge Männer, die an deiner Stelle viel eher aufgegeben hätten.« Dem konnte Martha nichts mehr entgegensetzen. Ich musste lächeln. Ich glaubte ihm. Ich wusste nicht, ob ich ein harter Knochen war oder nur dumm. Aber ich wusste, ich würde es nie herausfinden, wenn ich nicht weitermachte. »Danke. Du machst mich sehr glücklich.« Mit seiner Ermutigung im Rücken konnte ich es bis zum Lager schaffen um das weit gespannte Panorama zu genießen, das sich vom Berg aus präsentierte.

Noch 1500 Höhenmeter vom Gipfel entfernt legten wir einen Ruhetag ein um uns an die Höhe anzupassen und mehr Klettertechnik zu lernen. Müde und erfüllt von einem Tag der Abenteuer und neuen Sichtweisen ging ich schlafen und erwartete den nächtlichen Weckruf um den Gipfel anzugehen. Er kam um 1.15 Uhr in der Nacht, sodass wir zum Gipfel aufsteigen und wieder herunterkommen konnten, bevor die Sonne den Schnee und das Eis zu instabil machte. Auf einer Höhe von 3050 m fühlt sich alles intensiver an, selbst die

114

Dunkelheit. Ich war schon zweimal vor Gipfelversuchen früh aufgestanden, aber am Mount Rainier schien der schwarze Himmel alles aufzusaugen: Unsere Stimmen trugen nicht weit und selbst das Licht der Sterne erreichte uns nicht ganz. Sicherheitshalber bildeten wir Dreier-Seilschaften. Curtis, Von und ich stemmten uns gegen den Wind und kämpften um unser Gleichgewicht, während wir Gletscherspalten umgingen, über Schnee und Eis in verschiedenen Schwierigkeitsgraden kletterten und dem Licht unserer Stirnlampen folgten. Um 5 Uhr hatten wir erst die Hälfte des Weges geschafft und die Kälte kroch durch meinen Parka. Wenn wir aufsahen, konnten wir die Wolkenkappe des Berges sehen, eine sich selbst erneuernde Erscheinung, die, von den Aufwinden getrieben, oft um den Gipfel des Mount Rainier kreist.

Wir gingen weiter, standen schließlich auf dem Kraterrand und sahen hinunter auf die Kaskaden. Der Aufstieg war technisch nicht schwierig gewesen, nur lang. Ich war mit einer etwas leichtfertigen Haltung an ihn herangegangen, weil der Rainier 1500 m niedriger ist als der Kilimandscharo, und hatte nicht die Anstrengung eingerechnet mit schweren Stiefeln und Steigeisen über Eis und Schnee zu klettern. Diese Fehleinschätzung ließ mich unvorbereitet an die Schwierigkeiten des Gipfelaufstiegs herangehen und ich war so fertig, dass ich das Erreichte kaum genießen konnte. Wir begannen beinahe sofort mit dem Abstieg. Wir wollten den ganzen Weg bis zum Paradise Inn bis zum Einbruch der Dunkelheit hinter uns bringen.

Der Abstieg war die Hölle. Jetzt gab es keinen Zweifel mehr: Meine geliehenen Stiefel passten nicht richtig. An meinen Fersen bildeten sich Blasen und meine Zehennägel drückten bei jedem Schritt gegen das unnachgiebige Plastik. Curtis ging ein zügiges Tempo und ich hatte nicht das Gefühl, als ob ich ihn darum bitten könnte, langsamer zu gehen. Martha sagte mir die ganze Zeit, dass ich es hätte besser wissen müssen und nicht hätte hierher kommen dürfen, dass die Passform meiner Stiefel meine eigene Angelegenheit sei und dass ich jetzt eben da durch müsse. Als wir die Baumgrenze überquerten und das letzte Wegstück bis zum Lager angingen, nahm Curtis meinen Rucksack. Dass ich wegen eines körperlichen Problems Hilfe brauchte, löste in mir tiefe, schmerzhafte Erinnerungen aus. Wenn ich mich zwei Tage zuvor schon wegen meiner Rückenschmerzen ein wenig geschämt hatte, so ging es jetzt mit voller Wucht los. Wieder einmal erlebte ich das Schuldgefühl, das immer der ersten Aufmerksamkeit folgte, wenn ich eine Krankheit oder Verletzung erfunden hatte.

Ich versuchte meine Erinnerungen wegzuschieben: »Jetzt ist nicht damals. Ich bin nicht mehr dieselbe wie damals.« Aber sie löschten allen Stolz aus, den ich über das Erreichte am Rainier empfunden hatte.

Wir erreichten das Paradise Inn und ich gab meine geliehene Ausrüstung zurück; ich schämte mich zu sehr, als dass ich mich über die Stiefel mit der schlechten Passform beschwert hätte. Stattdessen warf ich meinen Seesack ins Auto und fuhr zu einem Hotel in Seattle, mit Schmerzen von schlimm entzündeten Zehen, verwirrt und aus dem Gleichgewicht. Die ganze Nacht wälzte ich mich im Bett herum. Meine Zehen pochten. Der Alkohol in der wohlsortierten Minibar rief mit Sirenenstimmen nach mir und versprach mir, er würde den Schmerz beseitigen und mir beim Einschlafen helfen. Ich zog mir das Kopfkissen über die Ohren und wartete auf den Sonnenaufgang. Als ich in das Flugzeug stieg, das mich heimbringen sollte, konnte ich nicht einmal mehr Tennisschuhe tragen.

Bei der Ankunft in San Diego konnte ich kaum gehen und wandte mich sofort an eine Notarztstation. Während ich auf die Behandlung wartete, dachte ich über die vergangenen 36

Stunden nach: Ich war auf einem Gletscher an der Seite eines der höchsten Berge im Westen der USA aufgewacht, war mehr als 1500 Höhenmeter hinauf und mehr als 2700 wieder hinuntergestiegen, die ganze Zeit mit einem schweren Rucksack und schlecht passenden Stiefeln. Dann hatte ich eine schlaflose Nacht in Seattle verbracht und ein Flugzeug nach San Diego genommen und ich war immer noch nicht zu Hause. Trotz alledem, trotz der Erschöpfung, der heftigen Schmerzen in meinen Füßen und der nachfolgenden Blutvergiftung wusste ich, ich wollte mehr als alles andere in der Welt weiter klettern. Auf dem Mount Rainier hatte ich die Grenzen meiner Erfahrung, Kondition und Ausrüstung zu spüren bekommen, aber ich war bereit an allen dreien zu arbeiten und besser zu werden. Ich war stolz auf das, was ich getan hatte, auch wenn es nicht perfekt gelaufen war. Und immer noch wollte ich auf den Aconcagua und auf andere hohe Berge klettern.

Samstag, 3. Oktober 1988, San Diego
Trotz der ganzen Essenssache bewege ich mich
auf einer Ebene, die mich erstaunt. Alles, was
ich tun muss, ist mir selbst nicht im Wege stehen,
mich selbst in Ruhe lassen und einen Fuß vor
den anderen setzen. Denk an Rainier. Im Leben
ist es genau dasselbe. Ruheschritt. Langsam, aber
sicher.

Im Januar bestätigte ich meine Arrangements für den Cerro Aconcagua. Ich musste mir Geld leihen und meinem Vater einen Brief schreiben, in dem ich ihn um ein Darlehen bat um das Bergsteigen bezahlen zu können, obwohl meine Eltern die Bergsteigerei beide nicht guthießen und sich wünschten, ich würde es aufgeben. Indem ich meinem Herzen folgte, entfernte ich mich immer weiter von ihnen, aber ich musste diesen nächsten Schritt auf dem Weg zu meiner Unabhängigkeit tun. Ich brauchte Hilfe von außen um meinen Traum zu verwirklichen, also bat ich auf einer geschäftlichen Basis darum, die die Bedürfnisse meines Vaters ebenso berücksichtigte wie meine eigenen.

Um mich körperlich vorzubereiten lief ich fünfmal in der Woche, trainierte mit Gewichten und einem eigenen Trainer und verbrachte Stunden auf dem Stairmaster, mit einem 18-Kilo-Rucksack auf dem Rücken. Ich nutzte die Gelegenheit eines Ausflugs zum Yosemite Nationalpark um mich selbst auf Wanderungen zu den Yosemite Falls und zum Half Dome zu testen. Mein Training zeigte Wirkung, meine Zuversicht wuchs und die meiste Zeit war ich in der Lage den fast täglichen Anfällen von Selbstverurteilung zu widerstehen, die mir sagten, dass ich nicht genug tat und es nicht gut genug tat.

Inzwischen ging mein Ausbildungsprogramm gut voran. Ich bekam in fast allen Kursen Bestnoten, lernte mit den nicht ganz so guten Noten zu leben und war so weit die Beratungstätigkeit auch praktisch in Einzel- und Gruppensitzungen mit studentischen Freiwilligen zu erproben. Als Übung musste ich eine eigene Beratungstheorie entwickeln, die die von mir benutzten Techniken untermauerte. Ich hatte gedacht, ich würde in meinem eigenen Verstehensprozess weiter sein, bevor ich solche Dinge tun müsste. Nun war ich mit der Realität konfrontiert anderen zu helfen, während ich selbst immer tiefer in meine eigenen Angelegenheiten eindrang. Wieder einmal konfrontierte mich das Leben mit etwas Unerwartetem. Ich konnte dagegen ankämpfen oder nachgeben und darauf vertrauen, dass Gott wirklich besser als ich wusste, wie es weiterging.

Um damit zurechtzukommen wandte ich mich an mein Tagebuch, das vom Beginn meiner Genesung an mein wichtigstes

Instrument zur Selbsterfahrung gewesen war. Auf seinen Seiten hatte ich nicht nur einfach Tag für Tag all die Aktivitäten und Gefühle aufgezeichnet, sondern ich wandte noch eine Vielzahl anderer Methoden an jede neue Selbsterkenntnis zu integrieren, die ich am Wegesrand fand. Eine meiner Techniken war der geschriebene Dialog, entweder mit der kritischen Martha oder mit mir selbst als Vierjähriger oder mit der Pubertierenden in mir. Halb im Spaß, halb im Ernst fragte ich Becky, ob ich wohl allmählich eine multiple Persönlichkeit entwickelte. Sie bestärkte mich aber darin, dass meine ständigen Gespräche mit diesen Teilen meiner selbst mir bei meiner Genesung halfen. Als der Konflikt mit meinem Essverhalten zunehmend akut wurde, hatte ich ein besonders aufschlussreiches Gespräch mit dem Teil von mir, der Perfektion von mir verlangte. Es war der Teil, den ich das »Gespenst in Weiß« nannte.

In meinem Tagebuch lud ich diese Perfektionistin zum Gespräch ein. Ich begann den Dialog mit einer Frage, als spräche ich mit einer wirklich Anwesenden, und das Gespräch verlief etwa folgendermaßen:

Ich schrieb: »Was verlangst du von mir?«

Das Gespenst in Weiß antwortete: »Ich will, dass du dich wie ein erwachsener Mensch benimmst.«

Ich setzte den Dialog fort: »Was heißt das?«

»Das heißt, dass du überall antrittst, nie ungesund isst, niemals einen Tag Training versäumst, mit diesem elenden Auf und Ab aufhörst und alles richtig machst und ...«

In mir kochte der Zorn hoch und ich schrieb: »Jetzt mach aber mal eine Pause! Halt doch mal die Klappe! Das kann ich nicht, aber das bedeutet nicht, dass ich nicht verantwortlich handle oder Respekt verdiene oder gut oder liebenswert oder irgendetwas bin. Es bedeutet nicht, dass ich schlecht bin. Nur, dass ich menschlich bin. Und das bist du, verdammt noch mal, nicht. Niemand kann so leben, wie du es von mir erwartest. NIEMand. Nicht ohne verrückt zu werden.« Ich zitterte vor Aufregung über die Intensität dieses Austauschs, aber mein Stift schrieb einfach weiter.

»Unser Vater kann es und tut es. Was ist mit ihm? Warum kannst du nicht sein wie er?« Ich hatte keine Ahnung, woher das kam, aber ich musste es weiterverfolgen.

So schrieb ich das Nächste, das aus meinem Stift floss: »Weil ich nicht er bin.« Dann, aus einer klareren, intuitiveren Warte: »Warum kannst du mir nicht erlauben anders zu sein als er? Solange du sagst, ich müsse sein wie er um gut genug zu sein, muss ich nach Hintertürchen suchen, weil ich es nicht kann. Ich bin nicht er. Ich will nicht er sein. Das ist es nicht, was ich von meinem Leben will. Ja, ich wünschte, ich könnte mehr so sein wie er. Aber ich bin es nicht. Irgendwie müssen wir damit Frieden schließen, du und ich. Wie können wir dabei vorgehen? Ich gehe auf deinen Kram ein und fange an zu glauben, dass ich nur gut genug bin, wenn ich alles mache wie Dad. Aber mein Herz glaubt nicht daran. Ja, ich wünschte, es wäre wahr, aber das ist es nicht. Ja, ich wünschte, meine Leute würden mich immer mögen und alles gut finden, was ich tue, oder mich darin bestärken, etwas nicht zu tun. Aber so wird es nie sein. Lass uns uns hinsetzen und darüber reden. Was sind deine Gefühle?« Ich schrieb in mein Tagebuch, ich war die einzige anwesende Person, saß auf meinem Bett und sah von meinem Haus auf dem Berg hinaus auf die Lichter von San Diego. Ich bat diesen inneren Teil von mir seine Gefühle zu beschreiben. Und ich hatte so viel Vertrauen in diesen Vorgang, dass ich nicht einmal innehielt, als ich wieder auf die Seite blickte und die Antwort betrachtete.

»Wir müssen perfekt sein.« Die Worte erschienen so deutlich auf der Seite, als ob sie ausgesprochen worden wären.

Ich schrieb weiter: »Warum?«

»Weil ... Weil es sonst nicht gut genug ist.«

Jetzt grenzte meine Handschrift an Kritzelei. Ich kam kaum noch mit. »Gut genug für wen?«

»Für sie.«

»Wer sind sie?«

»Unsere Eltern.«

»Und ist es gut genug für dich?«

»Weiß ich nicht. Darauf kommt es auch nicht an.«

»Doch, darauf kommt es an. Nur darauf kommt es an. Es kommt ausschließlich darauf an, was für uns und für Gott wichtig ist.« Ich konnte die Stärke und Klarheit meiner Überzeugungen selbst kaum fassen. Was da auf dem Papier geschah, gefiel mir. Ich machte weiter.

Das Gespenst in Weiß war noch nicht meine Verbündete, aber es hatte seine Verteidigungshaltung gelockert. »Was passiert, wenn ihnen nicht gefällt, was wir tun? Was dann? Wird das etwas an ihrer Liebe zu uns ändern?«

»Nein.«

»Wird es etwas daran ändern, dass sie unsere Entscheidungen immer unterstützen?«

»Nein.«

Ich staunte nur über die Fragen und Antworten. »Findest du alles gut und bist du mit allem einverstanden, was Becky und Leelee tun?«

»Nein.«

»Und liebst du sie?«

»Ja.«

»Siehst du? Ist es nicht dasselbe mit Mum und Dad? Ist es nicht unvernünftig, von irgendjemandem zu erwarten, dass er alles liebt und respektiert, was wir tun?« Ich wusste wirklich nicht, woher diese Logik kam. Ich war beeindruckt.

»Ja, wahrscheinlich schon.«

Dann brachte mein Stift die Frage auf den Punkt: »Kannst du

das Bedürfnis aufgeben alles perfekt zu tun? Bist du bereit zu akzeptieren, dass Dad nicht alles gut finden und respektieren wird, was wir tun?«

»Ich könnte wohl damit anfangen, glaube ich.«

Und dann forderte ich eine Verpflichtung von mir: »Sprich mir nach: Es kommt nur darauf an, was Gott und ich denken. Es kommt nicht darauf an, was irgendjemand anderer denkt.«

Und wie durch Zauberei antwortete der Füller: »Es kommt nur darauf an, was Gott und ich denken. Es kommt nicht darauf an, was irgendjemand anderer denkt.«

Erst dachte ich, der Dialog sei zu einem Abschluss gekommen, aber der Füller bewegte sich weiter. »Liebt Gott uns?«

»Ja.«

»Was also brauchen wir mehr?« Ich konnte kaum die Antwort abwarten.

»Nichts, denke ich.«

Ich grinste von einem Ohr zu anderen, aber es ging noch weiter. »Na bitte. Das ist doch ein Anfang. Wenn wir davon ausgehen, dass wir nicht perfekt sein müssen, woher kommt dann dieses Bedürfnis nach einer Hintertür? Warum haben wir den Drang mit der Definition angemessener Mengen und richtigen Essens und richtigen Gewichts herumzuspielen?«

Plötzlich verlagerte sich die Energie in meinem Körper, eine neue Stimme, die der Pubertierenden in mir, kam jetzt aus dem Stift: »Ich will nicht erwachsen werden müssen.«

Der Dialog wandte sich diesem neuen Aspekt zu. Das war auch schon früher gelegentlich passiert, dieses Gespräch dauerte nur länger, als ich es gewöhnt war, und enthüllte einige wirklich interessante Perspektiven. Ich wollte es nicht stoppen, also ließ ich meinen Füller schreiben: »Musst du ja nicht.«

Meine Pubertierende war ziemlich aufsässig: »Ich will nicht das tun müssen, was sie sagen.«

122

Ich war verwirrt: »Wer ist sie?«

»Das Gespenst in Weiß und alle.«

Ich erinnerte die Pubertierende an das, was etwa eine Seite zuvor aufs Papier geraten war: »Und sie hat gesagt, sie will versuchen es laufen zu lassen, oder? Kannst du das auch?«

Der Füller zögerte einen Moment lang, aber die Antwort war ehrlich: »Ich weiß nicht.«

Jetzt war ich wirklich neugierig: »Wo fehlt es?«

Als ihre Worte sich auf dem Papier formten, wusste ich schon, dass sie die Wahrheit waren. »Ich will essen, was ich will und wann ich will.«

Ich sah mir an, was ich gerade geschrieben hatte, und dachte bei mir: »Da spricht meine Krankheit. Dich habe ich nicht eingeladen. Niemand von uns will das. Das ist die Krankheit.« Ich war ängstlich und in Abwehrhaltung. Dieser Stimme wollte ich nicht folgen. Ich stellte meiner Pubertierenden eine andere Frage: »Willst du das wirklich?«

»Nein, ich will mich einfach nur wohl fühlen.« Ein tiefer Seufzer; ich hatte den Atem angehalten.

Ich machte weiter: »Und vom Essen fühlst du dich wohl?«

»Das dachte ich, ja.«

»Und fühlst du dich immer noch wohl damit?«

»Nein.«

»Denk morgen daran. Essen macht uns heute nicht glücklich. Nicht essen macht uns heute glücklich.« Ich wusste, während ich hier in meinem Tagebuch an meine Pubertierende schrieb, schrieb ich in Wirklichkeit an mich selbst. Ich machte weiter: »Ich habe heute drei mäßige, durchschnittliche Mahlzeiten gegessen. Nach keiner von ihnen habe ich mich vollgestopft gefühlt. Und ich fühle mich wohl. Kein Bedauern. Kein ›Ich wünschte, dass...‹ Ich fühle mich wohl. Ich will heute nicht durch die Hintertür entkommen. Bist du bereit ein Schloss vor die Tür zu hängen?«

»Was heißt das?« Offensichtlich hatte sie bei meinen Gesprächen mit meiner Betreuerin und Becky nicht zugehört.

Mein Füller begann zu antworten: »Es heißt die großen Mengen Eiscreme aufzugeben. Es heißt nicht kein Eis mehr zu essen. Es heißt die Riesenmengen aufzugeben. Es heißt nicht das Essen aufzugeben. Es heißt, dass dein Magen sich nicht mehr überfüllt anfühlen soll. Es heißt nicht sich zu fühlen, als hätte man dir etwas genommen. Es heißt Gott um Hilfe zu bitten, damit wir wissen, was durchschnittlich bedeutet. Es bedeutet nicht, Essen nicht zu genießen. Es bedeutet sich nach einer Mahlzeit gut zu fühlen. Es bedeutet nicht, alles perfekt machen zu müssen. Es ist dieselbe Art von Selbstverpflichtung durchschnittliche Portionen von durchschnittlichem Essen zu durchschnittlichen Zeiten zu sich zu nehmen, die ich eingegangen bin um abstinent zu leben. Das heißt nicht, dass ich ein hoffnungsloser Fall bin, wenn mal etwas danebengeht. Es heißt nach dem Prinzip zu leben, dass ich durchschnittlich esse, egal was passiert. Durchschnittlich ist dasselbe wie mäßig mit gelegentlichen Ausnahmen.«

»Was heißt gelegentlich?« Die Pubertierende suchte nach einem Schlupfloch.

Die Weisheit des Füllers überraschte mich immer noch. Aus den Wörtern, die da auf die Seite purzelten, sprachen Entschlossenheit und Klarheit. »Ich werde es meinem Magen anmerken, wenn ich die Grenze überschreite. Beim Setzen einer Zahl geht es um Kontrolle, nicht um Kapitulation. Aber dies hier muss sich aus der Kapitulation ergeben. Es muss daher kommen, dass ich so nicht mehr leben will. Es kann nicht daher kommen, dass ich etwas tue. Ich muss es Gott überlassen, etwas zu tun. Ich muss bereit sein durchschnittlich zu essen, egal was passiert. Bin ich das? Gott, ich habe Angst, Ja zu sagen. Wovor habe ich Angst? Was daran ist so beängstigend? Niemals zu kneifen. ›Erwachsen‹ sein zu müssen. Aber wir müssen nichts tun, nur durchschnittlich essen. Und wahrscheinlich werden wir das sogar wollen. Und das ist wunderbar. Wir müssen keine Erwartungen erfüllen, nur Gottes Willen in Bezug auf mich. Was ist das? Erinnern wir uns: ohne Drogen, nüchtern und abstinent zu leben, nicht zu rauchen, im Zustand der Genesung zu leben und das beste Ich zu sein, dass ich sein kann. Ich tue diese Dinge, Schritt für Schritt, Tag für Tag. Es geht nicht darum, perfekt zu sein. Nicht darum, etwas tun zu müssen. Gott liebt mich und das gibt mir alles, was ich brauche. Ich brauche keine Hintertür mehr um wegzulaufen. Ich brauche keine Gründe, warum ich erfolglos bin. Ich kann das Risiko eingehen und Vertrauen zu den Ergebnissen und zu Gott haben und wissen, dass die Ergebnisse, egal wie sie aussehen, das Beste für mich sein werden, selbst wenn sie auf den ersten Blick nicht so erscheinen.« Was ich da gerade geschrieben hatte, fühlte sich gut an. Ich wollte wissen, wie es ihr dabei ging. »Wie fühlst du dich?«

Wieder war die Antwort unmittelbar und ehrlich. »Verletzlich, scheu, ängstlich, ruhig, nicht mehr so stur. Kapituliert.«

Ich fuhr fort: »Und auch nicht mehr so verschreckt.« Dann begann mein Stift wieder zu schreiben, diesmal offenbar an das Gespenst in Weiß: »Ich brauche deine Stärke, weißt du. Auch du bist ein Teil meiner Mannschaft. Ich brauche dich, damit ich nicht alles hinschmeiße, wenn es schwierig wird. Damit ich nicht alles hinschmeiße, wenn das Essen ruft. Es ist schwierig für mich, nicht hinzuhören, wenn du ›Scheiß drauf‹ sagst. Und ich werde Gott darum bitten, mir dabei zu helfen. Denn ich weiß, du bist keinen Deut perfekter als ich.«

Die Antwort kam frei aufs Papier: »Du hast Recht, das bin ich nicht. Deshalb bin ich so laut. Wenn ich so klinge, als habe ich Recht, merkst du nicht, dass ich nicht perfekt bin.«

Gerade als ich dachte, der Dialog sei beendet, ging er noch einmal los: »Aber ich merke es.«

Der Stift schien beinahe überrascht. »Oh.«

Ich fuhr fort: »Und du musst es gar nicht sein. Ich liebe dich genau so, wie du bist.«

Die nächsten Worte des Stiftes überraschten mich: »Hilfst du mir?«

Meine Antwort kam sofort: »Ja, natürlich.«

Das Gespenst in Weiß fuhr fort: »Was ich brauche, ist die Gelegenheit auch mal ›Scheiß drauf‹ zu sagen, laut in ein Kissen oder etwas Ähnliches. Ich muss es loswerden, sonst bekommst du es ab. Du musst mir meine Gefühle lassen ohne sie schlecht zu machen. Was sagt der Therapeut immer: ›Mit dem Widerstand leben.‹ Also, ich werde Widerstand leisten. Ich kann es nicht so über Nacht aufgeben. Bist du bereit mich schreien und um mich treten zu lassen, wenn ich es brauche?«

»Ja, natürlich« Die Kraft in diesen Worten war verblüffend. Offenbar tat Gott wirklich für mich, was ich nicht selbst tun konnte.

Sie fuhr fort: »Ich werde dich schreien lassen und dich wegen deiner Gefühle nicht schlecht machen. Ich bitte um Verzeihung dafür. Ich habe kein Recht dich wegen deiner Gefühle schlecht zu machen. Es ist nur wegen dem, was sie mir angetan haben.«

Ich konnte die Gewissensbisse und die Traurigkeit spüren, als die Pubertierende wieder sprach: »Ich weiß. Ich hasse es. Ich mache dir keinen Vorwurf. Wenn ich dir die Chance gebe deine Gefühle zu haben und sie unterstütze, wirst du mir dann helfen ihnen nicht nachzugeben, zu wissen, dass wir Ausdrucksmöglichkeiten für dich finden werden, ohne essen zu müssen?«

Das Gespenst in Weiß unterstützte sie: »Ja, das werde ich tun.«

Dann sah ich mich selbst schreiben: »In Ordnung, ich werde

meinen Betreuer jeden Tag anrufen. Ich werde durchschnittliche Portionen essen, egal was passiert. Ich werde vor jeder Mahlzeit beten. Ich werde über den Vorgang des ›durchschnittlichen‹ Essens auf einer individuellen Basis sprechen. Ich werde mir meine Gefühle erlauben, unabhängig davon, wie sie aussehen, und weder sie verurteilen noch mich, die ich sie habe. Ich bin in Ordnung, egal was ich fühle. Ich darf jedes Gefühl haben. Kein Gefühl ist falsch oder schlecht. Habt ihr das gehört, ihr alle? Es gibt kein Gefühl, das eine von euch haben kann, das schlecht oder falsch ist.«

Die Pubertierende hatte noch einige Fragen und sie sprach für alle Kinder in mir: »Was ist, wenn wir uns ein Eis mit heißer Karamelsoße wünschen?«

Der Stift schrieb meine Antwort: »Es ist in Ordnung, es sich zu wünschen. Aber wir müssen es nicht unbedingt haben. Ihr könnt euch alles wünschen, was ihr wollt. Verstanden?«

Die folgenden Worte entstanden auf der Seite: »Verstanden! Hurra!«

Ich beendete mein Schreiben mit einer Bemerkung zu Gott – in Wirklichkeit einem Gebet: »Ich weiß, Du hast alldem zugehört. Wir können es nicht ohne Dich schaffen. Hilfst du uns? Ich weiß, dass Du hilfst. Ich weiß, ich bin nicht so weit gekommen, nur damit Du mich fallen lässt. Ich bin bereit zu arbeiten. Alles zu tun, was nötig ist. Das Essen durchschnittlicher Portionen zur wichtigsten Sache in meinem Leben zu machen, egal was passiert. Mit Deiner Hilfe kann ich das. Gut, jetzt fühlt es sich wie ein Abenteuer an, nicht mehr wie eine Strafe. Lass es uns so machen. Wir beginnen heute ein Abenteuer, das uns das Leben retten wird. Damit will ich weitermachen.«

Als das Jahr 1988 sich seinem Ende näherte, bildeten die Fäden, die ich in mein neues Leben einstrickte, allmählich ein erkennbares Muster. Meine innere Arbeit brachte greifbare heilsame Ergebnisse. Mit 40 Jahren bekam ich allmählich ein realistischeres, ausgewogenes Gefühl für meinen Wert in der Welt und die Macht, die ich über mein Leben hatte.

In Vorbereitung auf den Aconcagua kaufte ich Steigeisen, einen Eispickel, Kletterstiefel aus Kunststoff, die passten, und einen Expeditionsrucksack. Gelegentlich hatte ich Angst, dass ich mir mehr zumutete, als ich wirklich zu tragen bereit war. Aber dann sprach ich mit jemandem, der mich daran erinnerte, dass jeder auf der Reise mich auf dem Gipfel sehen wollte. Ich erinnerte mich an meine Erfolge in Afrika und auf dem Rainier, und die Angst verschwand. Nicht kneifen, sondern antreten, einen Fuß vor den anderen setzen: Das waren meine einzigen Verantwortlichkeiten. Den Rest würde ich Gott überlassen.

Ich packte um Weihnachten in Greenwich zu verbringen und von dort aus zum Aconcagua zu reisen, als ich ein Zerren am Gewebe meines Lebens spürte. Ein Pflichtkurs, den ich brauchte um meinen Magistergrad zu machen, wurde unerwartet vom Stundenplan gestrichen. Das würde fast ein ganzes Jahr Verzögerung in meinem Programm bedeuten. Ich war am Boden zerstört. Ich verstand nicht, weshalb das passieren musste.

Dann kam mir eine Idee. Warum sollte ich diese Zeit nicht nutzen um all die Klettertouren zu unternehmen, die ich mir vorstellte? Dann hätte ich es aus dem Kopf und wäre bereit mich ohne Ablenkung auf meinen Beruf zu konzentrieren. Vielleicht war ja das, was auf den ersten Blick wie eine große Enttäuschung ausgesehen hatte, in Wirklichkeit ein Geschenk.

Während ich noch darüber nachdachte, ereilte mich unmittelbar vor Weihnachten eine Bronchitis, noch ein Zerren an meiner Planung. Zwei Wochen lang lag ich mehr oder weniger im Bett. Jeden Tag raffte ich mich morgens auf, nahm meine Medikamente und versuchte zu glauben, dass ich die Reise zum Aconcagua immer noch antreten könnte. Aber jeden Abend fühlte ich mich schlechter und betete, dass in der Nacht ein Wunder geschehen möge, damit ich gesund aufwachte. Als klar war, dass ich nicht reisen konnte, und ich schließlich anrief um die Reise abzusagen, geriet ich in eine Depression. Martha sagte: »Siehst du, ich wusste es. Du kannst nichts fertig bringen, was eine langfristige, beständige Anstrengung erfordert.« Die Scham schnitt wie eine Schere durch das Gewebe, an dem ich so hart gearbeitet hatte. Aber es hielt. Ich sah den Wettbewerben der Amateur-Eisschnellläufer im Fernsehen zu und identifizierte mich mit ihrem Gefühl ein Ziel zu haben, dafür zu arbeiten und es zu erreichen. Dann fragte ich mich, wie es sich anfühlen würde, die Ziele zu erreichen, die ich mir selbst setzte. Als ich *Winds of Everest* sah, einen Dokumentarfilm über Phil Ershlers erfolgreiche Besteigung des Mount Everest, weinte ich und zweifelte, ob ich jemals die Hingabe aufbringen würde, die dazu erforderlich war, überhaupt damit anzufangen, einen ›echten‹ Berg wie diesen zu besteigen. Es gab nur eine Möglichkeit es herauszufinden. War ich bereit das Training zu absolvieren, das ich mir für heute vorgenommen hatte?

Als das Frühjahrssemester begann, hatte ich mich entschlossen das Jahr zum Reisen zu nutzen. Die Einzelheiten ergaben sich von selbst. Und es gab sogar noch ein Geschenk als Zugabe: Skip würde im nächsten Jahr eine Reise zum Aconcagua leiten und Norton plante dabei zu sein. Ich entwickelte einen Reiseplan, der Berge in Mexiko, Peru und Bolivien, in Pakistan, Tibet und Nepal sowie Aufenthalte in Thailand und Australien umfasste um dann in Südamerika zu enden, wo ich mich Skips Expedition anschließen wollte. Bis zum Beginn des nächsten Frühjahrssemesters würde ich fertig sein.

5. Mit einer Drittklässler-Ausbildung Neuntklässler-Aufgaben erledigen

Sonntag, 4. Juni 1989, Cordillera Real, Bolivien
Ich fürchte, die ganzen neun Monate gehen zum
Teufel, wenn ich den Gipfel morgen nicht schaffe.
Aber das ist nicht wahr. Wenn ich den Gipfel nicht
schaffe, bedeutet das nur, dass ich den Gipfel nicht
schaffe, Punkt. Das Schlimmste, was geschehen
könnte, ist es nicht zu versuchen.

Es schneite an dem Abend, bevor ich die uralte Stadt La Paz
verließ um mich auf meinen zehntägigen Treck in die Cordillera Real de los Angeles zu begeben – das Königliche Gebirge
der Engel. Der Schnee war nicht gerade ein gutes Omen, wie
das mit Omen so ist, aber er legte eine unglaublich schöne
Decke über die scharfkantigen Berge, die mehr als 6400 m in
den tiefblauen Himmel ragen. Illimani, der Riese, der sich
über der Stadt auftürmt, war der Hauptpreis, den wir anstreb-
ten, aber erst wollten wir Illusion, Condoriri, Huayna Potosi
und andere weniger bekannte Gipfel entlang dem Grat der
Anden erkunden, die sich nördlich des Canyons – Heimat für
mehr als eine Million Bolivianer – ausbreiten.
Schnee. Keiner in unserer Gruppe aus neun Bergsteigern und
zwei Führern wollte gern kalt und nass werden, aber wir waren doch alle bereitwillig in diese Umgebung gekommen um
zu nehmen, was immer sie uns anbot. Hätte einer von uns ein
vorhersagbares und leichtes Leben vorgezogen, so wäre er zu
Hause in den USA geblieben. Wir hatten uns in Lima getroffen, waren aber nur so lange geblieben, bis wir einen An-
schlussflug nach Cuzko in 3300 m Höhe bekamen. Dort ver-

130

brachten wir fünf Tage zur Akklimatisation, erforschten die Ruinen von Macchu Picchu und die Täler rund um diese frühere Hauptstadt des Inkareiches. Meine Knie zitterten nach einem Tag des Auf- und Abwanderns auf den fast senkrechten Maya-Stufen des Huayna Picchu. Indem ich mich dieser Gruppe angeschlossen hatte, hatte ich mich auf eine ganz neue Ebene des Bergsteigens begeben; die meisten anderen hatten mehr technische Bergsteigerfahrung als ich. Aber als wir miteinander sprachen, war ich froh herauszufinden, dass ich nicht die Einzige war, die sich Gedanken darüber machte, wie sich die eigenen Fähigkeiten wohl bewährten, wenn sie in den Bergen auf die Probe gestellt würden.

Es gefiel Martha sehr, dass ich einen Schnupfen bekam, nachdem ich von Cuzco nach La Paz geflogen, mit dem Bus ins Gebirge gefahren und zwei Tage lang auf einer Höhe von 4600 m gewandert war. Wenn ich durch den Stoff meiner Kapuze atmete, ließ mein Husten nach, aber meine Nase lief und meine Lungen taten weh. Wegen Menstruationsbeschwerden und hormonell verstärkter Gefühlsschwankungen war ich ständig kurz davor, loszuheulen. Martha wollte, dass ich meinen Schnupfen dazu benutzte, den Rest der Reise abzusagen und nach Hause zu fliegen.

Mal abgesehen davon, wie kam ich dazu, mir so viel freie Zeit nur für das Bergsteigen zu nehmen – jeder wusste, dass das Bergsteigen keine Zukunft hatte. Ich sollte mich auf meine Ausbildung konzentrieren oder wenigstens darauf, eine Stelle zu finden. Ich wusste, dass mein Vater, pragmatisch wie er war, geduldig darauf wartete, dass ich mit meinen 41 Jahren endlich produktiv und verantwortlich würde, und dass meine Mutter, deren Leben sich auf ihre nächste Umgebung beschränkte, ernsthaft um meine Sicherheit bangte. Keiner von ihnen konnte meine offensichtliche Sorglosigkeit in Bezug auf meine finanzielle Sicherheit verstehen.

Ich bediente mich einfacher Techniken, die ich während der letzten drei Jahre gelernt hatte, um mich auf meine Träume zu konzentrieren: Bestätigungen, eine innere Dankbarkeitsliste und die Erinnerung daran, dass ich eher tot wäre als hier in den Anden herumzuklettern, wenn ich weiter so gelebt hätte wie bisher, in meinem Stadthaus in Greenwich, umgeben von Abführmitteln, Schnaps und Lügen. Als ich unter dem vom Wind sauber gefegten Himmel saß, stand das Kreuz des Südens zwischen den strahlenden Sternen über meinem bisher höchsten Lager. Ich rief Gott, den Geist meines Freundes Jonathan und meine ganze innere Familie zu mir.

Die Expedition würde uns über 5200 m hoch führen, dorthin, wo es nur etwa halb so viel Sauerstoff zum Einatmen gibt wie auf Meereshöhe. Die Zeit, die wir bis zum Fuß des Berges brauchten, erlaubte es unserem Organismus, sich der Höhe anzupassen, zudem konnten wir sogar ein wenig trainieren. Im Lager übten wir Gletschertechnik und lachten, während wir einiges über Seilsicherungen lernten, »Warten!« und »Ich komme!« riefen und unseren Weg durch ein System von Seilen suchten, das wie ein Spinnennetz aussah, als wir mit ihm fertig waren. Diese Ablenkungen hielten mich davon ab, darüber nachzudenken, wie schlecht ich mich fühlte.

Marthas Stimme behauptete, ich hätte kein Recht hier zu sein, wenn ich nicht alles perfekt machte. Ich entgegnete, was das Bergsteigen beträfe, hätte ich mich in Afrika, am Mount Rainier und in Mexiko zur Genüge bewiesen. Gott hatte mich nicht so weit kommen lassen, damit ich nun in einem Teich von Selbstmitleid bade. Ich würde wissen, ob ich klettern sollte oder nicht – wie in Mexiko.

»Also, ihr alle, so sieht's aus.« Ich sprach langsam, liebevoll zu mir selbst und zu all den Ängsten in meinem Innern. »Wenn wir nicht auf den Gipfel kommen, bedeutet das nur, dass wir nicht auf diesen einen Gipfel gekommen sind. Es gibt noch viele andere und wir werden das, was wir hier lernen, auf einem anderen brauchen können. Wir gehen die Berge immer einen nach dem anderen an und so werden wir es auch auf dem Rest der Reise halten. Wir werden unser Bestes tun und die Ergebnisse Gott überlassen.« Jonathans Gegenwart wurde sehr real und ich sagte ihm, ich wüsste es wohl zu schätzen, ihn morgen bei mir zu spüren.

Am nächsten Tag, nachdem wir uns einen Pfad durch den Schnee gebahnt hatten, der mir manchmal bis an die Knie reichte, schaffte jeder aus unserer Gruppe die namenlose Spitze und stand auf ihrem Gipfel in einer Höhe von 5364 m. Auf dem Abstieg rutschte jeder von uns mindestens einmal aus. Als der Anführer meiner Seilschaft aus drei Personen hüfttief in eine versteckte Spalte fiel, war ich so beschäftigt damit, selbst nicht zu fallen oder mich in dem Seil zu verheddern, dass ich es zunächst gar nicht bemerkte. Der erste Hinweis auf ein Problem war seine ruhige, sehr höfliche Stimme, die sagte: »Glaubst du vielleicht, du könntest in Eigensicherung gehen? Ich bin in einer Spalte.« Zum Glück gingen wir sehr langsam, der Abhang war sanft und niemand wurde verletzt. Eine potenziell gefährliche Situation wurde so zum Anlass für viel Gelächter, als wir an diesem Abend beim Essen Geschichten vom Tage erzählten. Erschöpft, aber voller Dankbarkeit für den Erfolg auf meinem ersten bolivianischen Gipfel ging ich zu Bett, mit einem tieferen Verständnis des Vertrauens, das ich am Berg in mich und die anderen haben konnte.

Am folgenden Tag verlegten wir unser Lager um uns für den nächsten Aufstieg vorzubereiten. Inzwischen waren auch einige andere erkältet. Ihre Diskussionen darüber, ob man weitermachen oder nach La Paz zurückkehren sollte, in Verbindung mit meinem eigenen körperlichen Unbehagen und der Kälte, schickte meine Gefühle auf eine Achterbahnfahrt. Fragen überfluteten mein Gehirn: Warum war ich immer noch so schwach? Sollte ich den nächsten Aufstieg ausfallen lassen und mich ausruhen? Wollte ich aufsteigen, wenn es kalt und windig war? Wollte ich denn überhaupt noch bergsteigen? Meine Gefühle bewegten meine Gedanken ruckartig zwischen Vergangenheit und Zukunft hin und her, während ich versuchte herauszufinden, was ich tun sollte. In der einen Minute war ich ein kleines Mädchen, weit weg von zu Hause, und wünschte mir jemanden, der mich im Arm hielt, im nächsten Moment war ich eine nüchterne Frau, entschlossen ihren Ängsten und körperlichen Grenzen ins Auge zu sehen und den Gipfel eines entlegenen Berges zu besteigen.

Ich saß auf einen Fels über einem der namenlosen Seen in dieser Gegend, hielt mich selbst im Arm und sprach mit meiner inneren Familie, Jonathan und Gott. Solange ich mich erinnern konnte, hatte ich mich davor gefürchtet, meine Träume in die Welt hinauszulassen. Irgendjemand wäre bestimmt unglücklich darüber. Was würde geschehen, wenn ich mich anders entschied? Würde man mich für dumm halten? Essen, Drogen und Alkohol hatten mich in einer Welt getröstet, in der ich sicher war, dass ich nicht dazugehörte. Erst ohne sie hatte ich gelernt, dass es in meinem Leben darum ging, Entscheidungen zu treffen, nicht darum, Recht zu haben oder akzeptiert zu werden. Ich war immer noch dabei, zu lernen meiner Intuition, meiner inneren Wahrheit und Gott zu vertrauen, aber tief aus meinem Innern spürte ich, wie die Gewissheit hochstieg. Ob ich noch einen weiteren Berg bestieg oder nicht, ich, Margo, war in Ordnung. Ich hörte mich sagen: »Ich bin nicht die Superfrau. Ich bin kein Bergsteiger. Ich bin Margo, die gelegentlich einen Berg besteigt. Ich bin Margo, die sich eine Erkältung holt. Ich bin, wer ich bin, nicht was ich tue.« Schon am nächsten Tag hatte ich Gelegenheit meine frisch gefundene Klarheit zu erproben.

Geschwächt durch meine Erkältung blieb ich zurück, während die anderen einen Gipfelversuch am Pequeño Alpamayo unternahmen. Während sie ihren Weg verfolgten, wanderte ich etwa eineinhalb Stunden oberhalb des Lagers und beobachtete, wie die zwei Seilschaften über den Gletscher schlichen. Sie bewegten sich wie Ameisen in Zeitlupe auf den Spuren anderer Bergsteiger auf dem langen, fließenden Strom aus Eis und wurden dann zu schwarzen Punkten auf dem weißen Schnee, der sie umgab.

Die Sonne wärmte die Luft, hob die Großartigkeit der Anden noch mehr hervor und erfüllte mich mit ihrem Wunder. Ich drehte mich um. Wilde, schneebedeckte Bergspitzen fielen jäh über scharfkantige Bergketten von ihren Gipfeln in die Täler ab, manche von Gletschern zu runden Schüsseln geformt, manche von Flüssen eingekerbt. Mein Blick schweifte über kahle Felsen zur glitzernden Oberfläche des Lago Condoriri und an der anderen Seite des Tales wieder hinauf zur Condoriri-Spitze, die dem Turm einer Kathedrale glich. Weit entfernt standen die Felswand der Schwarzen Nadel, der schneebedeckte Huayna Potosi und Dutzende namenloser Bergspitzen massiv und kahl gegen den königsblauen Himmel.

Mein Körper bewegte sich zur Musik von Paul Simon aus meinem Walkman, während meine Seele zum Rhythmus der Berge tanzte. Unfassbar! Ich schrie fast laut mein Gebet: »Danke, Gott, für dieses Geschenk, das aus so viel Angst und Unentschlossenheit hervorgegangen ist.«

In den nächsten Tagen übte unsere Gruppe Spaltenrettung. Nachdem ich mich erst einmal mit meiner eigenen Angst auseinander gesetzt hatte mir wehzutun oder einen Fehler zu machen, der einen meiner Gefährten einem Risiko aussetzte, fing ich an die Übungen richtig zu genießen. Am Morgen fühlte ich mich noch schwach, am Nachmittag stark, wenn auch nie stark genug um mir irgendeinen Aufstieg zuzutrauen. Meine innere Landschaft war ebenso vielfältig wie die um mich herum.

Wiederum wegen meiner Erkältung verpasste ich den Aufstieg auf den Illusion. Carol und John Grunsfeld, ein Paar, mit dem ich mich auf der Tour angefreundet hatte, waren ebenfalls krank und blieben mit mir zurück. Statt uns auf die Enttäuschung und Selbstzweifel einzulassen, die jeder von uns in sich trug, beschlossen wir das Beste aus dem Tag zu machen. Wir sammelten all die kleinen Spielzeugmaskottchen ein, die wir mitgebracht hatten, und nahmen Pokey, Gumby, Dr. Pepper, Peffalump und Orang mit auf einen der niedrigeren Gipfel in der Nähe. Wir nannten uns die Krankenhaus-Seilschaft und brauchten zwei Stunden um zum Fuß des Gletschers zu gelangen, der ein Teil des Hauptweges war. Einmal war ich erschöpft und bat sie weiterzugehen, aber John ermutigte mich weiterzumachen und versprach das Tempo zu verringern, sodass ich mitkam. Mit ihrer Hilfe gelang es mir, die emotionale und körperliche Sperre zu durchstoßen und so den felsigen Gipfel zu erreichen.

Auf diesem Aufstieg kam ich zu dem Schluss, dass ich eine gemütliche Bergsteigerin mittleren Alters war. Ich liebte das Bergsteigen in Gedanken ebenso wie in der Praxis, aber vor allem genoss ich es, einfache Berge in ruhigem Tempo zu besteigen, und das mit Menschen, die ich mochte.

Während die anderen sich darauf vorbereiteten, den Huayna Potosi zu besteigen, kehrten Carol, John und ich mit Sarah, der Frau eines der Bergführer, nach La Paz zurück. Ich war ziemlich sicher, dass ich den Illimani in Angriff nehmen wollte, aber ich wusste, ich brauchte erst einmal Antibiotika um gesund zu werden. Vier Tage im Hotel Libertador verschafften meinem Körper die nötige Erholung. Und ich erhielt noch weitere unerwartete Einblicke ins Bergsteigen.

Auf unseren Gängen zwischen den Büros von Fluggesellschaften, Wechselstuben und Apotheken in dieser fremden Stadt, während wir uns um unsere Gesundheit und einige bürokratische Details kümmerten, sprachen Sarah und ich über Berge, Bergsteigen und Bergführer. Sie war nicht nur mit einem Bergführer verheiratet, sie führte auch selbst Trecks. Ich freute mich den Blick einer Frau auf die Welt der Abenteuerreisen kennen zu lernen. Schon früher hatte ich ihr davon berichtet, wie wunderbar die Touren in Afrika gewesen waren, und nun verglich ich die gegenwärtige Reise mit ihnen.

»So sehr ich es liebe, in den Bergen zu sein und zum Bergsteigen zu gehen und Klettern zu lernen«, sagte ich, »war diese Reise wirklich schwierig und sehr verschieden von meinen afrikanischen Erfahrungen. Diesmal machte es auf mich den Eindruck einer angespannten, sehr auf den Gipfel fixierten Gruppe. Ich hoffe, ich verletze dich damit nicht – ich weiß, dass Geof dein Mann ist –, aber er und John Culberson schienen sich nicht um Kontakt mit uns zu bemühen. Abends blieben sie für sich und auf den Touren forderten sie sehr viel von uns. Ich habe nichts dagegen, gefordert zu werden. Nicht zuletzt deshalb bin ich hier. Aber ich habe mehr Erfolg durch positive Ermutigung als durch schweigende Missbilligung.«

Sarah lächelte und nickte verständnisvoll. »Geof und John arbeiten ganz anders als ich. Jeder Bergsteiger braucht etwas anderes um den Gipfel zu erreichen. Ich ermutige und lehre von einer unterstützenden Warte aus. Sie kommandieren und führen aus einer Erwartungshaltung. Ich glaube, dass meine Art bei mehr Menschen funktioniert als die ihre, aber zweifellos werden sie weiterhin das tun, was sie kennen. Sie sind mehr auf den Gipfel hin orientiert als auf Menschen – und sie sind beide sehr gute Bergführer.«

»Wie viel davon liegt an der Geschlechtszugehörigkeit?«

»Es hat sicher was damit zu tun.« Ihre Augenbrauen hoben sich, während sie über meine Frage nachdachte. »Aber du hast erzählt, dass auch Skip sehr unterstützend war. Ich vermute, es hat mehr damit zu tun, was für Menschen wir selbst sind und was wir tun mussten um unsere eigenen Gipfel zu erreichen.«

Ich merkte, dass ich gerade ein großes Stück für mein Puzzle gefunden hatte. Auf einer Bergtour hatte ich sehr spezielle Bedürfnisse. Vielleicht rührten sie auch daher, dass ich eine Frau war, aber wohl eher daher, dass ich Margo war. Meine Gefühle gaben mir Kraft – ich brauchte sie nicht im Stich zu lassen. Ich konnte mir Bergführer aussuchen, die das unterstützten. Meine Aufgabe war es, meine Bedürfnisse kennen zu lernen und das zu verlangen, was sie befriedigte. Mit dieser Haltung konnte ich so weit kommen, wie ich wollte.

Als ich vor der Hauptkathedrale von La Paz stand und zum Illimani hinübersah, der sich weit über die Wolkenkratzer in dem geschützten Tal hinaus erhob, wusste ich, diesen Berg wollte ich als nächsten in Angriff nehmen.

Montag, 19. Juni 1989, La Paz, Bolivien
Es ist, als versuchte man Aufgaben eines Neuntklässlers zu lösen, obwohl man nur die Ausbildung eines Drittklässlers hat. Wenn man kein Übermensch ist, haut es nicht hin, und ich bin keiner. Mein Kopf will mich einen Versager nennen, aber darum geht es nicht.

Deborah, Steve und ich brachen auf um unter der Führung von Geofs Assistent John den Illimani zu besteigen. Die anderen aus der Gruppe waren abgereist oder warteten in La Paz auf unsere Rückkehr. Die Straße zum Startpunkt unseres

Marsches war aus den unglaublichen Bergen oberhalb von La Paz herausgegraben worden; eine Strecke, besser für Lamas geeignet als für den Ford Suburban, mit dem wir fuhren. Gefährliche Unebenheiten, durch die wir immer wieder plötzlich absackten, lenkten meine Aufmerksamkeit von den kompliziert geformten Felsformationen ab, die hinter jeder Kurve auftauchten. Gelegentlich konnten wir einen Blick auf die Gletscher, Eisfälle und faltenreichen Schneefelder erhaschen, die zum Gipfel führten. Kleine Dörfer krallten sich an den Abhängen fest, hockten auf Terrassen, auf denen auch etwas mageres Getreide wuchs. Eines davon war die Heimat von Francisco, dem Anführer unserer bolivianischen Lagermannschaft. Die Häuser aus Lehmziegeln waren von Mauern aus Felssteinen umgeben und alles vermischte sich in den scheckig braunen Abhängen: die Häuser, die Kleider der Menschen, selbst die Lamas und Schafe, die uns beobachteten.

Wie wanderten zweieinhalb Stunden bis zu unserem ersten Lager; das Gelände lag hingekauert in der warmen Sonne nahe bei einem Teich, in dem sich der Wasserfall spiegelte, der ihn speiste. Unsere hellbraunen Iglu-Zelte sahen neben dem geformten Eis der riesigen Gletscher winzig aus und hoch über ihnen ragte der Gipfel des Illimani auf. Ein beinahe voller Mond ging über dem Bergrücken auf und tauchte alles in ein sanftes, weißes Licht. Trotz dieser unverstellten Schönheit fiel ich in ein schwarzes emotionales Loch, bis ich etwas zu essen und einen Kakao zu mir nahm und wieder genießen konnte, wo ich war. Ich rief mir ins Gedächtnis, dass ich den ganzen Tag kleine Mengen essen und viel trinken musste um in dieser Höhe bei Kräften zu bleiben.

Am nächsten Tag stiegen wir vier mehr als fünf Stunden lang über ein steiles Geröllfeld auf einen Gletscher, dann zum Nido de Condores, dem Nest des Condors. Dieses Lager, auf einer Höhe von 5600 m, wollten wir zum Ausgangspunkt unseres Gipfelversuchs nehmen. Deborah und ich waren bei dem Aufstieg sehr langsam gewesen, hatten Schwierigkeiten mit der Höhe und mit dem instabilen Gelände gehabt. John und Steve hatten uns hinter sich gelassen, waren schnell aufgestiegen und schließlich aus unserem Blickfeld verschwunden. Da wir den Weg nicht kannten, hatten Deborah und ich uns in dieser wilden, unwirtlichen Umgebung verlassen und ängstlich gefühlt. Wir waren wütend und dazu entschlossen, John zu sagen, was für eine Erfahrung das für uns gewesen war, wenn wir endlich das Lager erreichten.

Erst einmal mussten wir das Mittagessen zubereiten, aber zwischen Bissen von Salami und Käse sahen Deborah und ich uns an und Blitze schossen zwischen unseren Augen hin und her. Ich ergriff als erste das Wort. »John, ich muss dir sagen, dass es nicht unbedingt eure hilfreichste Aktion während des heutigen Aufstiegs war, so weit vorzugehen, dass wir euch stundenlang nicht mehr sehen konnten.« John hörte einen Augenblick lang mit Kauen auf und zuckte mit den Schultern. »Ich dachte mir, ihr würdet euch mehr anstrengen, wenn ich als gutes Beispiel voranginge.« Jetzt kam Deborahs Zorn zum Vorschein: »Genau das ist nicht passiert«, sagte sie. »Ich hätte mich nicht mehr anstrengen können. Ich habe wirklich einen schwierigen Tag gehabt und getan, was ich nur konnte. Einfach abzuhauen war eine kindische Ohrfeige und hätte uns an einem unbekannten Berg auch noch gefährden können.« Durch Deborahs direkte Art wuchs auch mein Mut: »Ich habe es genauso erlebt.« Ich dachte an das Gespräch mit Sarah in La Paz. »Ich weiß, dass jeder Bergführer anders arbeitet. Du scheinst zu glauben, dass man Menschen dazu bringt, ihr Bestes zu geben, wenn man sie hart fordert, aber ich bringe viel bessere Leistungen, wenn man mich ermutigt, als wenn man mich drängt.« Jetzt brauchte ich eine Atempause. Auf dieser Höhe von fast 5600 m kämpften meine Lungen um Luft. »Ich bin noch ein ziemlicher Neuling am Berg, John, und es gibt einiges, was ich noch nicht weiß oder noch nicht erlebt habe. Ein ›Auf gehts, Margo!‹ oder ein ›Gut machst du das!‹ motiviert mich mehr, als wenn jemand einfach losrennt und verschwindet in der Annahme, mein langsameres Tempo sei einfach eine Frage von Sich-Zusammenreißen und Mehr-gefordert-Werden.« Ich wusste nicht, ob John überhaupt zuhörte, aber ich wollte selbst hören, was ich sagte, also machte ich weiter: »Ich blende nicht einfach meine Gefühle aus, senke den Kopf und gehe. Es ist mir wichtig, dass mir ge-legentlich jemand sagt, dass ich meine Sache gut mache. Ich hätte erwartet, dass du bei uns geblieben wärst oder wenigs-tens ab und zu auf uns gewartet hättest. Was wäre gewesen, wenn wir einen Notfall gehabt hätten? Was bei dir funktio-niert, hilft bei mir nicht.«

Deborah nickte zustimmend: »Ich war ziemlich ängstlich, als wir euch so lange nicht gesehen haben. Ich war fast so weit zu glauben, dass wir uns verlaufen hätten, und beinahe wäre ich umgekehrt. Es wäre schon hilfreich gewesen, wenn du da ge-wesen wärst.«

»Ja«, sagte John, »das habe ich schon mal gehört.« Er war ein stiller, verschlossener Mann und seine Offenheit überraschte mich. »Ich habe auch schon mal gehört, dass es für Frauen anders ist als für Männer. Aber nur wenn ich mich selbst bis zum Äußersten fordere, kann ich in den Bergen überleben, da gibt es keinen Platz für Gefühle. Die Wildnis ist erbarmungs-los.«

»Ich verstehe das vollkommen.« Meine Stimme war jetzt fes-ter, sicherer und weniger ärgerlich. »Ich weiß, wie leicht man in den Bergen umkommen kann. Es ist nur so, dass ich auf andere Weise an meine Kraftreserven herankomme als du und ich hätte gehofft, dass du als Bergführer meine Art ebenso unterstützen könntest wie die deine. Ich bin nicht sicher, was ich brauche um das zu überwinden, was ich für meine eigenen Grenzen halte, aber im Stich gelassen zu werden wie heute ist es ganz sicher nicht.«

Er nickte und sagte: »Ich hab's gehört, Leute, und ich werde es mir merken.« Dann machte er eine Pause, nahm sich die Zeit einen Spalt in dem Fels zu säubern, auf dem wir saßen. Dann sah er mich direkt an und sagte mit ruhiger, fester Stimme: »Aber ein Teil meiner Aufgabe als Bergführer ist es auch, dafür zu sorgen, dass die Leute sich und die anderen nicht in Gefahr bringen. Margo, wenn ich bedenke, was ich von dir während des letzten Monats gesehen habe, glaube ich nicht, dass du schnell genug bist um den Gipfel morgen in einer angemessenen Zeit zu erreichen. Ich kann nicht das Risiko eingehen, dass das, was ich als deine Grenzen sehe, alle anderen daran hindert, Erfolg zu haben. Das kann ich nicht zulassen.«

Wir hatten bis eben noch über Ermutigung gesprochen. Wie waren wir jetzt von dort zu diesem »Du kannst morgen nicht mitgehen« gekommen? Ich senkte den Blick. Meine Finger fanden ebenfalls einen Spalt um daran zu arbeiten – etwas, das meine Hände beschäftigte, während ich den Schreck über das einatmete, was ich eben gehört hatte. Nicht mitgehen? Es nicht versuchen? Was soll das heißen, ich bin nicht schnell genug? Was meinst du damit, dass ich es nicht kann? Mein inneres Bild von mir zeigte mich in eigensinnigem, sturem Zorn, die Hände in die Seiten gestemmt.

Ich blickte John an und sah Bedauern in seinen Augen. »Es tut mir Leid, Margo. Ich weiß, wie schwer du dafür gearbeitet hast, hierher zu kommen, aber ich kann Steves und Deborahs Chancen auf den Gipfel nicht aufs Spiel setzen.«

Darauf war ich nicht vorbereitet. Ich konnte nur nickend bestätigen, dass ich seine Worte gehört hatte. Ich wollte nicht einmal Blickkontakt mit Deborah aufnehmen. Ich spürte,

John hatte Recht. Ich hatte ja selbst darüber nachgedacht, nicht mitzugehen. Aber dies hier fühlte sich etwa so an, wie wenn ein Liebhaber die Beziehung abbrach, bevor ich ihn selbst verlassen konnte. Es dauerte ein Weilchen, bis ich seine Bestätigung meiner harten Anstrengungen akzeptieren konnte. Schneller als ich es mir vorgestellt hatte, verwandelte sich mein Ärger in Erleichterung und mein Körper entspannte sich sichtbar, während mein angeschlagenes Ego die Entscheidung annahm. Ich musste nichts beweisen, indem ich auf den Gipfel stieg. Ich war im Hochlager angekommen und konnte jetzt meine Zeit hier genießen und darauf vorbereitet sein, meine Sachen zu packen und hinunterzusteigen, wenn sie wiederkamen. Trotzdem schlief ich in dieser Nacht nicht sehr gut und war wach, als die anderen um 4 Uhr morgens aufstanden, sich anzogen und zum Gipfel aufbrachen.

Deborah war nach einer Stunde schon wieder zurück. Ihre Erkältung hatte ihre ganze Willenskraft aufgezehrt und kurz nach dem Abmarsch wusste sie, dass sie keine Chance hatte. Bis halb zehn waren auch die beiden Männer zurück. Steve war bei etwa 6100 m vor eine regelrechte Mauer körperlicher Erschöpfung gelaufen und er und John hatten beschlossen lieber umzukehren als weiter gegen den Gipfel anzurennen. Während wir still unser Lager zusammenpackten, konzentrierte sich jeder von uns auf sein eigenes Gefühl den Gipfel des Illimani nicht erreicht zu haben. Wir gingen die steile, unsichere Schutthalde hinunter, die den unteren Teil des Berges bildet, und ich begann zu spüren, dass ich in ernsthaften Schwierigkeiten steckte. Ich hatte schon vorher schwere Rucksäcke getragen und ich war schon andere steile Geröllfelder hinuntergegangen, aber ich hatte nie zuvor versucht beides zur gleichen Zeit zu tun. Während ich über den ersten Kamm losen Gerölls wankte, kämpfte ich ständig darum, mithilfe meiner Bergstöcke das Gleichgewicht zu halten. Meine

Angst auf die schartigen Felsen am unteren Ende zu stürzen saugte im Zusammenspiel mit dem schweren Gewicht meines Rucksacks alle Kraft aus meinen Beinen. Schon nach einer halben Stunde zitterten mir die Knie und ich musste häufig anhalten um Luft zu holen und mich auszuruhen. Die anderen, selbst Deborah, die krank war, kamen zunehmend schneller voran. Ich hatte Angst und fühlte mich völlig aus dem Takt. Martha kreischte: »Du kannst das nicht, du wirst fallen und sterben. Deine Beine geben nach. Was ist los? So kommst du nie ins Basislager.« Tränen liefen mir die Wangen hinunter, Schluchzer drohten meine Brust zu sprengen und die Finsternis des Versagens zog mich hinunter in die Tiefe.

Schließlich kam unser bolivianischer Führer Francisco wieder herauf und nahm meinen Rucksack um ihn durch den schlimmsten Teil des GeRölls zu tragen. Ich war peinlich berührt und dankbar zugleich. Ich weiß nicht, wie ich sonst jemals ins Basislager gekommen wäre. Für die letzte Stunde nahm ich den Rucksack wieder selbst, überquerte Flüsse und ging auf schmalen Pfaden. Ich blieb in Bewegung, trotz meiner Angst. Obwohl ich Johns schweigende Missbilligung meines langsamen Tempos spürte, blieb er bei mir und seine Gegenwart gab mir Sicherheit.

Meine Panik auf dem gefährlichen Hang und die vollständige Unfähigkeit irgendwelche inneren Kräfte zu mobilisieren ließen mich schlapp und zitternd im Basislager ankommen. Ich fühlte mich geschlagen: vom Illimani, von meiner eigenen körperlichen Schwäche und vor allem von Martha. Ich hatte keine Kraft mehr ihre pessimistischen, kritischen Urteilssprüche zu bekämpfen. Vielleicht, so dachte ich, war es an der Zeit die Niederlage anzuerkennen und nach Hause zu fahren. Auf der Fahrt zurück nach La Paz beschloss ich in den nächsten paar Tagen keine Entscheidungen zu fällen und mir selbst Zeit zu geben um Abstand zu gewinnen.

Drei Tage später stieg ich auf einen Hügel über der kleinen, hübschen Stadt Copacabana am Ufer des Titicaca-Sees. Sowohl mein Körper als auch meine Seele brauchten nach den erschöpfenden, frustrierenden Anstrengungen des letzten Monats eine Ruhepause. Oben auf dem Hügel angekommen beobachtete ich die örtlichen Schamanen, die diejenigen behandelten, die dafür bezahlen konnten, und dann wanderte ich hinüber zu einer einzelnen Felsformation um meinerseits von Gott und meiner inneren Familie etwas Heilung zu bekommen.

Marthas Stimme legte schon los, bevor ich mich auch nur hinsetzen konnte. Sie führte mir vor, dass ich während der letzten zweieinhalb Wochen nichts von dem hatte zu Ende führen können, was ich mir vorgenommen hatte. Ich wollte ihr nicht glauben, aber mein Herz und meine Gefühle folgten ihr in die Dunkelheit. Nirgendwo in mir konnte ich die Kraft finden um ihren unerbittlichen Angriffen etwas entgegenzusetzen. Der Weg hinunter vom Illimani war die schwerste körperliche Arbeit, der ich mich jemals ausgesetzt hatte. Es war deutlich, sehr deutlich, dass ich überfordert gewesen war. Einmal sagte ich mir sogar: »Es reicht. Ich will die Arbeit nicht aufbringen, die notwendig ist um einen 23-Kilo-Rucksack über steiles Geröll hinunterzutragen ohne vor Angst gelähmt zu sein oder um auf einer Höhe von 6100 m auf einem Berg zu überleben. Ich kann nicht bergsteigen, es ist einfach zu viel. Ich will nicht mehr mit dem Kopf gegen die Wand laufen.«

Während ich über die Stadt und den Titicaca-See blickte und den Wolken zusah, die sich weit entfernt aufbauten, hörte ich eine stille, ruhige Stimme aus meiner Seele sprechen. Es war Jonathan: »Margo. Atmen! Und hör mir zu: Du hast nicht versagt. Es ist nicht so gelaufen, wie du wolltest, aber das ist kein Versagen. Es war nur anders. Du bist auf zwei Berggipfel gestiegen, hast unter schwierigen Bedingungen funktioniert, obwohl du dich miserabel gefühlt hast, hast ganz neue Dinge ausprobiert und dich dem Leben gestellt, selbst wenn es sich fast zu schwierig anfühlte. Du bist erschöpft. Gib dir selbst die Erlaubnis auszuruhen. Alle Achtung vor dem Mut, mit dem du durch die letzten Wochen gegangen bist. Alle Achtung vor deiner Bereitschaft Angst zu haben und es trotzdem zu versuchen. Alle Achtung vor deiner Fähigkeit schwierige Entscheidungen zu treffen. Alle Achtung.«

Martha versuchte noch zu diskutieren. Ich sagte ihr, ich würde ihr nicht zuhören. Ich fühlte, wie Jonathans Geist die Kälte auftaute, die mein Herz umgab. Ich konnte fühlen, wie Ansätze von Dankbarkeit sich ihren Weg bahnten. In Wirklichkeit wollte ich mit niemandem und um nichts in der Welt tauschen. Nein, ich wusste von einer ganzen Menge Dinge noch nicht, wie ich sie tun sollte, aber, ja, ich war immer noch stärker, als ich es mir jemals zugetraut hätte. Beides war wahr und doch nicht meine ganze Wahrheit. Ich stand da und spürte die Vollkommenheit des Universums. Tatsächlich war alles genauso, wie es sein sollte. Ich konnte die Niederlagen ebenso annehmen und sogar begrüßen wie die Segnungen.

Meine Pläne schienen in ständigem Fluss zu sein. Den einen Tag war ich so weit alles zusammenzupacken und nach Hause zu fahren und am nächsten Tag verlängerte ich meinen Aufenthalt um weitere zehn Tage und beendete meine Zeit in Bolivien damit, dass ich die Anden auf einigen der höchsten Pässe der Welt überquerte. Am Telefon sprach ich mit Becky und stellte fest, dass die Unwägbarkeiten der Weltpolitik und niedrige Teilnehmerzahlen meine geplanten Touren in Tibet und Pakistan hatten platzen lassen. Nach meinen Erlebnissen am Illimani wusste ich jetzt, dass sie meine bergsteigerischen Fähigkeiten bei weitem überschritten hätten. Wieder einmal tat Gott für mich, was ich nicht selbst für mich tun konnte.

Als ich mit Sarah über diese Veränderungen meiner Pläne sprach, schlug sie als Alternative einen Treck in Indien vor, den sie von Kaschmir nach Ladakh zu führen pflegte. Ich wollte es versuchen und sie hatten noch einen freien Platz, den ich schließlich buchte. Ich würde mehr Zeit in Indien haben, als ich erwartet hatte. Am Ende meiner sieben Wochen in Peru und Bolivien hatte ich mich verändert. Ich war bereit für das nächste Ziel auf meiner Reise.

Freitag, 1. September 1989, über Indien
Als ich aus dem Fenster blicke und sehe, wie der Himmel heller wird, bemerke ich, dass ich über Indien fliege! Der Himalaja! Mein Gott, ich bin wirklich dort. Oh, Jonathan, ich weiß, dass du auch da bist. Endlich habe ich es geschafft.

Auf dem Achterdeck eines Hausbootes auf dem Nagin-See in Kaschmir nahm ich mir die Zeit über etwas nachzudenken, das John, einer der beiden Führer in Bolivien, immer wieder gesagt hatte: »Ich fühle mich immer besser, wenn ich erst einmal aus dem Bett aufgestanden bin.« Seit ich in Neu-Delhi angekommen war, waren meine Nase, Ohren und Lungen verstopft. Wenn ich morgens aufwachte, wollte ich nicht aufstehen. Martha hatte mir schon klargemacht, dass ich bereits krank war, bevor mein Treck überhaupt begonnen hatte, und mich beinahe dazu gebracht, eine Niederlage einzugestehen. Aber ich erinnerte mich an Johns Worte und stellte fest, dass sie auch auf mich zutrafen.

Ich beobachtete die Shikaras in ihren leuchtenden Farben, wie sie über das Wasser hüpften, manche mit Früchten, manche mit Blumen, manche auch mit Fahrgästen. Ich hörte die Vögel zwitschern, das Wasser plätschern und die Moslems ihre Gebete singen. Wieder einmal fühlte ich Dankbarkeit, jetzt, da ich zu würdigen wusste, dass ich mich am Rand von Jonathans Himalaja befand, hart an der pakistanischen Grenze im nördlichen Indien, auf dem Sprung mit 15 anderen aus Australien, den Vereinigten Staaten und Kanada auf eine Wanderung zu gehen. Wir waren im Alter zwischen 18 und über 70 Jahren und jeder war bereit für das Abenteuer. Nachdem ich mich an die fremde Umgebung gewöhnt und mit einigen der anderen Wanderer angefreundet hatte, konnte ich Gottes Gegenwart spüren.

An unserem ersten Tag wanderten wir über den Margan-Pass in fast 3600 m Höhe. Das fruchtbare Land brachte reichliche Ernten an Mais, Hirse und Weizen hervor. Die Kashmiri-Kinder riefen »Salaam, Salaam«, als wir vorbeigingen, und unsere Träger- und Lagermannschaft sang. Ich war noch ganz ehrfürchtig bei der Vorstellung, dass ich mich tief in einem sehr fremden Land auf der anderen Seite der Erde befand, meinen Körper zwang an seine Grenzen zu gehen und mich entschlossen hatte mitten in meine Ängste hineinzuwandern. Ja, meine Nase war nicht in Ordnung. Ich hatte einen Husten, der in meiner Brust schmerzte, und jetzt fühlte sich auch noch mein rechtes Knie an, als hätte ich ein Band überdehnt oder zerrissen. Aber ich war in der Lage anzutreten, mitzumachen und die tiefe Dankbarkeit zu spüren, die aus meiner Seele drang. Ich lebte ein Leben, das ich mir drei Jahre zuvor nicht einmal hätte vorstellen können. Ich hätte leicht tot sein können, anstatt mich in den Schlund der höchsten Berge auf Erden zu wagen.

Eine leichte Brise spielte mit den Gurten meines Tagesrucksacks, als wir aufwärts in Richtung Humpet Ridge starteten. Wir gingen durch ein wunderschönes Wäldchen aus Bäumen mit weißer Rinde, wie ich sie noch nie gesehen hatte. Ihr Schatten brachte bei der bereits steigenden Tagestemperatur willkommene Erleichterung. Während der nächsten paar Tage, als wir näher an den Himalaja herangewanderten, wurde das Land unwirtlicher. Die üppigen Felder verschwanden und wurden durch felsige Abhänge ersetzt und auch die Dörfer wurden seltener. Die Temperaturen schwankten zwischen Extremen, mit drückender Hitze bei Tag und Frost bei Nacht, und auch der Pfad wurde holpriger. Als Martha die Sache mit meinem Knie zur Sprache brachte, sagte ich ihr, das Schlimmste, was passieren könnte, sei, dass ich nach Hause führe, Nepal absagte und alle meine Erinnerungen mitnähme. Und das Erstaunliche war, dass ich selbst fest daran glaubte!

Als wir um eine sanfte Biegung des Weges kamen, hörte ich das Pfeifen und Rufen der Hirten, das eine nahende Bakarwal-Karawane mit ihrer bezaubernden Harmonie von meckernden Ziegen und Pony-Glocken ankündigte. Da dies eine uralte Handelsstraße war, die von den Nomaden seit Jahrhunderten als wichtigster Durchgangsweg genutzt wurde, waren wir schon von einer ganzen Reihe dieser Karawanen verschluckt und am Ende wieder ausgespien worden. Ich lächelte in Vorahnung auf den steifen Gang und die korkenzieherförmigen Hörner von Hunderten von Ziegen, auf den Staub, der von ihren Hufen um sie herum aufgewirbelt wurde, und auf die Ponys, die die Kinder, kranke Ziegen und den ganzen Besitz trugen. Die Hirten trugen alle zerzauste Bärte, staubige Turbane und dunkle Kleidung. Manche saßen aufrecht im Sattel, mit kleinen Kindern auf den Schultern; die Pferde gingen im Schritt. Andere ritten auf eine charakteristische Art im Trab, weit zurückgelehnt, die Arme und Beine nach vorn ausgestreckt, schwangen Leinen, riefen und pfiffen nach den widerspenstigen Tieren.

Hinter der Biegung tauchte die Karawane auf und im Hintergrund standen die schneebedeckten Gipfel. Ich war zutiefst bewegt: Ich war im Himalaja, Jonathans Himalaja. Sein Geist erfüllte mein Herz, als ich stehen blieb und mit einem tiefen Atemzug in mich aufnahm, wo ich mich befand und wie weit ich gekommen war um hier zu sein. Es kam mir alles ganz unwirklich vor und ich hörte Jonathans Stimme, die sagte: »Willkommen. Willkommen in meiner Welt und bei der Erfüllung deines Traums, willkommen.«

Mein Traum? Mein Traum war es, bergzusteigen, aber mein Knie schmerzte mit jedem Schritt mehr. Ich machte mir Sorgen, ob ich den nächsten Pass noch schaffen würde, geschweige denn die Berge in Nepal. Was wusste er von meinen Träumen? An diesem und auch noch am nächsten Tag zerrten gegensätzliche Gefühle an meinem Herzen.

Auf dem Weg und im Lager wollte ich mit jemandem über die Diskussion in meinem Innern sprechen. Mit Zweifeln, Fragen und Ängsten bis zum Rand angefüllt fühlte ich mich wie ein Dampfkochtopf. Manchmal liefen mir beim Gehen Tränen über die Wangen. In einem Lager fand ich einen Felsen unten am Fluss, wo ich weinen konnte, und als meine Gefühle sich lösten, konnte ich die Angst dahinter spüren. Es schien, als ob ein Teil von mir ein Problem aufbaute, damit ich dann trotzdem funktionieren konnte. Und wenn ich dann einigermaßen gut funktionierte, fühlte ich mich in Ordnung, selbst wenn ich nicht klettern konnte. Meine alten Tricks waren immer noch gesund und munter.

Wir überquerten reißende Flüsse, indem wir einander mit aller Kraft an den Handgelenken hielten, wenn das eiskalte Wasser uns flussabwärts ziehen wollte. Eine Frau rutschte aus, ihr wurden die Beine weggezogen. Aber wir ließen unseren eisernen Griff nie los und zogen sie sicher hinüber. Wir gingen über den Bhot-Kol-Gletscher und wechselten damit von Kaschmir nach Ladakh und vom moslemischen in tibetisch-buddhistisches Gebiet hinüber. Der Weg brachte uns durch die Stadt Pannikar und über den Pass mit Namen Lago La. Die Zwillingsgipfel Nun und Kun, beide mehr als 7000 m hoch, sahen uns durch das Tal gegenüber gehen.

Ich dachte viel darüber nach, wie Jonathan mir bestätigt hatte, dass meineTräume Wahrheit würden. Eines Nachts saß ich in einem Wäldchen. Ich konnte die nepalesische Mannschaft im Küchenzelt singen hören. Das Licht des Vollmonds spiegelte sich in einem kleinen Wasserfall und dem Bach vor mir. Ich stellte mir vor, wie ich meine innere 19-Jährige in den Arm nahm um ihr die bedingungslose Liebe zu schenken, die sie nie bekommen hatte. Sie war der Teil von mir, der sich immer des Urteils anderer bewusst gewesen war. Sie war der Teil von mir, der sich immer als Versager fühlte. Sie war der Teil von mir, der ein Problem als Entschuldigung brauchte, irgendetwas, das sie überwinden musste und dafür verantwortlich machen konnte, wenn sie nicht »stark genug« war.

Ich schloss die Augen und flüsterte ihr meine Liebe zu, strich ihr übers Haar und versicherte ihr, dass wir unseren eigenen Weg gehen konnten. Wir konnten klettern oder nicht klettern und wir waren einfach gut, egal was passierte. Wir brauchten niemand anderen um uns das zu bestätigen. Wir brauchten kein Problem zu überwinden, wir würden langsamer gehen und mehr Zeit damit verbringen, uns die Landschaft anzusehen, sodass auch das Knie heilen könnte. Sie war immer noch nicht sicher, ob sie mir glaubte, aber sie war bereit es zu versuchen.

Mir fiel auf, dass seit dem Eintritt in die buddhistische Einflusssphäre die Menschen und das Land von einer sanften Heiterkeit umgeben waren. Für diese Region war das Kloster Rangdum von Bedeutung und ich freute mich darauf, es zu sehen, war aber nicht auf die Art und Weise vorbereitet, wie es das weite Tal beherrschte, in dem es auf dem einzigen höher gelegenen Teil einer ansonsten flachen Ebene lag.

Rundherum wuchsen Grasbüschel wie in der Tundra, versorgt von einem kleinen Fluss aus einem weit entfernten Gletscher. Mit ihren faltigen Hängen, die seit Urzeiten von Wind und Regen ausgewaschen worden waren und die ruhige Heiterkeit des Ortes und seiner Menschen noch hervorhoben, wiegten die Berge das Tal in ihren Armen.

Bei Sonnenuntergang sah ich den Schatten der Berge zu dem natürlichen Podest hinaufkriechen, auf dem das Kloster lag, dann an dem massiven Gebäude selbst. Ich war ganz erfüllt von Jonathans Gegenwart. Das Kloster war ein Symbol jener Erweiterung meines Horizonts, die Jonathan in Aspen eingeleitet hatte. Unsere Diskussionen über buddhistische Philosophie und Lehre hatten den engen Blickwinkel der Welt, in der ich aufgewachsen war, erweitert und mir erlaubt die traditionellen Lebensanschauungen, die man mir beigebracht hatte, infrage zu stellen. Damals war jede Veränderung etwas allzu Bedrohliches gewesen. Schon der Gedanke daran zog mich nur noch tiefer in meine Abhängigkeiten. Ich hatte viel zu viel Angst auch nur über das nachzudenken, was ich damals für die Wahrheit eines anderen hielt, aber nicht für meine eigene. Jonathans Worte und Gedanken, seine Spiegelungen meiner Seele, hatte ich zur Seite gelegt. Nicht weggeworfen, sondern sorgfältig an einem sicheren Platz verwahrt, weit genug entfernt von meinem Bewusstsein, sodass mich die Fragen, die sie aufwarfen, nicht beunruhigten.

Jetzt, als ich vor meinem Zelt saß und im schwindenden Licht das Kloster betrachtete, ging mir die Bedeutung der Zeit mit Jonathan ebenso auf wie es die Sterne taten, die über mir zu strahlen begannen. Ich fühlte, wie sein Wesenskern mich willkommen hieß. Er hatte eine Saat in mein Herz gelegt, die jetzt, bei meiner Genesung, süße Frucht zu tragen begann. Sie war all die Jahre in Wartestellung geblieben, in denen ich vor dem Leben, vor mir selbst und vor meinen Ängsten mit der Hilfe von Drogen, Alkohol und Essen davongelaufen war. Und wie sein Geist war die Saat kräftig gewesen und hatte alles überlebt.

Am nächsten Morgen machten sich einige aus unserer Gruppe auf den halbstündigen Weg durch das Tal bis zum Kloster. Ich war fast überwältigt vor Aufregung darüber, an diesen Ort zu kommen, zu dem es mich seit fast 15 Jahren hinzog. Ein Traum wurde wahr. Ich betrat den dunklen Hauptraum, in dem die 108 Bücher der in Sanskrit geschriebenen buddhistischen Schriften eine ganze Wand bedeckten. Ich sah Statuen verschiedener Götter und die Opfergaben aus geschnitzter Yak-Butter, aus Sämereien und Nüssen vor ihnen. Ein Foto des Dalai Lama hing an der Wand. Überraschenderweise fühlte sich der Ort seltsam vertraut und tröstlich an, als wäre ich schon einmal hier gewesen. Etwas in mir hauchte ein *Ja*.

Dann saß ich mit gekreuzten Beinen auf einem der Gebetsteppiche und nahm die Atmosphäre des Ortes in mich auf, während meine Begleiter sich etwa eine Stunde lang umsahen und dann wieder gingen. Mit geschlossenen Augen konzentrierte ich mich auf den Klang der Trommeln und Gesänge, die aus anderen Räumen zu mir herüberdrangen. Die dicken Zwischenwände dämpften den Ton, aber er erreichte meine Seele immer noch mit spürbarer Energie. Das letzte Mal, dass ich diese Rhythmen und atonalen Gesänge gehört hatte, war bei Jonathans Begräbnis in Aspen 1980 gewesen. Tränen rollten meine Wangen hinunter, als ich der Traurigkeit nachgab, die ich seit seinem Tod in mir trug. Und bald spürte ich eine Veränderung, spürte seine Gegenwart neben mir und aus der Trauer wurde Trost. Für einen Moment glaubte ich, ich würde ihn sehen, wenn ich die Augen öffnete, im Lotussitz, den Blick auf mich gerichtet mit dem heiteren Lächeln, das sein Gesicht so oft hatte leuchten lassen.

Ich hörte keine Worte, sah nur sein Lächeln und spürte die

Liebe, die es direkt in mein Herz schickte. Meine Tränen flossen schneller, aber jetzt waren es Tränen der Freude und Dankbarkeit dafür, dass ich endlich hier war, in Rangdum. Mit der Verwirklichung des Traums kam das Wissen auf einer neuen Ebene, dass ich nicht zu meinen alten Gewohnheiten zurückkehren konnte: zu den Vermeidungsstrategien, dem Schmerz und der unbegreiflichen Demoralisierung. Der Weg meines Lebens führte vorwärts ins Sonnenlicht, in die Wahrheit über mich selbst und nicht weg davon. Jetzt entdeckte ich die Stärke, Liebe und Ganzheit, die Jonathan schon in mir gesehen hatte, als ich selbst nicht mehr erkennen konnte als ein schwarzes, erschreckendes Loch. Ich saß da und meditierte und spürte die Mischung von Freude über diese Reise meines Lebens und Trauer um die Teile von mir, die ich zurückließ. Der Teppich meines Lebens wurde allmählich ebenso farbig wie die feinsten Stoffe in Rangdum.

Die Stunden, die ich in dem Kloster verbrachte, brachten mich an eine Art Wegscheide. Ich wusste, dass ich etwas Wichtiges erlebt hatte, aber ich war mir nicht ganz sicher, was es bedeutete. Es gab Akuteres, um das ich mich kümmern musste. Wir hatten noch einen großen Pass, den Kanji La, zu überqueren und vor uns lagen noch einige Treckingtage, bis wir die Stadt Leh erreichen würden, den Endpunkt unserer Wanderung. Immer noch war das Dasein in der Gegenwart der Schlüssel für mich.

Eine vierstündige Wanderung brachte uns am nächsten Tag auf 4200 m Höhe. Wir schlugen unser Lager auf felsigen Plattformen auf, mühsam in eine Felswand über dem Fluss gegraben, den wir auf dem Weg hierher einige Male überquert hatten. Die unmittelbare Herausforderung bestand darin, am Rand des Abgrunds genug Platz für Zelte, Menschen und Pferde zu finden. Wir schliefen zu dritt in einem Zelt um alle unterzubringen.

Mit seiner Höhe von 5270 m war der Kanji La der höchste Pass auf unserer Wanderung. Wolken verhüllten viele der Gipfel im Karakorum-Gebirge, das sich bis nach Pakistan hinein erstreckt, aber als wir in die tiefe Schlucht auf der anderen Seite des Passes hineinwanderten, war die Aussicht atemberaubend. 300 m hohe Wände aus rötlich braunem Fels und glitzerndem Quarz türmten sich über dem Weg auf. Wir folgten dem Fluss, der uns während der nächsten zwei Tage zur Straße und zu den Jeeps brachte, die uns nach Leh transportierten, zu heißen Duschen und sauberen Betten. Als ich meinen Aufenthalt in Indien beendete, vertiefte sich die Dankbarkeit und das Gefühl von Verbundenheit, das ich im Kloster von Rangdum gespürt hatte, und ich reiste weiter nach Nepal, begierig darauf, herauszufinden, auf welche Weise sich mein Traum verwirklichen würde.

Samstag, 7. Oktober 1989, Kathmandu
Gottseidank, dieses Zimmer hat eine Badewanne.
Das Wetter auf dem Flug war wolkig, sodass ich die Berge nicht sehen konnte. Aber was für Wolken!
Und nun bin ich wirklich in Kathmandu!

Nach Monaten der Vorfreude war mein erster Eindruck von Nepal nicht gerade viel versprechend, eher frustrierend. Nichts von der mächtigen Verbundenheit mit den Bergen, die ich erlebt hatte, als ich nach Cuzco oder La Paz geflogen war; außerdem war mein erster Eindruck von Kathmandu sehr davon beeinträchtigt, dass ich von einem Hotel zum anderen und schließlich zu einem dritten ziehen musste um endlich Bill, den Bergführer auf diesem Treck, und Eric und Art, die anderen beiden Bergsteiger, zu treffen.
Ich nahm mir die Zeit mich in der Badewanne in meinem

Hotelzimmer erst einmal einzuweichen und mit dem Bade-
wasser die Irrungen, Ängste und Frustrationen meiner ersten
paar Stunden in der Stadt wegzuschwemmen. Während mein
Körper sich entspannte, schloss ich die Augen und kletterte in
Gedanken in den Schaukelstuhl in der Nische meines »Got-
tesfelsens« am Hunter Creek. Ich konnte fühlen, wie Gott
mich in einer liebevolle Umarmung hielt. Ich war in Sicherheit, jemand sorgte für mich und liebte mich. Dankbarkeit
und Staunen nahmen den Platz von Angst und Frustration
ein. Als ich die Augen öffnete und im Zimmer umherblickte,
sagte ich mir: »Ich bin in Nepal. Morgen gehe ich auf einen
Treck zum Annapurna, der 29 Tage dauern wird. Wie ist das
bloß möglich?«

Martha sprang in meinen Kopf und sagte: »Tolle Sache. Du
hättest schon 1975 mit Jonathan hier sein können, aber jetzt
ist er tot und du bist hier ganz allein.« Ich kletterte aus der
Wanne und griff nach einem Handtuch. »Ich bin nicht allein.
Gott ist hier. Und Jonathan. Und die Energie von allen zu
Hause.« Aber tief in mir schmerzten Marthas Worte doch. Ich
hätte dieses Erlebnis wirklich gern mit jemandem geteilt, den
ich liebte. Noch etwas auf meiner Träumeliste. Ich sprach
weiter mit Martha, während ich mich fürs Bett fertig machte:
»Heute kann ich diesen Traum leben, in der Stadt, über die
mir Jonathan so viel erzählt hat, die ich auf seinen Fotos gesehen und durch sein Herz erlebt habe. Ich nehme seine Erinnerung und seinen Geist mit, um das Wunder und die
Macht der Berge zu erleben, die er so sehr liebte.«

Als ich das Licht ausmachte um mich schlafen zu legen, sagte
ich: »Danke, Jonathan, dass du mir das Herz für die Möglichkeiten des Lebens geöffnet hast. Ich habe es damals nicht verstanden, als du es mir zum ersten Mal gesagt hast. Da hatte
ich zu viel Angst. Aber deine Worte sind zu mir durchgedrun-
gen und haben die ganze Zeit in mir gelebt. Danke.«

156

»Gern geschehen.« Ich hörte seine Antwort deutlich in meinem Herzen und die Worte erfüllten meine Seele mit der Wärme, Liebe und Freundlichkeit seines Geistes.

Um Viertel nach sechs traf ich Bill, Eric und Art zum Frühstück. Bill und Eric sahen aus, wie Bergsteiger eben aussehen: kompakt, fit, mit breitem Lächeln. Ihre Shorts und T-Shirts zeigten Körper, die durch viel Training hart geworden waren. Art sah mehr wie Ichabod Crane aus, lang und dünn, mit Brille und zum Wandern mit einem weißen Hemd und weiten, grauen Hosen bekleidet. Ich fragte mich, wer wohl seine Koffer gepackt hatte. Aber alle drei hatten mehr bergsteigerische Erfahrung als ich. Zumindest hielt ich den Trecking-Rekord in der Gruppe.

Die Jungs waren ganz außer sich und machten Witze über den Luxus auf dieser Tour, als sieben Sherpas und 20 Träger unsere Ausrüstung in Dumre aufluden. »Wahnsinn, alles, was wir tun müssen, ist uns selbst auf den Berg wuchten. Das wird ein Zuckerschlecken.« Wir machten uns auf den viel begangenen Weg durch Reisgärten und gepflegte Felder. Bald waren wir von der Hitze und hohen Luftfeuchtigkeit völlig durchgeschwitzt. Über uns teilten sich gelegentlich die aufsteigenden Monsunwolken und enthüllten die schneebedeckten Gipfel in der Ferne. Die meisten Gipfel rund um uns, das Annapurna-Massiv eingeschlossen, waren höher als 6000 m, manche höher als 7500 m. Einer von ihnen, der Manaslu mit 8125 m, gehörte zu den acht höchsten Bergen der Erde. Wir krabbelten über wacklige Hängebrücken und passierten Kinder, die auf handbetriebenen Riesenrädern spielten, als wir aus dem Bambus- und Banyanfeigenwald am Südhang des Annapurna-Massivs herauskamen und nun stetig auf unser Ziel zustiegen. Mit einer Höhe von 6400 m ist das, was man allgemein als Chulu West bezeichnet, in Wirklichkeit ein Gipfel aus einer ganzen Ansammlung von Gipfeln, die zum Chulu-Massiv gehören, gleich nordwestlich von der Annapurna und nicht weit vom Weg zum Thorong La, dem höchsten Pass im Annapurna-Gebiet. Der Chulu ist einer der 18 Gipfel in Nepal, die man mit dem *Trekking Permit* ersteigen kann. Für eine Bergsteigerin wie mich boten diese Berge die Möglichkeit meine Fähigkeiten zu erproben ohne die umfangreiche Unterstützung zu brauchen und die hohen Kosten zu haben, die die größeren Berge verursachen.

Mein Knie hielt einigermaßen, aber dafür bildeten sich jetzt schmerzhafte Blasen an meinen Zehen, als wir uns in das unregelmäßigere Gelände der richtigen Bergtäler bewegten. Trotzdem war ich dankbar und stolz auf die Fähigkeit meines Körpers mit Bills Tempo mitzuhalten und ich fand heraus, dass ein Sockenwechsel meinen Zehen gut tat. Mein Herz hob sich, als wir von den Hindudörfern des Unterlandes zu den buddhistischen Schreinen namens *Chorten*, den Gebetsfahnen und den »Namaste«-Grüßen in größerer Höhe aufstiegen. Martha war wunderbar still. Alle drei Männer waren sehr zuvorkommend und doch merkte ich, dass ich anders war als sie. Ich war eine Bergsteigerin, die sich ebenso sehr auf den Vorgang des Wanderns und Bergsteigens konzentrierte wie auf das Erreichen des Gipfels. Das verstanden die anderen einfach nicht – wenn der Gipfel nicht das Ziel war, warum kam man dann hierher?

Trotzdem staunte ich darüber, wie sehr ich es mir bei ihnen erlauben konnte, ein Anfänger zu sein. Es war, als ob ihre Unterstützung und Respektierung meiner Person meiner wachsenden Erfahrung im Bergsteigen die Ehre erwies, und ich fühlte mich frei Fragen zu stellen und die Antworten anzunehmen. An einem Nachmittag, als ich umkehren musste, verbrachte Bill mehr als eine Stunde mit mir über der Landkarte.

In Manang, auf einer Höhe von 3500 m, rebellierte mein Organismus. Ich hatte ständige Schmerzen in den Füßen und außerdem menstruationsbedingte Krämpfe. Bill unterstützte mich, ließ sich sogar darauf ein, einen Ruhetag einzulegen, sobald wir das Basislager erreicht hätten, aber sein Schlusskommentar war: »Wahrscheinlich musst du die Schmerzen einfach aushalten.« Art sagte, für ihn wäre die Entscheidung nicht mehr zu klettern schmerzhafter als jedes körperliche Problem. Eric behielt seine Gedanken für sich. Meine Erfahrung riet mir immer nur einen Tag auf einmal zu sehen und nicht zu planen, wie ich mich wohl irgendwann in der Zukunft fühlen würde. Wir gingen hinauf zum Basislager für den Aufstieg zum Chulu, auf fast 5000 m Höhe.

Wie ich gehofft hatte, legten wir dort einen Ruhetag ein. Ich packte meine Füße in frisches Moleskin, um ihr Unbehagen etwas zu lindern. Eine nepalesische Krähe, ein Gorak, krächzte, als ihr Schatten über mir entlangstrich. Ich sah auf um sie zu finden, sah die Berge rund um mich und kippte fast hintenüber von dem körperlichen Gefühl von Freude und Dankbarkeit dafür, in Nepal zu sein. Vor langer Zeit hatte ich einmal im Schneidersitz auf einem Fußboden in Aspen gesessen und mich vorgebeugt vor lauter Aufregung, während ich die Dias ansah, die Jonathan von seiner ersten Reise hierher mitgebracht hatte. Ich hatte die Liebe zu diesem Ort in seiner Stimme gehört, als er mir von dem erzählte, was ich da sah. Er war zu dieser Reise aufgebrochen, kurz nachdem wir die Wohnung zusammen gemietet hatten, sodass ich ihn zu dieser Zeit noch nicht sehr gut kannte. Aber als er mir den Ort und die Menschen zeigte, die er so sehr liebte, sprachen die Schönheit seiner Bilder und das Gefühl in seiner Stimme Bände über diesen Mann.

Das erste Dia war ein Bild, das mein Herz tief berührte. Im Vordergrund stand der Schattenriss eines Baumes vor einem hohen Berg aus Fels und Schnee mit einem Doppelgipfel, der wie ein Fischschwanz aussah. »Wow! Das ist atemberaubend. Was für ein Berg ist das?«

»Macchupucchare«, sagte Jonathan, »ein Teil des Annapurna-Massivs.«

»Gott, den würde ich gern einmal selbst sehen.« Ich war mir nicht bewusst, wie lächerlich meine Bemerkung war, wie ich dasaß, mit einer Zigarette in der einen Hand, einem Beutel Marihuana zu meinen Füßen, einem Wodka mit Orangensaft auf dem Tisch neben mir. Aber ich spürte sofort die Faszination, die mich nicht mehr loslassen sollte: die Faszination dieses Ortes, seiner Menschen und dieser unglaublichen Berge. Und ich spürte eine Sehnsucht: die leere Sehnsucht, die sich einstellt, wenn wir uns etwas wünschen, von dem wir in unserem Herzen glauben, dass wir es nie erreichen werden, wenn wir uns etwas wünschen, von dem wir wissen, dass es unsere Fähigkeiten überschreitet. Schon damals hatten meine Abhängigkeiten jeden Glauben daran in mir zerstört, dass meine Träume jemals wahr werden könnten. Es war aufregend gewesen, darüber nachzudenken, eines Tages in den Himalaja zu reisen, aber unter der Aufregung lag das Wissen, dass ich niemals bereit sein würde mich allzu weit von meinen Drogen, dem Alkohol und dem Essen zu entfernen.

Meine Gedanken kehrten in die Gegenwart zurück. »Ich bin wirklich hier«, atmete ich leise. »Das ist der Sieg. Das Bergsteigen ist nur eine Zugabe.« Ich machte mir Gedanken darüber, was der Aufstieg zum Lager I am nächsten Tag mit sich bringen würde: beißende Kälte und einen schweren Rucksack, steiles Geröll und gemischtes Klettern im Couloir, der Scharte im Gesicht des Berges, über die wir den Gipfel erreichen wollten. Aber die Erinnerung daran, woher ich kam, tröstete mich doch sehr. Ich hatte das Spiel des Lebens schon gewonnen, einfach dadurch, dass ich hier war. Es war gleichgültig, wie gut ich morgen zurechtkäme, solange ich nur einen

160

Fuß vor den anderen setzte, so gut ich konnte. Und das konnte ich. So lebte ich inzwischen mein Leben, und das würde auch am Berg helfen.

Gleich nach dem Verlassen des Lagers am nächsten Morgen stiegen wir über steilen, instabilen Kies auf. Mein Rucksack wog etwa 16 Kilo und je steiler der Hang wurde, desto schwerer fiel mir das Gehen. Bei jeder Gewichtsverlagerung bewegte sich der Untergrund und drohte mich den ganzen Weg bis zum Lager wieder hinunterzutragen. In Erinnerung an Bolivien geriet mein ganzer Körper in Spannung. »Atmen, Margo«, sagte ich mir. »Dies ist nicht der Illimani, keine Panik. Du machst das prima.« Ich konzentrierte mich darauf, in der Gegenwart zu bleiben, jeden Fuß so vorsichtig wie möglich zu platzieren und mich zu entspannen, wenn er wegglitt, bevor er eine feste Unterlage unter dem Kies gefunden hatte.

»Ja«, sagte ich im Atmen, als ich endlich einen Rhythmus im Steigen fand. »Ja«, als ich das Wunder wieder wahrnehmen konnte hier zu sein, im Himalaja zu klettern. »Danke«, sagte ich zu Gott und die Worte waren ein Teil des rhythmischen Atmens, das mich in Bewegung hielt.

Am Fuß des Couloirs rasteten wir, tranken etwas Wasser und sahen auf zu dem, was uns bevorstand. Es war ein gemischtes Gelände mit Fels an einigen Stellen, Schnee an anderen und steiler als irgendetwas, das ich mir bisher vorgenommen hatte. Es war technisch nicht schwierig, aber als ich an seinem Fuß stand, hatte ich keine Vorstellung, wie ich hinaufkommen sollte. »Wie geht's, Margo?«, fragte Bill. »Gut.« Ich versuchte gleichzeitig meine eigene Besorgnis zu zerstreuen und seine Frage zu beantworten.

»Dann los.« Unser Sirdar oder führender Sherpa, Ang Puri, ging vor. »Lasst genug Raum zwischen euch und dem Vorgänger, damit ihr nicht von herabfallenden Steinen getroffen werdet«, sagte Bill. »Das Zeug ist zum Teil ziemlich lose.«

161

Art folgte Ang Puri, er bewegte sich schnell und voller Selbstvertrauen. Eric folgte ihm langsamer und schien sehr unsicher. Bill gab von unten her Richtungsanweisungen; springende Steine lösten sich durch Erics Versuche festen Halt für seine Füße zu finden. »Ruhig, Eric. Die Haltepunkte sind da, du musst keine machen.« Er nickte mir zu. »Also, Margo, los geht's.«

Ich ging los und erinnerte mich daran, den Eispickel in meiner oberen Hand mehr für das Gleichgewicht zu nutzen als mich darauf zu stützen und meine Knöchel so zu beugen, dass möglichst viele Zacken meiner Steigeisen im Schnee waren. Ich setzte die Metallzacken vorsichtig auf die harte Oberfläche des ausgesetzten Gesteins, atmete schwer, aber rhythmisch: einen Fuß über den anderen, weiteratmen, konzentrier dich auf die Füße. Vorsichtig schob ich mich an Eric vorbei, der keuchend stehen geblieben war um auszuruhen und wieder zu sich zu kommen. »Platz genug, Margo«, sagte er. »Du bist eine starke Lady.« Ich lächelte ein »Dankeschön« und badete mich in dem Stolz, den seine Worte in mir hervorriefen.

Eine Stunde später waren wir alle am oberen Ende des Couloirs angekommen und bewegten uns langsam auf dem langen, sanft geneigten Trampelpfad zum Lager I durch den tiefen Neuschnee. Die letzte Stunde bis zum Lager war das härteste Stück des Weges. »Gott, es ist wie das Leben«, dachte ich, als ich meinen rechten Fuß hob und ihn hoch streckte um ihn aus dem halben Meter Schnee zu befreien, der ihn einschloss. »Nicht die Krisen sind das Schwierige. Es ist das tägliche Sich-Stellen, jeden Tag, eine Aufgabe nach der anderen. Das Dahinschleppen ist das wirklich Schwierige.«

Dieser Tag baute mein Selbstvertrauen enorm auf. Ich fühlte mich stark, tüchtig und stolz, vor allem nach der harten Arbeit der letzten Stunde. An den schwierigen Stellen war meine Technik gut und beim langsamen Dahintrotten war mein Durchhaltevermögen stark gewesen. Bill hatte gesagt, ich mache es prima, und, was viel wichtiger war, ich fand das auch! Meine Seele sang, als ich mich unter dem Zelteingang hindurch hinaus in die Kälte duckte um zum Pinkeln zu gehen. Als der Wind sich drehte und mir Schnee über mein entblößtes Hinterteil blies, lachte ich laut los. Ich fühlte mich lebendig, stolz und frei – frei von den Abhängigkeiten, die mein Leben so lange bestimmt hatten, frei von den Ängsten und Enttäuschungen der Bolivien-Reise, für einen Augenblick frei von den Zweifeln und negativen Gedanken, die mein Leben ständig begleiteten.

Ich ging zurück zu dem Zelt, das ich mit Bill teilte, und als ich mich in die Wärme meines Schlafsacks einkuschelte, hörte ich Bill leise schnarchen. Ich fragte mich, ob er jemals solche Gefühle hatte wie ich, die wechselnden Stimmungen, die Zweifel, die Ängste. Hatten andere Bergsteiger sie nicht oder sprachen sie nur einfach nicht darüber?

Am nächsten Morgen um sieben Uhr brachen wir zum Gipfel auf. Der Schnee war tief und wir würden uns hindurchschleppen müssen, aber unsere Rucksäcke waren leicht. Nach dreieinhalb Stunden Aufstieg wusste ich nicht mehr, wie ich weitergehen sollte. Ich lehnte mich über meinen Eispickel, ruhte so gut es ging aus, konzentrierte mich auf meine Atmung und suchte in meinem Innern nach der Kraft, die ich brauchte um weiterhin einen Fuß vor den anderen zu setzen. Mir schossen Tränen in die Augen. Ich bat Gott mir zu helfen. Über mir konnte ich den Gipfel sehen.

»Also, Gott, los geht's.« Ich atmete tief ein, hob meinen linken Fuß und streckte ihn nach dem Stiefelabdruck aus, den die Männer vor mir hinterlassen hatten. Wieder sank ich bis über das Knie ein. Ich würgte ein Schluchzen hinunter. »Oh,

Gott, bleib bei mir. Ich glaube nicht, dass ich das hier schaffe. Jonathan, bist du da?«

»Ich bin hier, Margo. Du machst das gut. Einfach atmen und gehen, atmen und gehen.« Jonathans Geist erfüllte mich wie immer mit Wärme und ich begann wieder zu glauben, dass ich weitergehen konnte. Aber nur wenige Minuten später überwältigte mich meine Müdigkeit. Ich fühlte mich unsicher auf den Füßen und brauchte dringend eine Rast. Die Angst erschöpfte mich noch mehr. Ich konnte nur eine Viertelstunde weitergehen, bis ich erneut um eine Pause bat. Als wir anhielten, ließ ich meine Knie durchgestreckt, weil sie mich nur auf diese Weise aufrecht halten konnten. Ich lehnte über meinem Eispickel um im Gleichgewicht zu bleiben.

»Ich habe dir die ganze Zeit gesagt, du kannst es nicht.« Marthas Stimme klang schrill und rechthaberisch in meinem Kopf. »Du kannst ebenso gut aufhören und nach Hause gehen.« Der ruhige Stolz des vergangenen Tages gurgelte in das schwarze Loch, das wie ein Raubtier darauf wartete, das Licht meines Herzens zu verschlucken und zu zerstören. »Du bist so faul«, tadelte Martha mich. »Es ginge dir jetzt gut, wenn du nur mehr trainiert hättest und entschlossener wärest oder mehr getrunken hättest oder ...«

»Sei still, Martha. Nichts von alledem ist wahr.« Ich sprach laut und Ali, der Sherpa, der mit uns aufstieg, sah mich fragend an. Ich zuckte mit den Schultern. Tatsächlich schwieg sie und ließ mich in meiner Qual allein. »Es geht nicht«, gab ich mir gegenüber leise zu. Was war bloß nicht in Ordnung? Heute Morgen hatte ich mich noch gut gefühlt. Warum ging mir die Kraft aus? Ich fand keine Antwort, aber nach einigen Minuten wusste ich, ich konnte nicht weiter. In meinen Beinen war keine Kraft mehr und mein Gleichgewichtssinn wurde schlechter.

»Bill«, rief ich. Keine Antwort. »Bill.« Lauter diesmal, aber er hörte mich immer noch nicht. Ich legte alle Kraft hinein: »BILL!« Er drehte sich um und ich winkte ihn herunter. »Ich bin fertig. Ich habe keinen einzigen Schritt mehr in mir.« Ich konnte ihm nicht in die Augen sehen und starrte stattdessen auf meine grünen Kunststoffstiefel im leuchtend weißen Schnee. »Was ist los?«, fragte er. »Nichts ist los. Ich bin nur einfach am Ende und habe keine Kraft mehr.« Ich kämpfte mit den Tränen. »Ich kann hier warten, bis ihr auf dem Gipfel wart und wieder herunterkommt. Es ist warm genug.« Da, jetzt hatte ich es ausgesprochen. Die Entscheidung war getroffen. »Bist du sicher?«, fragte er. »Ja doch.«

Bill sagte den anderen Bescheid, überzeugte sich, dass ich genug Kleidung hatte um mehrere Stunden lang warm zu bleiben, und dann führte er die Mannschaft ohne mich zum Gipfel, der noch eineinhalb Stunden entfernt lag. Wie hypnotisiert folgte ich mit den Augen der Reihe von Männern, die kleiner wurde, als sie sich langsam entfernten und sich immer näher an den Gipfel heranbewegten, den ich nicht erreichen würde.

Ich wusste, ich hatte die richtige Entscheidung getroffen, aber trotzdem war die Enttäuschung und Frustration schmerzhaft. Ich hatte für diesen Berg alles aus mir herausgeholt. Ich erfand oder simulierte nicht irgendeine Verletzung, nur weil es zu schwer war. Die Batterie war einfach leer. Keine Entschuldigungen. Keine Erfindungen. Ich konnte nur einfach nicht mehr.

Ich drehte mich um um einen Platz für meinen Aufenthalt zu finden und blieb regungslos vor der großartigen Szenerie stehen, die sich vor mir ausbreitete. Ich stand Auge in Auge mit den schneebedeckten Bergen des Annapurna-Massivs. Sie erhoben sich in Wellen bis zum Horizont und darüber hinaus, Rücken auf Rücken mächtige Denkmäler der Schöpfungskräfte. Staunen erfüllte mich. Diese Größe und meine Verbin-

165

dung zu Gott, den Bergen und den Möglichkeiten des Lebens waren die Gründe, weshalb ich hier war. Der Gipfel war der Traum gewesen, aber in diesem Augenblick hier zu sein, das war der wirkliche Sieg.

Die Sonne schien hell von einem klaren, blauen Himmel. Die dünne Luft auf 6000 m Höhe versah alles mit Sattheit und Klarheit, selbst mein Herz. Bravo, Margo. Das »Versagen«, den Gipfel nicht erreicht zu haben, wurde zum Tor zu einer neuen Ebene auf meinem Weg dahin, mich selbst und die Vollkommenheit des Universums anzunehmen.

Zwei Tage später, als wir uns dem Thorong La näherten, war ich zunehmend sicher, dass ich am nächsten Tag nicht versuchen wollte zum Thorong Peak aufzusteigen. Ich hatte wieder einmal Schnupfen und Husten und ich hatte mir selbst einige schwierige Fragen gestellt: »Muss ich erst krank sein, damit ich mir selbst die Erlaubnis gebe nicht zu klettern? Habe ich Angst davor, den Gipfel nicht zu erreichen, oder davor, als Schwächling dazustehen? Oder will ich mich einfach nicht so sehr anstrengen? Ist es überhaupt von Bedeutung, dass ich krank bin?« Ich hatte eine Antwort, die mir vorher noch nie eingefallen war: »Die einzige Frage von Bedeutung ist: ›Will ich?‹, weder ›Kann ich?‹ noch ›Was werden sie denken?‹ noch ›Was bedeutet es, wenn ich nicht klettere?‹ Nur einfach: ›Will ich?‹«

Als wir am Basislager für den Aufstieg zum Thorong ankamen, kämpfte ich immer noch mit dieser Frage. Bill traf die Entscheidung für mich. »Margo, was du willst, ist völlig unwichtig«, sagte er. »Du bist nicht gesund genug um aufzusteigen und du wirst morgen sofort hinuntergehen.«

Ich war einverstanden mit seinem Urteil, aber natürlich schimpfte Martha, weil ich jemand anderem die Entscheidung überlassen hatte. Sie sagte, ich würde niemals in der Lage sein selbst für mich zu sorgen. Ich zog es vor zu glauben, dass

166

ich bei nächster Gelegenheit selbst entscheiden würde. Inzwischen nutzte ich die freie Zeit um mich auszuruhen, zu lesen und mich zu entspannen und als die Männer vom Gipfel zurückkehrten, war ich so weit, dass ich den Rest des Trecks mitmachen konnte. Wir hatten noch eine Woche strammen Wanderns vor uns, mussten noch einige Pässe überqueren und der Macchupucchare wartete auf uns, bevor wir Pokhara, unser Endziel, erreichen würden.

Vier Tage vor Schluss waren meine Kraftreserven am Ende. In der Stadt Tatopani, die nach ihren heißen Quellen benannt ist, lag ich in Tränen aufgelöst in meinem Zelt. Nicht einmal ein Bad in dem natürlich erwärmten Wasser hatte irgendeinen Reiz für mich. Wir waren an diesem Tag mehr als acht Stunden gegangen und während der letzten Stunden hatte ich mit den Tränen kämpfen müssen. Einmal war ich so langsam und vorsichtig gegangen, dass Bill mich fragte, ob alles in Ordnung sei. »Ich bin nur verdammt müde und habe höllische Schmerzen in den Füßen.«

»Wie kommst du darauf, dass du jemals eine richtige Bergsteigerin wirst, wenn du schon nach einem Tag Wandern schlappmachst?«, sagte er nur, während er mich in einer Staubwolke zurückließ.

»Siehst du!«, bekräftigte Martha sofort Bills Worte.

»Arschloch!«, dachte ich und war mir nicht sicher, ob ich Bill oder Martha meinte. Wahrscheinlich beide.

Abends kam er zu meinem Zelt. »Ich muss mir dir reden«, sagte er. »Darf ich den Zelteingang aufmachen?«

»Kann das nicht bis morgen warten?« Ich war völlig erledigt und hatte wahrlich keine Lust mir noch mehr Beschimpfungen anzuhören. »Nein. Es muss jetzt sein.« Bill öffnete das Zelt ohne meine Erlaubnis abzuwarten. »Es hat damit zu tun, warum du so müde bist.« Er kauerte im Eingang. »Ich beobachte dich jetzt seit fast einem Monat und du isst einfach nicht genug. Deshalb ist dir am Chulu die Puste ausgegangen, deshalb hast du die Probleme mit dem Husten und deshalb bist du auch jetzt so müde. Merkst du nicht, dass du nicht mehr so stark bist wie am Anfang?«

»Ich weiß.« Ich hatte das Gefühl, einen schrecklichen Fehler begangen zu haben. »Du isst deine eigenen Muskeln auf, weil dein Körper nicht genug zu essen bekommt. Sieh dich doch an, deine Hosen rutschen ja schon.« Ich hatte bemerkt, dass ich dünn war, aber ich hatte das Gefühl genossen, dass mir meine Kleider zu groß waren. »Du wirst niemals als Bergsteigerin Erfolg haben, wenn du dich nicht richtig ernährst.« Dieser letzte Satz traf meinen empfindlichsten Punkt, aber ich konnte doch über die Ironie der Situation lachen. Ich war dabei, von meiner Fresskrankheit zu genesen, und hatte Schwierigkeiten genug zu essen! Wer hatte sich denn bloß diesen Witz ausgedacht?

Auf unserem weiteren Weg erhöhte ich meine Kalorienaufnahme, während wir über Treppen, die in den Weg geschlagen waren, eine scheinbar endlose Reihe von Bergrücken hinauf- und hinunterstiegen. Ich fühlte mich kräftiger und auch emotional ausgeglichener und war wieder einmal dankbar für die Genesung, die es mir erlaubte, für Veränderungen offen zu sein, auf andere und ihre Erfahrung zu hören und mein Leben aus einer derartigen Fülle zu leben. Jetzt lachte ich über die Angst vor meinem Essverhalten, die ich auf der Reise nach Afrika gehabt hatte. Innerlich machte ich mir einen Erinnerungszettel Nüsse und Erdnussbutter mit ins Khumbu-Gebiet zu nehmen um meine Mahlzeiten zu ergänzen. Es würde ein guter Versuch sein zu sehen, ob ich genug essen konnte um mich bei Kräften zu halten.

Als wir die Stufen zu dem Dorf Chandrakot hinaufstiegen, wuchs meine Aufregung. Endlich würde ich den Macchupucchare sehen können. Er hatte mich schon verzaubert, als ich ihn zum ersten Mal auf Jonathans Dias in Aspen sah. Ich spürte seine Gegenwart sehr deutlich und merkte, dass ich schneller ging. Ang Puri winkte mir aus dem Vorraum der Tür eines Teehauses am Weg zu und lud mich ein mit ihm zu rasten. Ich trat in den hölzernen Vorraum, ließ meinen Rucksack fallen und nahm die Flasche Fanta, die er für mich bereithielt. Durstig, wie ich war, stürzte ich die halbe Flasche herunter, bevor etwas am Rande meines Blickfeldes meine Aufmerksamkeit weckte. Ich drehte den Kopf und da war er, erhob sich durch rosafarbene Wolken in einen babyblauen Himmel: der Macchupucchare. Jonathans Berg. Ich verließ den Vorraum und ging hinter das Teehaus um mit dem Berg allein zu sein. Er war echt. Ich weinte, laut schluchzend vor Freude, Dankbarkeit und Ehrfurcht: Er war wirklich da. Dies war keine Fotografie.

Ich spürte Jonathans Arme um mich, die mich hielten und mich mit Vertrauen in mich und Glauben an meine Träume umgaben. »Ich wusste, dass du hierher kommen würdest, ich wusste nur nicht, wann. Willkommen. Nimm diesen Berg und alles, wofür er steht, in deine Arme. Umarme deine Träume und alles, was in deinem Leben noch geschehen wird.«

Er wusste, was ich nicht wissen konnte und nicht zu glauben wagte, von den Träumen, die schon Wirklichkeit geworden waren, und von denen, die ich noch nicht einmal entworfen hatte. »Es ist gut, Sehnsüchte und Träume zu haben, Margo. Es ist gut, an dich selbst zu glauben. Du hast es dir verdient. Gib deinem Herzen die Ehre. Ich bin bei dir.« Die Schönheit des Berges und das neue Gefühl von Ganzheit in meinem Innern erfüllte mich mit einem Frieden, den ich niemals zuvor erlebt hatte. Jetzt war alles möglich.

Samstag, 18. November 1989, Namche Bazaar
Ich bin zum Tee auf das Dach des Kala Patar Gäste-
hauses gegangen. Unsere Zelte standen dort im
Hinterhof. Einige Männer spielten mit einem
Sherpa Karten; es stellte sich heraus, dass sie aus
San Diego waren.

Eine ganze Woche zwischen zwei Trecks gab mir die Gelegenheit einer weiteren Sehnsucht meines Lebens nachzugeben.
Ein Höhepunkt meiner Reisen nach Afrika war es gewesen,
die Elefanten, die ich aus der Sammlung meines Großvaters
kannte, in ihrer natürlichen Umgebung zu beobachten. Eines
meiner Lieblingsfotos war das, wo sie zwischen den Bäumen
vor der Kulisse des Kilimandscharo grasten. Jetzt hatte ich
Gelegenheit zu einem Aufenthalt im Royal Chitwan Nationalpark und dazu, Elefanten nicht nur aus der Nähe zu sehen,
sondern sogar auf ihnen zu reiten. Als ich auf dem reichlich
knochigen Rücken des sanften grauen Riesen saß und seine
Ohren an meinen Beinen entlangstrichen, staunte ich darüber, dass ich mir auch diesen Wunsch erfüllen konnte, auf
dieser Reise, auf der so viele Wünsche wahr wurden.
Dann kehrte ich nach Kathmandu zurück und traf die neue
Gruppe von Reisegefährten für einen dreiwöchigen Treck ins
Khumbu-Gebiet in Nepal, das berühmt ist als Heimat des
höchsten Berges auf der Erde, des Mount Everest. Bill würde
auch hier unser Führer sein, aber diesmal nahm noch eine
zweite Frau teil, Marguerite, außerdem ihr Mann David und
ein junger Mann namens Greg.
Die erste Herausforderung bestand darin, nach Lukla zu kommen, zu dem kleinen Flugplatz, der, eingegraben in einen Hügel, für die meisten der Hauptzugang ins Khumbu-Gebiet ist.
Das Wetter machte den Flugplan der Royal Nepal Airlines alles andere als zuverlässig. Nach drei Tagen mit Fehlversuchen

170

und einigen eiligen, aber fruchtlosen Märschen mit unserer kompletten Ausrüstung zum Tribhuvan International Airport konnten wir endlich aufbrechen.

Jonathans Liebe zum Khumbu, seinem Sherpavolk und ihren Bergen hatte sich so vollständig auf mich übertragen, dass mir der erste Blick auf Namche Bazaar fast den Atem raubte. Es war größer als in meiner Vorstellung und viel größer als zu der Zeit, als Jonathan es in den Siebzigerjahren gesehen hatte. Die ständig steigende Zahl westlicher Wanderer hatte das Wachstum beschleunigt. Es gab viele Teehäuser in Sherpabesitz, einige drei Stockwerke hoch und weiß gekalkt, sodass sie in der kahlen Hügellandschaft leuchteten. Jedes besaß eine Vielzahl von Fenstern, die in grün, blau oder rot geschmückt waren. Sie erstreckten sich in Reihen um den U-förmigen, ummauerten Winkel, in dem das Dorf lag, und sicherten die Versorgung mit Schlafplätzen, Essen und Zeltplätzen sowohl für Wanderer als auch für Bergsteiger. Läden, die von tibetischem Kunstgewerbe über Eisschrauben bis zu Zimtbrötchen alles verkauften, säumten die engen Straßen, die von einer Kakophonie unterschiedlicher Sprachen widerhallten. Ich war überwältigt.

Wie die meisten Wanderer und Bergsteiger wollten wir zwei Nächte in Namche verbringen und die Ruhetage dazu nutzen, uns zu akklimatisieren, bevor wir durch das Tal in größere Höhe aufstiegen. Unsere Sherpamannschaft baute schon unsere Zelte im Hof des Kala-Patar-Gästehauses auf. Greg ging in den Speiseraum um eine Tasse Tee zu trinken und ich durchwühlte meinen Rucksack auf der Suche nach einer zusätzlichen Schicht Kleider.

»Sie sind aus San Diego?« Ich sah hinüber zu zwei Männern, die mit einigen Sherpas auf der anderen Seite des Raumes Karten spielten. »Das haben sie gesagt«, gab Greg zurück. Einer von ihnen sah auf und lächelte. Ich stellte mich vor und setzte mich zu einem Schwatz zu ihnen an den Tisch. Bart und Glenn hatten sich auf dem Flug von Los Angeles nach Bangkok getroffen und beschlossen zusammen zu reisen. Sie schienen gut zueinander zu passen und ich spürte eine herzliche und mir sehr willkommene Zwanglosigkeit und Kameradschaft, wie ich sie nicht mehr erlebt hatte, seit ich die Staaten auf dem Weg nach Peru und Bolivien verlassen hatte.

Ihr Kartenspiel hatten sie vergessen. Wir sprachen lebhaft über alles Mögliche, fielen uns gegenseitig ins Wort, sprangen von einem Thema zum anderen, wie Popcorn in einer Bratpfanne, und entdeckten, dass wir viele philosophische und metaphysische Ansichten teilten. Balboa Park und San Diego und die Frage nach dem Strand mit dem schönsten Sonnenuntergang mischten sich in Diskussionen über Wiedergeburt, Filme und Homöopathie.

»Aber jetzt – genug gequatscht.« Bart faltete seine lange, schmale Figur aus dem Sessel, in dem er gesessen hatte. »Jetzt führen wir Margo in die Stadt aus.« Ich winkte Bill und Greg zum Abschied.

Bart, Glenn und ich spazierten durch Namche, steckten die Nase in Läden, feilschten um Schmuckpreise, plauderten ebenso mit Sherpas wie mit westlichen Gästen. Ich spürte eine angenehme Verbundenheit. Ich hatte meinen Traum zum Leben erweckt, rund um die Welt zu wandern und zu klettern, aber ich hatte so viel Zeit mit Bergsteigern und Wanderern verbracht, die kaum etwas von ihren Gefühlen preisgaben, dass meine Seele hungrig war. Hier, in Namche Bazaar, einem Ort, von dem Jonathan voller Zuneigung gesprochen hatte, hatte ich zwei Männer getroffen, mit denen ich aus vollem Herzen über meine Gefühle sprechen konnte. Meine physischen Träume und seelischen Bedürfnisse wurden hier gleichermaßen erfüllt.

Nach dem Abendessen stiegen Glenn und ich auf den Hügel

172

hinter dem Teehaus und fanden einen Platz zum Sitzen, wo wir Namche überblicken konnten. Wir sahen die Lichter in den Fenstern und Zelten eines nach dem anderen verlöschen, als die müden Wanderer schlafen gingen. Ich dachte an das Jahr 1975, an mein Schlafzimmer in Silver King in Aspen, nachdem ich Jonathan gesagt hatte, ich könne nicht mit ihm nach Nepal reisen. Als ich auf dem Rücken in dem dunklen Zimmer lag, hellwach von dem Kokain, das ich früher am Abend geschnupft hatte, und wirr im Kopf von dem Marihuana, das ich geraucht hatte um die Hyperaktivität des Koks zu dämpfen, rollten stille Tränen aus meinen Augenwinkeln, fielen auf das Kopfkissen und bildeten wachsende nasse Kreise. Ich fühlte mich leer. Und hoffnungslos. Ich hatte es abgelehnt, das zu tun, was ich mir am meisten auf der Welt wünschte. »Ich kann nicht. Es wäre unmöglich für mich. Ich würde verhungern. Ich kann keine Linsen essen, davon wird mir schlecht. Nächstes Jahr.« Ich griff nach der Haschischpfeife auf dem Nachttisch. Nur ein paar Züge, dann würde es mir besser gehen.

»Margo? Huhu, Margo!« Glenns Stimme erhellte die Finsternis, in die ich gereist war. Ich sah ihn an und lächelte. »Wo warst du?«, fragte er sanft und sah dabei direkt in mein Herz. »Es fühlte sich weit weg an.«

»War es auch«, antwortete ich. »Sehr weit. Ein Ort, an den ich nie mehr zurückkehren will.« Lächelnd nahm ich seine Hand und beantwortete so die Einladung in seinen Augen. Er sagte: »Was ist mit dem Rückenrubbeln, das ich dir versprochen habe?« Ich hatte früher am Tag gesagt, meine Haut sei hungrig nach Berührung, dass ich Umarmungen und Rückenrubbeln vermisste, und er sich hatte angeboten. »Wunderbar«, antwortete ich und wir gingen wieder hinunter zum Teehaus.

Glenn und ich hatten in den nächsten paar Tagen eine wunderbare, zärtliche Liebesaffäre. Wir verbrachten Stunden damit, zu sprechen, uns zu berühren und einander aufzupäppeln und als es für unsere Gruppe an der Zeit war das Tal hinauf zum Kloster von Tengboche zu gehen, begleiteten Glenn und Bart uns. Prächtige Nadelwälder und Wäldchen aus blühenden Rhododendronbäumen verbreiteten ihren reichen Zauber auf unserem steinigen Weg. Obwohl ich mich ein wenig seltsam dabei fühlte, ließ ich Glenn hinter mir und blieb gleichauf mit Bill und Greg, als sie über einen Hügel kletterten um eine Yakherde zu überholen, die auf dem Pfad aufwärts ging. Beim Kloster hüllten uns Wolken ein wie Nebel. Es war unheimlich und geheimnisvoll, die Glocken der Yaks zu hören und dann die riesigen Tiere zu sehen, die gleich vor uns aus dem Dunst auftauchten.

Die Wolken hoben sich und enthüllten den klassischen Blick auf Nuptse, Everest, Lhotse, Ama Dablam und auf hunderte anderer Gipfel, die uns umgaben. Wie auf Knopfdruck tönte der Klang der zeremoniellen Hörner und Glocken zu uns hinüber, als wüssten sie um das Fest, das in meinem Herzen stattfand. Ich hatte mich immer gefragt, ob es möglich sein würde, mich physisch anzustrengen und gleichzeitig emotional unterstützt zu werden. Ich hatte mich gefragt, ob das jemals geschehen könnte. An diesem Tag war es so und es war auch in dieser Nacht so, als Glenn mein Ein-Frau-Zelt mit mir teilte, mich in seinen Armen hielt und mit mir schlief.

Inzwischen hatte sich ein festes Muster von sonnigem Wetter am Morgen, wolkigen Nachmittagen und nächtlichem Schnee oder Frost entwickelt. Je höher wir stiegen, desto kälter wurde es. Ich folgte Bills Rat mehr zu essen und zu trinken und besaß eine optimistische Einstellung, von der ich nicht wusste, ob ich sie auf meine Zeit mit Glenn oder meine neuen Essgewohnheiten zurückführen sollte. Wie auch immer, ich war dankbar dafür.

174

Am nächsten Morgen machte ich bei einem *Chorten* auf einem Hügel Halt, von wo aus man die Stadt Dingboche übersehen konnte, und Jonathans Gegenwart hüllte mich rundum mit Wärme ein. Als ich bei diesem kleinen buddhistischen Schrein stand, fühlte ich etwas wie Heilung. Die Wunde, die ich mir selbst zugefügt hatte, als ich 1975 die Einladung hierher zu kommen ausschlug, die Scham, die mich immer noch mit meinen früheren Verhaltensweisen verband, der Selbsthass, der immer noch an mir nagte, wurden in der Gegenwart Gottes, Jonathans und meiner selbst geheilt.

An diesem Nachmittag wanderte ich über den Bergrücken nach Pheriche und zurück. Ich hielt noch einmal bei dem *Chorten* an und hörte John Denver zu, der auf meinem Walkman sang. Wenn ich mich um mich selbst drehte, konnte ich zehn Hauptgipfel einschließlich Island Peak und Imja Tse sehen, auf dem ich in zwei Tagen zu stehen hoffte. Ich konnte den Weg sehen, den wir nehmen würden, und als ich ins Lager zurückkehrte, sprach ich mit Ang Phurba über den Berg. Er sagte, es sähe so aus, als würde das Wetter halten und der Aufstieg leicht. »Leicht für dich«, lachte ich. »Für dich auch.« Er lächelte und beinahe glaubte ich ihm.

Morgens um halb drei standen wir auf und um vier Uhr waren wir unterwegs, damit wir unseren Rundweg zum Gipfel und zurück schaffen konnten, bevor es wieder dunkel wurde. Einige Stunden später kletterten wir durch einen steilen Couloir oberhalb des Hochlagers und drehten uns dann nach rechts, um der Route aufwärts auf einer steileren, ungeschützten Passage zu folgen. Das Klettern war technisch anspruchslos, aber jeder Fehltritt hätte zu ernsten Verletzungen geführt. Der letzte Steilhang bis zum Fuß des Gletschers war eng und noch ungeschützter und verlangte volle Konzentration. Die Sonne schien und wärmte unsere kalten, müden Körper, als wir unsere Steigeisen anlegten und den Gletscher betraten.

Seine Oberfläche war fest und schenkte uns einen bequemen Weg von einer Dreiviertelstunde über einige Schneebrücken bis zum Fuß einer Steigung, die zu einem sehr steilen Kletterstück von 90 m Höhe führte. Der Hang schien fast senkrecht zu sein, der Schnee in dem Couloir war ziemlich weich und Kletterer vor uns hatten große »Eimer« hinterlassen – feste, stabile Fußstapfen -, die wir benutzen konnten, als wir uns in das Fixseil einhängten und langsam zum Gipfelgrat hinaufkletterten. Ich hatte mir Sorgen darum gemacht, wie ich wohl in so steilem Gelände in 6000 m Höhe zurechtkommen würde, und war stolz und dankbar über die relative Gelassenheit, mit der ich kletterte. Am Ende des Steilstücks machten wir eine Pause um zu essen und zu trinken, und mein Blick wurde von dem schmalen Gipfelgrat angezogen, der auf der Länge eines Fußballfeldes in Wellen zum Gipfel führte.

Als wir weitergingen, sah ich hinunter, an den Steigeisen vorbei, die mich auf diesem Grat von einem Meter Breite hielten. Rechts von mir fiel der Berg mit einem 60°-Gefälle ab, links von mir mit 80°. Der Winkel zum Gipfel hinauf war nicht steil, aber ein Fehltritt oder ein Steigeisen, das sich im Goretex verhakte, konnte eine sehr lange Rutschpartie und den fast sicheren Tod bedeuten. Eine derartige Ausgesetztheit hatte ich noch nie erlebt und meine Herzfrequenz, die von der Anstrengung des Steigens auf 6000 m Höhe ohnehin schon hoch war, erhöhte sich noch mehr. Vorsichtig setzte ich einen Fuß vor den anderen.

Der Aufstieg wurde steiler. Dann plötzlich wurde es eben. Ich blickte nach vorne und sah Ang Phurba winken, 10 m entfernt. Mein erster Himalaja-Gipfel. Ich hatte es geschafft!

6. Ein wunderbarer zweiundvierzigster Geburtstag

Freitag, 5. Januar 1990, Las Penitentes,
Argentinien
Ich mache mir solche Sorgen darüber – sprich:
Ich habe solche Angst davor –, so lange so schwer
zu tragen. Wir werden sehen, was passiert, ich
weiß, auf dem Chulu war ich in Ordnung. Ich habe
schreckliche Angst, mir könnte die Ausdauer
fehlen das hier zu schaffen.

Der Kletterführer beschrieb die Besteigung des Cerro Aconcagua als einen »anstrengenden Aufstieg in großer Höhe, nur
für erfahrene Bergsteiger«. Der Berg war bekannt für sein lau-
nisches Wetter und seine starken Winde, die ich mehr als alles andere an dieser Tour fürchtete. Als ich sein mächtiges
Profil zum ersten Mal sah, das fast fünf Kilometer über unserem Bus in den Himmel ragte, und mir klarmachte, dass wir
schon drei Tage wandern würden, bis wir auch nur das Basislager erreichten, konnte ich nichts anderes tun als ungläubig
den Kopf schütteln. Hier war ich, eine Frau mittleren Alters
aus Amerika, die gerade mal zwei Jahre zuvor nichts Anstren-
genderes als eine Treppe hinaufgestiegen war, und ich würde
diesen Berg besteigen. Ich glaubte tatsächlich, dass ich den
Gipfel erreichen könnte. Ich war allerdings nicht so sicher, ob
ich meinen schweren Rucksack tragen könnte. Jedes Mitglied
unserer Expedition würde mehrere Wege mit Ausrüstung und
Vorräten machen müssen um die Unterstützungslager einzurichten, die wir brauchten um unser Ziel zu erreichen.
Glenn und ich hatten uns in Kathmandu wieder getroffen

und waren dann zusammen nach Thailand gereist, wo wir eine unglaubliche Woche miteinander verbracht hatten, in der wir einander umwarben und miteinander schliefen. Wir hatten Bangkok verlassen und jeder hatte sich auf die Reise begeben, auf die ihn seine Träume lockten – Glenn nach Bali, ich nach Argentinien –, ohne zu wissen, ob und wann wir uns jemals wieder sehen würden. Vorerst war diese Liebesaffäre zu Ende. Bevor ich nach San Diego zurückkehrte, nahm ich meine Erinnerung an unsere gemeinsame Zeit mit nach Australien, wo ich in einem Feriendorf Weihnachten feierte um dann für fünf Tage über den Jahreswechsel nach Hause zu fahren.

Während ein Kalenderjahr in ein neues überging, füllte ich meinen Vorrat an Umarmungen, Genesungs-Gruppentreffen und Telefongesprächen wieder auf. Ich wusch die Kleider, die ich für den Aconcagua brauchen würde, packte meine Seesäcke wieder und steckte frische Batterien in meinen Walkman. Dann wieder zum Flughafen: Diesmal war mein Ziel Mendoza in Argentinien, wo ich den Rest der Expedition treffen sollte.

Ich fühlte mich fast entspannt und als eine Art Veteran. Vier der neun anderen Leute auf dieser Reise kannte ich bereits. Skip, der Organisator und Führer der Tour, und Norton waren mit mir auf dem Mount Kenya und dem Kilimandscharo gewesen. Mit seinen 71 Jahren war Norton, der sich das Äußerste abforderte, indem er an Triathlons teilnahm und hohe Berge bestieg, einer meiner persönlichen Helden geworden. Bob war auf einer glücklosen Reise in Mexiko bei dem Versuch Popo und Orizaba zu besteigen dabeigewesen und er war seitdem mein Hausanwalt. Weil ich während der letzten sechs Monate auf Reisen gewesen war, hatte ich nicht gewusst, dass er dabei sein würde. Seine ruhige Art und sein trockener Humor waren eine angenehme und willkommene

Überraschung. Scott war ein guter Freund aus San Diego, dessen eigenes Genesungserlebnis uns beiden die Möglichkeit geben würde unsere eigenen »Treffen« zu veranstalten, während wir auf dem Berg waren. Zwei der anderen Bergsteiger waren Frauen. Immer noch hatte ich auf keiner Bergtour so etwas wie eine tiefere emotionale Sicherheit erlebt – vielleicht würde es mit dieser Gruppe gehen. Die anderen Mitglieder der Gruppe waren freundlich und unterstützend und wir alle schienen schnell das Maß an Bindung zu entwickeln, das notwendig sein würde um diesen Aufstieg erfolgreich abzuschließen.

In Mendoza rief Skip uns zu einem Treffen zusammen um eine Änderung unserer Route zum Gipfel vorzuschlagen. Auf dem Vacas-Weg würden viel weniger Menschen sein und es würde anspruchsvolleres Klettern erfordern als die etablierte *Ruta Normal*. Diese Gruppe reagierte anders auf einen Änderungsvorschlag als die Bergsteiger in Bolivien. Die damalige Gruppe war still, angespannt und getrieben gewesen. Ihre Gipfelorientierung und ihr Individualismus hatte einen konzentrierten Rationalismus in alle Diskussionen über Veränderungen am Zeitplan und an der Route gebracht. Die Aconcagua-Gruppe dagegen war direkt, emotional und humorvoll. Die Teilnehmer wollten auf den Gipfel, aber sie waren sehr viel eher bereit, jeden Aspekt von dem Blickpunkt aus zu beurteilen, was uns das beste Erlebnis bringen würde.

Obwohl ich glaubte, dass jeder Bergsteiger sein ganz eigenes Erlebnis auf einem Berg schuf, war mir aufgefallen, dass die Haltung des Führers meine Fähigkeit beeinflusste das meiste aus einer Reise herauszuholen. Skips unterstützender und ermutigender Führungsstil schien Menschen anzuziehen, die zum Gipfel gelangen, aber auch das Bergsteigen an sich genießen wollten. Skip verstand, dass die Berge in unserem Innern, die jeder von uns bestieg, manchmal die größere Herausforderung waren als die, die sich vor uns erhoben. Jetzt war ich dankbar für die Bronchitis, die mich im Jahr zuvor daran gehindert hatte, den Aconcagua mit einem unbekannten Bergführer anzugehen. Das Universum hatte mich wieder einmal in Skips Hände gelegt.

Die Verlassenheit der Berge und Täler um den Aconcagua machte seine Entlegenheit noch deutlicher spürbar. Von Mendoza aus fuhren wir nach Las Penitentes, zu einer Skistation, die während des argentinischen Sommers geschlossen war, aber offen für Bergsteiger, die sich auf der Höhe von 2743 m akklimatisieren wollten, bevor sie zum Fuß des Berges aufbrachen, 1200 m höher gelegen und eine anstrengende 50-km-Wanderung entfernt. Wir nutzten die Zeit in Penitentes, indem wir ein Tal erkundeten und einen Höhenzug hinaufstiegen um einen anderen Blick auf unser Ziel zu bekommen. Das Gebiet war eine Landschaft ohne jedes Leben, hatte aber eine ganz eigene Schönheit. Das Zickzack von Trampelpfaden, von Entdeckern, Abenteurern und all den anderen hinterlassen, die den Kontinent durchquerten, gab uns eine Ahnung von seiner Geschichte. Daniel, Skips argentinischer Hilfsführer, berichtete uns, dass nur etwa ein Drittel der etwa 2000 Bergsteiger, die den Aconcagua jährlich in Angriff nehmen, auch tatsächlich den Gipfel erreicht. Von diesen 2000 sind etwa 10 Prozent Frauen und ihre Erfolgsquote ist weitaus niedriger: nur etwa 10 von 200.

Ich war entschlossen es gegen alle Wahrscheinlichkeit zu schaffen. Körperlich war ich in besserer Form denn je, aber meine Besorgnis darüber, einen Rucksack von 13 oder 18 Kilo auf langen Aufstiegen in den Höhenregionen zu tragen, die wir erreichen würden, bot Martha reichlich Material, mit dessen Hilfe sie meine Fähigkeit und meine Kondition infrage stellen konnte. Ich sagte ihr, was ich als wahr erkannt hatte: Nur die Zeit konnte zeigen, wie es mir ergehen würde, und

180

der Lohn würde jede Unbequemlichkeit unterwegs wert sein. Ich konnte mir nichts vorstellen, das mich vom Gipfel dieses Berges abhalten würde: nicht die Kälte, nicht schmerzende Füße und Schultern, nicht einmal nasse Kleider und Stiefel. Nichts konnte mich von meinem Traum abhalten, solange ich die Unterstützung von Gott und meiner inneren Familie und die Ermutigung eines fördernden Führers hätte.

In der Nacht vor unserem Aufbruch aus Las Penitentes drängten wir uns alle in Skips Zimmer um »Kraut und Rüben« zu veranstalten. Kisten mit frischem Obst und Gemüse, Konservendosen und aller möglicher Kleinkram lagen an den Wänden aufgereiht und mussten sortiert und wieder verpackt werden für die Maultiere, die alles zu unserem Basislager bringen sollten. Bei diesem expeditionsartigen Aufstieg würden wir keine Sherpas oder Träger bei uns haben. Vom Basislager aus würden wir sämtliche Ausrüstung und Vorräte auf unserem Rücken in die Lager tragen, die höher am Berg gelegen waren. Der unbeschwerte Ulk zwischen uns konnte nicht ganz verbergen, was wir alle dachten: »Werde ich mit meinem Teil der Ladung zurechtkommen? Werde gerade ich die Gruppe enttäuschen?«

Während der nächsten drei Tage wanderten wir über kahle Gebirgszüge und durch Täler voller Gletscherschutt und näherten uns dem Basislager auf einer Höhe von 4267 m. Die raue Schönheit dieses Teils der Anden hat mit seiner Einfachheit zu tun. Staub, Felsen und das spärliche Buschwerk, das sich zäh am Leben festkrallt, bilden eine einförmig bräunlich graue Landschaft, die nur hier und da von einem schnell fließenden Fluss mit schmutzigem Gletscherwasser unterbrochen wird. Manche davon überquerten wir zu Fuß. Andere hätten uns einfach weggerissen, wenn die Arryaros, die Maultiertreiber, uns nicht auf den Rücken ihrer Tiere hinübergebracht hätten. Weil unsere Ausrüstung auf dem Weg zum Basislager von den Maultieren getragen wurde, hatten wir nur Wasser, Kameras und Regenschutz in unseren leichten Rucksäcken. Am zweiten Morgen, als wir uns für den Aufbruch fertig machten, schlug Skip uns vor uns auf die körperliche und geistige Härte des vor uns liegenden Aufstiegs vorzubereiten, indem wir etwas zusätzliches Gewicht in unsere Rucksäcke packten und uns so während der nächsten Tage an ihr Gewicht gewöhnten. Es war, als hätte er unsere Gedanken gelesen und wüsste um unsere Ängste. Bevor ich zu Bett ging, beobachtete ich die Schatten vom Feuertanz der Arryaros an einer Felswand und spürte Jonathans Gegenwart. Mit dieser Geheimwaffe ausgerüstet, so wusste ich, würde ich es schaffen.

Unser erster Tag im Basislager war ein Ruhetag, Zeit um sich einzugewöhnen, um den Körper mit der größeren Höhe vertraut zu machen und alles, was zum Lager I hinaufgetragen werden musste, in handhabbare Ladungen aufzuteilen. Wir würden mit ziemlich leichten Rucksäcken anfangen, 11 Kilo oder so, und das Gewicht mit jedem Weg erhöhen um unsere Kräfte allmählich aufzubauen. Bis wir alles auf den Berg gebracht haben würden, sollten wir bereit sein die nächste Stufe hinauf zum Lager II zu bewältigen. Als ich zwischen den Haufen von Vorräten, den Schlafzelten und dem Küchenzelt umherging, kam mir der Gedanke, dass der Fuß dieses Berges etwa auf derselben Höhe lag wie der Gipfel des Mount Whitney, des höchsten Punktes in den benachbarten USA. Ich beobachtete, wie das Sonnenlicht über die öde Landschaft wanderte, wie das Braun und Grau des Vulkangesteins sich durch feine Lila- und Rottöne belebte und der Aconcagua seine ganze Schönheit enthüllte. In dieser Nacht hatten wir beinahe Vollmond.

In der zweiten Nacht im Basislager saßen meine Zeltgenossin Linda und ich in unserem »Zuhause«, bereit in die Schlafsäcke zu krabbeln, und warteten auf den Mondaufgang. Eine wechselnde Reihe von Farbschichten leuchtete durch die Wolken und wechselte von Orange bis zu einer blassen Pfirsichfarbe. Linda war lässig und gebildet; sie hatte ihre überlegene Stärke bereits auf dem Weg hierher gezeigt. Während der langen Tage auf dem Weg zum Basislager hatten wir ziemlich viel miteinander gesprochen und ich mochte ihre Haltung und ihre Entschlossenheit.

Ich spielte den Tag in Gedanken noch einmal durch. Wir hatten unsere erste Tragetour zum Lager I unternommen und ich war gut aufgestiegen. Langsam, geschmeidig hatte ich einen Fuß vor den anderen gesetzt und meinen Anteil an der Ausrüstung, Kochgerät und Essen mit einer Energie getragen, die sich anfühlte, als ob jemand den Adrenalinspiegel in meinem Blut verdreifacht hätte. 5100 m hoch im Himmel über den Anden war ich erfüllt von dem Gefühl gewesen, dass ich nirgendwo auf der Welt lieber sein wollte als hier, nichts lieber tun wollte als dies. Jetzt, in meinem Zelt, zurück auf 4267 m, schloss ich die Augen, atmete in der geistigen Gegenwart von Jonathan und Glenn und spürte diese Fülle wieder. Als ich die Augen wieder öffnete, füllte der Mond den Himmel vor mir: ein herrlicher, riesiger gelber Ball.

»Linda, schau!« Ich rückte zur Seite um ihr den Blick freizumachen. Sie sah von dem Buch auf, in dem sie las. »Oh!« Ihre Stimme war ehrfürchtig. Dann, mit dem Ausatmen, kam noch ein »Wow!«

Am nächsten Tag hatten wir starken Wind, viel stärker als bisher. Wind war eines von den Dingen, die ich beim Bergsteigen am meisten fürchtete, sogar mehr als die Kälte. Und der Aconcagua war berüchtigt für seinen Wind. Andere Bergsteiger erzählten entsetzliche Geschichten darüber, was er mit Menschen und Ausrüstung anstellen konnte, wie er einen mittleren Aufstieg in einen Abstieg von epischer Länge verwandeln konnte und einen relativ bequemen Klettertag in einen verzweifelten Kampf ums Überleben. Den ganzen Tag lang veranstaltete ich Schattenboxen mit diesem Wind und kämpfte darum, unter fast 18 Kilo Ausrüstung aufrecht zu bleiben. Das letzte steile, instabile Geröllfeld zum Lager I war besonders riskant. Eine Bö erwischte mich mitten in einem Schritt. »Verdammt«, sagte ich und kämpfte um mein Gleichgewicht. Ich fluchte noch einmal, wütend auf den Wind und verängstigt von seinem scheinbaren Bestreben mich von den Beinen zu blasen. Meine innere Stimme sprach ruhig in meinem Kopf: »Atmen, Margo. Atme und setz einen Fuß vor den anderen. Nur einen Schritt. Einen Schritt.« Das konnte ich tun, mit oder ohne Wind.

Als ich die Region erreichte, in der wir am Tag zuvor Lager I aufgebaut hatten, war Skip direkt hinter mir. Ich hatte ihn nicht bemerkt, während ich kletterte, so versunken war ich in die schwere Arbeit hinaufzukommen. Der erbarmungslose Wind hatte das Iglu-Zelt, das die Ausrüstung schützen sollte, die wir so mühsam heraufgetragen hatten, fast weggeblasen. Es dauerte auf dieser Höhe eine Stunde, bis wir alle gemeinsam eine Steinmauer aufgeschichtet und das Zelt wieder verankert hatten. Als ich eine kleine Pause machte, blieb auch Skip für einen Augenblick stehen.

»Du magst den Wind nicht so sehr, oder?«, fragte er

»Nicht mal ein bisschen. Er macht alles so viel schwieriger. Ich bin heute immer wütender geworden.«

»Ich habe ihn früher auch gehasst.« Die Kapuze seines Parkas flatterte wild, als ob der Wind sie zur zusätzlichen Betonung benutzte. »Er machte das Klettern kalt und ungemütlich. Aber der Widerstand gegen ihn kostete so viel Kraft, dass ich zu dem Schluss kam, ich könnte entweder Energie verschwenden, indem ich ihn hasste, oder ich könnte mich auf die erhöhte Aufregung und das stärkere Abenteuergefühl einlassen und Kraft daraus ziehen. Inzwischen mag ich ihn fast gern.« Er drehte sich um einen neuen Stein in die Mauer zu packen.

Ich sah, wie er sich langsam bewegte, sah, wie sein Körper darauf reagierte, dass ich in Gedanken in bisher ungekanntem Zorn mit beiden Fäusten auf ihn einschlug. Konnte es denn so einfach sein, wie er sagte? Durch meine dicke Wollmütze hörte sich der Wind an wie Autos auf einer Autobahn. Ich hatte keine Macht ihn zu ändern, so viel war sicher. Mein Freund Kelly hatte oft zu mir gesagt: »Am Lauf der Dinge kannst du nichts ändern, aber an deiner Einstellung dazu.« Hier war es genau dasselbe. Mir ging das sprichwörtliche Licht auf. Ich brauchte den Wind nicht zu bekämpfen, ich konnte ihn annehmen. Was für eine Idee! So ganz anders als früher, als ich mich in der Überzeugung mich selbst nicht ändern zu können von der Welt zurückzog und versteckte. Tatsache war: Der Wind wehte. Ich musste ihn nicht lieben, aber ich musste auch nicht unglücklich darüber sein. Wenn ich den Wind annahm, konnte ich Energie aus ihm beziehen anstatt meine Energie dazu zu verwenden, gegen ihn anzuschimpfen. War es meine Fantasie oder ließ der Wind wirklich nach, als wir wieder hinunter zum Basislager wanderten?

Am dritten Tag mussten wir unseren Umzug ins Lager I vollenden. An diesem Morgen erwachte ich in einem urzeitlichen emotionalen Sumpf: Erschöpfung, Euphorie und Angst umschwirrten mich. Ich war schon in Tränen aufgelöst, bevor ich überhaupt meinen Schlafsack verlassen hatte. Es gab keinen Grund für die Intensität meiner Gefühle, nichts mir Bekanntes um sie anzusprechen, also tat ich, was ich gelernt hatte: antreten und mein Bestes geben. Ich zog mich an und ging ins Küchenzelt um mir etwas Kaffee zu holen. Skip arbeitete an einem der Kocher. Er sah auf, lächelte und sagte irgendetwas Aufmunterndes.

Praktisch augenblicklich brach ich in Tränen aus. In einem harten, aussichtslosen Kampf gegen den Wildwuchs meiner Gefühle sagte ich: »Es ist halt einer dieser Tage, Skip. Ohne ersichtlichen Grund stehe ich emotional mit dem Rücken zur Wand. Ich glaube, ich sollte dich einfach warnen. Vorsicht beim Näherkommen.« Mir gelang sogar ein bekümmertes Lächeln.

Er stand auf, legte mir einen Arm um die Schultern und sagte: »Blöd, wenn es ein harter Tag für dich ist. Aber ich habe Vertrauen zu deiner Einstellung, Margo. Du schaffst das.«

Ich genoss es! Ich konnte emotional außer mir, mürrisch und gereizt sein und darüber sprechen statt es allein zu bekämpfen. Die Haltung der Bergsteiger in Bolivien und Nepal hatte mir keinen Raum gelassen verletzlich zu sein. Dabei hatte ich wichtige Lektionen über das Vertrauen zu Gott und zu mir selbst gelernt, aber hier war ich froh annehmen zu können, was geschah. Meine Gefühle aussprechen zu können fühlte sich vollständiger und ehrlicher an. Trotz der emotionalen Last, die ich zusätzlich zu meinem 18-Kilo-Rucksack trug, kam ich auf dem letzten Weg nach Lager I wunderbar zurecht. Dort half ich die Zelte aufstellen und die Steine bewegen um noch mehr Mauern zu bauen, damit sie dem Wind standhielten.

An diesem Abend schneite es nach dem Abendessen, aber nicht so viel, dass wir uns am nächsten Morgen von unserer ersten Tragetour hinauf zum Lager II hätten abhalten lassen. »98, 99, 100. Puh.« Ich hielt an und ließ das Gewicht meines Körpers und meines Rucksacks auf meinem ausgestreckten rechten Bein und auf den Skistöcken ruhen, die ich zur Stabilisierung am Hang benutzte. Während ich das Gewicht auf die Knochen verlagerte um den Muskeln eine Pause zu gönnen, konzentrierte ich mich auf meine Atmung. Einatmen durch die Nase, tief ins Zwerchfell und den Brustkorb und dann mit Kraft durch den Mund ausatmen, als ob ich einen

Luftballon aufblies. Das war Druckatmen, eine Technik, die es meinen Lungen erlaubte so viel Sauerstoff wie möglich aus der dünnen Luft aufzunehmen. 20 Atemzüge, dann wieder 100 Schritte. Ich war seit vier Stunden auf dieser Tragetour unterwegs und in diesem Tempo ging es für mich am besten. Die raue Schlichtheit des Berges lud jeden von uns dazu ein, seine eigene innere Reise zu unternehmen. Der Weg war nicht schwierig, erforderte aber Stunden der Schufterei auf dem graubraunen Fels. Der Hang blieb immer gleich steil, zwischen 30° und 35°. Feines Geröll machte das Gehen unsicher, vor allem, weil wir die schweren Rucksäcke trugen und uns gegen den Wind stemmten. Ich wäre lieber mit Steigeisen über einen Gletscher gegangen, aber so war der Aconcagua nicht. Er war ein riesiger Steinhaufen, verlassen, kahl und windumbraust. Ich hielt den Kopf unten, sah auf meinen Weg und bewegte mich so langsam, dass ich sicher war, die anderen müssten weit vor mir sein. So konzentriert ging ich, dass ich fast in Scott hineinrannte, der zusammen mit Jordan stehen geblieben war um auszuruhen. Da ich erst 67 von meinen 100 Schritten gemacht hatte, ging ich weiter. Ein Lächeln breitete sich auf meinem Gesicht aus und ich fühlte einen Strom von Adrenalin: Ich hatte soeben zwei von den Männern überholt!

Donnerstag, 18. Januar 1990, Lager II, Aconcagua
Was für eine wunderbare Art meinen 42. Geburtstag zu verbringen ... Wieder einmal das Schwierigste, was ich jemals getan habe ... Ich habe jedes nur vorstellbare Gefühl durchlebt. Und die Entschlossenheit hörte nie auf. Manchmal war die Entmutigung so stark. Aber immer war da diese Entschlossenheit. Wie immer kommt alles auf meine Beziehung zu Gott an.

»Happy birthday to you. Happy birthday to you. Happy birthday, liebe Margo, happy birthday to you-u-u-u!« Ich wurde von Skip und Wally geweckt, die meinen 42. Geburtstag mit einer liebevoll atonalen Version des vertrauten Liedes beginnen, begleitet von einer Tasse Kaffee und zwei Müsliriegeln. Eine angemessene und von mir hoch geschätzte Geburtstagsfeier an diesem öden Ort voller Felsen und gefriergetrocknetem Essen. Ich kuschelte mich tiefer in meinen Schlafsack, gab dem Kaffee die Chance mich zu wecken und dachte daran, wo ich an anderen Geburtstagen gewesen war. Es waren immer Gelegenheiten zum Feiern gewesen. Aber je älter ich wurde, desto weniger war es bei den Feiern um Festlichkeit und Freude gegangen und desto mehr um Trinken und Drogen. Als ich 38 geworden war, hatte ich allein zu Hause »gefeiert«, auf dem Sofa mit einer Flasche Wodka, Bergen von Essen aus dem Imbiss und einem Stapel Videos, zu ängstlich um mein Haus zu verlassen. Jetzt, nur vier Jahre später, ging ich Risiken ein, die für jene Frau unvorstellbar gewesen waren, die da auf ihrer Couch lag, voll mit Alkohol und Essen. Ich lächelte, als der Stolz über das Nüchternsein mich durchflutete. Als ich meine persönliche Ausrüstung packte und mich anzog, dankte ich Gott für die Tiefe und Fülle, die das wunderbare Gewebe meines Lebens inzwischen angenommen hatte.

Wir packten das Lager in strahlendem Sonnenschein zusammen und machten uns auf demselben Weg wie zwei Tage zuvor auf zum Lager II. Mit den Kochtöpfen und zwei Teekesseln, die an meinem Rucksack festgebunden waren, muss ich wie ein Kesselflicker ausgesehen haben. Das spaßige Bild machte meine Last von 18 Kilo ein wenig leichter, allerdings nicht leicht genug um etwas gegen die Instabilität zu tun, mit der die schwere und unförmige Last meinem langsamen Aufstieg durch das steile Geröll noch erschwerte.

Skip lächelte, als er mich leichtfüßig eine Stunde später überholte. »Was für ein Ort um deinen 42. Geburtstag zu verbringen, wenn auch nicht unbedingt die netteste Art und Weise.« Ich musste stehen bleiben um Luft zu holen und rief hinter ihm her: »Wenn man bedenkt, dass ich mit 38 keine Treppe hochgehen konnte ohne eine Pause zu machen, dann ist es ein unglaubliches Wunder, überhaupt in der Lage zu sein dies hier auch nur zu versuchen.«

»Die Einstellung gefällt mir!«, sagte er über seine Schulter und stieg weiter.

Unser Treffen gab mir neue Kraft, als ich weiterging und vorsichtig einen Fuß vor den anderen setzte. Es war, als würde man über Kies auf einer Betonoberfläche laufen, nur dass der Hang abschüssig war wie ein Dach und wir auf einer Höhe von mehr als 5500 m gingen. Ich ging zum Ruheschritt über, der mir inzwischen, nachdem ich ihn auf Bergen auf vier Erdteilen benutzt hatte, so vertraut war. Ich hatte sogar meinen eigenen Namen dafür: »Dauergang«. Man hebt den rechten Fuß, setzt ihn wieder auf, testet das Geröll und hofft, dass es nicht rutscht. Gleichzeitig nimmt man den Stock fürs Gleichgewicht in die linke Hand und lässt das linke Knie durchgedrückt um den Muskeln einen Augenblick Ruhe zu gönnen. Dann verlagert man das Gewicht auf das rechte Bein, lässt das Knie gebeugt um die Bewegung der Steine aufzufangen, die immer einsetzt, egal, für wie stabil ich das Ganze halte. Manchmal rutscht man den halben Weg, den man vorwärts gegangen ist, wieder zurück. Dann das Ganze mit dem anderen Fuß. Nimmt man noch tiefes, rhythmisches Atmen bei jedem Schritt dazu, so bekommt man eine automatische, wirkungsvolle und sichere Fortbewegung am Berg.

Bob und ich kletterten den größten Teil des Tages zusammen und seine Gegenwart war tröstlich. Wir kletterten synchron, fast als hielte der Berg selbst uns im Gleichschritt. Einmal glitt Bobs Fuß fast bis dorthin zurück, wo er begonnen hatte, und sein Rücken krümmte sich unter seiner schweren Last. »Verdammt«, sagte er, schnappte nach Luft und sagte noch einmal: »Verdammt!« Und er wiederholte das Wort noch ein drittes Mal, als er seinen Fuß wieder aufsetzte und wieder zurückglitt, diesmal den halben Weg bis zum Ausgangspunkt: »Verdammt!« Fluchen war normalerweise kein Bestandteil von Bobs kontrolliertem Verhalten. In Erinnerung an die machtvolle Wirkung von Skips Ermutigung auf mich rief ich: »Du machst das prima, Bob.« Ich hatte nicht die Kraft zurückzusehen, aber das Fluchen hörte auf.

Auf dem weiteren Weg an dem scheinbar endlosen Hang hörte ich meine innere Anfeuerungstruppe. Bilder von Jonathan und Freunden in San Diego tauchten in meinen Gedanken auf; sie machten mir Mut, applaudierten und halfen mir durch die dreidreiviertel Stunden, die ich brauchte um zu dem Platz für die Mittagspause zu kommen, und durch die sechseinhalb Stunden, die es insgesamt dauerte, Lager II zu erreichen. Zwei Tage zuvor hatten wir es in fünf Stunden geschafft. Der Unterschied kam vom zusätzlichen Gewicht. Ich wunderte mich nur, wie meine Seele immer wieder Wege fand mich am Klettern zu halten.

Als ich Lager II vor mir sah, sah ich, dass Skip, Daniel und Wally schon dort waren. Sie hatten ihre Rucksäcke abgenommen und gingen Vorräte und Ausrüstung durch, aber sie luden nicht ab: Sie packten das, was wir zwei Tage zuvor hier hinterlassen hatten, auf ihre schon vollen Lasten.

Sobald ich in Hörweite war, rief ich: »Was ist los? Was macht ihr?« Skip sah auf. »Bevor wir die Nacht hier verbringen, will ich lieber heute noch direkt zum Lager III aufsteigen. Es sind nur ein paar Stunden quer zum Berg und es gibt uns einen Ruhetag vor dem Gipfelversuch. Ich denke, es erhöht unser aller Chancen den Gipfel zu schaffen.«

Mein »Dauergang« brachte mich an jenem Tag auch noch nach Lager III – insgesamt neun Stunden. Zu erschöpft um noch Stolz über das Geleistete zu spüren, ließ ich meinen Rucksack fallen und half die Zelte aufzustellen. Dann, trotz meiner Erschöpfung, sah ich mich um und wusste, warum ich hier war. Es war all die schwere Arbeit und die Unbequemlichkeit wert. Der Zauber, der darin lag, das Leben so intensiv leben zu können, ließ darüber keinen Zweifel zu. Als die Schatten der sinkenden Sonne um unsere Zelte spielten, sprach Skip uns seine Anerkennung für die harte Arbeit des Tages aus. Er belohnte unsere Bereitschaft über unsere Grenzen hinauszugehen mit Wärmflaschen für unsere Schlafsäcke, ein sehr handfester Luxus auf 5900 m Höhe. Dies war wirklich eine wunderbare Art meinen 42. Geburtstag zu feiern.

Am nächsten Morgen fühlte ich mich wie von einem Lastwagen überfahren. Wir alle blieben den größten Teil des Tages in unseren Zelten, weg vom Wind und der beißenden Kälte. Lager III schmiegte sich zwischen Sandsteinrücken, die vom Wind in gespenstische Formen gebracht und dann durch die Kraft des Frostes zerbrochen worden waren. Immer, wenn ich zum Essen oder Pinkeln nach draußen ging, sah ich wunderbare Wolken über den Bergen und Tälern dahintreiben, die sich bis zum Horizont erstreckten.

Der nächste Morgen war klar und kalt, der erste Tag seit unserer Ankunft im Basislager, an dem überhaupt kein Wind wehte. Wir nahmen ein schnelles Frühstück zu uns, packten nur Notkleidung und das Wasser ein, das wir für den Aufstieg brauchen würden, und begannen mit einer langen Reihe von Rückrutschern auf einem steilen Geröllfeld. Dann trafen wir mit der anderen Route zusammen, mischten uns mit Gruppen von Bergsteigern vor und hinter uns und bewältigten einen langen Weg über einen zunehmend steilen Hang, der uns zur Canaleta führte. Viele Bergsteiger haben dies als den zermürbendsten Teil des ohnehin schon schwierigen Aufstiegs beschrieben. Genauso ging es mir auch. Gesteinsbrocken unterschiedlicher Größe machten das Fortkommen langsam und ungleichmäßig. Ausgelaugt wie wir schon von den Anstrengungen waren, die uns überhaupt erst auf diese Höhe von 6400 m gebracht hatten, spürte ich, wie leicht man hier Fehler machen konnte. Die geistige und körperliche Mühe war quälend.

Ich lehnte auf meinem Eispickel, vorsichtig gegen den steilen Hang ausbalanciert und immer noch erst halbwegs durch die Canaleta. Meine Beine schmerzten und zitterten. Meine Arme fühlten sich an, als wären sie in Blei eingegossen, zu schwer um sie zu heben. Ich konnte mir nicht vorstellen noch eine Minute weiterzusteigen, geschweige denn die Stunden, die nötig waren um den Gipfel zu erreichen. Dann schwappte die enorme, seelentiefe Sehnsucht nach dem Gipfel zurück in mein Bewusstsein, wie eine Welle, die auf einen Strand rollt. Ich aß ein wenig, trank einen Schluck Wasser und füllte meine Lungen mit einem vollen, tiefen Atemzug. Mit einem geflüsterten »Auf geht's, Gott« machte ich mich wieder auf den Weg. Immer zwei Schritte und dann eine Atempause. Sieben Stunden nach unserem Abmarsch von Lager III stand ich auf dem Gipfel des Cerro Aconagua, 6957 m hoch, das Dach von Südamerika.

Wie sahen ein Kreuz auf dem Gipfel, voll mit Gegenständen, die Legionen von Bergsteigern vor uns dort hinterlassen hatten. Waren es Geschenke, die von Pilgern aus Dankbarkeit für das erfolgreiche Erreichen des Gipfels zurückgelassen worden waren, oder Amulette für den Schutz während des Abstiegs? Unsere Müdigkeit, die Kälte und das sich schnell verschlechternde Wetter auf dem Berg machte unsere Zeit auf dem Gipfel sehr knapp. Dicht um das Gipfelkreuz aneinander gedrängt um uns zu wärmen, machten wir unser Foto, das uns an unseren Erfolg erinnern sollte. Aber ich wusste, dass wir diese Tour erst zur Hälfte hinter uns hatten. Der wirkliche Erfolg war von unserer sicheren Rückkehr abhängig. Während des Abstiegs verschaffte uns jeder Schritt hinunter mehr Sauerstoff und die Canaleta und die Geröllfelder wirkten nicht mehr annähernd so bedrohlich. Wir bewegten uns schnell und brauchten weniger als die Hälfte der Zeit, die wir für den Aufstieg benötigt hatten. Etwas mehr als 10 Stunden nach dem Verlassen des Lagers III waren wir zurück, triumphierend und erschöpft. Ich schlief fest, den süßen Schlummer nach einem erfolgreichen Gipfel.

Montag, 22. Januar 1990, Basislager Aconcagua
Wachstum und Leistung. Volles Risiko und reicher
Lohn. Tränen und Lachen. Schluchzer und Freu-
denschreie. Und ich bin froh, dass es nicht mehr
vor mir, sondern hinter mir liegt. Gut gemacht,
Margo.

Seit der Ankunft im Basislager hatte ich meine Tränen im Zaum halten müssen. Körperliche und emotionale Erschöpfung überdeckten mein Gefühl von Stolz, Dankbarkeit und Freude. Martha riet mir etwas zu erfinden um nicht beim Abwasch helfen zu müssen. »Es ist schwieriger für dich als für sie.« Ich hatte gehofft, Martha würde auf diesem Berg sterben. Ich wäre froh gewesen sie dort zurückzulassen, aber da war sie, so negativ wie immer.
Ich folgte ihrem Rat und war alles andere als nett, als ich Skip sagte, ich hätte keine Kraft mehr zum Abwaschen. Ich verhielt mich egoistisch, ohne Gespür dafür, wie schwer er den ganzen Tag gearbeitet hatte, und vernachlässigte meinen Teil der Gruppenanstrengung. Trotzdem war es das Beste, was ich

an diesem Abend tun konnte. Ich würde es am nächsten Morgen wieder gutmachen.

Eine Nacht Ruhe und die Heilwirkung der geringeren Höhe verschafften mir eine bessere Einstellung. Es war verblüffend, wie motiviert wir alle waren nach Mendoza zu kommen, wo ein richtiges Bett und ein heißes Bad auf uns warteten. Wir hatten schon alles eingepackt, bevor die Arryaros mit ihren Maultieren bei uns ankamen. Jetzt, wo die Maultiere unsere Ausrüstung trugen, konnten wir mit Elan das raue Gelände und die vielen Flüsse angehen, die wir überqueren mussten. Wir würden nur eineinhalb Tage für die Entfernung brauchen, die uns auf dem Hinweg drei Tage gekostet hatte. Neun Stunden und 32 km vom Basislager entfernt legten wir unsere Nachtpause ein.

Ich kam als letzte im Lager an und die Müdigkeit hatte mich in eine bedürftige Sechsjährige verwandelt. Meine Füße und Knöchel waren wund von der Wanderung eines langen Tages. Das Dasein als menschliches Maultier hatte einen Schmerz in der Hüfte verursacht, der bis in mein Bein hinunter ausstrahlte. Ich wollte in den Arm genommen werden und an jemandes Schulter weinen, dabei wusste ich doch, dass alle erschöpft waren. Aber Martha war gnadenlos und ich zu müde um ihr zu widerstehen. Sie überzeugte meine ganze innere Familie davon, dass man sich mehr um mich kümmern würde, wenn ich meine Verletzungen übertrieb. Statt um die Unterstützung zu bitten, die ich brauchte, fiel ich auf meine alten Verhaltensweisen zurück und bewegte mich langsamer, als ich musste, und mit einem schlimmeren Hinken, als der Schmerz nötig machte. Es funktionierte. Skip ließ mich in seinen Armen weinen und Linda strich mir übers Haar. Ihre Aufmerksamkeit und ihr Mitleid füllten für eine Weile die Leere in meinem Inneren und ich fühlte mich besser. Wir schlangen heißes Essen herunter und brachen unter dem

Sternenhimmel in unseren Schlafsäcken zusammen, zu erschöpft um die Zelte aufzustellen.

Wie peinlich mein Verhalten war, begriff ich erst am nächsten Morgen und da konnte ich niemandem davon erzählen. Tatsache war: Es verschaffte mir, was ich brauchte, wenn ich keinen anderen Weg sah es zu bekommen. Ich lernte anders zu leben, aber ich war noch nicht fertig damit. Ich wusste, ich musste meine alten Verhaltensweisen wachsam beobachten. Sie würden mich erst von meiner endlich gefundenen Wahrheit entfremden, dann von Gott und am Ende von meiner Abstinenz und Nüchternheit.

Am nächsten Tag wanderten wir noch fast 16 km, bevor wir endlich die Busse erreichten, die auf uns warteten. Sie brachten uns zu den Annehmlichkeiten von Mendoza. In einer Wanne wusch ich die Schmutzschichten von meinem Körper. Als ich wieder sauber war, bettete ich meinen Kopf auf einem weichen Kopfkissen. Die Fülle des Geleisteten und die Befriedigung darüber, den höchsten Berg in Südamerika erstiegen zu haben, begann sich Bahn zu brechen.

Ich hatte nach dem Aconcagua zwei Reisen auf dem Programm: eine Floßfahrt auf dem Rio Bio Bio, einem großen Wildwasserfluss in Chile, der bald von einem großen Wasserkraftwerk blockiert sein würde, und einen Treck unter der Leitung von Skip und seiner Frau Elizabeth durch Patagonien an der Südspitze des Erdteils.

Als ich in Patagonien über die Magellanstraße blickte, konnte ich Feuerland sehen. Ich dachte an die Entdecker, die ihre Schiffe durch diese Passage manövriert hatten. Ich fühlte mich selbst als Entdeckerin, wie ich gleichzeitig zum buchstäblichen Ende der Welt und in die letzten Winkel meines Herzens und meiner Gedanken reiste um meine eigene Wahrheit zu finden, zu erleben und zu feiern.

Patagonien, bekannt als Land der Extreme, war besonders faszinierend für mich. Auf meiner Reise präsentierte sich sein legendäres Wetter, sonst wechselhaft und sehr rau, als ungewöhnlich mild. Wunderbare Berge, riesige Gletscher und zauberhafte Flüsse schufen alle miteinander eine Schönheit, die jedem anderen Ort in der Welt Konkurrenz machte. Eines Abends standen wir vor unseren Zelten und beobachteten, wie der Sonnenuntergang die umliegenden Felsformationen in ein warmes, goldenes Licht tauchte.

»Los Cuernos«, sagte Skip leise. »Was?«, fragte ich, nicht sicher, was ich da gehört hatte. »Los Cuernos«, wiederholte er. »Die Hörner. Die Felsformation, die du da siehst, nennt man die Hörner von Paine.«

»Verstanden«, sagte ich, und fügte dann boshaft hinzu: »Wenn das die Hörner sind und sie *los cuernos* genannt werden, und dein Familienname ist Horner, dann könnten wir dich *El Cuernador* nennen. Richtig?«

Er lachte leise. »Ist wohl so. Und du wärest dann Margita.« Die Namen blieben kleben und für die Dauer des Trecks benutzten wir sie regelmäßig.

Das Licht und die Farben und Formen der Wolken in Patagonien waren anders, als ich sie jemals vorher erlebt hatte. Ich schwelgte in ihrer Größe. Ich beobachtete Guanacos, Graufüchse und Turmfalken in ihrer natürlichen Umgebung und lachte über die Streiche der Pinguine in ihrer Brutkolonie. Ich spürte die Macht des Windes, der halbmeterhohe Wellen auf Seen auftürmte, auf denen Eisschollen trieben, und in einer Eishöhle am Fuß eines riesigen Gletschers sah ich meine Hand unverzerrt durch 30 cm dickes blaues Eis. Ich überquerte Bergpässe, trug zusätzliches Gepäck für diejenigen, die weniger stark waren, und wusste, dass meine wunden Füße und steifen Knie sich irgendwann erholen würden.

Als ich in unserer letzten Nacht dort draußen im leichten Regen in meinem Zelt saß, fiel mir ein, dass ich in einigen Tagen den vierten Jahrestag meiner Genesung feiern würde. Ich dachte daran, wie verschreckt und einsam ich mich gefühlt hatte, als ich zum Empfangsschalter in *Rader* gegangen war. Ich hatte damals keine Ahnung, dass ich vier Jahre später neun Monate Bergsteigen und Abenteuerreisen auf vier Erdteilen beenden würde. Und wenn es mir jemand vorhergesagt hätte, hätte ich es nicht geglaubt. Ich sprach mit Jonathan über dieses Wunder: »Denk bloß, was ich alles verpasst hätte, wenn ich nicht aufgegeben hätte. Wie ist es nur möglich, dass ich einfach durch das Zugeben meiner Machtlosigkeit gegenüber Drogen, Alkohol und Essen heute dieses Leben leben kann?«

Zwei Tage später war ich schon auf der langen Reise von Santiago nach San Diego, starrte aus einem Flugzeugfenster auf die Wolken, die wie riesige Baumwollkugeln aussahen, und spielte an einem winzigen Eispickel, der an meinem Jackenkragen saß. Skip und Elizabeth hatten ihn mir am Tag zuvor geschenkt. Er hatte einige davon in Kathmandu machen lassen und verschenkte sie an »besondere Leute«. Es war schon etwas Außergewöhnliches, von jemandem, für den ich so viel Respekt empfand, für einen besonderen Menschen gehalten zu werden. Vier Jahre zuvor waren die einzigen Menschen, die sich verhielten, als sei ich etwas Besonderes, diejenigen gewesen, die etwas von mir wollten. Welch eine große Rolle spielten Skip und Elizabeth in meinem heutigen, sich entwickelnden Traum! Skip hatte mich eingeladen mit ihm im Juni in Russland zu klettern und ich hatte bereits damit begonnen, mein Leben umzuplanen, sodass ich die Einladung annehmen konnte. Ich wollte die fördernde Umgebung nutzen, die er schuf und die es mir erlaubte zu klettern und gleichzeitig zu wachsen und mich selbst besser kennen zu lernen. Wieder einmal schlug mich die Vollkommenheit meines

Lebens in Bann. Ich bekam immer genau das, was ich brauchte um die beste Margo zu sein, die ich sein konnte.

Als ich mich aber meinem Zuhause näherte, brachte mich Martha um sich tretend und schreiend zurück in ihre Wirklichkeit. Während ich über meine Reise und Skips Einladung zur gemeinsamen Besteigung von Elbrus, Pik Lenin und Pik Kommunizma nachdachte, erinnerte sie mich an die Entscheidungen und Kleinigkeiten, um die ich mich in den kommenden Wochen würde kümmern müssen. Selbstzweifel und Angst nagten augenblicklich wieder an meiner Freude und Dankbarkeit. Ich kehrte zurück in die Herausforderungen des wirklichen Lebens, in dem ich meine selbst gewählte Karriere als Beraterin vorantreiben musste. Wie das Bergsteigen war dies ein Traum, der mein Herz erfüllte, aber wie alle Träume brachte es die Angst davor mit sich, mich so sehr anzustrengen wie nie zuvor. Ich bekämpfte sie mit einem immer tiefer werdenden Zutrauen zu mir selbst und meiner Höheren Macht. Ich hatte die höchsten Berge der westlichen Halbkugel bestiegen. Wenn ich das konnte, konnte ich auch die nötigen Schritte in meiner beruflichen Laufbahn unternehmen.

7. Ich bin nicht mehr dieselbe wie heute früh

Mittwoch, 8. November 1990, Miami
Ich schreibe, auf einem meiner Seesäcke hockend
... Fühle mich aufgeregt und lebendig. Ich werde
etwas versuchen, was erst zwei Frauen geschafft
haben. Unglaublich! Manchmal wundere selbst ich
mich über das, was ich tue.

Auf dem Weg zu einem Eis-und-Schnee-Kletterkurs am
Mount Baker in Oregon übernachtete ich bei Skip und Elizabeth. Während Skip und ich im Wald bei ihrem Haus Blaubeeren für den Nachtisch pflückten, deckte Elizabeth auf der
Veranda den Tisch. Das Haus war ein Spiegel seiner warm-
herzigen Bewohner. Elizabeths sagenhafte Zierteppiche, ihre
Antiquitäten und ihre Waterford-Kristall-Sammlung mischten
sich mit Gegenständen, die Skip von seinen Reisen rund um
die Welt mitgebracht hatte, zu einer gleichzeitig einladenden
und eleganten Umgebung.

Als die Sonne unterging und die Nacht hereinbrach, saßen
wir immer noch am Tisch und lachten über Erinnerungen an
die Floßtour, die wir gemeinsam auf dem Çoruh in der Türkei
unternommen hatten. Besonders erinnernswert waren das
große Wildwasser und einige Dorfbewohner, die wir unterwegs erlebt hatten: der alte Mann, der gar nicht mehr damit
aufhören wollte, uns über uns und über Amerika auszufra-
gen, und die Frauen, so still und ernst, mit verhüllten Gesichtern und Händen, wenn Männer dabei waren, und so lebhaft
und warmherzig, wenn die Frauen aus unserer Gruppe einige
von ihnen allein erwischten. Erst war ich enttäuscht gewesen,

als die von Skip geplante Bergsteigerreise in die Sowjetunion im letzten Augenblick abgesagt wurde. Aber diese Absage hatte mir die Zeit verschafft ein Auto zu mieten und einige historische Stätten in der Türkei aufzusuchen, die ich sonst nicht gesehen hätte. Ich hatte die Zeit genossen und es war eine wertvolle Erfahrung für mich gewesen, allein durch ein fremdes Land zu reisen.

Während Elizabeth die Blaubeeren zubereitete, räumten Skip und ich den Tisch ab. Ich war bewegt von der Fülle meines Lebens. »Es war ein unglaubliches Jahr«, sagte ich zu Skip. »Ich habe gedacht, ich würde das Virus Abenteuerreisen aus dem Leib bekommen, indem ich neun Monate mit Bergsteigen, Wandern und Wildwasserfahrten verbringe. Aber in Wirklichkeit führt es nur dazu, dass ich mehr will. Es gibt noch so viele Orte, zu denen es mich hinzieht, so viele Berge, auf die ich steigen will. Ich kann kaum darüber nachdenken, dass ich die Schule beenden muss. Eine berufliche Karriere wäre mir nur hinderlich.«

Ich lachte und schüttelte den Kopf über diese Ironie. Mit meinen Gedanken eher bei der Planung zukünftiger Reisen als zukünftiger Arbeit fragte ich: »Welche Touren hast du für das nächste Jahr geplant?«

»Anfang Dezember gehe ich zum Vinson. Das ist der höchste Berg in der Antarktis.« Ich bewunderte, wie locker er darüber sprach, zu so entlegenen Orten zu reisen und große Berge zu besteigen. Er redete über den Mount Vinson so beiläufig wie ich über den Wochenmarkt. »Willst du nicht mitkommen?«, setzte er hinzu.

In meinem Bauch begann eine ganze Kolonie von Schmetterlingen zu flattern. Sofort, intuitiv wollte ich mit. Ebenso schnell fing Marthas Stimme meine Sehnsucht in ihrem Netz ein: »Das kannst du nicht machen.« Die Wucht ihrer Überzeugung und ihres praktischen Verstandes ließ augenblicklich

die Luft aus meiner Aufregung: »Du musst verantwortungs-
bewusst sein und den Schulabschluss machen, eine Prakti-
kumsstelle finden und Geld verdienen. Du kannst es dir nicht
leisten. Der Vinson ist so extrem, damit kommst du nicht zurecht. Um Gottes Willen, er liegt in der Antarktis!«

Aber so einfach Nein sagen konnte ich nicht. »Ich muss mir
meinen Kursplan ansehen«, sagte ich ausweichend und setzte
mich rittlings auf einen Barhocker um Elizabeth in unser Gespräch einzubeziehen, während sie die Beeren putzte. »Im
Dezember soll ich meine Abschlussprüfung machen. Ich weiß
nicht, ob sie mich vor dem Semesterende gehen lassen. Aber
es ist natürlich verlockend.« Martha stöhnte frustriert über
meine fehlende Hingabe an das, was ich tun »sollte«.

»Also, ich hätte dich sehr gern dabei.« Skip reichte mir eine
Schale mit Beeren. »Du hast genug Erfahrung, eine großartige
Einstellung und am Aconcagua hast du dich wahrlich bewiesen. Ich glaube, die Tour würde dir wirklich gefallen.« Er verließ den Raum, kam sofort wieder herein und reichte mir eine
Broschüre, die die Tour zum Vinson beschrieb: »Hier, da drin
erfährst du mehr darüber.«

Martha diskutierte heftig, während ich den Reiseplan mit den
Augen verschlang. »Was für eine Tour!« Meine Augen leuchteten vor Aufregung. »Mein Gott, das würde mir gefallen.«
Meine Stimme wurde dünner und ließ das »Aber« unausge-
sprochen. »Ja, das würde es«, antwortete Skip mit einschmei-
chelnder Stimme. »Und was du auf jeden Fall tun solltest, ist
1992 mit mir zum Everest zu kommen.«

Hatte er gerade wirklich gesagt, ich sollte auf den Mount
Everest steigen? »Ja, klar!« Ich lachte so sehr, dass ich das
Gleichgewicht verlor, den Hocker umwarf und auf dem Bo-
den landete, immer noch lachend. »Ich auf dem Everest!
Skip, du musst verrückt sein. Ich habe doch nicht die Erfah-
rung für so was.«

»Aber du könntest sie bis dahin haben.« Skip lachte nicht. Er setzte sich aufs Sofa und rührte beiläufig in der Schüssel mit frischen Beeren, die er in der Hand hielt. »Ich bin eingeladen worden auf einer kommerziellen Tour zum Mount Everest 1992 Bergführer zu sein. Ich finde, du solltest mitkommen. Überhaupt solltest du darüber nachdenken, die ›Sieben Gipfel‹ anzugehen. Du könntest die erste Frau sein, die es schafft. Ich weiß, dass du es kannst. Du hast bewiesen, dass du körperlich dazu in der Lage bist. Entscheidend ist nur der Traum es zu schaffen.« Er sprach so ruhig und besonnen, dass ich wusste, er meinte es ernst. »Wenn du den Vinson in diesem Dezember besteigst, könntest du im Juni 1991 mit mir den McKinley machen, den Elbrus im Sommer und den Kósciusko und den Everest im Frühjahr 1992. Ich weiß von keiner anderen Frau, die dabei ist, die sieben zusammenzubringen, jedenfalls sicher von keiner Amerikanerin. Du könntest die Erste sein.«

Bis spät in die Nacht hinein quetschte ich ihn über Einzelheiten aus: Logistik, Kosten, Vorbereitung. Martha brachte jede Frage auf die Tagesordnung, die ihr einfiel, um seine Vision zu Fall zu bringen. Je länger Skip und ich darüber sprachen, desto aufgeregter wurde ich. Am nächsten Morgen fuhr ich weiter ohne irgendwelche Verpflichtungen eingegangen zu sein, aber in meinem Herzen wusste ich, der Everest und die Sieben Gipfel würden für die nächsten zwei Jahre mein Ziel sein. Als ich zum Mount Baker fuhr, dachte und betete ich jede Einzelheit durch, die Martha oder mich beunruhigte, ich telefonierte mit Becky und schrieb in mein Tagebuch. Zwei Tage später rief ich Skip aus Bellingham in Washington an um ihm zu sagen, dass ich es versuchen wollte. Ich würde meinen Zeitplan für den Mount Vinson ausarbeiten, sobald ich wieder in San Diego war. Und jede neue Technik, die ich bei dem Kurs am Mount Baker lernte, stärkte die winzige Flamme des

Glaubens, dass ich vielleicht, vielleicht die erste Frau auf den Sieben Gipfeln sein könnte.

Montag, 3. Dezember 1990, auf dem Flug nach Patriot Hills

Gerade haben wir Adelaide Island überflogen, auf halbem Weg an der Halbinsel entlang. Kantige kleine Gipfel aus Eis erheben sich aus dem Meer. Packeis so weit man sieht. Ich bin so dankbar für die Möglichkeit hier zu sein. Daran werde ich mich erinnern müssen, wenn mir später kalt ist!

Im Vergleich zu anderen Flugzeugen war die DC 6 nicht gerade hübsch. Für den Langstreckeneinsatz ausgelegt hatte unsere die Patina eines Halbzoll-Schraubenschlüssels im Werkzeugkasten eines Mechanikers. Beinahe erwartete ich, dass Jimmy Stewart in Bomberjacke und Schal unser Pilot sein würde. Aber Mannschaft und Passagiere waren kaum voneinander zu unterscheiden. Wenn unsere Flugingenieurin nicht gerade durch die Antarktis flog, fuhr sie mit ihren Kunden auf Flößen durch die Wildwasser des Grand Canyon. Diejenigen unter uns, die die 18 Passagiersessel in der viermotorigen Transportmaschine einnahmen, gehörten eindeutig zur Welt der Abenteuerreisen: Mitglieder zweier Expeditionen zum Mount Vinson und ein deutsches Paar auf dem Weg zum Südpol. Uns alle verband die Neugier auf das Unbekannte und die Sehnsucht am Leben teilzunehmen und es nicht nur zu beobachten.

Mit seinen 81 Jahren war Klaus fast doppelt so alt wie der Durchschnitt der anderen Fluggäste. Seine Frau Carla, 75 Jahre alt, erzählte lebhaft von anderen Abenteuern, die sie gemeinsam rund um die Welt genossen hatten. Was mich an ihnen anzog, war ihr unverhohlen zärtlicher Umgang miteinander. Breites Lächeln, gelegentliche Berührungen und geflüsterte Bemerkungen zueinander begleiteten ihre Gespräche. Meine Hoffnung eines Tages meine Träume gemeinsam mit einem Partner wahr werden zu lassen erhielt neue Nahrung und mir fiel auf, dass Martha diesmal ganz still blieb.

In Santiago und noch einmal in Punta Arenas hatte ich mit Skip, Steve und anderen Bergsteigern darüber gesprochen, wie man die Härten extremer und exotischer Umgebung erträgt, und ich hatte genau zugehört, wenn sie Geschichten über technisch schwierige Gipfelanstiege erzählten. Obwohl Skip und Steve mich mit Kommentaren über meine Größe, Stärke und mein emotionales Gleichgewicht als Frau aufzogen, fühlte ich mich sicher und wusste, meine Erfahrung sprach für sich. Im Vergleich zu den Männern hier war ich eine Anfängerin, aber ich war bereit dieser Tatsache und mir gerecht zu werden, indem ich gar nicht erst versuchte so zu sein wie sie. Ich konnte ich sein, Margo. Das war genug.

Am Abend bevor wir Punta Arenas verlassen hatten, waren wir mit einigen Bergsteigern zum Essen gegangen. Ich saß neben Rob Hall: »Bergsteigen ist so viel mehr als nur auf einem Gipfel zu stehen«, sagte er. »Wenn du das Ganze nicht genießt, was soll es dann? Ich komme schlecht mit Kunden zurande, denen es nur um den Gipfel geht. Gary und ich wollen unseren Kunden das Erlebnis des Bergsteigens nahe bringen, nicht nur den Gipfel.« Dieser professionelle Weltklasse-Bergsteiger sprach die Worte aus, die auch in meinem Herzen lebten: »Genau das ist es. Bergsteigen ist eine unvergleichliche Nahrung für meine Seele.«

»Wie bist du hierher gekommen?«, fragte Rob. »Wie es angefangen hat, ist eine lange Geschichte, aber auf alle Fälle ist es eine Wohltat für mein Inneres. Ich will wirklich zum Gipfel des Vinson, aber allein der Gedanke daran, auf einem Berg in der Antarktis zu sein, Hunderte von Kilometern kein anderer

Mensch um mich herum, ist aufregend für mich.« Meine Worte purzelten nur so heraus, getragen von der Kraft meiner Leidenschaft. Ich fing mich wieder, lächelte dann und setzte ruhiger hinzu: »Und es wäre natürlich mächtig cool, die älteste Frau zu sein, die je den Vinson bestiegen hat.«

Als Antwort gab Rob mir eines seiner typischen »Darauf kannst du wetten«, und grinste so breit, dass seine Augen fast verschwanden. Er verstand mich. »Leben heißt, *jetzt* glücklich und erfüllt zu sein, nicht in zehn Jahren. Es gibt keine Garantien, also will ich heute so gut leben, wie ich nur kann. Ich will nicht in zehn Jahren aufwachen und um all die Dinge trauern, die ich nicht getan habe. Und jetzt will ich diesen Berg.«

Wir landeten auf der Rollbahn aus blauem Eis an der Station mit Namen Patriot Hills, die *Adventure Network* für alle benutzt, die zum Vinson und zum Südpol wollen. Ein Schwarm von Menschen umgab das Flugzeug, beschäftigt damit, Ausrüstung auszuladen, das Flugzeug neu zu betanken und mit dem Gepäck einer Expedition zu beladen, die soeben vom Vinson zurückgekehrt war. Skip blieb stehen um mit einigen der abfliegenden Bergsteiger zu sprechen. Als ich zum Hauptgebäude hinüberging, winkte er mich dazu.

»Margo, das ist Todd Burleson.« Ich lächelte und gab Todd gerade die Hand, als Skip fortfuhr: »Todd ist der Expeditionsleiter der Tour zum Mount Everest, bei der ich 1992 Führer sein werde.« Ich schnappte nach Luft. Skip sagte: »Das ist die Frau, von der ich dir erzählt habe, Todd. Sie wäre ein großer Gewinn für die Expedition. Bis dahin sollte sie sechs der Sieben Gipfel haben.«

In den wenigen Minuten, die uns zum Reden zur Verfügung standen, sagte Todd, der Vinson sei, abgesehen von seinem ganz eigenen Charakter als ein großartiger Berg, eine gute Übung für den Everest. Und was wichtiger war, er bestätigte mir, dass ich mit Skips Empfehlung und unter der Voraussetzung, dass ich meinen Zeitplan einhalten könnte, in seiner Expedition willkommen war. »Es wäre toll, wenn die erste Frau mit den Sieben Gipfeln ihr Ziel auf einer meiner Reisen erreichen würde«, sagte er zu mir.

Ich, Margo Chisholm, war Mitglied einer Expedition, die den höchsten Berg der Erde besteigen wollte. Es war kaum zu glauben. Ja, ich hatte noch drei große Berge vor mir, bevor ich so weit war, ich musste viel trainieren und noch mehr Geld zusammenbringen, aber der Traum konnte wahr werden – und es war *mein* Traum.

Uhren verlieren ihre Bedeutung in der Antarktis. Es gibt nur zwei Jahreszeiten: hell und dunkel. Zu dieser Zeit beschrieb die Sonne einen flachen Bogen über dem Himmel, verschwand aber nie ganz unter dem Horizont. Noch zwei Monate lang würde es nicht dunkel werden. Es wurde Mitternacht, bevor ich in das Zelt kletterte, das ich mit Woody teilte, und die Höhe des Sonnenstandes hatte sich seit unserer Ankunft kaum verändert. Ich hatte eine Schlafmaske mitgebracht um meinem Kopf den Eindruck zu vermitteln, es sei Nacht, aber ich wusste nicht, ob es wirklich funktionieren würde.

»Margo. Zeit zum Aufstehen.« Skips Stimme holte mich aus dem Tiefschlaf. »Okay, danke. Bin gleich da.« Ich nahm die Schlafmaske ab. Die Sonne schien immer noch an derselben Stelle zu sein wie in der Nacht zuvor. Mein Schnupfen war schlimmer geworden. Ein Teil von mir hoffte, dass schlechtes Wetter uns davon abhalten würde, zum Basislager zu fliegen, aber unsere Seesäcke und Proviantkisten wurden in die Twin Otter geladen, eines der beiden Flugzeuge, mit denen man zum Basislager des Vinson gebracht wird, und um elf Uhr waren wir in der Luft. Während des Fluges erwähnte unser Pilot Warren, dass man dabei sei, das Basislager auf einem anderen

206

Gletscher einzurichten und einen neuen Zugang zum Gipfel zu eröffnen. Wir würden wahrscheinlich eine der letzten Expeditionen auf der alten Route sein.

Beim Blick aus dem Fenster fühlte ich mich von der scharfkantigen Schönheit der Antarktis heftig angezogen. Die Berge erhoben sich wie die Rückenflossen eines prähistorischen Ungeheuers. Die massiven Bildhauerwerke des Windes, die Spalten und anderen Oberflächenveränderungen durch die Verschiebungen des Eises lagen in geheimnisvollem Schatten. Manchmal kam der darunter liegende Fels durch, schwarz wie tiefe Löcher gegen den weißen Hintergrund. Manchmal war das Eis wie mit gefrorenen Laken überzogen, die in der tief stehenden Sonne glitzerten.

Als wir unseren Landeanflug zum Vinson-Massiv begannen, genoss ich das Wissen, nicht nur eine Touristin zu sein, zufrieden damit, über die Meilen von Eis und Schnee zu fliegen um sagen zu können, sie habe es gesehen. Ich war Bergsteigerin und dabei, mich mitten in diese Wildnis hineinzubegeben. Ich war hier um den Gipfel zu besteigen, nicht nur um ihn durchs Fenster zu sehen. Das tiefe Brummen der Propeller schickte einen Schuss Adrenalin durch meinen Körper, als der Pilot für die Landung die Motoren drosselte, und mein Herz schlug heftiger.

Wir entluden das Flugzeug schnell. Als es wieder von der provisorischen Rollbahn startete, wirbelte loser Schnee von den Kufen, wurde von den Propellern zurückgeblasen und setzte sich in winzigen Kristallen, die in der Sonne funkelten, an uns fest. Noch lange nachdem die Maschine außer Sicht war, konnte ich die Motoren hören. Dann saugte eine fast greifbare Stille das letzte Geräusch auf. Es war, als wäre unsere Rettungsleine nach Patriot Hills durchtrennt worden. Für die nächsten zwei Wochen würden wir hier sein, nur mit einem Funkgerät als Kontakt zur Außenwelt. Für zwei sehr kurze Zeiträume am Tag – morgens und abends um acht Uhr – würde Patriot Hills unsere Meldung erwarten. Ich fühlte mich so verlassen, wie wir wohl auch für jemanden ausgesehen hätten, der über uns herflog: rote, blaue, lila und schwarze Punkte vor einem endlosen weißen Hintergrund.

»Hör mal, Skip, es ist noch früh am Tag und bis zum Lager I sind es nur einige leichte Gehstunden.« Steves Worte brachen durch mein vorübergehendes Gefühl vollständiger Isolation. »Wollen wir nicht eine doppelte Tragetour machen und heute Nacht dort schlafen?« Ich antwortete sofort: »Nein, ich fühle mich nicht gut und will keine zwei Tragetouren machen.« Aber natürlich wusste ich, dass Steves Gedanke vernünftig war.

Die Kiwis, Rob und Gary, erklärten ihre Absicht den ganzen Weg bis zum Lager II in einem Tag zurückzulegen. Sie hatten nur noch eine Woche Zeit und das Wetter war immer unsicher. Also nutzten sie den leichten Wind und das praktisch unbegrenzte Tageslicht um möglichst viel zu schaffen. Sie brachen bald auf, trugen schwere Rucksäcke und zogen noch schwerere Schlitten hinter sich her. Der Dritte in ihrer Mannschaft musste sich anstrengen den Anschluss nicht zu verlieren.

Skip sagte: »Margo, ich möchte, dass du heute nur leicht trägst, damit deine Erkältung nicht schlimmer wird.« Er wusste, dass ich meine Kraft wirklich brauchen würde, sobald wir höher kämen. »Nimm nur das mit, was du brauchst, wenn wir aus irgendeinem Grund heute keine zwei Tragetouren schaffen. Alles andere holen wir mit der zweiten Tour.« Die orangegefarbenen Plastikschlitten, die im Basislager bereitgehalten wurden, ermöglichten es uns, doppelt so viel zu ziehen, wie wir auf dem Rücken tragen konnten. Am Anfang war es schwierig, sich an den Rhythmus des Schlittengewichts zu gewöhnen, das uns beim Gehen zurückzog, aber mit jedem

Schritt gewöhnten wir uns besser daran und nach zwei Stunden waren wir am Lager I angekommen.

Als wir am nächsten Tag um elf Uhr aufwachten, schneite es, allerdings nicht so stark, dass es uns davon abgehalten hätte, Teile der Ausrüstung zum Lager II hinaufzubringen. Schneestürme sind sehr selten in der Antarktis, aber dieser hier erinnerte uns daran, dass wir das Wetter nicht beeinflussen konnten. Mein Kopf fühlte sich immer noch dumpf an und ich hatte Druck auf den Ohren, aber beides legte sich, sobald ich mich bewegte.

Allmählich kristallisierte sich eine Art Kletterplan heraus: Wir verließen das Lager, wann immer wir fertig waren, absolvierten das Klettern und Tragen für den jeweiligen Tag und schliefen, bis wir wieder aufstanden. Das endlose Licht machte jede Vorstellung von Tag und Nacht zunichte. Wir gingen gegen vier Uhr am Nachmittag los und wanderten 45 Minuten bis zu den Fixseilen, dann zogen wir die Steigeisen an um das Steilstück durch den Couloir in Angriff zu nehmen.

Bis ich das untere Ende des Fixseils erreicht hatte, hatte ich einen Husten entwickelt, der einen festen, scharfen Schmerz in meiner Brust verursachte. Es fühlte sich an, als ob meine Lungen explodieren würden. Ich atmete flach um keinen Hustenanfall zu verursachen, als wir anfingen am Fixseil hinaufzusteigen; ich fühlte mich seltsam und ungeschickt und das Gehen fiel mir schwer. Ich versuchte im Entengang zu gehen, mit nach außen gerichteten Füßen, dann seitwärts, einen Fuß über den anderen gesetzt, während ich den Ascender mit jedem Schritt ein Stück das Seil hinaufschob.

Zum ersten Mal benutzte ich den Ascender, ein mechanisches Hilfsmittel, das bei einem Abwärtszug am Seil blockiert, aufwärts aber frei gleitet, als Schutz vor einem Sturz. Die enge Verbindung zum Berg gab mir innere Sicherheit, aber ich konnte keinen Rhythmus finden, der das seltsame Gefühl und die Müdigkeit verringert hätte, mit der ich durch den Couloir schlich, atemlos, immer das Husten vermeidend.

Auf halbem Wege brannte mein rechter Fuß wie bei einem Krampf. Das war mir schon einige Male beim Laufen passiert, allerdings nie so ernsthaft, dass ich etwas dagegen unternommen hätte. Jetzt wurde aus dem brennenden Gefühl tief zwischen meinem dritten und vierten Zeh ein scharfer Krampf, der mich dazu zwang, stehen zu bleiben und den Schmerz wegzumassieren.

Ich war stinkwütend: »Erst der Husten und jetzt diese Fußgeschichte. Ich brauche das nicht, Gott.« Der Ascender, der meinen Klettergürtel mit dem Fixseil verband, half mir beim Balancieren auf dem linken Fuß, die Zacken des Steigeisens immer fest in den harten Schnee gebohrt. Ich zerrte die äußere Schale und das Innenfutter von meinem rechten Fuß. »Und wenn ich es fallen lasse?« Ich bekämpfte die aufsteigende Panik. »Atmen, Margo. Du lässt es nicht fallen. Sei nur einfach vorsichtig.« Ich zog einen Karabiner, eine oval geformte metallene Schnappverbindung, durch die Schnürsenkel des losen Stiefels, befestigte ihn an meinem Ascender und entspannte mich angesichts der Sicherheit, dass er nicht fallen würde. Dann griff ich mit beiden Händen nach meinem Fuß und der Krampf löste sich. Als ich mir den Stiefel wieder über den Fuß würgte, löste die Anstrengung einen zweiten schmerzhaften, wenn auch kurzen Krampf aus und dann einen Hustenanfall, der mir die Tränen in die Augen trieb. »Es ist einfach grotesk«, sagte ich wütend. »Ich hänge in einem 60° steilen Couloir an einem Berg in der Antarktis und muss meinen ganzen Stiefel ausziehen, weil ich einen Krampf im Fuß habe. Und jetzt fühlt sich auch noch mein Brustkasten an, als ob er explodiert. Wer hat sich das bloß ausgedacht?!« Immer noch atemlos vor mich hin meckernd und fluchend

210

sah ich mir an, wie weit es noch bis zum oberen Ende des Couloirs war. Ich konnte mir nicht vorstellen, wie ich dort hinaufkommen sollte, und deprimiert senkte ich den Kopf: »Ich kann das nicht.«

»Doch, du kannst es.« Ich war schon nicht mehr überrascht, als Gott mir eine Kraft gab, die ich Augenblicke zuvor für undenkbar gehalten hatte. Ich vertraute darauf und machte wieder einen kleinen Schritt nach dem anderen bis zum oberen Ende des Couloirs. Jetzt war mein Steigrhythmus verblüffend anders als bisher. Mir konnte ich nichts davon zugute halten. Ich hatte nicht bewusst irgendwo in der Tiefe gegraben und neue Kraft gefunden – sie war einfach da.

Oben angekommen sah ich hinunter auf das Lager I und darüber hinaus, scheinbar bis zum Rand des Eises. Dann kletterte ich eine kurze Steilstelle hinunter und folgte einer Querung zum Lager II. Rob und die beiden Garys waren noch dort; das Wetter hatte sie zu einem Ruhetag gezwungen. Wir entluden unsere Rucksäcke, aßen ein wenig und gingen dann hinunter zum Lager I um etwas zu schlafen. Auf dem Weg zum Lager II war mein Husten noch schlimmer geworden; manchmal nahm mir der Schmerz fast den Atem. Während des Abstiegs wurde er aber geringer, und das nahm ich als gutes Vorzeichen.

Der Weg durch den Couloir hinunter machte ohne das Gewicht des voll gepackten Rucksacks fast Spaß, aber als ich das Lager und mein Zelt erreichte, brach ich trotzdem vor Erschöpfung fast zusammen. Nach vier Uhr morgens kroch ich in meinen Schlafsack.

Um halb fünf am Nachmittag quälten wir uns wieder das Fixseil hinauf. Unsere Rucksäcke waren schwerer als am Tag zuvor, aber jetzt wussten wir, was uns im Couloir erwartete, und ich war vertrauter mit dem Ascender. Mit langsamen, sorgfältigen Bewegungen kletterte ich im Watschelgang am Fixseil hinauf. Meine körperliche Müdigkeit war größer als am Tag zuvor, aber meine innere Familie und Jonathan feuerten mich an. Sie waren eine fast greifbare Hilfe dabei, erst das eine Bein zu heben, dann das andere.

Ich erreichte das obere Ende des Couloirs eineinhalb Stunden schneller als am Tag zuvor, trotz der schwereren Last. Viermal musste ich anhalten um einen Krampf aus meinem rechten Fuß zu massieren, aber mein Zorn verrauchte, als ich rittlings auf dem schmalen Grat oben am Couloir saß und einige Fotos machte. »Bravo, Margo!«, jubelte meine innere Familie. Langsam und vorsichtig begann ich den Abstieg und die Querung zum Lager II. Meine Beine fühlten sich wie gekochte Nudeln an und ich wollte keinen dummen Fehler begehen. Während der Querung war mein Brustkorb wieder dicht und mein Husten abscheulich, aber insgesamt fühlte ich mich viel besser und wusste, dass ich dabei war, mich von dem Infekt in meiner Lunge zu erholen.

Nach kaum mehr als sechs Stunden stetigen Aufstiegs kam ich im Lager II an. Skip und Steve waren stark und schnell geklettert und ein ganzes Stück vor Woody und mir; sie hatten schon ein Zelt aufgestellt und als ich ankam, brannte der Kocher. Woody war zu Beginn des Tages gut vorangekommen, aber inzwischen kroch er nur noch dahin und machte häufig Pausen. Er erreichte das Lager eineinhalb Stunden nach mir. Auf unserer ersten Tragetour durch den Couloir hatte Skip mich gebeten hinter Woody zu bleiben, während er und Steve vorausgingen, und obwohl ich selbst langsam war, hatte mich das Schneckentempo genervt, weil ich wusste, wie schwierig es später weiter oben sein würde, bei einem solchen Tempo warm zu bleiben. Während ich Steve dabei half, das zweite Zelt aufzustellen, fragte ich mich, ob Woody wohl dem notwendigen Dauerklettern gewachsen war und wie sein langsames Tempo uns alle beeinflussen würde.

Am nächsten Tag ruhten Woody und ich aus, während Skip und Steve eine leichte Tragetour zum Lager III machten und die Route durch den Eisfall unmittelbar darunter markierten. Hin und zurück brauchten sie gerade mal dreieinhalb Stunden. Beide fühlten sich stark und freuten sich über das Training. Woody verbrachte den größten Teil des Tages in seinem Schlafsack und benahm sich, als wäre er nicht ganz bei sich, als hätte er einen Teil seines Gehirns am Fuß des Couloirs zurückgelassen. Auf vielerlei Weise war er ein beeindruckender Mann, aber hier am Berg schien er etwas verwirrt zu sein. Ich wusste nicht, ob ich das darauf zurückführen sollte, dass er lange nicht geklettert oder einfach nicht fit war, oder darauf, dass er Angst hatte.

Am nächsten Tag erzwangen Windgeschwindigkeiten von 55 Stundenkilometern und Schneetreiben einen Ruhetag. Ein Tag zum Dösen, Gesundwerden, Tagträumen, der Körper und Seele die nötige Erholung verschaffte. Am dritten Tag hatten wir alle wieder mehr Kraft, auch wenn wir uns im Schatten eines Seracs von der Größe eines kleineren Hauses befanden und das stundenlange Abbrechen des Lagers bei bedecktem Himmel und Temperaturen um die -12° zu steifen Fingern und kalten Zehen führte. Wir packten so viel wie möglich in unsere Rucksäcke, sodass wir nur eine einzige Tragetour zum Lager III machen mussten, und waren froh, als die Sonne auf der diagonalen Querung über dem Lagerplatz durch die Wolken brach.

Mein Rucksack war schwer. Je höher wir stiegen, desto steiler wurde der Hang. Im Geiste memorierte ich meine Eigenbremsungstechnik, während ich Skip folgte. Er trat Stufen ins Eis und manchmal löste er dabei Brocken, die dann mehr als 600 m tief in das Tal unter uns abrutschten.

Mein Herz klopfte vor Anstrengung und Furcht, aber dann machte sich Jonathans Gegenwart bemerkbar: »Atmen, Margo. Vergiss nicht zu atmen.« Ich erlebte ein Gefühl von Vertrauen, Gelassenheit und Zugehörigkeit wie niemals zuvor. Das Steigen begann Spaß zu machen und ich lachte laut heraus, als ich das letzte Stück auf Zehenspitzen ging, weil es so steil war, dass ich nur noch die vordersten zwei Zacken meiner Steigeisen aufsetzen konnte. Dann wurde die Steigung wieder flacher und wir suchten uns unseren Weg über und um Spalten und Geröll bis zum Eisfall, der zu Lager III führte. Als wir im Lager ankamen, stellten Skip, Steve und Woody die Zelte auf und ich übernahm die Aufgabe Schneeblöcke zu schneiden, mit denen Wände zum Schutz vor dem Wind um unsere Zelte gebaut werden sollten.

Die extreme Kälte und Trockenheit ließen eine mehrere Fuß tiefe Schneeschicht mit der Konsistenz von Styropor entstehen. Eine ideale Unterlage zum Gehen mit Steigeisen und ein ideales Material um Blöcke zu schneiden. Ich ging in einen Bereich nicht weit von unseren Zelten, den am Tag zuvor offenbar auch Gary und Rob benutzt hatten um ihre eigenen Wände zu bauen. Eine Reihe grober Schritte im Schnee zeigte die Richtung an. Ich folgte dem schon vorhandenen Muster, schnitt mit einer Schneesäge Blöcke von etwa 25 x 25 x 50 cm und stapelte sie neben mir auf. Skip und die anderen bauten sie zusammen und zogen daraus Wände um die Zelte. Ich erlebte das zum ersten Mal und genoss sowohl die körperliche Aktivität als auch die neue Fertigkeit, die meine Bergsteigererfahrung ergänzte.

Zweieinhalb Stunden nach der Ankunft im Lager machte ich eine Pause mit einer Tasse Kakao, die meine Hände und mein Inneres wärmte. Wir hatten unsere Zelte eineinhalb Meter neben einer großen Spalte aufgestellt; die Kiwis zelteten ein kleines Stück über uns. Wir erwarteten ihre Rückkehr jeden Moment. Sieben Gipfel in sieben Monaten – was für eine Leistung! Ich dachte über mein eigenes Vorhaben nach, während ich hinaus in das Tal blickte, das jetzt mehr als 750 m unter uns lag. Von dem Platz, wo ich saß, konnte ich den schmalen Sattel am oberen Ende des Couloirs über Lager I sehen und auch Flamingo Peak, eine perfekte Pyramide aus schwarzem Fels, die sich wie eine Insel gerade eineinhalb Kilometer vom Basislager entfernt erhob. Dahinter gab es nur noch windgeformtes Eis.

Dieser Berg war eine Art Initiationsritus für mich. Selbst Martha hatte es gemerkt. Sie war erstaunlich ruhig gewesen – kein »Wenn sie wüssten ...«, kein »Ich bin nicht gut genug ...«, als ich im Lager III ankam, kein »Was ist, wenn ich es nicht schaffe ...«, nur das Wissen, dass ich hart gearbeitet hatte und gut zurechtkam. Ich fühlte mich wie ein echter Bergmensch: Ich verdiente es, hier zu sein. Als diese Wahrheit mein Herz erfüllte und ich tief einatmete und die gewaltige Schönheit in mich aufnahm, die sich um mich herum ausbreitete, lächelte ich.

Die Rückkehr der Kiwis von ihrem Gipfelerfolg vergrößerte meine Freude noch. Sie hatten ihr Ziel gerade noch in der angesetzten Zeit erreicht. Während unseres Ruhetages im Lager III half ich ihnen dabei, ihr Zelt abzubauen, als sie sich auf den Abstieg vorbereiteten. Es herrschte eine lustige, freundliche Atmosphäre, die in uns große Erwartungen auf unseren eigenen Erfolg weckte. Meine einzige Sorge war die Kälte, aber ich wusste, dagegen konnte ich mich mit Kleidung und entsprechender Einstellung wappnen.

Montag, 10. Dezember 1990, Lager III,
Mount Vinson, Antarktis
Die Stimmung ist gut. Der Wind hat fast aufgehört, die Wolke über dem Shinn löst sich auf, das Barometer ist gestiegen, ich huste weniger und Skip hat

ein gutes Gefühl wegen des Wetters. Alles gute
Vorzeichen. Ich will diesen Berg, Gott. Und ich bin
schon jetzt in Siegerlaune. Welch ein Unterschied
zwischen Bolivien und hier, in nur eineinhalb
Jahren.

Am Gipfeltag waren wir um sieben Uhr morgens auf, ein
früher Start für antarktische Verhältnisse. Ich hatte vor lauter
Gipfelfieber schlecht geschlafen und meine Erkältung hatte
mich die ganze Nacht damit beschäftigt, mich zu drehen und
zu wälzen und Woody zuzuhören, der erst herumraschelte
und dann schnarchend stilllag.
Die aufziehenden dünnen Wolken schienen uns ein schlechtes Zeichen zu sein.Wir nahmen ein schnelles Frühstück zu
uns, sicherten das Lager für unsere Rückkehr, seilten uns an
und kletterten los, durch einen weiteren Eisfall. Als wir sein
oberes Ende erreicht hatten, brachen wir durch die Wolken.
Dort begrüßte uns strahlender, wärmender Sonnenschein und
ein Blick auf den Gipfel, der ihn verlockend nah erscheinen
ließ. Dabei wussten wir, dass wir noch Stunden zu klettern
hatten.
Stetig stiegen wir auf und gruben unsere Spuren in den lang
gezogenen Hang. Die große Höhe und die eisigen Temperaturen bestimmten jeden Schritt; Woody kämpfte um mit uns
anderen Schritt zu halten. Wenn er es nicht schaffte, würde es
keiner von uns schaffen. Skip sprach mit ihm darüber, wie es
ihm ging, und obwohl er enorme Schwierigkeiten hatte,
schafften wir es alle bis zum Ende dieses Kletterstücks, wo
wir unsere Rucksäcke fallen ließen. Jetzt stand uns noch ein
halbstündiger Aufstieg bis zu der 3 m hohen, fast senkrechten
Stufe bevor, die das letzte Hindernis zwischen uns und dem
Gipfel darstellte. Aber ich hatte bei jedem Schritt die Stärke
meiner ganzen inneren Familie gespürt, die hart arbeitete und

mich anfeuerte, und jetzt, so nah vor dem Ziel, wusste ich, ich würde es schaffen.

Unter dem Einfluss der Höhe und der Anstrengung nach dem Aufstieg von Lager III suchten wir uns unseren Weg langsam und stetig über den felsübersäten Hang, der zu der letzten kurzen Wand führte. An ihrem Fuß machte Skip Halt. »Margo«, sagte er, »ich will, dass du als Erste hinaufgehst – damit du allein dort oben bist.« Ich sah Steve an und er nickte zustimmend.

Die Ehrung und Annahme durch diese Männer rührte mich zutiefst und ich musste weinen, als ich auf den 5140 m hohen Gipfel stieg. Bei -30° wurden die Tränen sofort zu Eistropfen auf meinem Gesicht und auf den Handschuhen, mit denen ich sie wegzuwischen versuchte. Als Nächster kam Steve herauf und auch er brach in Tränen aus. Sein Vater, der zwei Jahre zuvor gestorben war, hatte die Antarktis besonders geliebt und für Steve war dies ebenso sehr ein Triumph für den Geist seines Vaters wie für ihn selbst. Skip kam zu uns und teilte seine Kekse aus und dann kam auch Woody, langsam und triumphierend.

Freude und Dankbarkeit spiegeln sich in den Fotos, die wir neben dem Steinhaufen mit den kleinen Flaggen und dem umgedrehten Skistock, der Markierung des eigentlichen Gipfelpunktes, machten. Skip trägt seine gelbe, sternförmige Brille und ein kekserfülltes Lächeln, mein Gesicht ist hinter einer Gletscherbrille versteckt, Steves ist in seiner Kapuze eingefroren und Woodys Grinsen erzählt eine ganz eigene Geschichte. Wir waren in knapp acht Stunden vom Lager III zum Gipfel aufgestiegen. Für den Rückweg rechneten wir mit der halben Zeit. 30 Minuten nach unserer Ankunft auf dem Gipfel brachen wir auf. Wir brauchten die Bewegung um in der extremen Kälte warm zu bleiben.

»Langsam und vorsichtig, Woody, wir haben keine Eile.« Skip

war das 3 m hohe Steilstück vom Gipfel hinuntergeklettert und hatte für uns unterwegs Stufen eingetreten. Steve und ich standen beobachtend da, als Woody losging und seinen Fuß in die oberste Stufe setzte. Woody war offensichtlich erschöpft von der Anstrengung den Gipfel zu erreichen. Als er seinen rechten Fuß über den linken brachte und zur nächsten Stufe hinabsenkte, merkte er, dass seine Technik nicht funktionieren würde. Er hielt inne, balancierte vorsichtig auf den Zacken seines linken Steigeisens, brachte dann seinen rechten Fuß wieder in die Ausgangsstellung auf dem flachen Eis des Gipfels. Dort stabilisierte er sich eine volle Minute lang und dachte darüber nach, wie er den Abstieg angehen sollte.

»Versuch deinen rechten Fuß hinter den linken zu bewegen«, sagte Skip. »Vielleicht fühlt sich das sicherer an.« In seiner Stimme hörte man die Besorgnis. Die Mehrzahl aller Bergunfälle passieren beim Abstieg. Allzu oft verbrauchen Bergsteiger ihre ganze Kraft und ihre Reserven dazu, den Gipfel zu erreichen, und denken nicht daran, wie sie wieder hinunterkommen sollen. Die Stufen im Eis waren groß genug, stabil und sicher, aber für einen Verstand, der von Müdigkeit, extremer Kälte und Sauerstoffmangel vernebelt war, wurde es eine schwierige Aufgabe, sie zu benutzen.

Woody begann noch einmal von vorn. Er setzte seinen linken Fuß und senkte seinen rechten Fuß dahinter zur zweiten Stufe. Indem er sein Gewicht verlagerte, senkte er den linken Fuß zur nächsten Stufe. Als er den rechten Fuß wieder hinter den linken brachte, rutschte er ab. Er drehte sich und rutschte mit dem Kopf voran den felsübersäten Abhang hinunter.

»Oh mein Gott«, sagte Steve leise, mit grauenerstickter Stimme. Ich war wie gelähmt. Ich fühlte mein Herz rasen, vor meinem inneren Auge spulte sich ein Zeitlupenfilm ab, Bild für Bild, während sich die Katastrophe vollzog.

Woodys Körper war vollkommen außer Kontrolle und wurde

immer schneller. In einem heroischen Versuch ihn abzubremsen warf sich Skip auf ihn. Aber stattdessen rutschten beide Körper, einer quer über dem anderen, nur noch schneller. Wie Kugeln in einem Flippergerät stießen sie sich von Felsbrocken ab, die im Eis fest saßen. Woodys Kopf schlug mit einem Übelkeit erregenden Krachen auf einem Felsen auf. So schnell, wie es begonnen hatte, war es vorbei. Keiner der Männer rührte sich.

»Wir müssen da runter«, riefen Steve und ich wie aus einem Mund. Etwa 90 m unter uns lagen zwei Körper, die Hälfte unserer Expedition, darunter unser Bergführer. »Los, Margo.« Steve ging schnell zu der Wand, die wir überwinden mussten. »Vorsichtig!« Die einzigen Worte, die mir in den Sinn kamen, entfuhren mir automatisch, als er auf den Vorderzacken seiner Steigeisen die Stufen hinunterkletterte. »Du auch.« Steve blickte nach unten, auf seine Füße, und er sah nicht hoch, als ich hinter ihm hinunterkam. Ich erreichte sicher die letzte Stufe und als ich mich umdrehte, sah ich Skip einen Arm, dann den Kopf heben und sich langsam aufsetzen. Neben ihm lag Woodys schlaffer Körper, auf seiner grauen Wollmütze breitete sich ein roter Fleck aus. »Oh, Gott«, dachte ich im Laufen, »lass Woody nicht tot sein.«

Steve rief Skip zu, er solle unten bleiben, aber der kämpfte sich langsam auf die Beine. Sein Körper schwankte nach vorn und zurück. Seine dunkelblauen Goretex-Hosen hatten einen langen Riss am linken Bein und durch das Material der Hose wölbte sich etwas, das aussah wie der Stoff einer roten Skiunterhose. Als ich näher kam, sah ich, dass die »lange Unterhose« ein freigelegter Muskel war. Eine Steigeisenzacke oder ein Eispickel hatte ihm eine hässliche, klaffende Wunde tief und lang ins Bein geschlitzt.

»Skip ...«, Steves Sorge und Mitleid waren offensichtlich, auch wenn seine Stimme die autoritäre Schärfe angenommen hatte, die Notsituationen bei manchen Leuten hervorrufen. »Mir geht's gut.« Skip begann den Kunden zu untersuchen, auf dem er soeben den Hang hinuntergeritten war. »Aber wir müssen Woody helfen.«

»Es geht dir überhaupt nicht gut. Sieh dir dein Bein an.« Die Wunde war ernst, blutete aber nicht – ein Vorteil der Kälte. Skip warf einen kurzen Blick auf sein Bein und wiederholte: »Mir geht's gut.« Da bewegte Woody leicht den Kopf und gab ein schwaches Stöhnen von sich. Wir beendeten unsere medizinische Diskussion um ihm unsere volle Aufmerksamkeit zu widmen und Skip zog die Ränder seiner zerrissenen Hose zusammen um seine Wunde zu bedecken.

Woody schien keine Knochenbrüche zu haben, aber als wir ihn befragten, wusste er nicht, wer wir waren, wo wir waren und was geschehen war. Offensichtlich hatte er eine Gehirnerschütterung.

»Wir stehen hier zu sehr im Wind. Wir müssen runter zu den Rucksäcken. Wenn wir dort sind, werden wir überlegen, was zu tun ist.« Skip hatte keine Ahnung, wie sich sein verletztes Bein verhalten würde. »Ihr helft Woody. Auf geht's.« Woody war nicht in der Lage aufzustehen, aber es gab nichts in der Nähe, woraus man eine Trage hätte bauen können: Er würde hinunterklettern müssen. Die Blutung kam von einer recht oberflächlichen Wunde in der Kopfhaut und hatte von selbst aufgehört, bis er sich aufsetzte. Wahrscheinlich hatten ihm seine beiden dicken Wollmützen das Leben gerettet. Steve und ich halfen ihm auf dem Eis hinunterzukriechen; er saß auf dem Hintern und benutzte seine Hände zur Stabilisierung und unsere Eispickel als Fußstützen, damit er nicht unkontrolliert rutschte. Skip brauchte all seine Kraft um selbst hinunterzukommen.

Das Wissen um unsere Lage ließ mich vor mich hin beten: »Gott, bitte mach, dass Steve nichts passiert. Und bleib bei uns. Wenn es Skip schlechter geht, sind wir in großen Schwierigkeiten.« Ich war stark, aber nicht stark genug um irgendjemanden allein den Vinson hinunterzubringen.

»Rutsch mit dem Fuß zum Eispickel, Woody. Jetzt mit dem anderen!« Steve brüllte ihn beinahe an. Wir mussten hinunter. Auf dieser Höhe von mehr als 4800 m arbeiteten wir unter Sauerstoffmangel und es wurde mit jeder Minute kälter. Als die Wirkung des Adrenalinstoßes nachließ, setzte die Erschöpfung ein. Aber Woody stand unter Schock, er reagierte sehr langsam, manchmal gar nicht. »Woody! Beweg deine Füße!« Oft waren wir es, die seine Füße mit unseren Händen bewegen mussten. Trotzdem brüllten wir ihn weiter an. Er musste wach bleiben und sich bewegen, wenn er lebend unten ankommen sollte. »Rutsch zu der Stange, Woody. Ich weiß, du verstehst das alles nicht. Es ist jetzt egal, wo du bist. Wir erzählen es dir später. Jetzt rutsch zu der Stange!«

Mehr als zwei Stunden brauchten wir bis zu den Rucksäcken. Als wir dort ankamen, hatte der Wind wieder aufgefrischt, der Sonnenstand hatte sich verändert und wir standen im Schatten. Die Temperatur fiel und der Wind schickte die Kälte noch durchdringender durch die Kleider, die wir auf dem Gipfel getragen hatten. Woody zitterte. Während ich seine störrischen Beine wieder einmal bewegte, dachte ich nur: »Lieber Gott, was machen wir bloß?«

Wir zogen unsere schweren Daunenjacken an. Skip untersuchte Woody, dann wandte er sich an Steve und mich. »Wie die Dinge stehen, kriegen wir ihn auf keinen Fall hinunter. Ich muss zum Basislager. Wenn wir Glück haben, sind Hall und Ball noch dort. Wenn nicht, kann ich per Funk Hilfe rufen. Ihr zwei tut, was ihr könnt, für Woody und passt auf euch auf, bis ich Hilfe geholt habe.« Er hielt inne, nachdenklich, als ob er das eben Gesagte zurückspulte. Dann fragte er: »Margo, was meinst du?«

Es widerstrebte mir zutiefst, Skip zu widersprechen, also wählte ich meine Worte sorgfältig: »Glaubst du wirklich, das ist die beste Lösung?« Vom Bauch her spürte ich, dass ein Aufenthalt in dieser Höhe, ohne die zusätzliche Ausrüstung aus dem Lager III, nur zu einer Katastrophe führen konnte. »Ich denke, wir kriegen Woody irgendwie durch den Couloir hinunter und können ihn dann, wenn es sein muss, auf einem Rucksack den restlichen Weg bis zum Lager III ziehen. Wenn du jetzt zum Basislager absteigst, wissen wir nicht, wann uns Hilfe erreichen kann: in 18 Stunden? 24 Stunden? Womöglich mehr.« Ich sah zu Steve hinüber, wollte, dass er mein Anliegen verstand. »Auf diese Weise tun wir wenigstens etwas. Ich bin bereit alles zu tun um Woody hinunterzubringen, aber ich bin nicht bereit hier zu bleiben und beim Warten zu erfrieren.« Steve nickte: »Sehe ich auch so.«

»Klingt gut, Margo.« Skips Stimme war kräftiger geworden.

Unser erstes unmittelbares Hindernis war der Couloir: elf Seillängen von oben nach unten und jede erforderte Gefährtensicherung. Wir seilten Woody bis zum Ende der Seillänge ab, bauten eine neue Sicherung auf und wiederholten das Ganze. Skip sicherte, während Steve mit Woody hinunterstieg, ihm gut zuredete, ihm keine Ruhe ließ, ihm Befehle gab, alles tat, was nötig war um ihn in Bewegung zu halten. Ich sorgte dafür, dass sich die Seile nicht verhedderten, und stieg dann mithilfe meines Ascenders zu Woody und Steve ab. Skip folgte nach, ohne Sicherung. Bei den ersten fünf Seillängen konnten wir noch Felsbrocken als Verankerung nutzen, dann gab es nur noch Eis, und Skip musste die Sicherung für die verbleibenden sechs mit Stiefeln und Eispickel einrichten.

Als wir den Fuß des Couloirs erreicht hatten, war Woody in einem so stabilen Zustand, dass er den langen Weg, der vor uns lag, gehend beginnen konnte. Wackelig und verwirrt, mit

Steve an seiner Seite, schlich er Stunde um Stunde weiter; von ganz tief unten holte er die Kraft um auf seinen eigenen Füßen bis ins Lager zu kommen. Ich blieb bei Skip, der mit jedem Kilometer langsamer wurde, aber ohne Klagen weiterging. Seine Fähigkeit auch jetzt noch als tüchtiger und engagierter Anführer zu funktionieren angesichts seiner eigenen schweren Verletzung und angesichts der lebensgefährlichen Verletzung eines seiner Schützlinge, machte meinen ohnehin schon so großen Respekt vor ihm noch größer.

Zwanzig Stunden nach unserem Aufbruch von Lager III waren Skip und ich wieder da, zu müde um auch nur etwas zu essen. Er kämpfte sich ohne ein Wort sofort in sein Zelt. Steve lag schon in seinem Schlafsack, Woody ebenso. Ich hatte solche Angst! Ich saß vor dem Eingang des Zeltes, das ich mit Woody teilte, trank den letzten Rest des Wassers, das ich auf dem Gipfel bei mir gehabt hatte, und ließ die Gefühle des Tages über mir zusammenschlagen. Woody schlief schon und schnarchte laut. »Verdammt noch einmal! Warum muss er auch noch schnarchen?« Die Angst in meinem Innern verwandelte sich für einen Augenblick in Zorn. Ich hatte Angst davor, mich neben ihm schlafen zu legen, weil ich wusste, wenn Woody eine Gehirnerschütterung hatte, war es gefährlich für ihn, zu lange zu schlafen. Außerdem machte ich mir große Sorgen um Skip. Wie würde er morgen mit diesem Bein zum Basislager durchkommen? Uns standen nur zwei kleine Zeitfenster am Tag für Funksprüche zur Verfügung. Da kam es auf jede Stunde an.

Woody hatte aufgehört zu schnarchen, als ich ins Zelt kroch. Als ich ihn sanft rüttelte, wachte er zu meiner Beruhigung auf und fiel dann sofort wieder in einen anscheinend ruhigen Schlaf. Meine Dankbarkeit war ebenso groß wie meine Erschöpfung, als ich meinen Schlafsack um mich zusammenzog und ebenfalls sofort einschlief.

»Ist da jemand wach?« Skips Stimme drang mühelos durch die Zeltbahn und forderte in ihrer ruhigen Art eine Antwort.

»Jawoll«, das Sprechen löste einen Hustenanfall aus. Mein Hals war kratzig. Ich drehte mich um und sah, dass Woody nicht wach war, aber er atmete. Wenigstens war er noch am Leben.

»Steve und ich haben einen Plan.«

»Nämlich?« Ich hustete wieder. Ich war erschöpft, alles tat mir weh, meine Erkältung war wieder da. Ich fühlte mich beschissen und konnte mir nicht vorstellen irgendetwas zu tun außer still dazuliegen. Wie wäre es mit einem Ruhetag, wäre das nicht ein Plan? Aber bei aller Müdigkeit wusste ich, das war nicht möglich. Wir mussten hinunter um medizinische Hilfe zu bekommen, und das würde nicht einfach werden.

»Ich bringe Woody heute hinunter zum Basislager. Wir müssen beide runter und wir müssen ein Flugzeug hierher bekommen. Du und Steve, ihr werdet heute eine doppelte Tragetour von III auf II machen und morgen mit doppelter Traglast hinunter nach I und zum Basislager kommen.

Ich antwortete: »Okay«, drehte mich zur Zeltwand, weg von Woody und der Welt, die Stärke von mir forderte, und heulte ein bisschen. Nirgendwo in meinem Körper, meinem Kopf oder Herzen konnte ich den Glauben finden, dass ich das tun könnte, was Skip da beschrieb. Ich atmete tief durch und spürte die Erschöpfung, all die wunden Stellen und den Druck auf meiner Brust. Mein Atem schien durch meine ganze Seele zu gehen und er fand tatsächlich noch eine Kraftquelle und erweckte sie zum Leben. Gut, dachte ich, ich mache es. Ich weiß nicht, wie, aber ich mache es, und dann begann ich mich anzuziehen.

Steve brachte mir etwas Heißes zu trinken und sah nach Woody. Ich sagte: »Steve, ich habe keine Ahnung, wie ich das heute schaffen soll. Aber ich tue alles, was nötig ist, damit wir alle hier runterkommen.« Er lächelte und umarmte mich. »Wir können das schaffen. Wir müssen. Zusammen können wir alles schaffen.« Ich konnte seine Müdigkeit spüren und war dankbar für das starke Band, das sich zwischen uns entwickelte.

Nachdem sie etwas heißen Kakao und einen Müsliriegel hinuntergewürgt hatten, brachen Skip und Woody zum Basislager auf, ausgerüstet nur mit dem Allernötigsten, darunter ihre Schlafsäcke, in einem Gipfelrucksack, den Skip immer bei sich trug. Woody war fast völlig hilflos: Er war schwerfälliger denn je und praktisch unfähig zusammenhängend zu denken oder organisiert zu handeln.

Als sie hinter einem Serac verschwunden waren, begannen Steve und ich damit, das Lager einzupacken und die Ausrüstung auf zweimal zwei Traglasten zu verteilen. Eine Stunde später schwangen wir uns die schweren Rucksäcke über die Schultern und machten uns auf den Weg. Das Steilstück gleich oberhalb des Eisfalls hatte mir Sorgen bereitet, aber Skip hatte für Woody große Stufen eingeschnitten und so bekam ich selbst mit dem zusätzlichen Gewicht keine Probleme. Endlich erschien die Sonne über den Felsen und ihre Gegenwart wärmte uns, auch wenn es nach wie vor kalt war. Meine Zuversicht wuchs. Ich stellte mir vor, dass Skip und Woody jetzt schon fast im Lager II angekommen sein müssten. Es sah so aus, als könnten wir es schaffen.

Am Ende des Eisfalls überblickte ich den ganzen Weg bis zum Lager II und meine Zuversicht sackte durch bis zu meinen Steigeisen. Skip war tatsächlich fast angekommen, aber Woody ging weit hinter ihm und hatte anscheinend die Orientierung verloren. Er ging in die falsche Richtung. »Woody«, schrie ich, so laut ich nur konnte. »Geradeaus! Hinter Skip her!« Er änderte seine Richtung nicht. »Woody! Umdrehen! Geh zu Skip!« Diesmal hatte er mich gehört, aber statt sich dem Lager zuzuwenden begann er zögernd wieder bergauf zu gehen. Steve kam aus dem Eisfall. »Sie werden es niemals rechtzeitig für den Funkspruch schaffen.«

»Ich laufe runter und halte Skip auf.«

»Mit dem Gewicht auf dem Rücken? Was ist los, bist du verrückt geworden?«

»Skip muss allein runtergehen und Woody bei uns lassen. Dieser Funkspruch ist dringend nötig, sie brauchen beide medizinische Hilfe und Woody ist viel zu durcheinander um sich zu beeilen. Sieh ihn dir doch an, jetzt marschiert er wieder herauf zu uns. Mein Rucksack ist nicht so schwer wie deiner, und von hier an ist der Hang ganz sanft geneigt.«

»Na gut. Sei vorsichtig.« Seine Stimme verwehte hinter mir. Ich war schon losgelaufen, so schnell ich nur konnte.

»Skip«, brüllte ich, »warte!« Eine leichte Brise wehte die Worte zurück zu mir. Skip bewegte sich erstaunlich gut, aber sein verletztes Bein war steif und machte ihn doch erheblich langsamer. Ich lief an Woody vorbei und sagte ihm, er solle nicht weiter hinaufgehen, sondern auf Steve warten. Nichts deutete darauf hin, dass er mich gehört hatte, und ich eilte weiter den Hang hinunter, so schnell ich es wagte. Schließlich blieb ich stehen um zu Atem zu kommen und schrie so laut ich nur konnte: »Skip, warte!« Diesmal hörte er mich, blieb stehen und beobachtete mich, wie ich versuchte zu ihm zu rennen.

»Was macht Woody da?« Gerade hatte er ihn entdeckt, wie er den Weg wieder hinaufging, auf dem er absteigen sollte. »Woody. Woody! Umdrehen. Woody!« Die Frustration ließ seine Stimme scharf werden. Inzwischen hatte ich ihn eingeholt. »Verdammt, was ist denn los?«

»Er ist wirklich total durch den Wind, Skip, und selbst wenn es ihm besser ginge, wäre er zu langsam um rechtzeitig zum Funkspruch unten zu sein.« Keuchend machte ich einen neuen Vorschlag: »Steve und ich finden, du solltest ihn bei uns lassen und selbst so schnell wie möglich runtergehen. Wir passen auf ihn auf. Du sorgst für ein Flugzeug. Das ist das einzig Vernünftige.«

Ich konnte den Zweifel in seinem Gesicht lesen. »Wir kommen zurecht«, versuchte ich ihn zu beruhigen. »Steve und ich sind beide gesund und stark und wir passen auf Woody auf. Du kannst nicht mehr für ihn tun als wir. Du musst das Flugzeug hierher bringen.« Er dachte noch ein wenig nach, dann nickte er. »Gut. Das ist ein guter Plan. Passt auf euch auf.«

»Klar. Keine Sorge. Pass nur auf dich selbst auf und sieh zu, dass du den Funktermin nicht versäumst.« Ich ging mit ihm das kurze Stück zum Lager II, ließ meinen Rucksack auf das Eis fallen und schickte ihn mit einer Umarmung auf den Weg. Steve führte Woody ins Lager und wir richteten ihm einen Platz ein, wo er sitzen konnte, während wir die Rucksäcke ausluden, ein Zelt aufstellten und uns etwas Heißes zu trinken machten. Wir halfen Woody in seinen Schlafsack, gaben ihm den Befehl sich nicht von der Stelle zu rühren und eilten zurück zum Lager III um die restliche Ausrüstung zu holen. Es war ein schöner Nachmittag, in der Sonne war es geradezu warm. Unsere Zuversicht und unser Adrenalinspiegel waren hoch. Auf halbem Weg durch die Traverse zogen wir unsere Capilen-Oberteile aus und machten Fotos vom »Sonnenbad in der Antarktis«. Der Weg hinauf fühlte sich ohne Rucksäcke geradezu leicht an und wir gönnten es uns, zu lachen, Späße zu machen und die Schönheit rund um uns zu genießen.

Im Lager III angekommen verpackten wir schnell die restliche Ausrüstung und blieben dann ein paar Minuten dort sitzen, wo mein Zelt gestanden hatte, um ein letztes Mal die fantastische Aussicht auf den Flamingo Peak und auf das Eis dahinter zu genießen. Ich legte meinen Arm um Steves Schulter und entspannte mich, an ihn gelehnt. »Es ist schon unglaublich, oder?« Er legte seine Hand auf mein Knie. »Weiß Gott, ja.« Die Bindung, die auf dem Gipfel zwischen uns entstanden war, war durch den lebensgefährlichen Unfall und die harte Arbeit der letzten beiden Tage noch enger geworden. »Und ich bin froh, es mit dir zu teilen.«

»Ich auch.«

Dann traf mich die Erkenntnis, was wir noch vor uns hatten: »Mein Gott, ich hoffe nur, dass Woody in seinem Schlafsack geblieben ist. Was ist, wenn er zum Pinkeln rausmusste und abgehauen ist? Ich würde so gern noch ein Weilchen hier sitzen, aber wir haben noch eine Nacht und einen langen Tag vor uns, wenn wir dieses Zeug auf II gebracht haben.« Steve fand auch, dass wir aufbrechen sollten, und wir halfen einander dabei, die schwer beladenen Rucksäcke auf unserem Rücken zu befestigen.

»He, Steve, humpelst du?« Ich ging beim Absteigen hinter ihm und bemerkte, dass er die rechte Seite stärker belastete.

»Der Zeh tut höllisch weh. Aber ich komme schon klar.« Toll, dachte ich, und was ist, wenn Steve es mit seiner Ladung nicht schafft? »Ich hoffe bloß, dass Skip den Funkspruch heute Abend absetzen kann. Wir brauchen alle Hilfe, die wir kriegen können.«

»Da hast du wohl Recht.« Steve ging stetig weiter, trotz seiner offensichtlichen Schmerzen. »Und ich habe gedacht, der Gipfel sei das härteste Stück Arbeit.«

»Das dachte ich auch.«

Es ähnelte so sehr dem ganz normalen Leben. Ich hatte immer gedacht, wenn ich irgendwo angekommen wäre, würde das Leben leicht. Was ich fand, war, dass selbst im Prozess der Genesung jeder Schritt nur neue Blickwinkel, größere Herausforderungen, mehr Wahlmöglichkeiten eröffnete. Der Vinson unterschied sich davon in keiner Weise: In der Gegenwart bleiben, immer nur einen Schritt auf einmal tun, darauf

228

vertrauen, dass es eine Macht gibt, die größer ist als ich und alles zusammenhält. Das Leben und die Berge – es war schon ein Wunder, wie sehr sie für mich zusammenpassten.

Im Lager warf Steve mir einen Blick über die Schulter zu. »Sieh du nach Woody. Ich setze den Kocher fürs Abendessen und etwas Heißes zu trinken in Gang.« Zu meiner großen Erleichterung war Woody noch im Zelt, wenn auch verwirrt. Gemeinsam mit Steve sorgte ich für ein Gericht aus Suppe und Reis und servierte es Woody in der Tasse, die er in der Hand hielt.

Nach dem Essen wollte er sein Geschirr abwaschen. »Wir haben nicht genug Wasser, Woody«, sagte ich. »Mach sie erstmal nur so gut sauber, wie du kannst. Wir waschen im Basislager ab.« Er marschierte zum Zelt, kam aber eineinhalb Stunden später zurück, mit den Tassen in der Hand, als Steve und ich dabei waren, die letzte Wasserflasche zu füllen. »Woody! Wir machen sie morgen sauber.« Verzweifelt sagte ich: »Steve, mach du das. Ich bin am Ende.«

Ich weiß nicht, was Steve ihm gesagt hat. Es war mir auch egal. Ich wollte nur noch in meinen Schlafsack und als ich drin war, sackte ich weg.

Steve und ich hatten beschlossen, dass er und Woody um zehn Uhr am nächsten Vormittag aufbrechen sollten. Er würde Woody bis zum oberen Ende des Couloirs und zum Fixseil helfen und ihn auf den Weg hinunter schicken. Er würde Skips schwer beladenen Expeditionsrucksack tragen und ihn am Fixseil befestigen, während ich die Zelte abbrach und den Rest der Ausrüstung zusammenpackte. Dann würde er für die zweite Tragetour wieder heraufkommen und gemeinsam würden wir alles zum Lager I hinunterschaffen. Von dort aus konnten wir für den letzten Transport bis ganz hinunter zur Basis die Schlitten nutzen.

Das elektronische Gewimmer meines Weckers riss mich aus

tiefem Schlaf. Ich hatte ihn auf acht Uhr gestellt um Steve und Woody zu helfen, damit sie bis um zehn Uhr aufbrechen konnten. Ich hätte mir so sehr ein paar zusätzliche Ruhestunden gewünscht, aber das war ein Luxus, den wir uns erst leisten konnten, wenn wir sicher unten angekommen waren. Nur noch einen Tag, dann mussten wir nichts anderes mehr tun, als auf den Abflug vom Basislager warten, nach Patriot Hills, dann weiter nach Punta Arenas und für mich nach Greenwich, wo ich mit meiner Familie Weihnachten feiern würde. Aber erst einmal musste ich diesen Tag hinter mich bringen.

Wir beluden Skips geräumigen Rucksack mit so viel losen Ausrüstungsgegenständen, wie er nur fasste. Steve kämpfte mit seinem Stiefel. Sein Zeh war schwer angefroren, sah hässlich und geschwollen aus und tat sehr weh. Ich schauderte beim bloßen Zusehen, als er den Fuß in den Kunststoffstiefel zwängte. »Wirst du es schaffen?«

»Jetzt sind wir zu nah dran um aufzugeben. Ich komme schon klar.« Seine stoische Entschlossenheit entsprach seiner körperlichen Stärke. »Ich bin fertig hier, bis du zurückkommst. Mach langsam und ruhig. Wir sollten schon mal nach dem Flugzeug sehen. Ich bin sicher, Skip ist inzwischen durchgekommen.«

»Ich hoffe wirklich inständig, dass du Recht hast.« Er drehte sich um zu Woody, der ganz still dastand und keine Gefühle oder auch nur ein Bewusstsein dafür erkennen ließ, dass etwas um ihn herum geschah. »Auf geht's, Woody, dann wollen wir dich mal am Seil runterbringen. Notfalls können wir dich von dort bis zum Basislager an die Leine nehmen.«

Ich brach die Zelte ab, legte sie zusammen und stopfte sie in ihre Schutzsäcke. Ich hatte meine Gefühle tief vergraben, aber ich konnte spüren, wie sie nach oben drängten, als ich mir vorstellte, wie es sich anfühlen würde, zum Basislager zu

230

kommen und mich entspannen zu können, während sich jemand anderer um Kochen und Packen und Verantwortung sorgte. Erschöpfung und Stress setzten mir zu, aber ich wusste, ich durfte mich noch nicht gehen lassen.

Steve kam zurück, als ich gerade fertig gepackt hatte. »Wie sieht's aus?«, fragte er.

»Wunderbar. Hier ist alles abfahrbereit.« Ich stand auf und Steve half mir den Rucksack aufzunehmen. »Wie geht's dem Fuß?« Ich war erstaunt, dass er so schnell zurück war.

»Gut, solange ich nicht darüber nachdenke.« Er hatte offensichtlich große Schmerzen und versuchte sie niederzukämpfen.

Die Querung und der Aufstieg zu den Fixseilen am oberen Ende des Couloirs schien kein Ende zu nehmen. Als wir ankamen, wartete Woody immer noch auf uns. Jetzt hatten wir vier Rucksäcke und wir beschlossen den größten und schwersten am Fixseil befestigt zurückzulassen um ihn später zu holen. Er enthielt keine wichtigen Ausrüstungsgegenstände und es wäre nur eine lange Klettertour vom Basislager.

»Los, Woody, auf geht's.« Steve und Woody machten sich auf den Weg abwärts, während ich den Rucksack sicherte und ihnen dann folgte. Schmerzlich langsam schlichen wir am Seil entlang. Der Schnee war seit unserem Aufstieg schlechter geworden, durch die wechselnden Temperaturen war er getaut und wieder gefroren. An einigen Stellen war er zu glitschigem Matsch geworden, an anderen zu hartem Eis, sodass der Abstieg selbst mit der Seilsicherung schwierig wurde. Ich hatte den Hang unterhalb des Couloirs überwunden und war beinahe am Lager I angekommen, da hörte ich das Dröhnen eines Motors. Ich blieb stehen um mich zu vergewissern, dass meine Ohren mir keinen Streich spielten.

»Steve, Woody!«, schrie ich zurück zu ihnen. Steve war nah genug um mich zu hören. »Hört ihr?« Eine schwarze und orangefarbene Cessna wurde sichtbar und flog in geringer Höhe an unserem Weg entlang zum Couloir und zum Lager II. Sie schien im Dunst zu fliegen. Ich hatte den Bodennebel, in den wir uns hineinbewegten, nicht einmal bemerkt. Steve und ich schrien und sprangen auf und nieder, aber das Flugzeug dröhnte weiter und verschwand. Wir waren sicher, dass es zurückkommen würde, aber das tat es nicht.

»Was meinst du, haben sie uns gesehen?«

»Ich weiß es nicht, Margo. Es ist schon seltsam, dass sie nicht kreisen oder so. Vielleicht haben sie unsere Position jemandem per Funk durchgegeben, den sie am Basislager abgesetzt haben.« Mir war klar, dass er die Hoffnung jetzt herbeizwingen wollte. »Ich wette, wir werden jemanden treffen, der zu uns heraufkommt, wenn wir weiter runtergehen.«

»Mann, das hoffe ich.«

Wir hatten Lager I erreicht und beobachteten hoffnungsvoll den Himmel. Wir wünschten uns so sehr, das Flugzeug möge zurückkommen, aber es kam nicht. »Ich lade den Schlitten mit dem zusätzlichen Zeug voll und gehe los. Kannst du hier auf Woody warten, damit wir sicher sind, dass er nachkommt? Wenn ich unterwegs jemanden treffe, schicke ich ihn hierher, damit er dir hilft.«

Meine Erwartungen waren so hoch, dass mir die Tränen liefen. Das Adrenalin pumpte mich zu einem geradezu rasenden Tempo hoch, als ich den Schlitten mit mehr als 20 Kilo Ausrüstung voll packte und meinen eigenen Rucksack, fast 18 Kilo schwer, auf den Rücken nahm. Ich blickte über meine Schulter und sah Steve, der dasaß und immer noch den Himmel absuchte. Hoffnung. Eine Droge, so gut wie alles, was ich jemals genommen hatte.

Bald wurde der Nebel so dicht, dass ich in keine Richtung mehr auch nur eineinhalb Meter weit sehen konnte. Die Temperatur sank beträchtlich. Ich drängte weiter. Nach einer Weile schien es mir, als sollte ich das Basislager eigentlich schon erreicht haben. Hatte ich mich verlaufen? Was war mit dem Flugzeug? Was war mit den Leuten, die es am Basislager abgesetzt haben sollte und die inzwischen hier sein sollten um uns zu helfen? Und wo war Steve?

Dann kam ich zu einer Stelle, wo die Spur abrupt um 40° nach links abbog, und da war ein Platz, wo offensichtlich ein Zelt gestanden hatte und abgebaut worden war. »Oh Gott, irgendjemand hat die Schutzhütte mitgenommen.« Die Schutzhütte war das große Gemeinschaftszelt im Basislager und der markante Wegweiser, nach dem ich gesucht hatte. Mitten in den dichten Nebel hinein sagte ich: »Oh mein Gott, ich habe mich verlaufen. Ich bin mitten in der Antarktis – und ich habe mich verlaufen!« Ich konnte nichts sehen. Niemand wusste, wo ich war. Nie zuvor hatte ich mich so allein gefühlt. Oh mein Gott. Oh mein Gott! Die Panik hielt meinen Brustkorb mit eisernem Griff umklammert. Ich sprach laut gegen die Angst an. »Ruhig, Margo. Noch ist nichts verloren.«

Ich ging noch einige Minuten weiter. Der Weg führte mich bergauf, aber das schien mir nicht richtig. Ich traute dem Weg nicht, das war nicht der Hauptweg, der zum Basislager führte. Er schien mir zu lang und er führte in die falsche Richtung. Was, wenn ich jetzt mitten ins Nichts hineinmarschierte? Ich kehrte um und umrundete die Wegbiegung in der anderen Richtung. Aber halt, von da war ich gekommen, das konnte es nicht sein. Ich drehte wieder um und folgte dem Pfad den leichten Anstieg unterhalb des leeren Zeltplatzes hinauf, entschied dann aber, dass auch das nicht richtig sein konnte, und drehte wieder um, immer mit dem Schlitten hinter mir, der seine Spuren im Schnee hinterließ. Seit ich das Lager I verlassen hatte, war ich vom Optimismus über Verzweiflung und Tränen zu einem mühseligen Dahintrotten gekommen und jetzt stand ich kurz vor einer Panik.

Als ich den verlassenen Zeltplatz zum vierten Mal erreichte, machte ich Halt. »Atmen, Margo. So kommst du nicht weiter. Atme eine Minute lang und denk nach.« Ich musste mich vergewissern, dass ich nicht erfrieren konnte. Ich hatte meinen Daunenanorak und meine Hosen. »Also, gestorben wird nicht.« Ich sprach laut, als ob die Worte mir festen Boden unter den Füßen geben könnten, damit ich mich wieder in den Griff bekam. »Gott, was soll das? Ich habe mir den Arsch aufgerissen und jetzt habe ich mich hier draußen verlaufen und bin allein. Wo ist die verdammte Schutzhütte?« Ich schrie meine Erschöpfung und Frustration in die Nebeldecke; die Tränen machten Flecken auf der Innenseite meiner Gletscherbrille. »Ich will hier draußen nicht allein sein.«

Es kostete einige tiefe Atemzüge, die Gefühle mit den Worten herauszulassen. »Gut, das ist schon besser. Ich weiß, Steve und Woody sind irgendwo hinter mir. Das Schlimmste, was passieren kann, wenn ich meine Spur zurückverfolge, ist, dass ich wieder im Lager I lande, etwas schlafe und noch einmal losgehe, sobald die Sicht besser ist. Das Beste, was passieren kann, ist, dass ich Steve treffe und nicht mehr allein bin.« Also entschloss ich mich den Weg zurückzugehen, den ich gekommen war. Ich war seit vier Stunden vom Lager I unterwegs und der Weg hätte nicht einmal drei Stunden dauern sollen.

Minuten später kam die Sonne durch und leckte den Nebel weg und da kam Steve, mit seinem Schlitten an der Leine hinter sich. »Nie in meinem Leben bin ich so froh gewesen, ein freundliches Gesicht zu sehen.« Ich war selbst zum Heulen zu erschöpft. Dann bemerkte ich, dass Steve allein war. »Wo ist Woody?«

»Er kommt. Der Nebel schien sich vor mir zu lichten und ich bin deiner Spur gefolgt. Er folgt meiner. Mit zwei Schlittenspuren als Wegweiser wird er wohl klarkommen.«

Als der Bodennebel sich lichtete, konnten wir den allgemeinen Weg besser sehen. Zwanzig Minuten hinter der Stelle, wo ich umgekehrt war, standen die Schutzhütte und Skip. Wir fielen uns alle drei in die Arme. Er war offensichtlich ebenso froh über das Wiedersehen wie wir.

»Wo ist Woody?« Skips Besorgnis war hörbar, als er über unsere Schultern blickte. »Kurz hinter uns«, sagte Steve. »Er kommt zurecht, er ist nur langsam. Wo ist das Flugzeug?«

»Es ist 15 Kilometer von uns entfernt auf dem Nimitz-Gletscher eingeschneit. Hall, Ball, der Arzt aus Patriot Hills und Warren sitzen, alle in ein Dreimannzelt gezwängt, in einem Blizzard fest.«

Skip erzählte die ganze Geschichte: »Gestern Abend habe ich die Funkzeit nicht geschafft, aber heute früh konnte ich mit Patriot Hills sprechen und sie sind sofort losgeflogen. Sie flogen über das Basislager, konnten aber wegen des Bodennebels nicht landen und haben beschlossen im nächsten Tal auf besseres Wetter zu warten. Sie meinten, es würde nicht mehr als ein paar Stunden dauern. Und jetzt können sie wegen des Schneesturms dort nicht starten.« Ich schüttelte den Kopf bei der Vorstellung, dass da nun vier große Männer in einem Dreimannzelt saßen und der Wind draußen heulte.

Mir wurde ganz elend, als mir klar wurde, dass ihr Versuch uns zu helfen sie in diese Lage gebracht hatte. Gary und Rob waren erst einige Stunden vorher in Patriot Hills angekommen, als Skips Hilferuf einging. Obwohl sie müde von ihrer eigenen Tour waren und nicht einmal Zeit gehabt hatten ihren enormen Erfolg zu feiern, waren sie sofort zum Basislager zurückgeflogen um uns zu helfen. Ihr Großmut war beeindruckend, aber nicht überraschend. Er entsprach ihrer Natur und dem ungeschriebenen Gesetz der Berge, dass man einem anderen Bergsteiger hilft, wenn er es nötig hat. Und jetzt saßen sie fest.

Als Woody eineinhalb Stunden später eintraf, gab es eine weitere Runde mit Umarmungen. Endlich waren wir alle zurück von diesem Berg, sicher und in einigermaßen guter Verfassung.

Drei Tage später stand ich vor der Schutzhütte, schützte meine Augen vor der Helligkeit und beobachtete, wie die Cessna endlich ankam. Wir hatten es geschafft. Ein erfolgreicher Gipfel, ein Unfall, der tragisch hätte ausgehen können, ein Abstieg von epischer Länge. Ich wusste, ich würde danach nie mehr dieselbe sein wie zuvor, und war offen für alle Abenteuer, die auf mich warteten, als ich mich zu den restlichen der Sieben Gipfel aufmachte.

8. Ein perfekter Tag im Paradies

Montag, 7. Januar 1991, San Diego
Mein wunderbares Gefühl wird von meiner Art zu
essen beeinträchtigt. Es geht um Trost. Um eine
Linderung meiner Unbehaglichkeit, wenn ich mich
da draußen der Öffentlichkeit stellen muss. Ein lindernder Trost für das Leben selbst. Ein lindernder
Trost. Punkt.

Zurück vom Vinson widmete ich mein ganzes Leben der Aufgabe die Sieben Gipfel zu erreichen und allem, was daran
hing. Täglich neue Erkenntnisse, Spiegelungen des Musters,
das sich zum Gewebe meines Lebens entwickelte, schickten
meine Gefühle auf eine Achterbahn. Statt meine persönlichen Triumphe auszukosten, kämpfte ich ständig mit dem Essen. Selbst nach fünf Jahren der Genesung ging ich mit meiner Krankheit immer noch allzu oft in einer Weise um, die sie
in meinem Kopf eher aktiv als schlafend hielt. Die Fragen –
was ich aß, wie viel ich aß und weshalb ich aß – wurden zu einer Waffe, die ich ständig benutzte um mich selbst zu schlagen, mich emotional herunterzuziehen, wann immer ich spürte, dass ich meinen Träumen näher kam.
Popcorn und Eis wurden zu Bestandteilen eines ausgefeilten,
ständig wiederholten Trostrituals, wie bei einem kleinen
Mädchen, das die alte, verschlissene Decke aus dem obersten
Schrankfach zieht. Diese Nahrungsmittel und andere alte Verhaltensweisen schienen die Sorgen zu erleichtern, die mir all
die Veränderungen, Herausforderungen und Erfolge bereite-
ten. Allzu oft suchte ich dort Zuflucht, obwohl ich wusste,

dass die Erleichterung, die ich spürte, eine Illusion war und dass ich auf lange Sicht dafür bezahlen würde.

Der Entzug von Alkohol und Drogen war leicht, verglichen mit der Genesung von meiner Essstörung. Die Leute in meiner Entzugsgruppe hatten immer wieder gesagt: »Margo, wenn du das erste Glas stehen lässt, wirst du nicht betrunken.« Es hatte perfekt funktioniert. Ich hatte auf eine völlig neue Art zu leben gelernt. Aber ich musste weiterhin essen und da waren die Grenzen nicht so leicht einzuhalten. Es war mir gelungen, für mich zu definieren, was Abstinenz bedeutete und wie ich dabei immer noch meinen Körper mit Nahrung versorgen konnte. Ich hatte gelernt so zu essen, dass ich genug Kraft für die Gipfel hatte, die ich bestieg, und dabei doch abstinent bleiben konnte. Aber jetzt, zu Hause, merkte ich, wie ich alle Grenzen, die ich um Essen und anderes Verhalten gezogen hatte, verrückte, selbst was den Gebrauch von Abführmitteln anging. Ich blieb abstinent, aber mehr im technischen als im geistigen Sinn. Und meine Selbstverurteilung dafür wirkte noch destruktiver als mein Verhalten selbst.

Manchmal betete ich darum, mich stärker von meiner Krankheit lösen zu können, manchmal schrieb ich darüber in mein Tagebuch und manchmal sprach ich darüber mit Becky oder anderen, denen ich vertraute. »Verdammt noch mal, Becky, warum muss das so schwierig sein?« Wir saßen am Strand und »fingen Sonnenstrahlen«. Das war ein Teil unseres Sonntagsrituals. »Muss es nicht.« Gelegentlich machten mich Beckys Klarheit und ihre schlichten Antworten richtig wütend. Ich atmete tief durch: »Aber es ist schwierig. Herrgott, ich hasse es, zu kämpfen. Ich ergebe und ergebe und ergebe mich, aber ich falle immer wieder auf die alten Muster zurück. Ich gehe auswärts essen um die großen Portionen zu rechtfertigen. Ich bringe mir Videos mit nach Hause, esse eine Tüte Popcorn und vertilge einen halben Liter Eis. Nicht

immer, aber oft genug, dass ich es an Leib und Seele merke.«
»Solange du deine Krankheit pflegst, wird Essen ein Kampf
für dich bleiben, Margo. Ich wünschte, ich könnte dir etwas
anderes sagen, aber genau das ist meine Erfahrung. Gib deiner Essstörung nicht nach. Ergib dich. Du kannst nicht gewinnen, sie ist größer und viel mächtiger als du. Sie wird immer
gewinnen, solange du lebst.«

Ich wusste, sie sagte die Wahrheit. »Auf dem Berg ist es so
viel einfacher. Hier kommt mir mein ›richtiges Leben‹ – Beruf, Rechnungen, mit Leuten über das sprechen, was ich tue –
wie eine Abkehr von der Befriedigung vor, die ich beim Bergsteigen erlebe. Ich habe immer gedacht, all das würde einfacher, je näher ich meinem Traum komme, aber ich glaube, die
Straße wird eher enger als breiter.«

Ich erlebte mich in meiner Umwelt ganz anders, seit ich mich
den Sieben Gipfeln verschrieben hatte. Zeitungen und Fern-
sehstationen interviewten mich – selbst meine Heimatzei-
tung, die *Greenwich Times,* wollte einen Bericht über mich
bringen. Ich überwand meine Angst davor, was die Leute
wohl über mich denken würden, ebenso wie meine Zweifel,
ob ich ihr Interesse verdiente. Ich entdeckte, dass ich es genoss interviewt zu werden, die Artikel gedruckt zu sehen, dass
ich etwas mitzuteilen hatte. Aber immer war da dieses nagen-
de Gefühl, dass ich nicht genug tat, nicht genug darstellte.
Der Kreislauf wiederholte sich immer wieder: Ich hatte ein
positives Erlebnis, dann taxierte ich es, stellte meinen Wert in
der Welt infrage und fand schließlich eine alte Überzeugung,
die, wenn ich es zuließ, meinen Weg zerstören konnte.

»Ich würde mich so gern einfach nur friedlich fühlen«, sagte
ich zu Becky, »und zufrieden, wirklich zufrieden, mit einem
Interview oder wenn jemand mir sagt, dass er bewundert, was
ich tue. Aber mein Kopf sagt immer noch: ›Wenn sie wüssten, wie du wirklich bist ...‹«

»Das kann ich gut verstehen.« Becky war gerade dabei, ihre Wahrheit in die Welt hinauszuschicken, und das auf eine Art, mit der verglichen das Bergsteigen kinderleicht erschien: Sie schrieb ein Buch über das, was sie glaubte, entwickelte ein Therapieprogramm auf der Grundlage ihrer Überzeugungen und versuchte andere dafür zu gewinnen, diesen Ideen ihr Leben anzuvertrauen. »An manchen Tagen muss ich so tun, als ob ich Gott vertraue, weil ich es nicht spüre. Aber früher oder später ändert sich meine Einstellung, ändern sich die Gefühle und das Leben sieht wieder anders aus. Solange ich lebe, spüre ich das Gute neben all dem schwierigen Zeug. Und das tust du auch – ich war schließlich bei dir, als du es durchlebt hast.«

Ich war dankbar für meine Geschichte mit Becky. Sie zeigte mir den richtigen Blickwinkel, wenn meiner verstellt war. »Auch dadurch wirst du wachsen, Margo. Du tust unglaubliche Dinge und deine Krankheit, der Teil von dir, der dir so lange zu leben half, fürchtet dich zu verlieren. Sie kämpft ums Überleben. Lass sie sterben. Du brauchst sie nicht mehr. Mach die Wahrheit über dich, die du lernst, zu deiner Grundlage, nicht die alten Lügen, die du früher geglaubt hast. Sie sind bequem, weil sie dir vertraut sind. Du hast deiner Krankheit einfach nachgegeben und jetzt hast du gelernt mit ihr zu kämpfen. Der nächste Schritt wird sein sie aufzugeben, du wirst sehen.«

Ein anderer schwieriger Konflikt für mich bestand darin, dass ich weiblich sein wollte und gleichzeitig gern hart trainierte, gern die körperlichen Anstrengungen auf mich nahm, die notwendig waren um mich auf die höchsten Gipfel der Erde zu bringen.

Eines Tages, als ich meinen dritten Satz von Kniebeugen mit der 80-Kilo-Hantel beendet hatte, grunzte ich laut, spürte den Zug in meinen Beinen und den Schweiß, der von meiner Nasenspitze tropfte. Schwer atmend legte ich die Hantel zurück und trat mit einem tiefen Gefühl der Befriedigung zurück.

»Gut gemacht, du kleiner Kraftknubbel.« Don, mein Trainer, hatte mich so getauft, als wir an dem arbeiteten, was er meine »übermenschlichen« Beine nannte. Der Name hatte mir nicht so recht gefallen, aber ich wusste, er meinte es als Kompliment. »Gut gemacht! Zeit für deinen Lauf!«

Ich verließ das Studio in Laufhosen und T-Shirt. Ich wusste, mein Schweiß roch nach gesundem Training. Als ich um die Ecke bog um meine gewöhnliche 8-km-Runde an der Mission Bay zu drehen, zuckte das Bild meiner Mutter durch meine Gedanken. Ihre Missbilligung machte mir das Herz schwerer als die Gewichte, die ich eben gestemmt hatte.

Immer sauber und adrett, immer gesellschaftsfähig: meine Mutter war in jeder Hinsicht eine Dame. Sie konnte einfach nicht verstehen, wie es für mich wichtiger sein konnte, Spaß zu haben, als sauber zu bleiben. Als kleines Mädchen war ich oft an einem Samstagnachmittag ins Haus gerannt, die Bluse aus dem Hosenbund hängend, die Hosenbeine schlammig, die Zöpfe schief und der Schweiß zog Linien durch den Schmutz auf meinem Gesicht. Kichernd und randvoll mit Geschichten von meinem Tag hatte ich gesagt: »Mum, rate mal, was wir heute gemacht haben!«

»Jetzt sieh dich an! Wie du aussiehst! Was sollen die Leute denken? Zieh diese schmutzigen Sachen aus und nimm ein Bad. Ich verstehe nicht, wie man so schmutzig werden kann. Und warum schwitzt du so? Das ist einfach nicht damenhaft.«

Obwohl ihre Worte immer wieder das Feuer meiner Begeisterung ausgelöscht hatten, hatte ich es gewöhnlich noch einmal versucht: »Aber Mum, wir haben Fußball gespielt und ich habe mich versteckt in einem ...«

»Los jetzt. Rauf mit dir. Du kannst mir das alles erzählen, wenn du sauber und zum Abendessen umgezogen bist.«

Zurückgewiesen und ohne zu verstehen, was eigentlich gerade geschehen war, war ich hinaufgegangen um zu tun, was sie gesagt hatte. Ich wusste, sie liebte mich, aber ihre Liebe konnte ihre Abneigung gegen Schmutz und Schweiß nicht überwinden. So hatte ich gelernt zu glauben, dass etwas mit mir nicht stimmte, weil ich gern herumrannte und dabei verschwitzt und schmutzig wurde. Ich war keine »Dame«.

Ich lief rhythmisch auf dem Weg an der Bucht entlang und dachte: »Gott, hilf mir das loszuwerden. Ich habe so viel von dem geglaubt, was Mum gesagt hat. Ich kann stark sein und trotzdem eine richtige Frau bleiben. Hilf mir meine weichen und sensiblen Seiten neben meine Stärke zu setzen. Ich möchte zufrieden mit mir sein. Ich möchte die Frau mögen, die ich bin, meinen Körper, meinen Schweiß und meine Sexualität annehmen ohne mich zu schämen. Weiblich sein bedeutet nicht immer in Rüschen oder Röcken herumzulaufen. Es gibt kein Entweder-Oder. Nichts an meinem Leben als Frau ist falsch.«

Andere Gedanken richteten sich an meine Mutter: »Mum, ich liebe dich sehr und du gibst mir so viel, aber ich will nicht die Sorte Frau sein, die du bist. Ich will nicht so starr sein, nicht so abgestoßen von den natürlichen Funktionen meines Körpers und so voll Angst vor der Wahrheit über mich. Ich feiere die Frau, die ich bin, mit meinem starken Körper und meiner zarten Seele: manchmal kraftvoll, manchmal verletzlich, manchmal salzig vom Schweiß und manchmal salzig von den Tränen. Ich bin nicht du, Mum. Ich bin Margo und ich finde mich gut.«

Trotz meiner starken Worte oder vielleicht auch wegen ihnen musste ich mich an diesem Abend vor dem Essen mit Popcorn und Eis trösten. Ich hatte in den letzten fünf Jahren große Fortschritte darin gemacht eine Frau zu werden, die ich respektieren konnte, und ich aß nicht mehr vom Aufwachen

242

bis zum Schlafengehen. Aber ein letztes Stückchen meiner Krankheit hielt ich immer noch fest.

Einen ähnlichen Erkenntnisprozess machte ich in beruflicher Hinsicht durch. Ich musste betreute Beratungsstunden sammeln um meine Lizenz als Ehe-, Familien- und Kinderberaterin zu bekommen, aber das erste große Krankenhaus, in dem ich mich bewarb, konnte mich nicht aufnehmen. Ein zweites auch nicht; und auch ein drittes reagierte mit einer Absage. Was steckte dahinter? Ich hatte meinen Studienabschluss, aber alle Türen schienen sich zu schließen. Hatte ich einen Fehler gemacht? Hatte Gott in Wirklichkeit etwas anderes mit mir vor? War ich nicht zur Beraterin bestimmt? Oder würde es nur einfach anders aussehen, als ich erwartete? Das war schließlich das durchgehende Thema meiner ganzen Genesungszeit gewesen: Ich musste meinen Willen loslassen und mein Leben seinen natürlichen Verlauf nehmen lassen. Die Beinarbeit erledigen, aber die Kontrolle über die Ergebnisse abgeben und dem, was geschieht, vertrauen.

Was also sollte ich mit meiner Karriere machen? Was konnte ich daraus lernen, dass ich keinen Praktikumsplatz bekam? Sollte ich mich auf den Everest im kommenden Jahr konzentrieren und eine berufliche Pause einlegen? Diese Fragen nahm ich mit auf meine nächste Laufrunde.

Das Laufen war meine Zeit zum Meditieren geworden. In ihrem Zusammenwirken bildeten mein rhythmisches Atmen, das abgemessene Schritttempo und das Mantra, das eines Tages aus dem Nichts in meinem Kopf entstanden war – »Gottes Liebe, Gottes Stärke, Gottes Wille, ich kann« – ein Zentrum der Stille, aus dem sich die Antworten auf schwierige Fragen oft ganz von selbst entwickelten.

An diesem Tag waren die Bilder, die als Antwort auf meine Fragen auftauchten, überhaupt nicht so, wie ich es erwartet hatte. Ich hatte Visionen von Arbeitsstellen in Therapiezentren, psychiatrischen Kliniken oder bei Einzeltherapeuten erwartet. Stattdessen sah ich Abenteuerreisen: Berge, den Pacific Crest Trail, die Grand Tetons, 52 Gipfel in Colorado, alle mehr als 4200 m hoch, den Sambesi, einen Diavortrag in einer Schule in Idaho. Konnte ich davon leben, das zu tun, was ich am liebsten tat? Konnte ich bergsteigen und wandern und reisen und Flüsse hinunterfahren und davon leben, diese Erfahrungen anderen in einer Weise mitzuteilen, die sie berührte und dazu motivierte, ihrerseits das Beste aus sich zu machen?

Es schien wirklich, als ob diese Türen sich öffneten und andere eben nicht. Unbewusst lief ich schneller, während sich die Möglichkeiten erweiterten und meine Aufregung wuchs. Konnte das mein Weg sein? Ich wollte es so gern! Konnte das sein? Ich würde es nur erfahren, wenn ich es versuchte.

Also entschied ich mich. Ich würde durch die offenen Türen gehen, Briefe schreiben, mich der Welt da draußen stellen und mehr Workshops auf der Canyon Ranch halten. Der Hurrikan, der zwei Tage lang durch meine Eingeweide getobt war, legte sich allmählich und ich fühlte mich ruhig. Jetzt hatte ich eine Richtung. Ich hatte keine Ahnung, wohin es mich führen würde, aber ich hatte eine Richtung.

Schon am nächsten Tag erreichte mich ein Anruf des *San Diego Tribune*, der ein Interview mit mir machen wollte, und eine lokale Fernseh-Talkshow signalisierte ihr Interesse an einer Sendung mit mir. Eine neue Reise hatte begonnen. Ich hatte drei der Sieben Gipfel bestiegen, der nächste auf meiner Liste war der Mount McKinley. Sollte Gott sich um meine Pläne kümmern, ich musste trainieren.

Mittwoch, 5. Juni 1991, Lager I, Mount McKinley
Ich sitze auf der Isomatte und passe auf die Kocher auf. Ein perfekter Tag im Paradies ist das heute. Fast zu perfekt. Zeitweise sehr heiß.

»Yeeeh-hah!« Es war drei Uhr morgens und irgendjemand im Expeditionslager Fantasy Ridge schrie. Ich war gerade eingeschlafen; den ganzen Tag hatten wir Ausrüstung zum 2900 m hoch gelegenen Lager II geschleppt, fast 600 Höhenmeter auf dem ermüdend langen Marsch, den man *Ski Hill* nennt. »Was zum ...« Ich war müde, mehr als müde, und zuerst einmal war ich sauer geweckt zu werden. Dann hörte ich das Grollen. Eine Lawine – eine große, wie es sich anhörte.

»Hörst du das?«, fragte Linda. »Ich glaube, das ist nah.« Selbst das Adrenalin konnte meinen müden Körper nicht dazu bringen aufzustehen und nachzusehen. Die Gelegenheit war auch schnell vorbei, das Grollen verlor sich und da lag ich mit rasendem Puls.

Vier Nächte waren vergangen, seit ich mit der ersten von zwei einmotorigen Maschinen angekommen war, die uns sechs zum Basislager auf 2200 m Höhe gebracht hatten. Wir waren von Talkeetna dorthin geflogen, einer kleinen Frontstadt in Alaska, die den Lufttaxis zum McKinley als Operationsbasis dient. Vier von uns, Bob, Jordan, Linda und ich, waren schon am Aconcagua zusammen geklettert. Der fünfte, Rex, war auf der Trekkingtour in Patagonien dabeigewesen und natürlich war Skip bei uns; diese Reise war also ein Treffen von Freunden. Wir hatten zusammen schon andere Herausforderungen erlebt und gemeinsame Ziele erreicht und wir freuten uns über die Gelegenheit wieder einmal zusammen zu klettern.

Strahlender, warmer Sonnenschein, klare, kalte Nächte und nur ein bisschen leichter Schnee zum Ausgleich ergaben gute Bedingungen, als wir unsere Ausrüstung stufenweise auf den Berg zu bringen begannen, wie am Aconcagua und am Vinson. Hier konnten wir auf der ganzen Strecke über den Kahiltna-Gletscher Schlitten benutzen: ein stetig ansteigender Hang von 18 km Länge, der uns zum Lager III auf 3350 m Höhe bringen würde.

An klaren Tagen kann man den Mount McKinley sowohl von Fairbanks als auch von Anchorage aus sehen. Mit 6193 m ist er der höchste Gipfel auf dem nordamerikanischen Kontinent. Er ist auch der höchste Gipfel überhaupt oberhalb von 50° nördlicher Breite und vom Talgrund aus gerechnet ist er der höchste Berg der Erde: 5639 Höhenmeter von der Tundra bis zum Gipfel. Denali,»die Große«, so hat den Doppelgipfel das einheimische Volk getauft, das an seinen Hängen jagte. Den Namen Denali bevorzugt auch die Gemeinschaft der Bergsteiger und die wachsende Zahl von Touristen, die den großen Nationalpark rund um den Berg besucht.

In den ersten 40 Jahren ihrer Besteigungsgeschichte haben etwa 250 Menschen den Gipfel der Denali erreicht. In den nächsten 40 Jahren stieg die Zahl auf fast 6000. Aber immer noch gelangt nur die Hälfte derer, die bis zum Gletscher kommen, auch tatsächlich zum Gipfel. Die Bergsteiger drängen zur Denali wie Motten zum Licht. Ihre relativ leichte Zugänglichkeit und ihre gut ausgebauten Routen machen sie für viele Bergsteiger zu einem erreichbaren Sieg.

Aber der Berg kann tödlich sein. Wie jeder andere größere Gipfel bestimmt sie das Schicksal all derer, die den Fuß auf sie setzen. Trügerische Winde und heftige Stürme gehen einher mit extremen Temperaturen zwischen +27 und -51°C. Auf langen Gletscheranstiegen drohen verborgene Spalten und die schneebedeckten Hänge sind anfällig für Lawinen. Hinzu kommt die körperliche Anstrengung, die es für den Menschen bedeutet, sich in die dünne Luft auf einer Höhe von 6000 m zu begeben. Dehydrierung, Erschöpfung und Höhenkrankheit können einen Bergsteiger ebenso leicht umbringen wie Stürze von steilen Bergkämmen oder in riesige, scheinbar bodenlose Gletscherspalten.

Am fünften Morgen unserer Expedition schliefen wir alle aus und nach einem späten Frühstück verbrachten wir einen

246

müßigen Nachmittag damit, an der Ausrüstung herumzuwerkeln und die Schlitten für unseren abendlichen Umzug zum Lager II zu bepacken. Wir bewegten uns zwischen den Zelten, innerhalb der Umzäunung durch die Wände aus Eisblöcken, die wir zum Schutz vor den legendären Winden des McKinley gebaut hatten. Einige aus unserer Gruppe hatten gewaschen und ihre Kleider auf den Zelten zum Trocknen ausgebreitet. Die Sonne schien und wärmte und alle genossen den faulen Nachmittag und die herrliche Aussicht auf Kette um Kette schwarzer Felsen, die sich aus dem reinen Weiß des Gletschers zu den majestätischen Gipfeln hoch über uns erhoben.

Plötzlich prallte das Geräusch einer sich lösenden Lawine wie ein Gewehrschuss über den Gletscher. Die Lautstärke und das anwachsende Grollen waren sichere Zeichen, dass sie, wie in der letzten Nacht, groß war – und nah. Ich blickte auf und sah gleich hinter dem Lager den Abrutsch, der nachgegeben hatte. Eine kochende weiße Wolke füllte den leeren Raum, wo Augenblicke zuvor noch Eis und Fels gewesen war. Als die Lawine hinunterrauschte und auf dem Gletscher auftraf, prallte sie in einem riesigen, wirbelnden Schneesturm von der Eisoberfläche zurück und drückte einen Luftstrom mit Sturmstärke vor sich her. Die Masse des herumwirbelnden losen Schnees erfüllte die Luft wie Gischt von einer Welle im Hurrikan. Unser Lager stand genau in ihrem Weg. Linda und Bob griffen noch einige der Kleider, die zum Trocknen dalagen, und alles tauchte ab um Schutz zu suchen. Ich konnte unseren Zelteingang gerade noch schließen, als der Windzug und der Schneewirbel uns erreichten. Es war ein Gefühl, als ob ein Riese die Kerzen auf seiner Geburtstagstorte ausbläst, und unser Zelt war eine der Kerzen.

»Na, Margo, du hast doch gesagt, du wolltest eine große Lawine sehen.« Linda lächelte. Ich antwortete mit einem

Lächeln meinerseits und war sehr froh noch eine Frau auf dieser Tour dabeizuhaben. »War die nicht toll?« Was mich betraf, hatte ich ohnehin schon mehr bekommen als das, wofür ich hergekommen war. Gegenüber dem Tag zuvor, als körperliche Schmerzen und emotionales Unbehagen mich fast überwältigt hatten, hatte sich meine Stimmung um 180° gedreht. Ich konnte es kaum erwarten, was ich noch alles erleben würde, während wir, von Lager zu Lager, unseren Weg zum Gipfel gingen.

Der nächtliche Aufstieg zum Lager II schien mir viel leichter als der am Tag zuvor, obwohl mein Schlitten und mein Rucksack schwerer beladen waren. Meine Einstellung und meine Kraft hatten sich verbessert und ich war dankbar für den Fortschritt. Wir erreichten Lager II nach Mitternacht und machten uns an unsere Routineaufgaben, die mir inzwischen angenehm vertraut waren. Mit zufriedenem Lächeln sagten Linda und ich uns Gute Nacht.

Am nächsten Morgen ging es mir nicht gut. Als wir uns für den Weg zum Lager III fertig machten, sagte ich Skip: »Ich fühle mich miserabel und werde langsam gehen müssen.« Wieder einmal kam mein Monatszyklus meinen Aufgaben am Berg in die Quere. »Margo, es ist nicht fair, alle anderen zu bremsen. Sorge für einen leichteren Schlitten, damit du mithalten kannst.« Skips Bemerkung war sehr vernünftig, aber ich war zu stolz um viel Last vom Schlitten zu nehmen. Keine fünf Schritte vom Lager weg wusste ich, die Ladung war zu schwer. Aber ich sagte nichts. Es war ein wunderbarer Tag und ich fühlte mich nur schlecht. Einige Stunden lang konnte ich fast automatisch einen Fuß vor den anderen setzen, aber Martha setzte mir zu: »Das kannst du nicht machen. Du kannst ihnen nicht einfach erzählen, dass du erschöpft bist und Krämpfe hast. Wenn du krank wärst, das würden sie verstehen. Dann wäre es in Ordnung, es nicht zu schaffen.

Wenn dir etwas fehlen würde, hätten sie Mitleid mit dir, statt ungeduldig zu sein, weil du so langsam bist.« Diese Gedanken waren viele Jahre alt, aber die Müdigkeit und die Schmerzen waren sehr gegenwärtig.

Ich bat um einige Ruhepausen und stellte mir den Zorn und die Missbilligung der anderen vor. Skips Worte klangen mir noch in den Ohren: »Es ist nicht fair, alle anderen zu bremsen.« Fast reflexartig griff ich auf die vertraute Verhaltensweise zurück, körperliche Beschwerden zu erfinden: Ich täuschte Würgen und Schwindel vor um mein langsames Tempo zu rechtfertigen, weil ich nicht darauf vertraute, dass es in Ordnung war, einfach zu sein, was ich war: emotional schlecht drauf und körperlich erschöpft.

Als der Hang schließlich steiler wurde, konnten selbst Jonathans Geist und Gott mir nicht mehr die Kraft geben meinen Schlitten auch nur einen Schritt weiterzuziehen. »Ich bin in ziemlichen Schwierigkeiten, Skip.« Zum dritten Mal in 20 Minuten hatte ich um eine Pause gebeten. Ich wollte mich nur noch hinlegen. Man konnte Skips Ungeduld in seiner Stimme hören: »Du solltest dich allmählich entscheiden, ob du ohne Schlitten weitergehen willst. Dein Zelt und die Küche sind darauf, wenn du ihn also nicht hochziehen kannst, müssen wir das Zeug auf einen anderen Schlitten packen.« Erledigt antwortete ich: »Ich kriege diesen Schlitten nicht den Berg hinauf.«

Skip packte die wichtigsten Dinge von meinem Schlitten auf seinen und verankerte den zurückgelassenen Schlitten mit einem Stock, damit er später nachgeholt werden konnte. Jetzt war sein Schlitten überladen und viel zu schwer. Beim kleinsten Anlass fiel er um. Immer wieder wurde Skip vom Zug des kippenden Schlittens zurückgerissen und er fluchte laut. Manche Passagen musste er zweimal gehen, einmal mit seinem Rucksack und einmal mit dem Schlitten auf dem Rücken.

Einmal warf er vor lauter Zorn seinen Skistock in den Schnee und trat gegen den Schlitten, während er atemlos vor sich hin murmelte. Ich fühlte mich verantwortlich dafür: Ich hätte zugeben sollen, dass ich weniger Traglast brauchte. Ich hatte gedacht, ich könnte mit dem Kopf durch die Wand, und es ging nicht.

Als wir endlich spät am Abend im Lager III ankamen, sackte ich auf meinem Rucksack zusammen. Ich hielt den Kopf in den Händen. Ich war erschöpft und schämte mich. Ich konnte nicht aufstehen. Ich konnte nicht einmal meine Wasserflasche hervorziehen und trinken. Zu mir selbst sagte ich: »Setz dich hin, Margo. Atmen.«

Skip stand schweigend drei Meter links von mir; seine Körpersprache verriet Zorn und Frustration, während er mit den Knoten an den Seilen kämpfte, die die provisorische Ladung auf seinem Schlitten hielten. Die Knoten waren vom Schnee zugefroren und schwierig zu lösen und er musste die Handschuhe ausziehen um sie loszubekommen und die Ausrüstung freizumachen. Als ich ihn dabei beobachtete, wie er seine bloßen Hände schüttelte und in die Achselhöhlen steckte um sie zu wärmen, musste ich mich daran erinnern, dass ein Fehler nicht bedeutete, dass ich wertlos war. Es bedeutete nicht, dass ich nicht hierher gehörte. Es bedeutete nicht, dass ich nach Hause gehen sollte, dass ich ein Versager war. Es bedeutete nicht, dass ich nicht auf den Gipfel dieses Berges kommen konnte. Ich atmete die Wahrheit dieser Gedanken tief ein. »Gut. Jetzt muss ich für mich selbst sorgen.« Ich griff nach meiner Wasserflasche und nach einem Riegel Kraftnahrung und päppelte meinen Körper wieder auf, bis ich mich stark genug fühlte Linda beim Aufstellen des Zeltes zu helfen.

Skip, Rex, Linda und Bob gingen hinunter um die restliche Ausrüstung heraufzubringen; Jordan und ich blieben im Lager III. Er grub eine Latrine und ich setzte den Kocher in Gang, damit für die Kletterer heißes Wasser zur Verfügung stand, wenn sie zurückkamen. Das Halblicht der Nacht erinnerte mich an die Antarktis. Während ein Blick auf meine Uhr mir sagte, dass es schon nach 22 Uhr war, erleuchtete das pfirsichfarbene Alpenglühen das Lager und die Gipfel um uns herum und reflektierte die grellen Farben der Wegmarkierungen jeder Expedition. Unsere hatten ein leuchtendes Pink, andere waren hellgrün und schwarz, grell orangefarben oder tiefrot.

Ich saß windgeschützt im Vorraum von Skips Zelt und sonnte mich in der Großartigkeit von Gott und Mutter Natur. Ich war stolz darauf, dass ich mit den Kochern zurechtkam, stolz, dass ich mich so schnell von dem frustrierenden Aufstieg erholt hatte, stolz darauf, Bergsteigerin zu sein. Meine Seele war zum Überlaufen voll. Wenn ich nicht so erschöpft gewesen wäre, hätte ich den zweiten Weg mit den anderen gemacht und diese stille, spirituelle Zeit verpasst. Es war eine besondere Nacht und sie gehörte mir zur Belohnung dafür, dass ich weiterhin bereit war anzutreten, egal, wie es aussah oder wie es sich anfühlte. Mein Weg zum Lager III war sicher nicht würdig oder schön gewesen, aber ich war angekommen.

Skip kehrte zurück, als Erster der Gruppe mit einem riesigen Lächeln im Gesicht. Auch er hatte die Schönheit dieses Abends genossen und teilte seinen Genuss mit mir: auf einem Berg sein, eine vernünftige Last tragen, ein vernünftiges Gelände mit genug Wind, damit man nicht schwitzt, umgeben von der außerordentlichen Schönheit einer Sommernacht in Alaska. Ich entschuldigte mich für die Schwierigkeiten mit dem Schlitten und sagte, ich würde ihn am nächsten Morgen holen. Er legte seinen Arm um mich: »Ich war wütend auf den Schlitten, nicht auf dich. Ich bin froh, dass du hier bist, und du machst das wunderbar.« Wir überblickten den Weg, auf dem er gerade aufgestiegen war, und genossen beides: die Gemeinschaft und die Aussicht.

»He, Jungs!« Das war Chip, der Führer der Expedition zum Fantasy Ridge, der um die Ecke ins Lager kam. »Ich habe einen Markierungspfahl von euch gefunden, etwa eine Stunde unterhalb am Weg. Es hing ein Schlitten dran und ich dachte, ihr könntet ihn vielleicht brauchen, also habe ich beides mitgebracht. Vermisst ihr so was?« Wieder einmal hatte das Universum mir ein breites Lächeln geschickt. »Du bist ein Segen!«, sagte ich und umarmte ihn. »Du hast jederzeit ein Rückenrubbeln bei mir gut.« Das war die beste Belohnung, die ich mir denken konnte.

Eine Sturmpause und die Notwendigkeit höher zu kommen, wenn wir überhaupt eine Chance auf den Gipfel haben wollten, veranlasste uns die Ausrüstung ein Stück des Weges zum Lager IV hinaufzubringen und ein Zwischenlager einzurichten. Am nächsten Tag klarte es auf und mehrere Expeditionen machten sich gleichzeitig auf den Weg zum Lager IV, weitere 900 m den Berg hinauf.

Sieben Seilschaften, jede mit drei oder vier Bergsteigern und ihren Schlitten, bewegten sich im Kriechgang und zogen Spuren in den unberührten Schnee auf dem steilen Hang des Motorcycle Hill. Jede Seilschaft sah aus wie eine Perlenschnur: Mensch, Schlitten, Mensch, Schlitten, zusammengebunden durch die Sicherheit des Seils. Für unseren Aufstieg benutzten wir die Mannschafts-Verfolgertechnik, die die Bahnradfahrer entwickelt haben: Wenn der Anführer der ersten Seilschaft müde wurde von der ungeheuren Anstrengung durch den knietiefen Schnee zu stapfen, ging seine ganze Seilschaft zur Seite und überließ die Arbeit der zweiten. Die erste ließ sich dann ans Ende der langen Reihe zurückfallen, die an ihr vorbeizog. Die Stärke von Skip und einigen anderen Anführern war Ehrfurcht gebietend. Selbst mittendrin, wenn der Weg gut ausgetreten war, hatte ich noch mit dem Gewicht meines Rucksacks und dem Zerren des Schlittens zu kämpfen. Auf dem unebenen Neuschnee war es kaum möglich, ein gleichmäßiges Tempo anzuschlagen, das weder so schnell war, dass es das Vorderseil durchhängen ließ, noch so langsam, dass es den Vordermann zurückzog. Auch oberhalb des Motorcycle Hill und hinter der erstaunlich windstillen Felskante mit Namen Windy Corner, wo der Weg erheblich weniger steil wurde, blieb das Gehen schwierig und langsam. Wir brauchten mehr als acht Stunden um zum Lager IV zu gelangen.

Wir alle schliefen gut und fest in dieser Nacht und am nächsten Tag stiegen wir wieder ab um das Zwischenlager aufzunehmen, das wir zwei Tage zuvor hinterlassen hatten. Ab und zu gestattete ich mir auf die großartigen Berge rund um mich zu achten, nicht nur darauf, wohin ich meinen Stiefel für den nächsten Schritt setzte. Die Bergspitzen erhoben sich mit ihren Graten über uns, die Gratlinien führten hinauf zum Gipfel und hinunter in die Tundra weit unter uns. Selbst jetzt, mitten im Juni, war die Landschaft weithin schneebedeckt und die Berge ähnelten Zuckergussspitzen auf einem Kuchen. Als wir zum Lager zurückkehrten, kümmerte ich mich um den Kleinkram, ordnete Zeltleinen, die am Abend zuvor in aller Eile gesetzt worden waren, taute Schnee zum Trinken auf und organisierte etwas zu essen. Indem ich solche Pflichten übernahm, fühlte ich mich nicht nur als Kundin: Ich war ein arbeitendes, wertvolles Mitglied eines Expeditionsteams. Endlich kroch ich in mein Zelt und streckte mich auf meinem Schlafsack aus, müde von dem Aufstieg mit dem Zwischenlager und von der Arbeit rund ums Lager, aber erfüllt von der großartigen Befriedigung etwas geleistet zu haben.

Eine Stunde zuvor hatte sich Jordan anerkennend über meine Mitarbeit geäußert: »Ich muss schon sagen, Margo, du arbeitest mehr als jeder andere hier, außer Skip.«

»Danke, Jordan.« Ich freute mich über die Anerkennung, aber sie war mir auch ein bisschen peinlich. Ich tat es nicht um der Anerkennung willen, aber es tat gut, wenn es jemand bemerkte. »Ich tue es gern und ich fühle mich dann nützlicher.« Skip schien mich auf dieser Tour härter zu fordern als je zuvor und ich reagierte darauf, indem ich auch mehr von mir selbst erwartete. Ich war ihm dankbar, auch wenn ich es manchmal hasste.

»Abendessen!« Beim Klang von Rex' Stimme richtete ich mich auf. So steif und müde, wie ich mich an diesem Abend fühlte, stimmte mich der Gedanke daran, eine Last die Steilwand vor uns hinaufzutragen, nicht gerade froh. Ich fühlte mich eher wie 70 als wie 43, als ich mich aus dem Zelt kämpfte, und ich stöhnte, als ich mich ausstreckte.

Skip kicherte, als er sah, wie steif ich war. »Bisschen wund, Margo?«

»Ich glaube, dass du mich vielleicht umbringen willst.« Mein Jaulen entwickelte sich zu einem Lächeln.

»Ach was, ich versuche nur dich zu dem zu machen, was du sein willst und wovon ich weiß, dass du es sein kannst.«

Mit Dank und Anerkennung klopfte ich ihm auf den Arm und ging weiter zum Abendessen. Zum ersten Mal überhaupt spürte ich tief in meinem Innern, dass ich tatsächlich in der Lage sein könnte den Mount Everest zu besteigen.

Drei Nächte später standen Linda, Skip und ich auf einer Felskuppe oberhalb des Lagers V auf 4900 m Höhe und betrachteten voller Ehrfurcht die Herrlichkeit, die sich unter uns ausbreitete. Linda und ich hatten unsere Arme bequem um Skips Mitte verschränkt. Wir waren sprachlos, standen mit sonnengebräunten Gesichtern voller Zufriedenheit im warmen, goldenen Licht der späten Abendsonne. Wir tranken förmlich von der Schönheit dieses zauberhaften Ortes. In der einen Richtung bewegten und veränderten sich die Wolken über dem Peters-Gletscher. In der anderen sahen wir hinunter auf Lager IV am Rand der Felskante mit dem Namen »Der Rand der Welt«. Mount Hunter tauchte geheimnisvoll aus den Wolken auf. Es war fast zu schön um alles auf einmal in uns aufzunehmen. Als Skip und Linda Gute Nacht wünschten, blieb ich noch, badete in dem Anblick und ließ Szenen der letzten vier wunderbaren Tage in meiner Erinnerung ablaufen. Harte Arbeit, gutes Wetter und viel Kraft mischten sich mit reichlich Spaß, lautem Gelächter und einem wunderbaren Gefühl der Zusammengehörigkeit.

Ich freute mich über die Kraft, die ich bei der Tragetour zum Lager V vor zwei Tagen erlebt hatte. Ich war unsicher gewesen, ob ich überhaupt mitgehen sollte. Martha schien mich im Lager halten zu wollen, indem sie mich an die grässlichen Fußkrämpfe im Couloir am Vinson erinnerte, der dem so sehr ähnelte, der an diesem Tag vor mir lag. Meine Angst davor, es mit einer Ladung auf dem Rücken nicht bis oben zu schaffen, verbündete sich mit Marthas fester Überzeugung, dass ich überhaupt kein Recht hatte dort zu sein.

Vern Tejas' Assistentin, Dolly Lefever, ermutigte mich die Tragetour zu machen und erinnerte mich daran, dass ich nicht perfekt sein muss. »Und wenn du müde wirst, kannst du deine Last bei 4450 oder 4500 m liegen lassen. Das ist doch kein Problem. Probier es, Margo. Du würdest dir Vorwürfe machen, wenn du es nicht wenigstens versuchst.« Ich wusste, sie hatte Recht. Ihre Überredungskünste brachten mich dazu, anzutreten und mein Bestes zu geben. Wieder einmal dachte ich daran, wie ähnlich sich doch Bergsteigen und Leben sind. Beides war inzwischen eng miteinander verwoben und das eine lehrte mich viel über das andere.

Ich schaffte die Tragetour, und zwar gut. Am Fixseil eingehängt genoss ich den Aufstieg in meinem eigenen Tempo, die Kraft in meinen Beinen und in meinem Herzen. Ich entdeckte Freude an der harten Arbeit: vier Stunden ermüdendes Klettern und ich war immer noch nicht müde. Jordan fiel fast um vor der Majestät der dramatischen Aussicht, die sich rund um uns eröffnete, als wir von der Wand auf den Grat traten. Er galt zu Hause als Geldzauberer im Bereich von Geschäftsimmobilien und sein Beruf war die Liebe seines Lebens; für Beziehungen gab es da wenig Raum. Einmal im Jahr ging er mit Skip auf Tour und tauschte den Job ein paar Wochen lang für die Berge der Welt ein. Jordan blickte zurück zu mir und sagte: »Das ist das Beste, was ich jemals getan habe.«

Während meine Aufmerksamkeit zu der zauberhaften Nacht, jetzt oberhalb von Lager V, zurückkehrte, huschte ein Schatten über meine Seele und ich sah vor meinem inneren Auge Margo fünf Jahre zuvor: auf dem Sofa liegend, umgeben von Essen, Drogen und Abführmitteln. Sie hatte sich nicht hinaus in die Welt gewagt, war einsam und ohne jede Hoffnung gewesen. Ich drückte das Bild fest an mein Herz. »Danke, Gott«, flüsterte ich, überwältigt davon, wie weit ich gekommen war. Ohne den Willen, bei all dem Schmerz und der Hoffnungslosigkeit am Leben zu bleiben, hätte ich meinen Traum niemals gefunden. Die Schrecken meiner Vergangenheit ließen mich die Schönheit jener Nacht mit noch mehr Staunen und Leben empfinden.

Früh am übernächsten Morgen brachen wir das Lager ab. Meine Finger und Zehen wurden schnell taub, als wir die Zelte abbauten, Frühstück machten und darauf warteten, dass der Wind auf dem Grat hinüber zum Lager VI schwächer würde. Aber als wir losgingen, wurden sie schnell wieder warm. Das entsprach meiner Idee vom echten Bergsteigen: steil, schwierig und windig.

An einigen Stellen war der Grat nur etwa einen Fuß breit und der Wind blies in Böen. Ich benutzte meinen Eispickel zur Stabilisierung, lehnte mich gegen den Wind und setzte jedes

Steigeisen sorgfältig. Ich ging stark und gut den ganzen Weg auf dem Grat entlang, bis ich voller Selbstvertrauen im Lager VI ankam. Von hier konnte ich auf den Gletscher hinuntersehen und hatte einen Überblick über den Weg, den wir gekommen waren, im Ganzen, nicht in täglichen Abschnitten. Meine Genesung konnte ich auf dieselbe Weise betrachten. All die kleinen Ereignisse summierten sich zu dem Weg, den ich genommen hatte, um in eine Höhe von 5180 m auf dem vierten der Sieben Gipfel zu gelangen. Dies war mein neunzehnter Berg in drei Jahren. Wohin mich meine größere Reise wohl brachte? Was würde ich sehen, wenn ich zurückblickte? Skip kam zu mir herüber, als ich über die Gipfel und Wolken blickte. »Margo, ich habe gerade eine Nachricht gehört, die wichtig für dich ist.«

»Ja, was?«

»Junko Tabei hat letzten Monat den Kósciusko bestiegen. Sie ist die erste Frau, die die Sieben Gipfel geschafft hat.«

Mein Herz sank. Mein Traum die erste Frau zu sein, die die Sieben Gipfel bestieg, war zu Ende. Aber was bedeutete das wirklich? Nur, dass ich nicht die Erste sein würde. »Danke, dass du es mir gesagt hast, Skip. Ich freue mich, dass sie es geschafft hat.« Mein Traum vom Klettern lebte, die Wunder, die ich erlebt hatte, während ich meinem Traum folgte, waren alle noch da, und ging es in Wirklichkeit nicht genau um sie? »Weißt du, die Sache mit den Sieben Gipfeln ist ein wunderbarer Traum, aber was meine Seele wirklich erfüllt, ist die Freude am Bergsteigen, Momente wie dieser.« Nichts hatte sich wirklich verändert. Skip lächelte. »Margo, du bist großartig. Morgen ist Sommersonnenwende. Sollen wir da den Gipfel angehen?« Ich nickte lächelnd: »Das machen wir.«

Am 21. Juni 1991 machte uns der Mount McKinley ein Geschenk. Dieser Berg, berüchtigt für sein abscheuliches Wetter, schenkte uns nicht nur seinen Gipfel, sondern dazu einen klaren Himmel, ruhige Luft und warme Temperaturen – fast 20° über null. Ein perfekter Tag im Paradies.

9. Ich habe fünf der Sieben Gipfel

Montag, 22. Juli 1991, Moskau
Ich warte immer noch auf die kindliche Aufregung,
die ich gespürt habe, als ich mit dem Reisen
begann. Sie stellt sich nicht ein. Ich glaube, ich bin
ein bisschen abgestumpft. Aber mein Herz ist voll.
Ich will nicht, dass die Sieben Gipfel zu einer
Mission werden, die mir dort im Weg steht, wo ich
mich gerade aufhalte. Ich bin hier um die Sowjetunion zu erleben, nicht nur um zu klettern. Ich
will nicht so eng denken, dass ich das verpasse.
Bleib offen, Margo. Mit den Augen und mit dem
Herzen.

Das hervorstechendste Merkmal des Zimmers in Moskau war
die Badewanne. Europäisch tief und amerikanisch lang rief sie
sofort nach mir. Heiße Bäder waren eine der großen Freuden
in meinem Leben, aber so selten ich mir ein gutes Durchweichen entgehen ließ, diesmal war ich einfach zu müde. Nachdem ich von New York über Kopenhagen und Stockholm
nach Moskau geflogen war, im Hotel eingecheckt und die
übrigen acht Mitglieder unserer Gruppe zum Abendessen getroffen hatte, wollte ich nur noch eins: schlafen. Es war fast
Mitternacht, als ich in mein Bett fiel, aber um halb zwei in
der Nacht war ich schon wieder hellwach und starrte an die
Decke. Meine Zimmergenossin Nola lag in ihrem Bett und
schlief tief und fest. Um vier Uhr saß ich im ersten Morgen-
licht am Fenster und schrieb in mein Tagebuch.
Alles, was ich über die Sowjetunion wusste, hatte ich in der

Schule und vor dem Fernseher gelernt. Ich kannte keine Russen und man hatte mir beigebracht, dass sie unsere Feinde seien. Jetzt befand ich mich in ihrem Land. In meinem Kopf hielten sich hartnäckig die Bilder vom »russischen Bär« und vom »Alles in Deckung« unserer Nuklearübungen. Aber der Eiserne Vorhang, der die Sowjetunion und die Vereinigten Staaten so lange getrennt hatte, war endlich dabei zu fallen. Seit dem Abbau der Berliner Mauer hatten die Nachrichten neue Botschaften übermittelt: von Frieden, politischem Wandel und sogar von den Anfängen eines kapitalistischen freien Marktes für den Einzelnen in diesem Herzland kommunisitischer Uniformität.

Auf manche Weise waren der Weg dieser Menschen und der meine ähnlich: Alte Überzeugungen, die uns kontrolliert hatten, brachen zusammen. Das neue Konzept für sie und die neue Lebensweise für mich hieß Freiheit: Diese Freiheit erlaubte es mir, nach meinem Herzen zu leben und meinen Träumen zu folgen, und sie hatte mich – so unglaublich es klang – in die Sowjetunion geführt. Ich hatte nie geglaubt, dass mein Traum mich irgendwann dorthin führen würde um den fünften meiner Sieben Gipfel zu besteigen.

Martha wollte sich auf meine Ausrüstung und meine Vorbereitung konzentrieren: Hatte ich angemessen trainiert, hatte ich die richtige Kleidung, würden sechs Monate wirklich ausreichen um mich nach meiner Rückkehr nach Hause auf den Everest vorzubereiten? Nach dem Erfolg am McKinley standen nur noch drei Hürden zwischen mir und dem großen Hauptpreis. Obwohl der Elbrus der höchste Berg in Europa war, war es technisch kein schwieriger Aufstieg. Ich hatte auf dem Weg hierher ganze Marathon-Gehstrecken auf Eis absolviert, noch ein langer, langsamer Aufstieg mehr würde mich nicht aufhalten. Der sechste Gipfel würde der Kósciusko sein, eine Tageswanderung auf einem ausgebauten Weg zum höchsten Gipfel in Australien. Der siebte, der härteste, die Göttin aller Berge, würde der Everest sein.

Während ich darauf wartete, dass Nola und die anderen wach wurden, blätterte ich die Seiten meines Tagebuchs zurück. Nach den Wochen auf der Denali hatte ich zum Gesundwerden eine Reise auf dem Tatshenshini-Fluss in Alaska unternommen, bevor ich nach San Diego zurückgekehrt war. Dort mischte sich entspannte Konversation bei einer frühen Tasse Kaffee mit Naturbeobachtung: Eine Grizzly-Bärin und ihre zwei Jungen querten einen samtig grünen Hügel. Graue Wolken überwanden die schneebedeckten Bergspitzen, die sich aus den Moränen erhoben, wo auch das strömende Band des Wassers sein Bett fand. All das beruhigte meinen Kopf und meine Seele ebenso sehr wie meinen Körper. Ich lauschte nach dem Abendessen am Lagerfeuer den märchenhaften Geschichten der Bootsleute, hörte das laute Krachen, wenn Eisbrocken, groß wie ein Haus, vom Nanutak-Gletscher abbrachen, und verbrachte stille Stunden damit, in meinem Tagebuch zu schreiben. Ich musste nirgendwo hin und hatte nichts sonst zu tun.

In einer frühen Phase meiner Genesung hatte ich geglaubt, nach fünf Jahren in Nüchternheit und Abstinenz würde mein Leben perfekt sein. Ich würde alles tun, was ich mir je gewünscht hatte, würde in einer liebevollen Beziehung leben und allezeit voller Selbstvertrauen sein. Ich stellte mir vor, ich würde weise und geistreich sein und müsste nie mehr kämpfen. Die Genesung würde alle meine Charakterfehler auslöschen und mir ein leichtes Leben bescheren. Kurz gesagt, ich wäre »repariert«. Diese Fantasie hatte ich so lange wie möglich aufrechterhalten. Inzwischen hatte ich die Fünf-Jahres-Marke hinter mir gelassen und mein Leben stand unter großem Segen, aber es sah ganz anders aus, als ich es mir vorgestellt hatte. Die Selbstzweifel waren immer noch laut und manche Tage waren ein echter Kampf der Gefühle. Ich war jedenfalls nicht »repariert« und das Leben war immer noch das Leben. Immer noch schienen Bergsteigen und Abenteuerreisen oft einfacher zu sein als der Umgang mit den Herausforderungen des Alltags. Ich war mit dem Wissen zum Elbrus aufgebrochen, dass ich mir eine enorme neue Freiheit schuf. Wieder einmal brachte es unerwartete Geschenke mit sich, dass ich mich den schwierigen Dingen meines Lebens stellte. Aber nun war ich in der Sowjetunion und sowohl meine Zimmergenossin als auch Moskau begannen sich zu rühren. Zeit mein Tagebuch wegzustecken, zu duschen und mich unten der Gruppe anzuschließen um wieder zum Flughafen zu fahren.

Weniger als zwölf Stunden nach unserer Ankunft in Moskau befanden wir uns schon auf unserem zweistündigen Flug nach Mineralnyje Wody, einer geschäftigen Stadt und einem russischen Ferienzentrum im Zentralkaukasus, benannt nach den mineralreichen Heilquellen, die man in der Umgebung gefunden hat. Die Busfahrt vom Flughafen in Mineralnyje Wody zum Baksan-Tal am Fuß des Elbrus zeigte mir, dass ein großer Teil des Landes noch Dritte Welt war, auch wenn die Sowjetunion eine Supermacht darstellte.

Wir fuhren stundenlang durch wunderschöne Landschaft, unterbrochen durch kleine, sich selbst versorgende Dörfer mit freundlichen, aber müde aussehenden Menschen. Die Frauen trugen verblichene, formlose Kleider; ihr Haar verschwand unter den allgegenwärtigen Kopftüchern, die unter dem Kinn geknotet waren. Sie schienen unter der Last ihres Lebens gebeugt, wie sie auf den Hockern vor ihren kleinen, verwitterten Häusern aus Holz oder Lehmziegeln saßen. Die Männer standen in Gruppen und rauchten Zigaretten, sie trugen geflickte Wolljacken und Hosen von unbestimmbarer Farbe. Mit trübem Blick beobachteten sie den vorbeifahrenden Bus.

Überall an unserem Weg wurde die ländliche Armut deutlich sichtbar. Verfallene oder als Rohbau verlassene Gebäude standen in kleinen Gruppen, umgeben von hölzernen oder steinernen Zäunen. Ziegen, Hunde und Hühner bevölkerten von Mist bedeckten, graslosen Boden. Aber wenn wir auf einem kleinen Dorfmarkt anhielten, leuchtete die unbeugsame Natur des menschlichen Geistes durch das Lächeln der Menschen. Es hätte ebenso in Bolivien, Indien oder Nepal sein können: die Einzelheiten und die Kleidung waren anders, aber das Wesentliche blieb doch gleich.

Als wir uns durch das Baksan-Tal dem Fuß des Elbrus näherten, belebte sich die Landschaft mit saftig grünen Feldern und wilden Blumen in leuchtenden Farben. Die großartigen Berge des Kaukasus, ihre zerklüfteten, hohen Pässe mit den Schneekappen und Gletscherdecken, flankierten das Tal und bildeten eine natürliche Mauer, etwa 950 km weit vom Schwarzen bis zum Kaspischen Meer. Die Bergkette hatte die Region in ihrem Norden jahrhundertelang vor Erforschung und Fremdherrschaft geschützt und wurde die Heimat entschieden unabhängiger und ziemlich isolierter Völker, die die raue Landschaft und das stürmische Wetter ertragen konnten. Selbst jetzt noch ist sie bis auf einige größere Regionen für Touristen gesperrt. Das Baksan-Tal ist eine davon und außer einer Ferienregion im sowjetischen Stil auch der beliebteste Zugang zum Elbrus.

Der Elbrus steigt Tausende von Metern höher an als die alpinen Gipfel seiner Umgebung. Er ist ein erloschener Vulkan mit zwei Kegeln, nur 97 km vom subtropischen Klima des Schwarzen Meeres entfernt. Der Name Elbrus leitet sich von einem alten persischen Wort mit der Bedeutung »Schneeberg« ab. Sein Doppelgipfel ist über 5500 m hoch und wird von der vollen Wucht eines bekannt wechselhaften Wetters und gewaltiger Stürme getroffen, die von Süden nach Norden

ziehen und die meisten Bergsteiger den Gipfel nicht erreichen lassen. Der erste Bericht über einen gelungenen Gipfelanstieg stammt aus dem Jahr 1829, als ein Kabardin-Führer
mit einer Gruppe russischer Soldaten den Gipfel erreichte,
von Norden her, wo der Fluss Malka und das Mineralwasser
»Narzan« fließen.

Seit den Dreißigerjahren war Prielbrusye, wie die Gegend um
den Elbrus genannt wird, ein beliebtes Ziel der Sowjetbürger.
Sie kamen in organisierten Gruppen, die von Gewerkschaften
oder Sportvereinen gefördert wurden, manche um zu klettern, manche zum Ski fahren, manche einfach für ein paar Tage der Abwechslung von Fabriken und Städten. Das Tal enthielt eine Reihe von Ferienlagern und »Hotels« zur Unter-
bringung von Touristen und sowjetischen Feriengästen.
Das kleine Hotel, das wir als Basislager unseres Elbrus-Auf-
stiegs nutzen sollten, war erstaunlich komfortabel: ein drei-
stöckiges Gebäude mit nur sechs »Zimmern«, jedes in Wahrheit eine Suite mit geräumigem Wohnzimmer, ordentlichem
Schlafzimmer und großem Bad. Im Erdgeschoss gab es einen
großen Speiseraum und einen Gemeinschaftsraum mit Fernsehen und Poolbillard. Das Hotel war umgeben von Nadel-
wald und nachdem Nola und ich unsere Seesäcke auf den Boden unserer Suite hatten fallen lassen, öffnete sie die großen
Verandatüren.
Sofort füllte das fröhliche Murmeln eines Baches den Raum.
Nola sagte: »Hübsch!«, und lehnte sich aus dem Fenster um
weiter rundum sehen zu können. Sie war die einzige weitere
Frau auf dieser Reise und würde für die Dauer der Tour meine Zimmergenossin sein. Wie immer war mir die Gegenwart
einer anderen Frau auf einer Tour – vor allem einer Frau meines Alters – höchst willkommen und wir hatten während dieses Reisetages ausführlich miteinander gesprochen. Sie arbei-

tete in einer Schulverwaltung im Staat New York und war eine begeisterte und fähige Felskletterin und Bergsteigerin. Mein erster Eindruck war, dass sie eine entschlossene und starke Frau war.

Nach der stundenlangen Reise durch unscheinbare Flughäfen und die Armut der ländlichen Gegenden war ich entzückt: »Nola, sieh dir diese Badewanne an!«, rief ich aus dem Badezimmer. »Wie wird sich das gut anfühlen, wenn wir vom Berg zurückkommen!« Oft hatte ich mir die erste heiße Dusche oder das heiße Bad nach einer mehrtägigen Tour schon während des Bergsteigens herbeifantasiert. Hier standen uns beide Segnungen zur Verfügung: eine Dusche für den Schmutz und eine tiefe Wanne um die Müdigkeit wegzubaden.

Am zweiten Morgen fuhren wir mit der Seilbahn hinauf zum Priut Mir. Das ist ein großes, rohgezimmertes Gebäude auf einer Höhe von 3600 m mit einer Reihe von Schlafräumen mit unterschiedlich vielen Etagenbetten und einer großen gemeinsamen Essgelegenheit. Hier konnte man sich akklimatisieren, bevor man zum Priut Odinnadtsati, der »Schutzhütte Elf« oder der Priut-Hütte aufstieg. Auf einer Höhe von 4200 m gelegen, war sie das Sprungbrett zum Gipfel.

Wir deponierten unsere Ausrüstung und wanderten zu der höheren Hütte – ein Training um unsere Höhenanpassung zu fördern. Wir wanderten in Zweier- oder Dreiergruppen, redeten, lernten uns besser kennen und genossen einfach den Tag. Verglichen mit den anderen Reisen war es ein seltenes Vergnügen, sich einfach so in den Bergen auf Schnee zu bewegen, ohne einen schweren Rucksack und ohne Sorgen wegen der Zeit oder des Ziels. Einzelne Wolken näherten und verzogen sich und hielten die Temperatur angenehm, während der Weg sich an den noch benutzten Skihängen höher am Berg entlangzog. Ich war voller Freude, beobachtete die Vögel über uns und die Skifahrer, die ihre Spuren zogen, lachten und die Hänge hinunterpurzelten. Der weiße Schnee bildete einen Kontrast zum schwarzen Fels und zu unseren leuchtenden Goretex-Sachen, deren Farben von der tief stehenden Sonne noch intensiver wurden.

Die Priut-Hütte am Ziel unseres Aufstiegs sah aus wie ein großer, stromlinienförmiger Wohnwagen: eine mehrstöckige Schutzhütte in Form einer Wurst mit einer Außenhaut aus Aluminium. Wir mischten uns unter die anderen Bewohner und aßen zu Mittag. In meinen untrainierten Ohren klang die Kakophonie der Sprachen wie Gelächter. Auf dem Rückweg rutschten wir einen Großteil des Weges hinunter, mit ausgebreiteten Armen um das Gleichgewicht zu halten und glucksend vor Vergnügen. Bei unserer Rückkehr zum Priut Mir sang meine Seele ein dankbares Lied und das Lächeln in meinem Herzen entsprach dem auf meinem Gesicht.

Nach einem Abendessen, gewürzt mit guten Gesprächen und herzhaftem Gelächter, stand ich draußen und sah auf die Umrisse des Kaukasus, vor einem Himmel, den der aufgehende Vollmond dominierte. Ich spürte jemanden hinter mir, drehte mich um und sah, dass Skip sich näherte. Er legte einen Arm um meine Schultern und ich meinen um seine Taille, wir beide vereint in schweigender Würdigung der Herrlichkeit rund um uns.

»Sind wir also wieder da«, sagte ich ruhig und drückte diesen Mann ein bisschen, den Bergführer, der mein Mentor und Freund geworden war. »Jawoll«, war alles, was er sagte, als er meine Schulter leicht drückte.

Ich wusste die einfache Antwort zu schätzen und merkte, wie sehr ich mich auf die Reise freute, die vor uns lag. Skip brachte mich an Orte, wo Jonathans Geist gegenwärtig war und meine Seele frei sein konnte. Schweigend dankte ich Gott für all die Wunder in meinem Leben.

266

Am nächsten Morgen brachten wir unsere Ausrüstung hinauf zur Priut-Hütte. Wir fuhren mit dem Sessellift, so weit es ging; unsere schweren Rucksäcke balancierten wir ungeschickt auf dem Schoß. Die letzten 300 Höhenmeter stiegen wir zu Fuß auf. Viele Russen liefen in Badeanzügen oder Shorts ohne Hemden im Schnee herum und erinnerten uns daran, dass wir uns in einem Feriengebiet befanden. Nola und ich kicherten über den Kontrast zwischen unserem Aufzug mit all der Kletterausrüstung und den Leuten in ihren Badesachen. Ich war froh darüber, höher hinaufzukommen, fühlte mich stark und summte mit John Denver, dessen gefühlvolle Lieder in meinem Kopfhörer klangen. An einem schönen Berg setzte ich einen Fuß vor den anderen, umgeben von Urlaubern und anderen Bergsteigern, die wie ich zu schätzen wussten, wo wir waren, und dieselbe schlichte Freude empfanden, die zum Thema dieser Reise zu werden schien.

Als wir ankamen, saßen vier Amerikaner in der Sonne vor der Hütte. Sie hatten am Tag zuvor den Gipfel bestiegen und wollten wenig später hinuntergehen. Einer von ihnen stellte sich als Glenn Porzak vor, der Präsident des *American Alpine Club*. Ich hatte gehört, dass er sich die Sieben Gipfel vorgenommen hatte und auf dem Everest gewesen war, also fragte ich ihn, wie weit er war. »Das hier ist Nummer sechs«, sagte er. »Ich habe nur noch den Kósciusko vor mir.«

»Dann ist die Sache ja fast gelaufen«, gab ich zurück. »Glückwunsch!«

»Danke. Ich freue mich auch darüber.« Glenns Antwort kam mit leisen Tönen daher, aber seine Befriedigung leuchtete hell hinter seiner Bescheidenheit hervor und wir sprachen weiter über seine Touren. Er war seit langer Zeit Bergsteiger und hatte seine sechs Gipfel über viele Jahre hinweg gesammelt.

»Ich hoffe, der Elbrus wird Nummer fünf für mich sein«, sagte ich. Meine Bergsteiger-Geschichte war ganz anders als die von Glenn, aber ich war stolz sagen zu können, dass ich vier geschafft hatte, und froh, richtig zur Gemeinschaft der Bergsteiger zu gehören.

Glenn fragte nach Einzelheiten. Ich berichtete ihm, dass der Kili 1988 mein erster Berg gewesen sei, und sein Erstaunen war offensichtlich. »Du bist erst seit drei Jahren dabei und hast schon vier von den sieben? Das ist ganz schön erstaunlich. Wie bist du in dem Alter aufs Bergsteigen gekommen? Das ist ziemlich ungewöhnlich.«

»Das ist eine lange Geschichte«, sagte ich mit einem Lächeln. »Ich habe keine Eile und würde sie gerne hören.« Sein ehrliches Interesse machte mir Mut, also erzählte ich meine Geschichte so knapp ich konnte, während wir in der Sonne in 4300 m Höhe auf dem Elbrus in der Sowjetunion saßen. Auch seine drei Begleiter hörten zu.

»Wow«, sagte einer von ihnen, als ich fertig war. »Das ist erstaunlich.«

»Bravo, Margo.«

Die positive Reaktion und Unterstützung dieser Männer mit ihrem starken bergsteigerischen Hintergrund erfüllte mich mit Stolz. Wir verbrachten eine weitere halbe Stunde damit, Geschichten über andere Berge auszutauschen. Als wir uns trennten, wünschte ich ihnen alles Gute. Glenn umarmte mich: »Du hast etwas sehr Erstaunliches getan. Ich wünsche dir alles Glück am Everest.« Dann hob er seinen Rucksack auf den Rücken und die vier machten sich auf den Weg hinunter.

Nach ihrem Abmarsch versammelte sich unsere Mannschaft wieder um in der Sonne zu picknicken, bevor wir auf die Felsen des Pastukhov kletterten, ein Wahrzeichen auf 4800 m Höhe. Wir trugen ganz leichte Rucksäcke und ich kam gut voran, mit starken Beinen und rhythmischem Atmen, John

Denver wieder in meinen Ohren. An diesem Nachmittag hatte ich mich dazu entschieden allein zu klettern, nur mit meiner inneren Familie und meinen geistigen Helfern als Gesellschaft. Die körperliche Anstrengung und das stille Nachdenken brachten Befriedigung. Es war eine Freude, ohne Seil zu gehen, ganz in meinem eigenen Rhythmus, und es mir zu gönnen, das seelenfüllende Wesen dieses Sports zu genießen, den ich mit solcher Leidenschaft betrieb.

Nach nur zwei Stunden waren wir an dem Felsband angekommen. Wir machten eine Trinkpause und genossen die Aussicht. Ich nutzte die Gelegenheit um ein Steigeisen festzuziehen, das auf dem Weg hinauf verrutscht war. Skip sah mich daran arbeiten und bot mir seine Hilfe an.

»Nein, danke«, antwortete ich. »Ich will wirklich selbstständig hier oben werden.«

»Umso besser für dich«, sagte er mit einem Lächeln. »So seltsam es mir vorkommt, eines Tages könntest du einmal ohne mich auf einem Berg sein.« Wir lachten beide, aber die Vorstellung war wichtig und ich nahm sie in mich auf. Ein Gedanke, der früher sehr beängstigend gewesen war, schien es jetzt nicht mehr zu sein. Ich war stolz und dankbar für die Fortschritte, die ich gemacht hatte, und blickte voll aufgeregter Erwartung in die Zukunft.

Der Abstieg von den Felsen war ein Spiel; wir rannten, benutzten unsere Stiefel als Ski und rutschten hinunter. Wir lachten, johlten und schrien und stolperten über die eigenen Füße, wenn wir zu schnell wurden. Nichts als Spaß. Erschöpft und glücklich ging ich an diesem Abend zu Bett.

Unser Gipfelversuch wurde um zwei Tage verschoben, durch einen Sturm, der alle vom Gipfel fernhielt. Schließlich schien er sich ausgetobt zu haben und ich ging in der Erwartung schlafen um ein Uhr in der Nacht Skips Weckruf zu hören.

Von einem strahlend aufgehenden Beinahe-Vollmond im Fenster nahe bei meinem Kopf wurde ich geweckt und war sicher, dass es Zeit war, aber ich hörte keine Stimmen. Hatte Skip verschlafen? War es doch noch zu windig? Was war los? Ich sah auf die Uhr und lachte leise über meinen Eifer, als ich sah, dass es erst 23 Uhr war. In dem anderen Bett lag Nola und schlief fest. In dem Wissen, dass wir einen ganzen Gehtag vor uns hatten, drehte ich mich vom Fenster weg und schloss die Augen. Ich würde Skips Stimme noch früh genug hören.

»Aufwachen, meine Damen. Es ist Zeit.« Skips Stimme jagte einen Adrenalinstoß durch den Schlaf, der mich wieder umfangen hatte. Ich setzte mich auf und griff nach dem Haufen Kleider, den ich mir vor dem Schlafengehen zurechtgelegt hatte. Nola hatte sich noch nicht gerührt, also langte ich hinüber und berührte sie an der Schulter: »Nola, wach auf. Zeit zu gehen.«

»Häh?« Sie war noch ganz im Schlaf.

»Auf geht's. Da wartet ein Berg auf uns.«

»Mmmmhhhh.« Nola drehte sich auf den Rücken, die Hände über dem Kopf. Noch ein gemurmeltes »Mmmmhhhh.« Dann blinzelte sie und setzte sich auf, während ihr Gehirn und ihr Körper wieder in Verbindung traten: »Ist schon Morgen?«

»Na ja, so ähnlich.« Ich zog mir das zweite Paar Socken an.

»Es ist ein Uhr. In einer Stunde gehen wir los.«

Sie wühlte im Halbdunkel in ihrem Kleiderhaufen und ich hörte nur: »Oh Gott, wo ist der Kaffee?«

»Unten.« Ich musste lachen, denn ich hatte selbst nichts anderes im Sinn als in den Speiseraum zu kommen und eine Tasse zu ergattern. Bis ich mit dem Bergsteigen angefangen hatte, war ich überhaupt keine Kaffeetrinkerin gewesen, aber inzwischen fand ich ihn fast unentbehrlich um frühmorgens in Gang zu kommen. Ich zog mich fertig an und griff nach meinem Rucksack: »Bis gleich.«

Unten stürzte ich eine Tasse dampfenden Kaffee mit Süßstoff und Milch hinunter, aß einen Müsliriegel und ging meine innere Checkliste an Ausrüstungsstücken noch einmal durch: Überziehstiefel, Eispickel und Steigeisen warteten draußen an der Tür. Goretex-Expeditionsjacke, Daunenjacke, zusätzliche Handschuhe, zwei Wasserflaschen, Essen, Erste-Hilfe-Päckchen, Kamera und Film waren in meinem Rucksack. Sollte ich ihn noch einmal durchsehen? Nein. Ich hatte ihn am Abend zuvor mehrere Male eingepackt, ausgepackt und wieder eingepackt – es war alles da.

Unsere Gruppe versammelte sich allmählich im Gemeinschaftsbereich – manche erschienen hellwach und eifrig aufs Klettern erpicht, manche rieben sich noch den Schlaf aus den Augen. Das Getrappel der Stiefel, das Rascheln der Kleidung und das Klappern von Tassen, Schüsseln und Besteck klang um die Wette mit dem leisen Gewitzel, in dem die nervöse Erwartung mitschwang. »Gut, Leute, Zeit zum Gehen.« Skip und unser sowjetischer Bergführer Dema wandten sich zur Treppe, die ins Erdgeschoss hinunterführte.

Ich zog meine Stiefel an, nahm meine Steigeisen und meinen Eispickel und folgte Larry auf der Planke über den Graben, der von der Schneeschmelze rund um das Gebäude ausgewaschen worden war. Er bewegte sich langsam und vorsichtig und signalisierte deutlich seine Nervosität. Als wir uns bückten um unsere Steigeisen anzulegen, wollte ich ihm ein bisschen Mut machen. Ich legte die Hand auf seine Schulter und fragte: »Wie geht's dir?«

Er langte hinauf, legte seine behandschuhte Hand auf die meine im Fäustling und tätschelte sie, als wolle er mich trösten. »Ein bisschen nervös, um ehrlich zu sein.« Als er sich aufrichtete, umarmte ich ihn. »Dies ist eine Umarmung um dich moralisch aufzurüsten.« Er erwiderte sie heftig. Wir traten einen Schritt auseinander, aber meine Hände verharrten auf seiner Hüfte, seine auf meinen Schultern und unsere Herzen blieben noch ein paar Sekunden miteinander verbunden. »Danke, Margo.« Einige waren schon losgegangen, folgten der Spur der Vorangehenden im Mondlicht bergauf. »Ich glaube, wir müssen.«

»Alles, was du tun musst, ist einen Fuß vor den anderen setzen.« Ich ging ihm voraus, blieb aber nach nur wenigen Schritten noch einmal stehen, drehte mich zu ihm um und fügte hinzu: »Und weißt du, du musst das nicht tun. Es ist keine Strafe. Ich gehe, weil ich es so gern tue. Das gilt auch für Skip. Steigst du für dich auf diesen Berg oder für Skip?«

Larry blieb stehen und sah mir geradewegs in die Augen: »Darüber muss ich nachdenken.« Dann senkte er den Kopf und begann zu steigen. Ich machte mich auf zu meinem eigenen Anstieg und war bald ganz in dem wunderbaren Erlebnis gefangen meinem eigenen Schatten bergauf zu folgen. Der Schnee hatte die Konsistenz von Styropor, scheinbar extra dazu gemacht, den besten Untergrund für Steigeisen herzugeben. Die Nacht war warm, trotz des Winds. Und trotz des hellen Mondes funkelte der wolkenlose Himmel von den Tausenden von Sternen, die ich nun auf jedem der sieben Erdteile gesehen hatte.

An den Pastukhov-Felsen machten wir eine Pause um zu trinken und ein wenig zu essen. Larry saß allein, offenbar tief in Gedanken. Ich ging hinüber zu ihm und fragte ihn noch einmal: »Wie geht's?«

»Ich genieße das nicht sehr. Ich glaube nicht, dass Bergsteigen so ganz mein Ding ist. Ich würde gern umkehren, aber Skip hat so lange versucht mich mit auf eine Tour zu bekommen und ich will ihn nicht enttäuschen.«

Ich lächelte, weil ich sein Dilemma verstand. Larry war bereit

272

1500 m Steigung in großer Höhe zu überwinden, obwohl er selbst nur wenig oder gar keine Freude daran hatte, alles um einen Freund glücklich zu machen. Ich kannte das Gefühl. Ich hatte oft Dinge getan, nach denen es mich nicht drängte, weil es jemand anderer wollte, hatte gegen den Instinkt meines Herzens gehandelt um jemand anderen nicht zu enttäuschen, Ja gesagt, obwohl mein Inneres Nein schrie.

Ich sagte: »Was würdest du tun, wenn dies nicht Skips Tour wäre. Wenn er nicht dabei wäre?«

»Ich würde runtergehen.« Seine Antwort kam klar und ohne Zögern, aber ich konnte den Zweifel und den Aufruhr in seinen Augen sehen.

»Larry, es geht hier um dich. Ich liebe Skip innig, aber ob du auf diesen Berg steigst oder nicht, dabei geht es um dich, nicht um ihn. Ich will dich wirklich ermutigen deinem eigenen Herzen die Ehre zu geben. Es ist in Ordnung, wenn du runtergehst. Es ist deine Entscheidung, nicht die von jemand anderem.« Ich stand auf um wieder dorthin zu gehen, wo ich meinen Rucksack hatte fallen lassen. »Hör auf dein Herz.«

Larry ging hinunter. Wir anderen gingen weiter zu dem Sattel zwischen den beiden Gipfeln. Auf einer Höhe von 5230 m bildete er ein willkommenes Stück beinah ebenen Geländes auf dem Weg zu den letzten 300 Höhenmetern, der letzten Anstrengung vor unserem Ziel, dem Westgipfel.

Nach sechs Stunden bergauf waren meine Beine ausgelaugt. Die Sonne war aufgegangen, heizte uns ein und machte den Schnee so weich, dass wir durch die Kruste brachen und auf dem Weg quer zum Hang durch Tiefschnee stapfen mussten. Das hieß, ich machte einen Schritt, sank fast bis zum Knie ein, hob meinen hinteren Fuß so hoch, dass ich aus dem Loch kam, stieg einen Schritt vorwärts und sank wieder ein. Dieses Gehen durch den Tiefschnee war eine der Sachen, die ich am Bergsteigen am wenigsten leiden konnte. Es macht aus einer sanft geneigten Querung, auf der man nichts weiter tun muss als einen Fuß vor den anderen setzen, eine Quälerei, bei der die Anstrengung mit jedem Schritt exponentiell ansteigt.

Es schien ewig zu dauern. Am Sattel ruhten wir fast eine Stunde lang aus und versorgten uns für die letzte Anstrengung. Während ich einige Nüsse und Rosinen hinunterwürgte, sah ich an der steilen Wand hoch und fragte mich, wie ich da hinaufkommen sollte. Martha wollte umkehren und hinuntergehen. Ich sagte Nein.

Skips hartnäckige Ermutigung half uns unsere Lethargie überwinden und wir folgten vorsichtig, während er und Dema abwechselnd Stufen in den Schnee traten. Der Sturm, der uns zwei Tage lang am Aufstieg gehindert hatte, hatte hier plattenförmige Verwehungen geschaffen, die den Untergrund unsicher machten. Ich fragte mich mehr als einmal, ob die Oberfläche abrutschen würde, und seufzte erleichtert auf, als mein langsames, aber stetiges Fortschreiten mich über den Kamm brachte, wo ich den Gipfel sehen konnte. Er war noch ziemlich weit entfernt, aber von jetzt an ging es nur noch leicht bergauf. Ich spürte Jonathans Gegenwart und Gottes Kraft, als ich meine Augen fest auf den Gipfel heftete und meinen Weg durch den Schnee nahm.

Meine Gefühle drängten auf den 5633 m hohen Gipfel zu, während sich mein Körper aufwärts kämpfte, und als ich endlich auf dem höchsten Punkt von Europa stand, mischten sich Tränen und Gelächter mit den schulterklopfenden Umarmungen der Gefährten. Skip und ich standen, die Arme umeinander gelegt, bereit für das obligatorische Gipfelbild, und er lehnte sich zu mir hinüber und sagte mir ins Ohr: »Das macht fünf.« Ich legte meinen Kopf auf seine Schulter und lachte laut heraus. Unter uns erstreckte sich Europa in alle Himmelsrichtungen. »Skip, ist dir aufgefallen, dass wir nicht einen einzigen Gipfeltag mit schlechtem Wetter gehabt haben? Immer war es klar, windstill und sonnig, auf jedem Berg, auf dem ich war. Unglaublich.« Skip grinste mir zu: »Du hast Recht. Darüber hatte ich noch gar nicht nachgedacht. Ein Grund mehr dich auf dem Everest dabeizuhaben.«

Einen Moment lang blieb mir die Luft weg. Wie würde es auf dem Everest sein? Würde meine Glückssträhne halten? Würden die Kälte, das Wetter oder mein Körper mich an diesem Gipfel hindern? Und wie konnte es sein, dass ich, Margo Chisholm, überhaupt in der Lage war mir über solche Dinge Gedanken zu machen? Während ich auf dem höchsten Berg Europas stand, sah ich mich schon auf dem höchsten Berg der Erde. Bis zum Elbrus hatte der Schlüssel zum Erfolg darin gelegen, die schlichte Beinarbeit zu machen, die von mir verlangt wurde. Den Weg von hier bis zum Everest würde ich auf die gleiche Art zurücklegen. Aber jetzt bestand meine vordringliche Aufgabe darin, sicher von diesem Gipfel herunterzukommen.

Der Abstieg ging langsam, schwerer als ich vermutet hatte. Skip und Dema richteten eine Seilsicherung auf der steilen Oberfläche über dem Sattel ein, eine Sicherheitsmaßnahme, die es uns erlaubte, in der dünnen Luft etwas ruhiger zu atmen. Der immer weicher werdende Schnee ließ uns noch tiefer einsinken, als wir uns zurückschleppten. Bei den Pastukhov-Felsen angekommen sahen Ed und ich eine Spur, die jemand hinterlassen hatte, der auf seinem Hinterteil den Hang hinuntergerutscht war. Wir warfen einander einen Blick zu und mit einer fast gleichzeitigen Bewegung saßen wir auch schon im Schnee, verkürzten unsere zusammenlegbaren Skistöcke und stießen uns ab um auf unseren mit Goretex bedeckten Rückseiten bis zur Priut-Hütte hinunterzurutschen. Hier gab es keine verborgenen Spalten mehr und Gelächter und Schreie des Entzückens wehten hinter uns her, während wir versuchten bei unserer Rutschpartie wenigstens den Anschein von Gleichgewicht und Kontrolle zu wahren. Als der Hang auslief, rappelten wir uns auf und gingen der Wärme der riesigen Aluminiumhütte entgegen, immer noch lachend. Das war ein wunderbarer Spaß am Ende eines erfolgreichen Tages gewesen.

Larry saß draußen und sonnte sich, als wir ankamen. »Hallo, Leute«, rief er. »Wie war es?«

»Wunderbar!«, sagte ich. »Wir haben dich auf dem Gipfel vermisst, aber ich bin froh, dass du auf dein Herz gehört hast und runtergegangen bist.«

»Ich bin auch froh darüber. Meine Wanderung hinunter war ein echter Genuss. Es wurde langsam hell, die Aussicht war atemberaubend und ich konnte einfach in meinem eigenen Tempo gehen. Ich fand es ganz herrlich. Es gibt andere Freuden beim Bergsteigen als den Gipfel. Ich hatte einen wunderbaren Tag in der Sonne hier unten, habe mit Leuten geredet und gelesen.«

Ich lächelte und nickte. Wir nahmen die Glückwünsche und freundlichen Grüße der Mitglieder einer Wandergruppe entgegen, mit denen wir die Hütte teilten, waren aber zu müde viel von dem Abendessen aus Suppe und Kohl zu uns zu nehmen, das im Speiseraum bereitstand. Bald fielen wir glücklich in unsere Betten. Am nächsten Morgen wanderten wir zum oberen Ende des Sessellifts hinunter und fuhren damit zum Fuß des Berges.

In unserem Hotel begrüßte uns das Gastgeberpaar überschwänglich und führte uns zu den Tischen, die man draußen gedeckt hatte – mit Blumen, Früchten und Sektflaschen. Sie ließen die Korken knallen, bevor wir auch nur die Rucksäcke abgesetzt hatten. Es war ein hübscher Empfang und wir ließen uns leicht von ihrer Aufregung über unseren Erfolg anstecken und prosteten uns nach allen Seiten zu.

Bald konnten wir die lang andauernde, heiße Dusche genießen, auf die ich mich schon seit unserer Ankunft gefreut hatte. Danach gab es ein höchst kultiviertes Mittagessen, bei dem uns unsere Gastgeber erzählten, dass sie den Besuch einer nahe gelegenen Datscha arrangiert hatten, früher das Sommerhaus von Breschnews Gesundheitsminister.

In Moskau hatte ich von den Datschen gehört; in den Beschreibungen der Schönheit und Eleganz dieser Anwesen klang Abscheu darüber mit, wie viel Geld für die hohen Tiere ausgegeben wurde, während das einfache Volk in derartiger Armut lebte. Diese starken Überzeugungen, in aller Ruhe von einem Hotelangestellten geäußert, gaben das wieder, was uns überall auf unserer Reise begegnet war: Desillusionierung angesichts der doch wieder nur üblichen kommunistischen Rhetorik in Bezug auf schnelle Veränderungen im Zuge der Öffnung der sowjetischen Gesellschaft.

Nach dem Mittagessen gab es einen allgemeinen, mehrstündigen Mittagschlaf und dann gingen wir auf einem hübschen Weg durch den Wald zu der Datscha. Nach westlichen Maßstäben war das Äußere des Hauses eher schlicht, aber sein Inneres funkelte genauso vornehm, wie es der Mann in spöttischem Ton beschrieben hatte: marmorne Fußböden, geschnitzte Kirchendecken und eine breite, geschwungene Treppe, dicke Vorhänge an den Fenstern, eine Sauna und ein Tauchbecken. Nola und ich wanderten noch durch die Räume und bewunderten sie, als wir schöne Klaviermusik sanft durch die Halle klingen hörten. Wir folgten dem Klang und fanden den Rest der Gruppe um Tod versammelt, der eine Sammlung von Chopin bis Joplin spielte.

Entspannt saßen wir in dem angenehmen Musikzimmer und hätten stundenlang zuhören können, aber Tod hatte die Sauna gesehen und beendete das Spontankonzert nach nur einer halben Stunde um seinen müden Muskeln etwas Gutes zu

tun. Unsere Enttäuschung legte sich schnell, als wir uns aus-
zogen und zwischen der trocken-heißen Luft der Sauna und
dem kühlen Wasser des Tauchbeckens hin und her wechselten. Die Gespräche reichten von Witzen über Politik bis zum
Baseball und ich genoss die Kameradschaft und den Spaß, der
diese Reise immer noch kennzeichnete. Was an Müdigkeit
noch übrig geblieben war, verrann in der sorglosen Atmosphäre. Mit einem Rundblick auf meine alten und neuen
Freunde, die sich im äußerst zivilisierten Luxus dieses russischen Anwesens entspannten, musste ich kopfschüttelnd
lächeln. Ich hatte soeben meinen neunzehnten Berg in drei
Jahren bestiegen, den fünften der Sieben Gipfel, und ich saß
im Pool eines eleganten Hauses, das einmal einem sowjetischen Minister gehört hatte. Es schien allzu weit hergeholt für
mich, hierher gelangt zu sein aus all der tiefen Verzweiflung
und unbegreiflichen Demoralisierung, in der ich noch vor
fünf Jahren wie in einem Sumpf gesteckt hatte. Und doch war
es kein Tagtraum. Ich war wirklich hier. Ich atmete vor lauter
Freude tief durch und flüsterte ein Dankgebet.

Wir kehrten ins Hotel zurück, zu einem Festessen aus
Fleischspießen, Rippchen und Hühnchen vom Grill, hinun-
tergespült mit Wodka, Sekt und Cognac und, was mich betraf,
mit russischer Cola. Der Fluss, der sein eigenes Lied zur Feier unseres Gipfelerfolges zu singen schien, plätscherte nur einige Schritte von unserem Picknicktisch entfernt dahin. Der
Abend ging mit beschwipsten, angeheiterten Anzüglichkeiten
und gelegentlichen Lachsalven weiter. Die Gläser klangen bis
spät in die Nacht, wenn die Bergsteiger einander mit verschränkten Armen zuprosteten.

Nur einmal versuchte Martha mir den Abend mit einer bissi-
gen Bemerkung zu verderben: »Siehst du, du bist nicht wie
sie. Du wirst nie sein wie sie.« Ich entschuldigte mich vom
Tisch und ging um ein Weilchen allein am Fluss zu stehen

278

und Kiesel in die Strömung zu werfen. »Wenn du wirklich gesund wärst, könntest du auch ein Glas Sekt trinken. Du wirst immer einen Schaden zurückbehalten. Was fehlt dir bloß?«
»Nichts, Martha«, und ich wusste, meine Antwort war die reine Wahrheit. »Nichts fehlt mir.« Ich sprach die Worte mit ruhiger, aber starker Überzeugung aus und ging zurück zum Tisch um wieder dort zu sein, wo Spaß und Lachen regierten.
Am nächsten Morgen reisten wir zurück nach Moskau, machten die vierstündige Busreise und den dreistündigen Flug noch einmal in entgegengesetzter Richtung. Ich nahm mir Zeit um die Tour zum Elbrus in meinem Kopf und meinem Herzen zurückzuspulen. Der Berg hatte mich in die Sowjetunion gelockt, aber bei dieser Reise war es auch um die Kameradschaft mit den anderen und den Besuch eines fremden Landes gegangen. Immer war es bei meiner Art des Bergsteigens um mehr gegangen als nur darum, den Gipfel eines Berges zu erreichen, aber auf den früheren Reisen war ich doch sehr auf den Gipfel fixiert gewesen. Am Elbrus war ich entspannter und hatte mehr Vertrauen, war eher bereit das Ziel loszulassen und an dem Vorgang teilzunehmen, der mich dorthin brachte. Wieder einmal hatte ich unerwartete Geschenke und Freuden erhalten, während ich meinem Traum folgte.
In Moskau aßen wir noch gemeinsam zu Abend und nach vielen Umarmungen und Verabschiedungen fuhr der größte Teil der Gruppe zum Flughafen. Skip, Guy und ich trafen die neuen Mitglieder Michael, David und Claude um mit ihnen die Mannschaft zu bilden, die wenige Stunden später zum Pik Lenin aufbrechen sollte. Sie kamen nur wenige Minuten nach der Abfahrt der anderen an und es war ein abrupter Wechsel von der angenehmen Freundesgruppe zu Fremden, die gerade erst damit begannen, einander abzutasten. Wieder einmal war ich die einzige Frau und schon bei unserer Abfahrt zum

Flughafen vermisste ich die gute Gemeinschaft der letzten zwölf Tage, vor allem Nolas Gesellschaft.

Am 19. August feierte ich meinen 2000. Tag der Genesung, während ich mich nach einem weiteren unglaublichen Abenteuer für Körper und Herz darauf vorbereitete, ins Pamir-Gebirge weiterzureisen. Fast fünfeinhalb Jahre nach meinem letzten Alkohol, den letzten Drogen und der letzten Bulimie-Attacke war ich nun seit fünf Wochen in der Sowjetunion unterwegs, bestieg einen Berg nach dem anderen und hatte den fünften meiner Sieben Gipfel geschafft. Ich freute mich auf sechs Monate gutes, hartes Training bei der Vorbereitung auf den Mount Everest. Ich wusste, wenn es sein sollte, würde auch dies gelingen. Eine leichte Brise trocknete die Wäsche auf den Zeltleinen und brachte neue Hoffnung. Ich spürte die starke Gegenwart von Jonathan, seine Ermutigung und Liebe. Einige der anderen amerikanischen Bergsteiger hatten ihn auch gekannt und ihre Erinnerungen machten es mir warm ums Herz.

Wir zogen hinunter zum Achik-Tash um zum letzten Mal zu duschen. Mit einer Pause an dem Denkmal, das am Weg für die am Pik Lenin ums Leben gekommenen Bergsteiger errichtet worden war, dankten wir für den Erfolg unseres Teams. Das Lager am Achik-Tash fanden wir verlassen vor: Die Zeltwände waren abgebaut und nur die hölzernen Fußböden kennzeichneten noch den Platz, wo wenige Tage zuvor das geschäftige Kantinenzelt gestanden hatte. Eine seltsame Leere und Vorahnung lag in der Luft.

Sascha und ein anderer sowjetischer Bergführer kamen uns entgegen; sie gestikulierten und redeten aufgeregt miteinander, während sie näher kamen. Sie berichteten uns, was sie im Radio gehört hatten: Der KGB und das Militär hatten Gorbatschow in Moskau angegriffen, sie hatten die Regierung übernommen und versuchten der Perestroika ein Ende zu setzen. Am nächsten Tag hätte die Autonomie der sowjetischen Einzelstaaten in Kraft treten sollen, aber die alten Kader hatten gezeigt, dass sie viel heftiger dagegen waren, als irgendjemand gedacht hatte. Moskau versank im Chaos.

Wir standen tief im Pamir-Gebirge, nicht weit von der Grenze nach Afghanistan und China, und ein Bus sollte uns zwei Tage später hier abholen. Alles, was wir jetzt tun konnten, war abwarten und sehen, was als Nächstes geschah.

Ich betete für die Leute, die wir in Moskau, im Kaukasus und hier getroffen hatten: Ihr Leben war jetzt in Aufruhr. Fast alle hatten über die radikalen Veränderungen gesprochen und über das große Unbekannte, das sie erwartete. Wie dankbar waren wir inzwischen, sechs Amerikaner und zwei Sowjetbürger, für den Kokon, den wir zusammen dort in der Mitte der schönen Wiese mit Namen Lukovaya Polyana um uns aufgebaut hatten, während Sturm über die Berge und politischer Aufruhr in den Städten rasten. Unseren eigenen Gedanken nachhängend verbrachten wir die Zeit mit Kochen, Kreuzworträtseln und Lesen. Der Wind der Politik wehte rund um uns, aber im Innern blieben wir warm und trocken.

Der innere Frieden, den ich empfand, war wunderbar. Was auch immer in den nächsten paar Tagen mit uns passieren würde, mein Programm nach meiner Heimkehr stand fest: Training für den Everest. Ich konnte es schaffen, wenn ich bereit war die Sache in kleinen Schritten, immer einen nach dem anderen, anzugehen.

Und der erste Schritt hieß Warten. Ich dachte darüber nach, wie paradox es schien, stillzustehen um mein Ziel zu erreichen, als ich eines Nachmittags allein zu einigen Felsen hoch auf dem Hang über der Wiese kletterte. Dunkle Sturmwolken senkten sich herab. Gegen den Wind gelehnt, an einem Abhang von mehreren hundert Metern, stellte ich mich dem heftigen Graupelschauer, den Schneekügelchen, die oft dem Hagel vorangehen. Ich konnte fühlen, wie mein Selbstvertrauen und meine Leidenschaft mich hielten, mir Schutz und Kraft gaben.

Unser Bus kam fast planmäßig an und der Fahrer brachte uns auf den neuesten Nachrichtenstand, den er aus dem Radio, den Zeitungen und von Reisenden aus Moskau zusammengetragen hatte: Gorbatschow war wieder an der Macht, die Russen jubelten über das, was sie als großen Sieg empfanden, und Moskau kehrte zur Normalität zurück. Trotzdem brauchten wir zwei volle Tage um dorthin zu kommen; der Flugbetrieb war zunächst eingestellt, dann aber wieder aufgenommen worden.

Ich nahm mir vier Tage um in Moskau und St. Petersburg auf Besichtigungstour zu gehen und tauchte tief in die Schönheit, kulturelle Eleganz und Großartigkeit der Basiliuskathedrale, des Kreml und des Kaufhauses Gum ein, dann folgten die Eremitage, St. Isaak und das Smolny-Institut.

Aber bei allem, was ich in diesen Tagen erlebte, ergriffen das Holzkreuz und die Blumen auf dem Roten Platz mich doch am meisten. Man hatte sie für die drei Studenten errichtet, die bei ihrem Aufstand gegen die Panzer der Tyrannei getötet worden waren. Das Datum war in das Kreuz eingeritzt: 21.8.1991. Sie waren an dem Tag ums Leben gekommen, als wir wartend auf der Wiese saßen. Während ich die Tiefe meiner eigenen Kraft, meines Friedens und meiner Freiheit auslotete, starben andere für die ihre. Ich verließ den eilig aufgebauten Schrein mit einem neuen und tieferen Gespür für meine eigene Leidenschaft und Entschlossenheit.

10. Endlich geht es los

Montag, 21. Oktober 1991, San Diego
Ich habe einen Traum: den Mount Everest zu
besteigen. Jeden Tag einen Schritt auf ihn zu-
zugehen, so sieht meine Verantwortung für mich
selbst und für diesen Traum aus. Ich muss es
nicht perfekt machen. Immer nur einen kleinen
Schritt.

»M.C. Dreamers, womit kann ich Ihnen helfen?« Die Empfangsdame in dem kleinen Bürohaus, in das ich mich einge-
mietet hatte, war freundlich und professionell. Es spielte keine Rolle, dass mein »Büro« eher das Format eines begehba-
ren, fensterlosen Schranks hatte. Es war nicht zum Vorzeigen
gedacht, sondern ganz auf Funktion hin geplant: Ein Schreibtisch, ein Computer und eine Weltkarte. Bunte Nadeln zeigten an, wo ich bereits geklettert, auf welchen Trekkingtouren
und auf welchen Flüssen ich bereits gewesen war und was ich
als Nächstes vorhatte. Auf sieben Erdteilen, die sich in Mer-
cator-Projektion vor mir ausbreiteten, markierten vier blaue
Nadeln die Flüsse, sieben grüne die Trecks; jede der fünf gelben Nadeln zeigte einen der Sieben Gipfel, 15 weiße die anderen Berge, die ich bestiegen hatte. Die zwei roten repräsen-
tierten den Kósciusko und den Everest und lenkten meine
Aufmerksamkeit auf die derzeitige Hauptaufgabe: die Vorbereitung für den Mount Everest.
»M.C. Dreamers«, hörte ich die Empfangsdame einen weiteren Anruf entgegennehmen. Ich mochte den Namen, den eine gute Freundin sich ausgedacht hatte: »M.C.«, meine Initia-

len, und »Dreamers« für die Leidenschaft, mit der ich meine eigenen Träume wahr machte und gleichzeitig versuchte es anderen leichter zu machen, die ihren zu entdecken und zu verwirklichen. Das Logo auf meinen Visitenkarten und meinem Briefkopf zeigte eine Bergsteigerin im Schnee mit zwölf Fußstapfen vor einer Horizontlinie mit Berggipfeln – in dunklem Pink auf lilafarbenem Grund. Das Ganze machte einen professionellen Eindruck und vermittelte gleichzeitig etwas von meinem spirituellen Weg. Immer, wenn ich jemandem eine Visitenkarte überreichte, war das ebenso ein stolzer Moment wie die Eröffnung eines Gesprächs über meine Arbeit: Training, Geldbeschaffung und Organisation für den Everest. Das Büro war für mich ein Ort, an den ich morgens kommen und von dem ich abends »nach Hause« gehen konnte. Mitten in Pacific Beach lag es ganz in der Nähe meines Fitness-Studios, meiner Laufstrecke und des Treffpunkts meiner Zwölf-Schritte-Unterstützungsgruppe.

Bei einem meiner regelmäßigen Treffen am Samstagmorgen hatten wir über meine Prioritäten und über das richtige Gleichgewicht zwischen Arbeit und Erholung diskutiert. Danach kam ein Freund zu mir, der mit mir während der letzten fünf Jahre in diesen Räumen gesessen hatte, und umarmte mich herzlich. »Kannst du dich entsinnen, wie du 1989 aus Nepal zurückkamst?«, erinnerte er mich. »Damals hast du gesagt, du hättest jetzt entschieden, dass du ein Wanderer bist, keine Bergsteigerin. Wie viele Berge hast du seitdem bestiegen? Sechs, acht, vielleicht noch mehr, und mindestens drei von ihnen waren die höchsten auf dem jeweiligen Erdteilen. Wer weiß, vielleicht bist du doch eine Bergsteigerin?«

Ja, dachte ich, das bin ich. Aber unter all den Etiketten bin ich Margo: 43 Jahre alt und eine Frau, die ich achte. Lange Zeit hatte ich gedacht, ich könne nur dann Respekt gegenüber mir selbst entwickeln, wenn ich so war, wie andere es von mir erwarteten. Heute lebte ich mein Leben aus meiner Leidenschaft heraus.

Martha kritisierte weiterhin alles, was ihr irgend einfiel, um mir klarzumachen, dass ich *nichts* richtig machte und dass ich deshalb niemals auf den Everest gelangen würde und im Leben versagte. Schließlich hatte ich genug und auf Beckys Vorschlag hin schrieb ich Martha die Kündigung: »Ich werde deinen unerreichbaren Maßstäben nicht mehr folgen. Ich gestatte dir nicht mehr mich faul und dumm zu nennen. Ich werde nicht mehr versuchen dich glücklich zu machen.« Marthas Stimme repräsentierte alle, denen ich jemals hatte gefallen wollen, und während ich den Brief tippte, wurde ich zunehmend wütender, bis ich schließlich fürchtete die Tastatur mit meinen zornigen Fingern zu zerbrechen. Ich war wütend auf die Menschen, die unvernünftige, unmögliche Dinge von mir verlangt hatten – und wütend auf mich selbst, weil ich geglaubt hatte, sie wüssten es besser als ich. Wütend auf die Menschen, die mir beigebracht hatten, dass die Meinung der anderen wichtiger war als meine eigene – und wütend auf mich selbst, weil ich ihnen geglaubt hatte. Wütend auf Martha, weil sie Unmögliches verlangte – und auf mich, weil ich auf sie hörte. Die Worte flossen nur so aus mir heraus und allmählich nahm der Zorn ab, löste sich schließlich auf und ließ mich mit einem gestärkten Gespür für die Wahrheit über Margo zurück: in der gefestigten Überzeugung, dass sich mein Leben nicht darum drehen sollte, allen anderen zu gefallen, dass ich es verdiente, mein Leben nach meinem eigenen Herzen zu leben. Wenn ich nach meinen eigenen Werten und meiner eigenen Ganzheit lebte, hatte ich anderen viel mehr zu bieten, als wenn ich versuchte ihnen das zu geben, von dem ich glaubte, dass sie es verlangten.

Nachdem ich Martha und den Rest der Welt als meine Berater entlassen und selbst die Verantwortung für mein Leben übernommen hatte, merkte ich, dass ich nicht wusste, wie man diesen Job ausfüllte. Ich wusste, Gott war der Generaldirektor, aber ich hatte keine Ahnung davon, wie ich meine eigene Abteilung führen sollte. Also schrieb ich eine Stellenanzeige:

Projektbegleiter gesucht zur Betreuung einer Frau, einzige Angestellte in verschiedenen Tätigkeitsbereichen. Die gesuchte Person sollte liebevoll, ehrlich, nicht überkritisch, geduldig, ermutigend und aus sich selbst heraus motiviert sein. Erforderlich sind Erfahrungen und Fähigkeiten bezüglich Leben im Gleichgewicht von Arbeit und Erholung und zur Anleitung anderer beim Finden eines solchen Gleichgewichts. Erforderlich sind weiterhin Fertigkeiten in Kommunikation, Trainingsphysiologie, Schreiben, Organisation und Lehre sowie die Fähigkeit die Angestellte aus einer Position der Liebe zu führen, nicht aus einer Position von Macht, Schuldgefühl und Scham. Die gesuchte Person sollte eher prozess- als zielorientiert sein. Bewerbungen von Perfektionisten sind zwecklos.

Das war die Behandlung, die ich verdiente.

Langsam begann ich eine Veränderung in meinem Leben zu spüren. Selbst wenn ich Dinge nicht perfekt tat, wuchs meine Selbstachtung und spiegelte sich in dem Respekt, den andere mir zollten.

In körperlicher Hinsicht sorgte ich für mich, indem ich etwas gegen die Schmerzen in meinem rechten Fuß unternahm, die meine Touren am Vinson und an der Denali beeinträchtigt hatten und auch nach meiner Rückkehr aus der Sowjetunion weiterhin ein Problem darstellten. Ich konnte nicht zum Everest ohne etwas dagegen getan zu haben. Die Diagnose eines Spezialisten lautete: »Morton'sches Neurom«, Entzündung einer Nervenkreuzung zwischen dem dritten und vierten Zeh an meinem rechten Fuß. Als eine Einlage für den Mittelfuß in meinem Laufschuh das Problem nicht aus der Welt schaffte, ließ ich mich am 3. Oktober operieren, war nach sechs Wochen vollständig wiederhergestellt und konnte zum ersten Mal seit Monaten wieder schmerzfrei trainieren. Man hatte mir gesagt, dass die Operation nicht immer erfolgreich sei, und ich nahm meine vollständige Genesung als gutes Vorzeichen für den Everest.

Als ich zu Weihnachten nach Greenwich fuhr, konnte ich in einer Weise mit meinen Eltern umgehen und in ihrem Haus mit ihnen feiern, wie ich es nie zuvor erlebt hatte. Es war, als käme ich nicht mehr als kleines Mädchen heim, das ihre Zustimmung sucht; diese Fäden hatte ich aus dem Wandteppich, an dem ich webte, entfernt. Jetzt besuchte ich meine Eltern als eine Frau, die ihnen liebevoll entgegenkam, unabhängig und mit dem Wunsch ihnen Freude zu bereiten. Im Gegenzug akzeptierten sie mich und schenkten mir Zeichen ihrer Liebe, die ich nie zuvor gespürt hatte. Selbst die Missverständnisse und tiefen emotionalen Wunden, die wir einander über Jahre hinweg zugefügt hatten, schienen geheilt. Gott half mir in jedem Bereich meines Lebens. Wenn er so etwas bewirken konnte, dann konnte er mich wohl auch auf den Gipfel des Everest bringen.

Donnerstag, 31. Januar 1992, San Diego
Man fragt mich, ob ich aufgeregt bin. Ob ich
Angst habe. Ob ich nervös bin. All das und noch
mehr.

Ich saß in meinem Zimmer, umgeben vom Müll meiner Vorbereitungen für zweieinhalb Reisemonate: Kleider, die ich nun doch nicht mitnehmen wollte, Filmhüllen, Batterien und anderer Kram, den ich gekauft hatte, schließlich die Seesäcke selbst. In einer Tasche hatte ich Bücher, Kleider und Reiseutensilien, in einer anderen meinen Computer und meine Kamera. Zum wer-weiß-wie-vielten Mal überprüfte ich meine Tickets und meinen Pass. Dann die Reiseschecks, die Telefonnummer meiner Freundin Shirley in Australien und meine Armbanduhr. Shirley war einige Jahre zuvor von San Diego nach Sydney gezogen um dort im therapeutischen Bereich zu arbeiten. Inzwischen hatte sie ein Buch veröffentlicht und eine erfolgreiche Praxis aufgebaut. Ich freute mich darauf, sie zu sehen, sowohl aus persönlichen als auch aus beruflichen Gründen.

Mein Taxi zum Flughafen hatte eine halbe Stunde Verspätung. Das machte mich wütend. Es war nicht gut, die Reise auf diese Art zu beginnen, aber nichts konnte mich daran hindern, dass ich aufbrach um meinen Traum endgültig wahr zu machen. Ich war nur noch einen 15-stündigen Flug von Australien, nur noch eine Woche von meinem sechsten Gipfel, dem Kósciusko, und nur noch drei Wochen vom Everest-Basislager entfernt.

Weitaus vielversprechender war ein Telefongespräch gewesen, das ich am Tag zuvor mit meiner Mutter geführt hatte. Es war, wie ich es mir immer gewünscht hatte: ehrlich, warm, liebevoll, keine Spielchen. Schlichte Wahrheiten, einfach ausgesprochen. Ein Geschenk am Vorabend meiner Reise. Sie war immer noch voller Angst wegen meiner Bergsteigerei und konnte nicht verstehen, warum ich es tat, aber sie konnte akzeptieren, wie wichtig es für mich war, und sagte, sie würde sehen, was sie mit dem Wetter am Berg für uns tun konnte. Mum schien ein Händchen fürs Wetter zu haben, als ob sie mit Wind und Regen in Verbindung stünde. Ob es nun so war oder nicht, jedenfalls schien es so, als ob das Wetter reagierte, wenn sie etwas von ihm wollte, und um den Gipfel des Everest zu erreichen würde ich alle Hilfe brauchen, die ich kriegen konnte.

In den 24 Stunden zwischen dem Telefongespräch und dem

288

Moment, wo ich auf den Seesäcken in meinem Schlafzimmer saß, hatte ich meinen Antrieb die Sieben Gipfel vollständig zusammenzubringen genau unter die Lupe genommen. Ich wusste, ich hatte schon große Triumphe errungen, indem ich bis zu diesem Punkt gelangt war, aber ich wollte den Gipfel des Everest. Ich wollte ihn mehr, als ich jemals zuzugeben bereit gewesen war. Ich stellte es mir so oft vor, dass ich fast das Gefühl des Erfolgs schmecken konnte, wenn man auf dem höchsten Punkt der Erde stand. Ich wollte Skip umarmen, weinen und meine Nüchternheit dort feiern.

Beim Mittagessen am Tag zuvor hatten Norton und seine uneingeschränkte Unterstützung mir einen wunderbaren Start bereitet. Als treuer Freund seit dem Beginn meiner Bergsteigerei war er einer meiner besten Anfeuerer. Als ich endlich in das Flugzeug nach Australien stieg, wusste ich, ich ging körperlich, emotional und geistig so gut vorbereitet auf diese Reise, wie es nur möglich war.

An den zwei Tagen, bevor ich zum Kósciusko aufbrach, sezierte Marthas pessimistische Stimme minutiös meinen körperlichen Zustand, meinen Trainingsaufwand und meine bergsteigerischen Fähigkeiten. Obwohl ich mich Marthas Kontrolle offiziell entzogen hatte, kostete es mich meine gesamte emotionale Energie in meinen Mietwagen zu steigen und zu dem Wiesenparkplatz in Cooma zu fahren, wo ich Geof und Sarah treffen sollte. Sie waren meine Bergführer in Bolivien gewesen und nun würden wir meinen sechsten Gipfel zusammen machen.

Der Mount Kósciusko liegt in den Schneebergen der Australischen Alpen, im Südosten von New South Wales. P. E. Strzelecki hat ihn als erster Europäer 1840 gesehen und er hat ihn nach einem polnischen Landsmann, Tadeusz Kósciusko, benannt. Bei seinen nur 2230 m Höhe ist der Weg zu seinem Gipfel nicht mehr als eine nette Wanderung. Immer mehr

Bergsteiger finden, er sei es nicht wert, einer der Sieben Gipfel genannt zu werden, und ziehen den Puncak Jaya vor, besser bekannt als Carstenszspitze, mit 5030 m Höhe der höchste Punkt in Indonesien und damit immer noch in Australasien gelegen. Ich hatte vor den Kósciusko jetzt und die Carstenszspitze im kommenden Jahr zu besteigen und auf diese Weise beide Zählweisen abzudecken.

Auf das Wiedersehen mit Geof und Sarah hatte ich mich sehr gefreut. Wir waren über die Jahre in Briefkontakt geblieben; Sarah hatte ich von Anfang an gern gemocht und Geofs Briefe zeigten ihn von einer Seite, die ganz anders war als sein Stil als Bergführer. Auf dem Berg war er konzentriert und unnahbar – in seinen Briefen war er warmherzig, philosophisch und offen gewesen. Das Foto, das sie mir geschickt hatten, zeigt eine liebevolle Familie, und Clare, ihre damals acht Monate alte Tochter, blickte mit liebevollen, lebendigen blauen Augen in die Kamera, die eine Weisheit weit jenseits ihres Alters widerzuspiegeln schienen. Ohne dass ich sie getroffen hatte, nahm sie sofort mein Herz gefangen. Geof und Sarah hatten ehrlich erfreut geklungen, als ich sie anrief um zu fragen, ob sie mich zum Gipfel des Kósciusko begleiten wollten, und wir einigten uns leicht und schnell. Wir sprachen ununterbrochen über Berge, Politik, Ökologie und Kinder, während wir unsere Zelte auf einem Campingplatz am Ufer des Jindabye-Sees aufstellten, nur ein paar Kilometer vom Kósciusko entfernt.

»Margo, es ist so schön, dich zu treffen.« Sarah sah mich über die Lampe hinweg an, die wir auf die Decke zwischen uns gestellt hatten, und ihr Lächeln füllte das ganze Gesicht aus. In ihrem australischen Akzent klang mein Name in einer Weise verändert, die ich liebte. Clare nuckelte glücklich an Sarahs Brust. »Ja, das ist es wirklich«, antwortete ich und nippte an meinem heißen Kakao. »Es kommt mir überhaupt nicht wie drei Jahre vor.«

Geof kam von dem Picknicktisch zurück, der uns als Küche diente, setzte sich neben Sarah und beobachtete voller Verehrung, wie Clare trank. Mit seiner großen, starken Hand streichelte er sanft ihren kleinen Kopf und ihr feines, blondes Haar. Sarah beobachtete ihn, wie er seine Tochter betrachtete, und lächelte. In Bolivien hätte ich mir niemals vorstellen können, dass Geof ein solcher Vater sein würde. Hier erlebte ich ein Familiengefühl im besten Sinne des Wortes und war ein bisschen neidisch auf die offene Art, in der Geof und Sarah mit Clare umgingen. Keine Einschränkungen, keine Bedingungen, keine Erwartungen: nur Liebe und Annahme. Entsprechend reagierte Clare auf die Welt mit einer wunderbar unschuldigen Hinwendung, Offenheit und Freude – eben so, wie ein Kleinkind sein sollte.

»Margo, was du getan hast und was du tust, ist wunderbar.« Geof hob seinen Blick von Clare zu mir. »Ich meine sowohl deine Bergsteigerei als auch dein ganzes Leben. Ich bin froh, dass wir ein bisschen daran teilhaben dürfen.«

»Es wird toll sein, morgen mit dir deinen sechsten Gipfel zu besteigen und dich dann zum Everest zu schicken«, sagte Sarah.

»Ich danke euch«, antwortete ich, tief bewegt von der Wertschätzung und Unterstützung, die mir diese beiden Menschen entgegenbrachten. Geof war ein erfahrener Bergsteiger und selbst schon am Everest gewesen. Und Sarah verstand, was es hieß, als einzige Frau in einer Männergruppe auf einem Berg zu sein. Als wir uns Gute Nacht wünschten, umarmten wir uns fest.

Es brachte viele Erinnerungen und Gefühle zurück, beim vertrauten pffft-pffft-pffft des einflammigen Kochers aufzuwachen: die einfache Freude draußen zu schlafen, das Zögern den warmen Schlafsack zu verlassen, die Vorfreude auf eine Tasse heißen Kaffee und die starken, widerstreitenden Erinnerungen an die Aufregung am Gipfeltag. An diesem Morgen hörte man auch andere, weniger vertraute Töne: Krähen, die einander zukrächzten und mit Geräuschen, die ich ihnen bisher nicht zugetraut hatte, scheinbar miteinander sprachen. Und ein Gurren, ein sanfter, glücklicher Ton, an dem ich Clare erkannte, die jetzt ein Jahr alt war.

Der Kaffeeduft, der durch die halb offene Tür meines Zeltes wehte, erwies sich als unwiderstehlich. Ich setzte mich auf. Heute würde ich den sechsten meiner Sieben Gipfel besteigen. Heute Abend würde nur noch einer vor mir liegen. Ich fühlte mich fest gegründet, auf meine Mitte konzentriert und zuversichtlich. »Ich habe ein Recht darauf, den Everest zu besteigen. Ich habe ein Recht darauf, die erste Amerikanerin zu sein, die die Sieben Gipfel besteigt. Ich habe ein Recht darauf, mich Bergsteigerin zu nennen.« Die Worte klangen so deutlich in meinem Herzen, als hätte ich sie laut ausgesprochen. Ich hatte hart für dieses Recht gearbeitet und dankte Gott für seinen Anteil daran.

Es war ein herrlicher Morgen, funkelnd klar und warm. Wir frühstückten, dann fuhren wir zum Fuß des Berges und mit dem Sessellift, der im Winter den Skifahrern dient, bis zum Beginn des gepflasterten Wanderweges, der zum Gipfel führte. Sarah trug Clare in einer Kraxe, sodass sie auf dem Weg alles sehen konnte. Die Äste der Schnee-Gummibäume schwankten heftig im böigen Herbstwind und wischten Bögen gegen den Himmel. Ihre Blätter, die sich gerade zu verfärben begannen, reflektierten in der Bewegung das Sonnenlicht. Am oberen Ende des Sessellifts erwies sich aber der Wind als zu stark für Clare; sie und Sarah fuhren wieder hinunter, während Geof und ich auf dem zweistündigen Weg zum Gipfel weitergingen. Wieder einmal reichten unsere Gespräche weit, vom Bergsteigen bis zur Politik, vom Umweltschutz bis zu Suchtproblemen. Unsere Stimmung wechselte

292

von nachdenklichem Schweigen zu albernem Gelächter und zurück.

Wir sprachen ziemlich viel über den Everest. Geof war Mitglied der australischen Everest-Expedition von 1984 gewesen, hatte sich aber auf der Route durch den Großen Couloir ein Höhenhirnödem zugezogen, das für ihn jede Chance auf ein Erreichen des Gipfels zunichte gemacht hatte. Sein Erlebnis bestätigte, was ich schon wusste: Kraft und bergsteigerische Erfahrung sind keine Garantien für einen Gipfel. Berge kann man nicht erobern. Sie erlauben Bergsteigern ihren Gipfel zu erreichen. Oder eben auch nicht.

Wir blieben mehr als eine Stunde lang auf dem Gipfel des Kósciusko, saßen im Wind und beobachteten die große Zahl von Menschen, die heraufspaziert waren. Es war schwierig, diesen von Touristen wimmelnden Buckel mit dem Aconcagua, Vinson oder Denali in Verbindung zu bringen und die Bedeutung der Besteigung wurde mir erst bewusst, als Geof auf dem metallisch knirschenden Weg stehen blieb, während wir wieder zum Sessellift hinuntergingen: »Oh, übrigens, Glückwunsch zu deinem sechsten Gipfel.«

»Ach Gott, stimmt ja.« Erstaunt über das fehlende Erfolgsgefühl am Gipfel sagte ich: »Das habe ich fast vergessen. Es ist schwierig, sich vorzustellen, dass dies hier einer der Sieben ist.«

»Aber so ist es und du hast ihn geschafft. Gute Sache, Margo!« Ich lächelte über den Satz, der so sehr »down under« war. Gary Ball hatte ihn auf dem Vinson benutzt: »Gute Sache, Margo« war über den Funk gekommen, als er gehört hatte, dass ich den Gipfel erreicht hatte. Das war Nummer drei gewesen, jetzt waren es sechs. Nur noch einer. Der große.

Nach einer Nacht bei Geof und Sarah zu Hause in South Durras schickten mich die beiden auf den Weg nach Nepal, ausgestattet mit einem herrlichen Foto von Clare, guten

Wünschen und Gebeten, die von Herzen kamen. Mein Besuch bei ihnen hatte mir viel mehr gegeben als nur meinen sechsten Gipfel.

Wir kamen im ersten Anlauf nach Lukla und das war ein viel versprechender Anfang. Die Twin Otter, die uns dorthin transportierte, landete sicher auf der unbefestigten Landebahn und wir warteten zu neunzehnt auf den Hubschrauber, der unsere Ausrüstung brachte. Elf aus unserer Gruppe waren Bergsteiger, darunter der Expeditionsleiter Todd Burleson und Skip. Die anderen acht waren Trekker, die uns bis zum Basislager begleiten, einige Tage bleiben und dann umkehren würden. Sie wurden von Skips Frau Elizabeth geführt. Zwei weitere Bergführer, Pete Athans und Vern Tejas, waren schon vor uns zu Fuß eingetroffen und befanden sich bereits im Basislager, zusammen mit Karen und Liz, die das Basislager leiten würden. Zwei der Bergsteiger, Parry und Steve, würden einige Tage später zu uns stoßen, sodass dann die ganze Expedition vollständig wäre: siebzehn Bergsteiger, Bergführer und unterstützende Begleiter.

Hinzu kamen noch die Sherpas, ohne die eine Expedition wie diese undenkbar wäre. Ong Chu, der Koch der Expedition, und Lakpa Rita, der Sirdar oder Sherpaführer, gingen mit uns, begleitet von einer dreiköpfigen Küchenmannschaft und vielen Trägern und Yak-Treibern mit Seesäcken, Lebensmitteln und der Küchenausrüstung. Zehn bergsteigende Sherpas und die Mannschaft fürs Basislager waren schon dort und arbeiteten daran, den Platz einzurichten, der für die nächsten zwei Monate unsere zweite Heimat sein würde. 1989 hatte ich diese freundlichen Menschen schätzen und respektieren gelernt, die so stark und so eifrig darauf bedacht sind, es einem recht zu machen. Ich freute mich auf die Gelegenheit mehr Zeit mit ihnen zu verbringen.

Nach einigen Stunden brachen wir endlich zu dem zweistündigen Marsch nach Phakding auf, wo wir unsere erste Nacht im Khumbu-Tal verbringen sollten. Von 1989 erinnerte ich mich, dass es ein einfacher Weg war, immer bergab, und freute mich auf die angenehme Rückkehr in diese Region, die meinem Herzen so nahe stand.

In den drei Jahren, seit ich zum ersten Mal durch Namche Bazaar spaziert war, hatte sich wenig verändert. Vielleicht gab es ein paar Häuser mehr, aber die lächelnden, freundlichen Sherpas waren dieselben und der Rhododendron wuchs immer noch baumhoch, mischte sich mit Birken und Kiefern und gab den Berghängen Tiefe und Farbe. Ich wusste, wenn wir höher stiegen, würden die Bäume durch Gestrüpp und spärliches Gras, dann schließlich durch Fels und Eis ersetzt, das den Weg zum Mount Everest bewachte. Es war alles sehr ähnlich und doch wieder nicht. Was war diesmal anders?

Ich ging mit Ken, einem Chirurgen aus Long Island, dem es anscheinend nichts ausmachte, sich mein Geplapper anzuhören, als meine Begeisterung und Nervosität sich in Redseligkeit äußerten. Es war eine alte Angewohnheit und irgendwann sagte ich zu Ken: »Ich weiß, ich rede zu viel, aber ich bin so aufgeregt hier zu sein. Macht dir mein Geplapper was aus? Soll ich die Klappe halten?« Ganz der nette Mann, der er war, antwortete er lächelnd: »Nein, es macht mir Spaß. Ich höre ohnehin lieber zu, als dass ich selbst rede.«

Ich fragte ihn einiges über ihn selbst, dann quasselte ich weiter, angeheizt durch die Tatsache, dass ich im Khumbu-Tal auf dem Weg zum Everest war: »Ich muss zugeben, Ken, jedes Mal, wenn mich vor dieser Reise jemand gefragt hat, wohin ich fahre, und ich erzählt habe, dass ich den Mount Everest besteigen will, hätte ich am liebsten die Hand vor den Mund genommen und gekichert wie eine Sechsjährige, die ihre Aufregung nicht im Zaum halten kann. Es ist einfach zu unglaublich!«

Und auf einmal wusste ich, was diesmal anders war als 1989: Ich war hier um den Mount Everest zu besteigen. Die Leidenschaft und Vorfreude und der Stolz auf mein Vorhaben veränderten auch meinen Blick auf meine Umgebung und mein Gefühl dafür. Auch wenn Ken nicht die gleiche kindliche Begeisterung zeigte, verstand er mich offenbar und teilte die Tiefe meiner Gefühle: »Margo, Skip hat mir erzählt, es sei herrlich, dich auf einer Expedition dabeizuhaben. Ich beginne schon zu sehen, warum.«

Mein Herz sang und ich lächelte aus der Tiefe meines Herzens. Es stimmte, er hörte mehr zu als er sprach, aber Ken sagte genug, damit ich wusste, dass er ein sanfter Mann mit einem offenen Herzen war, der sich sehr wünschte den Mount Everest zu besteigen. Seine stille Entschlossenheit und mein überschwängliches Hochgefühl passten gut zusammen. Ich wusste, ich hatte einen Verbündeten gefunden.

Während unseres Ruhetages in Namche Bazaar nahm sich die Gruppe die Zeit nach Khumjung hinaufzugehen, zu einem der Dörfer, die von Sir Edmund Hilarys Großzügigkeit gegenüber dem Sherpa-Volk profitiert haben. Sir Edmund war zu einer Feier mit dem Hubschrauber in Khumjung eingeflogen worden und wir freuten uns über die Gelegenheit diesen legendären Bergsteiger zu sehen. 1953 war er gemeinsam mit Tenzing Norgay der Erste gewesen, der erfolgreich den Mount Everest bestiegen hatte.

Die Vorfreude der Menschen war spürbar, beinah knisterte die Luft. Die Arbeit seines *Himalayan Trust* für die Sherpa hat ihr Leben so sehr beeinflusst, dass sie ihn fast wie einen Gott verehren. Durch seine Bemühungen sind in dem Tal zwei Krankenhäuser und mehrere Schulen gebaut worden. Sobald er aus dem Hubschrauber kletterte, gab es ein großes Gewimmel rund um ihn und er wurde zu einem Sessel vor einer kleinen Bühne geführt, wo Lieder, Tänze und eine Reihe von

Spielen zu seinen Ehren aufgeführt wurden. Danach defilierten eine lange Reihe von Sherpas an Hilary vorbei; mit lächelnden runden Gesichtern schenkten sie ihm jeder einen Kata, einen zeremoniellen Schal, und verbeugten sich vor dem Mann, dessen ungekämmte Haare und typische buschige Augenbrauen seine Augen beschirmten. Das Dorf war randvoll mit Lachen. Es war ein liebevoller, prächtiger Nachmittag zu Ehren dieses Mannes, der seine Leistungen nicht einfach seinem Ego zuschrieb, sondern sie dem Volk zurückgab, dessen Berge er bestieg.

Am vierten Tag machten wir den langen, steilen Aufstieg zum Tengboche-Kloster, bei dem wir die Nacht verbringen wollten. Ich war dankbar in Ken einen Verbündeten gefunden zu haben. Ich fühlte mich körperlich stark, aber zunehmend gefühlsmäßig isoliert von den meisten der Bergsteiger, mehr als bei jeder bisherigen Tour. Bob, einer aus der Trekking-Gruppe, und ich hatten auf dem Weg von Namche Bazaar an diesem Morgen darüber gesprochen. Wir waren schon zum vierten Mal zusammen unterwegs und waren Freunde geworden, zu Hause ebenso wie in der Wildnis.

»Das wird ein langer Aufstieg, wenn die Bergsteiger nicht fröhlicher werden«, sagte ich laut genug, dass er es hören konnte, als er vor mir her ging. »Sie sind alle so still und angespannt. Mit den meisten von ihnen kann ich kaum reden und ich fühle mich gefühlsmäßig bei keinem sicher außer bei Ken. Selbst Skip ist weiter weg. Ich fürchte, wenn ich das kleinste bisschen Schwäche zeige, fressen sie mich. Es macht mich einfach unsicher. Mit euch Wanderern macht es viel mehr Spaß und ich mache mir wirklich Sorgen darüber, was wird, wenn ihr geht.«

Bobs Antwort war freundlich und spiegelte doch gleichzeitig seine vernünftige, analytische Art: »Ich frage mich, wie viel davon auf unterschiedliche Kommunikationsstile in Drucksituationen zurückzuführen ist. Du scheinst mit dem Stress dessen, was dir bevorsteht, umzugehen, indem du mehr aus dir herausgehst und viel redest. Die anderen scheinen sich mehr in sich zurückzuziehen und stiller zu werden. Ich mache es genauso, wenn ich nervös bin, und ich weiß, ich würde dein Geplauder etwas störend finden. Vielleicht liegt darin die Distanz, die du spürst. Wir Wanderer sind nicht unter Druck, also können wir deine extrovertierte Art genießen.«

»Puh. Ich wette, du hast Recht.« Ich mochte es nicht, wenn man meine Charakterfehler so deutlich vor mir ausbreitete, aber es brachte immer etwas, mein Verhalten durch die Augen eines anderen zu sehen. »Danke, Bob. Ich finde es nicht besonders schön, das zu hören, aber es erklärt einiges, was passiert ist. Und es ist etwas, auf das ich aufpassen und das ich ändern kann. Aber es löst mein Dilemma nicht, mit wem ich reden soll, wenn ihr und Elizabeth umkehrt. Ihr seid meine einzige emotionale Unterstützung.« Meine Einschätzung der Situation war ein wenig von Selbstmitleid gefärbt.

»Überleg mal schnell, ob das wahr ist«, antwortete Bob. »Du hast dein Tagebuch dabei, oder? Und du hast gesagt, Ken ist in Ordnung, oder? Und Skip ist bei dir, oder? Und dann sind da noch zwei Frauen im Basislager und all diese Kinder, von denen du redest, die in dir leben, sind auch da, oder?«

»Okay, okay, verstanden!« Wieder einmal hatte Bobs genaue Wahrnehmung sich durch mein Selbstmitleid bis zu dem Punkt durchgearbeitet, von dem ich wusste, dass ich dort nie allein war. Es nahmen nicht nur einige Leute an dieser Tour teil, bei denen ich mich einigermaßen gut fühlte, sondern auch meine innere Familie und meine geistige Unterstützungsmannschaft waren immer in Reichweite. Ich musste mich nur still nach innen wenden um ihre Gegenwart zu spüren. Wenn es sich nicht sicher anfühlte, meine Gefühle direkt zu äußern, hatte ich Möglichkeiten emotional für mich zu sorgen ohne auf andere Leute angewiesen zu sein. Das Schwierige war im Zweifelsfall daran zu denken, aber jetzt wusste ich wieder, Gott wollte nicht, dass ich allein auf diesem Berg war.

»Danke, Bob.«

»Jederzeit«, antwortete er und ging weiter den Pfad hinauf, mit seinem schweren Schritt, der mich so sehr an einen freundlichen Papa Bär erinnerte. Ich war froh ihn zum Freund zu haben.

Als Ken und ich am Nachmittag gemeinsam oben am Tengboche-Berg ankamen, wurde mir warm ums Herz angesichts des fast fertigen Klosters. Die ausgebrannte Hülle des alten Klosters hatte mich 1989 schockiert und ich hatte Jonathan gerade an dem Ort nicht spüren können, wo ich seine Energie am ehesten erwartet hätte. Jetzt spürte ich ihn sofort als eine fast körperliche Gegenwart neben mir, die ihre Kraft, ihr Zutrauen und ihre Energie mit der meinen verband. Ich blieb stehen und atmete alles tief ein: das neu erbaute Kloster, das im Licht des Sonnenuntergangs fast glühte, Jonathans Gegenwart, das leise Klingeln der Yak-Glocken an den grasenden Tieren, die Lieder der Sherpas, die die Zelte der Wanderer aufstellten. Ich fühlte mich heiter und stark, sozusagen vollständig, und vermutete, dass es bei dieser Reise um viel mehr ging als darum, den Gipfel des Everest zu erreichen.

Wir erreichten das Basislager als elfte Expedition. Indien, Neuseeland, Spanien, die Niederlande, Großbritannien, Russland und nun auch die Vereinigten Staaten waren in dem internationalen Dorf repräsentiert, das auf dem Khumbu-Gletscher am Fuß des Khumbu-Eisfalls errichtet worden war. Der Gletscher beginnt am Fuß des Westbeckens – dort wird er Eisfall genannt – und folgt dem Talboden bis etwa drei Kilometer oberhalb von Pheriche. Von Gorak Shep zum Basislager gingen wir auf seiner Oberfläche; sie ist von Spalten zerfurcht, mit jahrhundertelang vom Berg abgetragenem Schutt durchsetzt und mit Eisstacheln gespickt. Die Stacheln erheben sich wie Dornen aus der Oberfläche, wo Felsen oder Schutt sie vor dem Schmelzen bewahren, das den Bereich um sie herum absinken lässt. Sie machen ein Gehen auf dem direkten Weg fast unmöglich.

Unsere Sherpas und zwei Bergführer, die vorausgegangen waren, hatten einen Platz eingerichtet, der als unser Basislager dienen sollte. Umgeben von den anderen Expeditionen war er angefüllt mit der Kakophonie der Sprachen und den leuchtenden Farben der internationalen Bergsteigerei. Buddhistische Gebetsfähnchen flatterten im Wind. Sie waren an den Pfählen angebunden, die die Sherpas bei der traditionellen Puja für jede Expedition errichten. Die Puja-Zeremonie war ein buntes, eindrucksvolles Ritual, dessen Hauptausführender ein Lama war. Er war von Pangboche hergereist um die Zeremonie abzuhalten, bei der er auf den Felsen des Gletschers saß, aus alten, handgeschriebenen Exemplaren der heiligen Bücher des tibetischen Buddhismus sang und im Takt seines Gesangs schaukelte. Reis und Gerstenmehl mit Namen Tsampa wurden als Opfer an die Götter in den Wind geworfen, und als duftendes Opfer anderer Art wurde Wacholder verbrannt. Kein Sherpa würde den Eisfall betreten, bevor die Puja durchgeführt ist. Sagarmatha, die Muttergöttin des Universums, muss geehrt, anerkannt und mit Opfern bedacht werden um die Bergsteiger zu schützen.

Am ersten Morgen im Basislager wurde ich von einer Stimme geweckt: »Margo, bist du wach?«

»Einigermaßen. Bist du das, Bob?« Ich war noch halb im Tiefschlaf und erschöpft von der Wanderung hierher und von der großen Höhe.

»Ja, ich bin's. Wir gehen früh los, denn es schneit und wir wollen zurück nach Pheriche. Wir haben schon fast alles gepackt und werden bald aufbrechen.« Das war eine böse Überraschung. Die Trekker hatten zwar heute aufbrechen wollen, aber erst einige Stunden später. »Ich wollte doch Gelegenheit haben mich zu verabschieden.«

»Ich bin gleich da. Geht nicht, bevor ich komme.« Ich kämpfte mit den Schichten von Kleidern, die da draußen bei minus 7° und Schneefall nötig waren. Ich fand Bob und Elizabeth nahe bei dem großen Zelt, das unserer Expedition als Gemeinschaftsraum diente. Sie tranken ihre letzte Tasse Kaffee vor dem Aufbruch, nippten so langsam wie möglich daran. Keiner von ihnen wollte gehen.

»Danke fürs Wecken, Bob. Ich wäre unglücklich gewesen, wenn ich euch nicht Auf Wiedersehen gesagt hätte.« Aber ich war auch unglücklich, es sagen zu müssen. Eine schnelle Umarmung und weg waren sie, verschwanden im leise fallenden Schnee. Ich fühlte mich, als wäre meine gesamte Unterstützungsmannschaft mit ihnen gegangen. Bob und Elizabeth waren zwei meiner besten Verbündeten und ich hatte mich auf dem Weg ins Basislager fest auf sie verlassen. Ich war dankbar für Bobs Erinnerung an all die Mittel, die ich zur Verfügung hatte, und wandte mich sofort an mein Tagebuch, nachdem sie über den Gletscher zurück nach Gorak Shep aufgebrochen waren.

In den nächsten paar Tagen, während wir uns akklimatisierten und das Lager fertig aufbauten, arbeitete ich hart um mir meinen Platz in der Expedition zu erobern. Ich hatte mir immer vorgestellt, wenn ich eine Schwäche zugab, bevor jemand anderer sie bemerkte, würde es weniger weh tun und vielleicht würden sie mich ein bisschen mehr akzeptieren. Diese Theorie stand auch hinter einer Bemerkung zu Vern Tejas darüber, wie langsam ich sein würde. Ich hatte großen Respekt vor Vern wegen seiner bergsteigerischen Fähigkeiten und seiner Einstellung zu den Bergen und ich hatte die kurze Zeit genossen, die wir auf dem McKinley miteinander gesprochen hatten. Sein Können und seine Fähigkeit Spaß zu haben machten ihn zu einem erfreulichen Kletterpartner. Ich war wirklich froh, dass er hier war, und wünschte mir, dass er mich akzeptierte. »Margo,« sagte er, »treib dich nicht in die Enge wegen deiner Kraft.«

Verns Ermahnung war wichtig. Ich beobachtete mein Verhalten genauer. Ich ertappte mich dabei, dass ich über meine Krämpfe sprach, als meine Periode begann, weil ich wollte, dass die Jungs wussten, wie hart ich dafür arbeitete, hier zu sein, aber dann gelang es mir, meine innere Familie zu versammeln und in meinem Innern nach Unterstützung zu suchen statt draußen um Mitleid zu betteln. Ich ertappte mich dabei, dass ich versuchte Skips Zustimmung zu gewinnen, dass ich hoffte, er würde die Anstrengungen bemerken, die ich rund um das Lager unternahm, und mir sagen, wie gut ich das alles machte. Ich fühlte mich weiter von ihm entfernt als auf allen anderen Touren zuvor. Woran auch immer es lag, mir fehlte unsere enge Verbindung.

Mir wurde klar, dass ich vergessen hatte Gott und Jonathan für ihre Hilfe und Gegenwart zu danken. Je mehr ich mich von ihrer Kraft abtrennte, desto mehr musste ich meine Existenz rechtfertigen und umso lauter wurde Marthas Stimme. Meine Gefühle gingen fast im Stundentakt hinauf und hinunter. Die anderen Bergsteiger hielten einander emotional auf Abstand, aber es gelang mir, zu einigen Verbindung aufzunehmen, deren Ängste den meinen ähnelten. Mike und Hugh zum Beispiel machten sich die gleichen Sorgen darüber, ob ihre Kraft für die anhaltende Anstrengung ausreichen würde, die der Gipfel forderte. Es half mir, zu wissen, dass ich nicht allein war, aber es gab wirklich keine Möglichkeit, das Erlebnis zu teilen. Die anderen sprachen nicht darüber, wollten nicht darüber sprechen. So ging ich häufig in mein Zelt oder auf einen kurzen Spaziergang um meine Tränen laufen zu lassen, um die Angst und Einsamkeit zu spüren, die die Intensität dieses Aufstiegs mit sich brachte.

Aber es gab auch Augenblicke großer Freude und Anerkennung. Eines Tages saß ich in der Sonne vor meinem Zelt auf einem provisorischen Stuhl aus meiner Isoliermatte und einer Nylonumhüllung und stickte. Die Beine hatte ich in meinen Schlafsack gewickelt. Die Sonne wärmte mein Gesicht. Ich zog das bunte Garn durch das Muster, das in kleinen Quadraten angelegt war, und musste lachen. Da saß ich und tat, was ich auf meinem Sofa zu Hause so oft tat, aber diesmal im Basislager am Mount Everest, 5334 m über dem Meeresspiegel.

Die Dankbarkeit wurde zu meiner Sicherungsleine, mit der ich den Morgen mit dem Nachmittag und einen Tag mit dem nächsten verband. Wie ich vermutet hatte, ging der Wert dieser Reise weit über das bloße Bergsteigen hinaus. Es war ein Training für schwierige, unkommunikative Beziehungen, langweilige Tage, unangenehme Kälte, morgendliches Unwohlsein, wenn ich nicht aufstehen mochte, und die stille Vorfreude darauf, auf dem Gipfel zu stehen. Bald entdeckte ich, dass ich die Wahl hatte: Entweder konzentrierte ich mich auf die Probleme, die fast stündlich auftauchten, und auf die Konflikte, die zwischen Teammitgliedern aufflammten. Oder ich konzentrierte mich auf meine Dankbarkeit dafür, dass ich dort auf dem Khumbu-Gletscher sein durfte.

Im Postsack waren fünf Briefe für mich. Jeder enthielt Worte der Ermutigung. Der wichtigste kam von Mum. Mir traten die Tränen in die Augen, als ich ihre kritzelige Handschrift sah. Sie war fast blind und schon einige wenige Worte zu schreiben, war eine schwierige Aufgabe für sie. Und sie hatte die Anstrengung unternommen mir einen zweiseitigen Brief zu schreiben. Diese Geste berührte mich tief und der Brief selbst tat es auch. Sie schrieb, dass sie mich respektiere und unterstütze und dass ich eine Quelle der Inspiration für sie sei.

Die Veränderung, die sich in ihrer Unterstützung für mich während der letzten paar Monate vollzogen hatte, war unglaublich und ich fragte mich, wie viel von diesem Wandel eine Spiegelung meiner eigenen neuen Haltung und neuen Lebensweise war. Alles, was ich wusste, war, dass ich endlich die Unterstützung und Liebe von ihr erhielt, die ich mir immer gewünscht hatte, von der ich immer gehofft hatte, ich könnte gut genug sein sie zu verdienen.

Während wir darauf warteten, zum Lager I aufzusteigen, gingen die Sherpas und einige der Bergführer durch den Eisfall hinauf und lagerten Ausrüstung und Vorräte für Lager I und II in Vorbereitung für uns. Wir übrigen machten uns mit den Sauerstoffmasken und -flaschen vertraut, die wir beim Steigen oberhalb von Lager III benutzen würden, und übten das Überqueren von Aluminiumleitern wie denen, die die Spalten im Eisfall überbrückten, eine ziemlich mühsame Aufgabe in den starren Kletterstiefeln aus Kunststoff und mit Steigeisen an den Füßen. Die Leichtigkeit, mit der wir in der Lage sein würden diese Leitern zu überqueren und an ihnen hochzusteigen, würde die Schwierigkeit des Weges nach Lager I sehr beeinflussen. Ich musste mich ständig ermahnen genug zu trinken. Genug zu trinken und zu essen würden zwei Schlüssel dafür sein, ob ich die Kraft und die geistige Energie für den Gipfel aufbrachte.

Am nächsten Tag gingen wir in den Eisfall um im unteren Teil der Route zu üben. Während wir uns darin abwechselten, uns in die Sicherheitsleinen ein- und auszuhängen, und vorsichtig den Abgrund einer Gletscherspalte überquerten, ließ ich gegenüber Pete Athans, einem der Führer, eine Bemerkung über die Ängste fallen, die immer wieder in mir aufkamen: »Ich habe wirklich ganz starke Visionen davon, auf dem Gipfel zu stehen, Pete, aber ein Teil von mir fürchtet sich vor allem, vom Sturz in eine Gletscherspalte bis zum Erfrieren oder davor, vom Berg geweht zu werden.«

»Margo, ich würde mir Sorgen um dich machen, wenn du keine Angst hättest. Dies ist der Everest, nicht irgendein Berg.«

In meinem Herzen wusste ich, dass er Recht hatte, aber mein Kopf drängte mich noch immer, nicht so emotional zu sein. Dann begriff ich. Was ich da fühlte war nur die Größe des Unternehmens, das ich mir vorgenommen hatte. Ich war dabei, den letzten meiner Sieben Gipfel zu besteigen, die erste Amerikanerin zu sein, die das schaffte. Ich schickte mich an, auf dem Gipfel des höchsten Berges auf Erden zu stehen – ich, Margo Chisholm, genesende Alkoholikerin, Drogenabhängige und Bulimiekranke. Ich hatte das Recht mich zu fürchten.

Unser Umzug durch den Eisfall zum Lager I war unglaublich. Der Aufstieg war Ehrfurcht gebietend, mächtig, geheimnisvoll, herrlich, schön, schwierig und erschreckend. Die Sonne strahlte vom Eis zurück, das an einigen Stellen so blau war wie der Ozean vor La Jolla. Mum hatte mit dem Wetter gute Arbeit geleistet. Als wir um vier Uhr morgens aufgestanden waren, hatte es noch geschneit – bei unserem Aufbruch um fünf Uhr hatten wir klares Wetter und so blieb es den ganzen Tag. Seracs lehnten sich in zufälligen Anordnungen aneinander. Gletscherspalten öffneten sich drei, fünf, manchmal zehn Meter weit, manche so tief, wie sie breit waren, manche scheinbar bodenlos. Selbst mit dem Pfad, den die Sherpas und andere Bergsteiger vor uns hinterlassen hatten, und den Fixseilen, die ein gewisses Gefühl von Schutz vermittelten, erforderte dieser Aufstieg meine ganze Konzentration. Dies war der Everest, die Muttergöttin des Universums, und ich ging ihren Rücken hinauf.

Ich stand am Fuß eines Seracs und wartete mit Mike und

Pete, während Ken langsam den zweiten, dann den dritten Teil der Aluminiumleitern überquerte um hinaufzukommen. Es war gut, ab und zu so in der Schlange zu stehen, tief durchatmen und die wunderbaren Formen und Farben rund um uns betrachten zu können. Das leuchtende Gelb, Rot, Lila und Blau unserer Kletteranzüge kontrastierte mit dem weißen Schnee, dem blauen Eis und dem grauen Fels. Es war, als wenn man durch eine ausgebombte Stadt aus Eis kletterte. Wir konnten unser Ziel nicht sehen, aber wir vertrauten darauf, dass wir unseren Bestimmungsort erreichen würden, solange wir nur ein Hindernis nach dem anderen überwanden.

Nach etwa zwei Dritteln des Weges durch den Eisfall legte ich eine Ruhepause ein. Als ich den Rucksack auf den Rücken nahm und wieder losging, fühlten sich meine Beine an, als sei alle Kraft aus ihnen gewichen. Sie schmerzten bei jedem Schritt und ich konnte keinen Rhythmus beim Steigen finden. Der Weg war so unregelmäßig, dass keines meiner Mantras zu funktionieren schien. Der letzte Aufstieg bis zum Lager war einer der längsten Wege meines Lebens.

Lager I saß genau über dem Eisfall am Anfang des Westbeckens. Gletscherspalten zerschnitten die Oberfläche und hinterließen zerklüftete Risse. Die Fußstapfen folgten dem Weg des geringsten Widerstandes um sie herum und bildeten ein labyrinthisches Muster im Schnee.

Nach etwas Essen und Wasser war genug von meiner Kraft zurückgekehrt, dass ich Skip dabei helfen konnte, Wasserflaschen zu füllen und eines der Zelte aufzustellen. Der Tag war beängstigend und aufregend gewesen und ich war voll mit großen Zweifeln und noch größeren Hoffnungen. Von der enormen Höhe bekam ich Kopfschmerzen; sie begannen im Nacken und wanden sich um meine Schläfen. Noch blieben sie erträglich und etwas Ibuprofen ließ mich in der Nacht schlafen, aber als ich mich am nächsten Morgen zu regen begann, wurden sie erheblich schlimmer. Am liebsten wäre ich gestorben. Diamox, die Standardbehandlung für leichte Anfälle von Höhenkrankheit, und eine Erhöhung meines Sauerstoffspiegels durch absichtliches Hyperventilieren verringerten den Schmerz, aber er blieb den ganzen Tag.

Am Nachmittag, als ich zur Akklimatisierung mit einigen meiner Gefährten die erste Leiter zum Lager II hinaufkletterte, war ich immer noch sehr müde und konnte mir nicht vorstellen, wie ich am nächsten Tag dort hinaufkommen sollte. Ich kehrte mit der Absicht ins Lager I zurück mehr zu trinken, in meinen Schlafsack zu klettern und mich besser zu akklimatisieren. Nach zwei Stunden zerriss es mir schon wieder fast den Schädel. Wieder Diamox, wieder Hyperventilation, das Gefühl, als müsste ich jeden Moment erbrechen, dann ließ es nach und ich glitt hinüber in den Schlaf, während ich um Gelassenheit betete. Gott würde mir wahrhaftig helfen müssen, wenn ich höher hinaufkommen sollte.

Am nächsten Tag war ich um sieben Uhr morgens wach und um acht Uhr unterwegs, ohne Kopfschmerzen. So ist das mit den Auswirkungen der großen Höhe. Manchmal reicht es, wenn man bleibt und dem Körper Gelegenheit gibt sich anzupassen, manchmal muss man absteigen. Ich hatte Glück gehabt, die zusätzliche Flüssigkeit, das Diamox und die Zeit hatten das ihre getan und ich fühlte mich stark, als wir fünf Stunden kletterten, hinauf an, über und um die Hindernisse in das lange Tal, das man das Westbecken nennt. Riesige Fels- und Eiswände erhoben sich auf beiden Seiten Tausende von Metern, Nuptse, Lhotse und Everest bildeten ein Hufeisen mit dem Westbecken als Grund. Die Kopfschmerzen im Lager I und die Anstrengung im Eisfall meine Angst zu überwinden waren entmutigend gewesen, aber auf dem langen Marsch über das Eis des Beckens trat wieder das Wunder am Everest zu sein in den Vordergrund und meine Aufregung wuchs wie die Herrlichkeit und die raue Kraft der Berge, die mich umgaben.

Vom Lager II aus hatten wir eine Rundumsicht auf das Westbecken, vom oberen Ende des Eisfalls bis zum Fuß der Lhotse-Wand. Mike, Hugh und ich standen ein kleines Stück oberhalb unseres Lagers um einen besseren Überblick über unsere Lage zu bekommen. »Es ist so unglaublich. Ich kann nicht glauben, dass ich endlich hier bin«, sagte ich. Die Zelte im Lager III auf der Wand waren fast unsichtbare farbige Flecken, die Bergsteiger waren auf dem Eis nur als Punkte wie aus dem Pfefferstreuer zu sehen. »Aber ich habe keine Ahnung, wie ich jemals diese Wand hinaufkommen soll, geschweige denn zum Gipfel. Manchmal fürchte ich mich so, dass mir die Luft wegbleibt.« Die Worte waren mir entschlüpft, bevor ich etwas dagegen tun konnte. Ich wusste nicht, ob es bei diesen Männern gut war, Schwäche zu zeigen, aber jetzt war es zu spät.

»Ich weiß, was du meinst«, sagte Mike. Sein starkes Äußeres hatte verborgen, was gleich unter der Oberfläche lag. »Wann immer ich darüber nachgedacht habe, den Mount Everest zu besteigen, selbst wenn ich mir nur vorgestellt habe dorthin oder bis zum Basislager zu wandern, schien die Aufgabe einfach zu groß um sie zu schaffen. Aber nachdem ich jetzt hier stehe, kann ich es in Abschnitte zerteilen: erstmal bis zur Wand kommen, dann die Fixseile hoch, dann hinauf zum Lager IV und dann jeden einzelnen Schritt von dort bis zum Gipfel. Und auf einmal kommt es mir machbar vor.«

Hugh schüttelte lächelnd den Kopf: »Ich habe gerade dasselbe gedacht. Ich hätte nicht erwartet, dass jemand anderer sich darüber Gedanken macht. Ach Gott, es ist gut zu wissen, dass ich nicht der Einzige bin.« Die Antwort dieser Männer gab mir nicht nur das Wissen, dass ich mit meiner Angst nicht allein stand, sondern auch eine Möglichkeit diesen Berg zu besteigen. Zurück zum: »Schritt für Schritt«. Das konnte ich. Ich wusste zu Hause, wie es ging, und ich hatte es auf einer Menge Berge auf dem Weg hierher geübt. Also konnte ich es auch hier. Es würde schwer – für uns alle –, aber ich musste immer nur einen Tag auf einmal in Angriff nehmen. Ich konnte mir meine Tränen und meine Müdigkeit leisten; meine Kraft würde wachsen, wenn ich mich akklimatisierte.

In den nächsten paar Tagen waren meine Gefühle über die ganze Oberfläche des Berges verteilt. Ich musste hart daran arbeiten, mich von ihren wirbelnden, wechselhaften Bewegungen nicht gefangen nehmen zu lassen. Ich suchte nach der Kraft, die ich im Basislager gefunden hatte und die mir auf anderen Bergen zur Verfügung gestanden hatte. In der einen Minute dachte ich, ich hätte sie gefunden, nur um gleich darauf wieder in die Angst abzurutschen.

Ich trat weiterhin an, half im Lager, sprach mit anderen Bergsteigern, machte kurze Ausflüge in das Becken oder hinauf in die Hänge über dem Lager. Mum leistete weiterhin gute Arbeit mit dem Wetter. Manchmal hoffte ich insgeheim, wir würden einen Sturm bekommen, damit ich nicht klettern musste, aber dann erkannte ich die Angst hinter dem Gedanken und ließ ihn fahren. Die meiste Zeit war es windig, manchmal mit Böen bis zu 80 Stundenkilometern, aber meistens war es erträglich und der Himmel blieb klar. Der Gipfel wartete.

Wir kletterten einen Teil des Weges zum Lager III um uns mit der Höhe und den Verhältnissen an der Lhotse-Wand vertraut zu machen. In meinem »Dauergang« kam ich auf dem ziemlich sanft geneigten Hang des Westbeckens gut bis zum Fuß der Seilsicherung. Aber sobald die Steigung zunahm, wurde ich langsamer. Die Lhotse-Wand war Furcht erregend und selbst mit der Seilsicherung war mir nicht wohl dabei. Meine Waden verkrampften sich sehr, als ich darum kämpfte, meine Füße mit so viel Entspannung in den Knöcheln aufs Eis zu stellen, dass ich alle Zacken meiner Steigeisen aufsetzen konnte. Ein großer Teil des Eises war Wassereis, klar und hart. Es erforderte einige Konzentration, meine Steigeisen am Wegrutschen zu hindern, und obwohl meine Technik gut war, hatte ich kein Vertrauen in sie. Wir kletterten nur ein kurzes Stück an den Seilen hinauf, nicht weit genug, dass ich mich an das steile Eis gewöhnen konnte, und als wir umdrehten, hatte ich mehr Angst als zu Anfang. Wie würde ich jemals zum Lager III gelangen, wenn ich mich so unbeholfen fühlte? Nach fünf Tagen ständigen Aufenthalts auf einer Höhe von 6550 m hatte ich mich gut angepasst, war jedes Mal dabei, wenn der Ruf »Suppe ist fertig« zu hören war, und zwang mich, sowohl bei den Mahlzeiten als auch zwischendurch zu trinken. Körperlich fühlte ich mich von Tag zu Tag stärker, aber emotional schien ich gegen ein unbestimmtes Unbehagen, gegen die Isolation zu kämpfen, als ob etwas fehlte.

Am sechsten Tag bekam ich Fieber und begann schrecklich zu husten. Skips Ankunft an diesem Nachmittag besserte meine Stimmung etwas, aber während der nächsten vier Tage fuhr ich körperlich und seelisch Achterbahn. Der siebte Tag war noch schlimmer und es war schwierig, einen Funken Hoffnung darauf am Leben zu erhalten, weiter als bis Lager II zu klettern, aber am achten Tag fühlte ich mich besser und ging mit Skip, Hugh und Louis hinauf zum Ende der Seilsicherung. Auf dem Weg hinunter fühlte ich mich glücklich und geehrt mit Skip durch das Westbecken gehen zu dürfen. Er war es gewesen, der mir vorgeschlagen hatte mit auf diese Expedition zu gehen und der mir viel von dem beigebracht hatte, was ich dafür brauchte. Er war während eines Großteils der Zeit, die ich im Lager II verbracht hatte, im Basislager gewesen; ich hatte seine spürbare Unterstützung vermisst und war froh sie jetzt wieder zu haben. Ich teilte ihm einige meiner Sorgen wegen der Wand mit; er antwortete beruhigend und zeichnete mir ein Bild meiner Stärke, das ich selbst nicht sehen konnte.

»Ich kenne dich, Margo. Du wirst es wunderbar schaffen.« Er sah über das Becken hinüber zum Pumori und fügte hinzu: »Es ist einfach unglaublich, hier zu sein. Und es ist großartig, dich hier zu sehen.«

»Danke«, entgegnete ich. »Ich habe genau dasselbe Gefühl.« Mein Geist flog hoch in die Luft, auch wenn mein Körper wieder einmal in sich zusammenfiel.

Am nächsten Tag blieb ich hustend in meinem Zelt, während der Rest meiner Gefährten zum Lager III aufstieg. Dann kämpfte ich mich durch den Eisfall hinunter zum Basislager, um von dort mit fast allen anderen Bergsteigern der Expedition nach Pheriche geschickt zu werden. Wir hatten eine ganze Reihe von Beschwerden – Bronchitis, Lungenentzündung und Höhenlungenödem –, aber nur drei von uns mussten in der Nähe der HRA bleiben, während wir gesund wurden. Vern, Parry und ich verbrachten drei Wochen in Pheriche und Deboche, bevor wir so weit wiederhergestellt waren, dass wir auf den Berg zurückgehen konnten. Als wir zum Basislager zurückkehrten, wurden wir sofort den Gipfelmannschaften zugeteilt.

Am Freitagmorgen stand ich um halb sechs auf um Vern, Skip und die übrige erste Mannschaft zu verabschieden, die sich auf den Weg durch den Eisfall zum Lager II und dann zum Gipfel machte. Da verschwanden mein Freund und mein Mentor und ließen mich nur mit meinen inneren Kraftquellen zurück, während ich mir meinen eigenen bevorstehenden Gipfelversuch vorstellte. Mein Team würde am übernächsten Tag aufbrechen. Nachdem die Jungs weg waren, werkelte ich den Rest des Tages herum, suchte mir Beschäftigung, fühlte mich fit, stark und zuversichtlich. Ich wollte mich auf den Gipfel konzentrieren, nicht auf die wachsende Enge in meiner Brust. Ich wollte glauben, dass mein Husten nur das übliche Höhengebell war, nicht die Rückkehr meiner Lungenentzündung. Ich wollte keine Kraft in irgendetwas stecken, das mich vom Berg abhalten konnte. Ich ignorierte sogar den zähen gelben Schleim, den ich abhustete.

Am Samstag wachte ich mit einem seltsamen Gefühl auf, schwindelig und schwach, innerlich zitternd, als hätte ich zu viel Koffein intus. Zuerst schob ich es darauf, dass sich mein Körper über diesen langen Aufenthalt in schwächender Höhe beschwerte, später auf die Wirkung des starken australischen Kaffees, den ich zum Frühstück getrunken hatte und der eine so willkommene Abwechslung von unserem üblichen Nescafé gewesen war.

Allein vor meinem Zelteingang stehend sah ich hinauf zum Eisfall und kämpfte heftig darum, die körperlichen Symptome weiterhin zu leugnen, als Pete bei mir stehen blieb: »Nicht viel geschlafen, hm, Margo?« Petes Worte waren mehr eine Feststellung als eine Frage.

»Genug«, antwortete ich und beobachtete weiter die Bergsteiger im Eisfall, die wie Ameisen auf einem Eisberg aussahen.

»Du hast in der Nacht ziemlich viel gehustet und der Klang gefällt mir nicht. Ich war heute früh im Kiwi-Lager und habe Jan gebeten raufzukommen und sich deine Lungen anzuhören. Ist das in Ordnung?«

»Klar«, sagte ich leichthin und wies heftig die Möglichkeit zurück, dass sie etwas Schlimmes finden würde. Ich hatte in der Nacht gehustet, aber nach all der Zeit im Lager II und all den Atemwegserkrankungen, die der Expedition beschieden gewesen waren, hustete hier fast jeder: Das trockene Höhengebell, das auf hohen Bergen ein so vertrautes Geräusch ist. Mein Husten schien mir nicht schlimmer als der der anderen, aber offenbar dachte Pete darüber anders. »Mir geht's gut«, sagte ich, »aber wenn du meinst, sie soll nach mir sehen, ist das in Ordnung.«

»Wunderbar«, sagte er und wandte sich zum Gemeinschaftszelt.

Ich hielt ihn mit einer Frage auf: »Warum Jan und nicht Ken?« Ken, unser eigener Arzt, war in der gleichen Gipfelmannschaft wie ich. Wenn etwas mit meiner Lunge los war, dachte ich, könnte ich ihm eher ausreden etwas zu sagen als Jan. Denn jetzt war meine einzige Sorge zurück auf den Berg zu kommen. Es war mir gleich, wie es mir ging. Ich wollte nur zurück auf den Berg.

»Er ist beschäftigt, weil er morgen rauf soll, und Jan sagte, sie hat Zeit. Sie hat viel Erfahrung hier oben.« Ich nickte und er ging zum Gemeinschaftszelt. »Bis später.«

»Okay.« Ich atmete tief durch. Ich wollte nicht darüber nachdenken, was Jan vielleicht finden könnte, und ging zu meinem Zelt um mir eine Beschäftigung zu suchen, die mich beruhigte. Da rief Parry von seinem Zelteingang herüber: »Margo, wir gehen in den Eisfall. Willst du mitkommen?«

»Sicher«, rief ich zurück. Das war die perfekte Lösung. Parry, Ken, Hugh und ich gingen mit einem Mann hinauf ins Eis, der ein Video über Nepal drehte. Er stellte viele Fragen und machte viele Filmpausen und wir bewegten uns sehr langsam. Trotzdem war ich müde und hustete sehr, als wir am Fuß der ersten Leiter ankamen. Überhaupt kein trockenes Gebell, sondern ein schleimiger Husten, der allzu sehr so klang wie der, den ich drei Wochen zuvor im Lager II gehabt hatte. Er ließ auch nicht nach, als ich entmutigt zum Lager zurückging und dabei weit hinter die anderen zurückfiel. Meine Brust wurde immer enger und ich ging mit gesenktem Kopf, ängstlich, was passieren würde.

Pete erwischte mich, als ich an der Tür des Gemeinschaftszeltes vorbeiging. »Hast du schon mit Jan gesprochen?«

Ich kämpfte gegen den Husten, als ich den Kopf schüttelte: »Nein.«

»Ich will nicht drängen, Margo, aber du klingst schon fast wie Vern, als er diese schlimme doppelseitige Lungenentzündung hatte, und ich mache mir Sorgen.«

»Margo, ich untersuche dich im Medizinzelt«, hörte ich Kens Stimme aus dem Gemeinschaftszelt und nun konnte ich die Untersuchung nicht länger aufschieben. Er horchte meine Lungen ab, während ich tiefe Atemzüge machte, die meine Brust reizten und mich zum Husten brachten. »Hustest du Schleim ab?«

»Etwas«, antwortete ich zögernd.

»Welche Farbe?«

»So grünlich gelb.«

Er horchte beide Seiten noch einmal ab und verweilte länger bei der rechten, wo die Lungenentzündung gewesen war. »Was ich da höre, gefällt mir nicht, Margo. Irgendetwas geht da drinnen vor sich.« Seine Stimme verriet, dass er mir nicht gern diese schlechte Nachricht brachte, und er konnte mir nicht in die Augen sehen. »Es ist sicher nicht so wie in Pheriche und ich kann nichts Endgültiges sagen, aber es sind Geräusche da und auf der rechten Seite ist der Luftstrom vermindert. Ich weiß nicht recht, was ich dir sagen soll.«

»Ken, wenn ich deine Frau wäre, was würdest du mir dann sagen?« Er seufzte tief und endlich hob er den Blick um mir in die Augen zu sehen. »Ich würde dir raten 24 Stunden zu warten. Es ist zu hart an der Grenze um es jetzt schon zu beurteilen, aber du solltest jedenfalls morgen früh nicht hinaufgehen.«

Das war es also. Mein Herz hatte es gewusst, aber mein Kopf argumentierte immer noch weiter. Ken, Parry, Frank und Pete gingen am Morgen los und kletterten durch den Eisfall dem Gipfel entgegen. Ich hätte dabei sein sollen und stattdessen blieb ich in meinem kleinen Zelt zurück, zu enttäuscht um

314

auch nur zu weinen. Noch hatte ich niemandem meine Entscheidung mitgeteilt, dass ich nicht die Kraft für einen Wiederaufstieg hatte. Ich glaubte immer noch, ich könnte trotzdem hinauf, ich wäre morgen stärker und es wäre alles nur eine Frage der Willenskraft. Aber mein Herz wusste es besser.

Einige Stunden später frühstückte ich mit Todd. Wir waren die einzigen Bergsteiger aus unserer Gruppe, die im Basislager zurückgeblieben waren. »Du hast böse gehustet letzte Nacht«, sagte er. »Hast du überhaupt geschlafen?«

»Nicht viel«, antwortete ich und in diesem Augenblick akzeptierte mein Kopf blitzartig die Entscheidung, die mein Herz bereits getroffen hatte. Zögernd sagte ich zu Todd: »Ich habe beschlossen morgen nicht aufzusteigen. Ich habe einfach nicht die Kraft.« Jetzt konnte ich die Tränen nicht mehr zurückhalten, sie rollten mir einfach die Wangen hinunter. »Es tut mir Leid«, sagte ich mit einer Stimme wie ein kleines Mädchen.

»Kein Grund sich zu entschuldigen, Margo. Es ist die richtige Entscheidung. Und bevor du in Lager II krank wurdest, warst du voll dabei.« Ich wusste, dass es stimmte, wusste, dass ich richtig entschieden hatte. Ich hatte nicht gewollt, dass es so endete. Nicht durch eine Krankheit. Ich wusste nicht, ob ich es bis zum Gipfel geschafft hätte, aber ich glaubte, ich hätte ihm einen guten Kampf geliefert. Bei aller schmerzlichen Enttäuschung war ich bereit zu glauben, dass es einen Grund für all dies gab, dass eine Lektion für mich dahintersteckte. Später an diesem Tag schrieb ich in mein Tagebuch: »Lieber Gott, ich finde es nicht gut, ich habe nicht darum gebeten und ich hasse, was geschieht, aber ich bin bereit zu glauben, dass du mehr weißt als ich, und ich bin bereit dir für diese widerwärtige Gelegenheit zum Wachsen zu danken.« Das war ein Gebet, das ich in einer frühen Phase meiner Genesung gelernt hatte, und es hatte mir immer dabei geholfen, den heftigen Ärger und die Enttäuschung aufzulösen, die sich einstellten, wenn mein Leben nicht so lief, wie ich wollte. Es funktionierte auch diesmal.

Martha versuchte mir vergeblich einzureden, dass ich selbst schuld war und meine Entscheidung mit dieser Bronchitis nicht wieder auf den Berg zu gehen einem Versagen gleichkam. Aber ich ließ mich nicht darauf ein. Ich wusste, ich hatte weder gekniffen, noch war ich ein Schlappschwanz oder eine Versagerin. Ich war durch den Khumbu-Eisfall geklettert, hatte im Westbecken gelebt, war einen Teil der Lhotse-Wand hinaufgeklettert, hatte direkt unter dem Gipfel des Everest gestanden. Und nun würde ich nicht auf seinem Gipfel stehen.

Auch emotional hatte ich hart gearbeitet. Ich hatte einige neue Freunde gewonnen, obwohl die meisten Bergsteiger ihre Gefühle so sorgfältig unter Kontrolle hielten, einige offen feindselig eingestellt waren und einer mich völlig ignoriert hatte. Ja, ich sehnte mich nach jemandem, der mich im Arm hielt, während ich das Gewicht der Wahrheit spürte, dass ich nicht wieder auf den Berg zurückkommen würde. Aber bis dahin war ich einen Weg gegangen, auf den ich stolz war, und keinen Schritt davon konnte man mir nehmen, Martha nicht und auch sonst niemand.

Ich gewöhnte mich an meine Entscheidung, fügte mich, dass es meinem Körper nicht gut ging, dass er mich oben auf dem Berg nicht unterstützen würde. Wellen der Enttäuschung schlugen über mir zusammen, gefolgt von einer tiefen Dankbarkeit, dass ich meinen Traum vom Bergsteigen ausleben konnte, dass ich so viel Zeit im Lager II auf dem Mount Everest verbracht hatte. Nein, ich würde meine Reise zu den Sieben Gipfeln nicht siegreich beenden – jedenfalls nicht in diesem Jahr. Einige Leute hatten mich schon gefragt, ob ich wiederkommen würde.

Wiederkommen? Die Möglichkeit begann allmählich in mein

Bewusstsein einzusickern, während ich mich nützlich machte und unsere Bergsteiger-Mannschaften zum Gipfel aufstiegen. Pete hatte am Everest fünf Versuche gebraucht, bevor er zum Gipfel gelangt war. Vielleicht hatte ich doch noch den Mumm für einen zweiten Versuch. Im Augenblick hatte ich nicht genug Geld und mir war auch nicht klar, woher ich es bekommen sollte, aber ich musste mich weder heute noch morgen entscheiden. Ich konnte mir die Möglichkeit offen halten, die Aufregung tief drinnen spüren, wenn ich ihr erlaubte einfach da zu sein, und zufrieden im Basislager sitzen, während Skip, Vern, Parry, Rob und all die anderen auf dem Berg so schwer arbeiten mussten.

Ebenso wie wir hatten die Kiwis direkten Funkkontakt mit ihrer Mannschaft und berichteten, dass Skip, Vern und Louis um 9.10 Uhr etwa 40 Minuten vom Südgipfel entfernt waren. Das Wetter auf dem Gipfel war fast perfekt. John Helenek blieb auf dem Sattel zurück – er war schneeblind, weil er am Tag zuvor ohne Gletscherbrille geklettert war. Sie war immer wieder vereist und er hatte nichts sehen können und so hatte er beschlossen, dass er bei dem bedeckten Himmel auch ohne die Brille klettern könnte. Sein Leichtsinn kostete ihn die Chance auf den Gipfel.

Wir warteten auf jede Funkmeldung und stellten die Solarzellen auf, die die Batterien auf dem Felsblock außerhalb des Kantinenzelts versorgten.

»Basislager, Basislager, hört ihr uns?« Das Funkgerät krachte vor statischer Aufladung, aber man hörte deutlich Verns Stimme. »Wir hören euch. Bist du das, Vern? Wo seid ihr?« Karen sprach in das Funkgerät, während wir alle hinauf zum Berg blickten, als könnten wir sie irgendwie sehen. Zuletzt hatten wir von ihnen am Fuß der Hilary-Stufe gehört, etwa eine bis eineinhalb Stunden unterhalb des Gipfels.

»Basislager, Basislager, wir sind alle auf dem Gipfel.« Obwohl er ohne Sauerstoffmaske völlig atemlos war, hörten wir den Stolz in Verns Stimme. Es war 11.55 Uhr am 12. Mai 1992.

»Ja!«, rief Karen laut und hob ihre Faust zur Siegerpose. Die große Gruppe von Sherpas und all den anderen, die sich um das Funkgerät versammelt hatten, brach in Zweier- und Dreiergruppen auseinander, die sich umarmten und auf die Schultern klopften, wie Kinder auf- und abhüpften und beim Lächeln weiße Zahnreihen in braun gebrannten Gesichtern sehen ließen. »Das ist toll. Wie geht es euch allen?«

»Es geht allen gut und wir sind sehr glücklich hier. Das Wetter ist wunderbar und die Sicht erst recht.« Ich dachte: »Gut gemacht, Mutter«, blickte zu Karen hinüber und fragte: »Darf ich?« Sie lächelte und reichte mir das Funkgerät.

»Alles klar, Vernon! Glückwunsch!«

»Danke, Margo«, antwortete Vern schwer atmend.

»Ist Skip in der Nähe?«, fragte ich.

Es gab eine Pause und dann sagte eine ruhige, vertraute Stimme: »Margita.« Ich antwortete: »El Cuernador« – es waren die Spitznamen, die wir einander drei Jahre zuvor in Patagonien gegeben hatten. »Du hast es geschafft«, sagte ich, und mein Strahlen drohte mir das Gesicht zu zerreißen. Ich ging weg von den anderen; diesen Sieg wollte ich mit Skip allein teilen. »Ich hab's geschafft«, antwortete er. »Schade, dass du nicht mit mir hier bist.«

»Du bist da. Das ist fast genauso gut. Passt auf dem Rückweg gut auf euch auf.« Mir fehlten die Worte und ich gab das Funkgerät zurück an Karen, während Skip noch antwortete: »Machen wir.«

Den Rest des Gesprächs hörte ich nicht. Mein Herz war zum Überfließen voll. Ich hatte immer gesagt, es sei mir 95 Prozent so wichtig, dass Skip den Gipfel schaffte, wie es mir um mich ging. Sein 20 Jahre alter Traum auf der Spitze des Mount Everest zu stehen war wahr geworden. Er war der erste Mann, der die Sieben Gipfel als Bergführer erfolgreich absolviert hatte, und fünf dieser Gipfel hatte ich mit ihm geteilt. Er hatte eine ungeheuer wichtige Rolle dabei gespielt, wie ich meine Träume zum Leben erweckte, und nun konnte ich dabei sein, wenn er den seinen wahr machte. Trotzdem konnte ich die gleichzeitige Enttäuschung nicht leugnen. Nie hatte ich mir etwas so sehr gewünscht wie auf dem Gipfel dieses Berges zu stehen. Und es sollte nicht sein. Freude und Enttäuschung mischten sich in mir und bewegten sich umeinander wie zwei Vögel beim Balztanz.

Die Luft im Basislager war geradezu elektrisch aufgeladen. Mehr als 30 Bergsteiger schafften an diesem Tag den Gipfel: Kiwis, Amerikaner, Briten, Inder, Niederländer, Russen und Sherpas. Wir verfolgten den Fortschritt der Bergsteiger anhand der Schreie aus jedem Lager, wenn die Gruppen sich über Funk vom Gipfel meldeten. Es war ein glücklicher Tag, einer, den man nicht vergisst.

Eine Woche später stand ich auf dem großen Felsen, der mein Zelt während der letzten zwei Monate beschützt hatte, und blickte über das Basislager. Die Plattformen, auf denen noch vor wenigen Tagen die Expeditionszelte gestanden hatten, waren jetzt leer. Der Vollmond ging über dem Lho La auf und tauchte das Lager und die Berge in ein hartes Licht. Meine Expedition hatte zwei Mannschaften auf den Gipfel gebracht: insgesamt vier Führer, drei Kunden und fünf Sherpas. Ich war nicht die Einzige, die es nicht geschafft hatte, nicht der Versager in der Gruppe, obwohl Martha immer noch von Zeit zu Zeit versuchte diesen Eindruck zu erwecken.

Die letzten paar Tage im Basislager waren angefüllt mit Packen, mit Verabschiedungen, wenn einige gingen um ihre eigenen Zeitpläne zu erfüllen, und mit stillen Phasen des Nachdenkens über eine Rückkehr. Ich hatte einen zweiten Brief von Mum bekommen, in dem sie schrieb, sie seien stolz auf mich, egal, wie hoch ich käme. Ich glaubte ihr und war sehr gerührt, dass sie sich die Zeit genommen hatte mir das zu schreiben.

Der Weg vom Basislager zurück war besonders schön. Ken und ich verbrachten einen wunderbaren Tag damit, von Deboche nach Namche Bazaar zu wandern. Das Tal war besonders schön, die Rhododendronblüten zeigten sich in Farben von blassem Rosa bis leuchtend rot und auf den Berghängen sah man viele verschiedene Schattierungen von Grün. Auf der anderen Seite des Flusses schien es, als hätte ein Künstler einen durchgehenden roten Streifen über das Laub gezogen. Kens Tempo und sein Verhalten bescherten mir nach zwei Monaten auf dem Berg eine angenehme Zeit zur Dekompression.

Als ich auf der Startbahn in Lukla in dem kleinen zweimotorigen Arbeitspferd der *Royal Nepal Airlines* meinen Sicherheitsgurt festzog, dachte ich zurück an all das Warten und Gehen der letzten Wochen. Ich freute mich auf die Wartezeit, die noch vor mir lag, bis ich wieder zu Hause in San Diego sein würde, auf den Flug von Kathmandu nach Bangkok, dann nach Los Angeles, wohin Ray mich zu Anfang dieser Reise gebracht hatte und wo er mich am Ende wieder in Empfang nehmen würde. Die Propeller jaulten in der Höhe von 2860 m auf und wir rollten bergab zu dem Zeichen, das das Ende der Startbahn signalisierte. Einen Augenblick später waren wir in der Luft. Im Flug über den schlammigen Fluten des Dudh Kosi nach Kathmandu ließen wir den Himalaja, das Khumbu-Tal und die Majestät des Everest hinter uns.

Ich wollte nicht irgendwann 70 sein und mich fragen, was geschehen wäre, wenn ich dem Everest einen zweiten Versuch gegönnt hätte. Die ganze Zeit erzählte ich anderen: Mach deine Träume wahr. Lass dich durch nichts aufhalten. In dieser Wahrheit musste auch ich leben. Ich wusste aus der Mitte meines Daseins heraus, dass ich immer noch auf dem Gipfel des Everest stehen wollte. Ich musste eine Möglichkeit finden um zurückzukommen.

11. Es gibt höhere Berge als den Mount Everest

Samstag, 13. Juni 1992, San Diego
Ich wünschte, ich könnte stolzer auf meinen Platz
im Leben sein. Andere können das. Warum fällt es
mir so schwer? Weil ich es immer noch nicht be-
griffen habe: Es ist in Ordnung, kein »Macher« zu
sein.

»Wenn ich abends zur Ruhe komme, ist es, als hätte ich vor
etwas Angst, Ray.« Dieser Freund hatte mich von vielen Bergtouren zurückkommen sehen und manchmal verstand er besser als ich, was vorging. »Ich habe Angst schlafen zu gehen
und weiß nicht warum. Seit ich zu Hause bin, fühle ich mich
außer Form. Es ist mehr als der übliche Heimkehr-Kram. Ich
habe das Gefühl, dass wirklich etwas nicht stimmt.«
»Margo, lass mal ein wenig die Zügel schleifen.« Bei ihm
konnte man sich darauf verlassen, dass er direkt und auf den
Punkt genau antwortete: »Wenn ich einen Traum hätte und
mich damit nach außen an die Menschen gewandt hätte, wie
du es getan hast, vor allem mit einem Traum so groß wie die
Besteigung des Mount Everest, und käme dann nach Hause
und müsste denselben Leuten erzählen, dass ich mein Bestes
getan habe und trotzdem nicht hinaufgekommen bin und
dass ich es jetzt noch einmal versuche, hätte ich so viel Angst,
dass ich mir in die Hosen machen würde.«
»Aber ich verstehe es nicht. Alle sind so ermunternd und
großzügig zu mir. Sie sagen mir, sie finden es unglaublich,
was ich tue.« Meine Freunde und andere waren wunderbar
gewesen, selbst als ich ihnen sagte, dass ich den Gipfel nicht

erreicht hatte. »Und trotzdem komme ich mir wie eine Hochstaplerin vor.«

»Aber wie fühlst *du* dich, nachdem du nicht auf den Gipfel des Everest gekommen bist? Was haben deine Leute gesagt? Was sagt Martha dazu?«

»Martha sagt, dass ich eine Versagerin bin und auf dem Everest von Anfang an nichts zu suchen hatte.« Ich begann mich ungemütlich zu fühlen, weil seine Fragen die Gefühle austesteten, die unter meinem vagen Gespür von Angst und Unbehagen lagen. »Mum und Dad haben mich unterstützt, aber sie wollen wissen, was ich nun vorhabe. Und Mum sagte, jemand hätte gefragt, warum sie keine Danksagung für ihre Spende bekommen hätten. Ich habe ihr gesagt, dass ich die Danksagungen versende, sobald ich kann. Was erwarten sie, dass ich Postkarten von Lager II verschicke?« Mein Gefühl von Schuld und Versagen wuchs, je mehr ich es in Worte fasste. Ray saß mir gegenüber am Tisch in dem kleinen Strandcafé, die Hand um seinen Kaffeebecher gelegt. Mein Magen fühlte sich an, als ob er in ihm herumrührte, als er langsam den Kaffee in seiner halb vollen Tasse kreisen ließ, zuhörte, meine Antwort abwog. »Ja, und ...« Immer gelang es ihm, mich in meine Gefühle hineinzuführen, vor allem in die, die ich nicht fühlen wollte.

»Verdammt, Ray, ich bin enttäuscht und sehe mich als Versagerin und Schwindlerin. Ich habe Angst, dass sie nur nett sein wollen um meine Gefühle nicht zu verletzen. Dass sie in Wirklichkeit Mitleid mit mir haben, es mir aber nicht ins Gesicht sagen wollen. Dass sie denken, ich bin verrückt, wenn ich auch nur daran denke, noch einmal dorthin zu gehen.«

»Und? Bist du es?«

»Bin ich was?«

»Enttäuscht, eine Versagerin, eine Schwindlerin, verrückt?«

»Enttäuscht, ja. Das bin ich allerdings. Ich habe nicht das Gefühl, dass ich an diesem Berg gute Karten hatte. Mein Körper hat schlapp gemacht, bevor ich auch nur eine Chance hatte. Eine Versagerin? Nein. Es könnte so aussehen, wenn die Sieben Gipfel mein einziges Ziel gewesen wären. Aber das waren sie nicht, du weißt das. Dort zu sein, war viel wichtiger, als auf dem Gipfel zu stehen. Es war ein solches Privileg, überhaupt auf diesem Berg zu sein. Und eine Schwindlerin bin ich ganz sicher nicht: Ich habe sechs der Sieben Gipfel bestiegen, und fast 20 weitere nebenbei.« Ray lächelte, seine Kaffeetasse war leer und stand auf ihrem Teller. Ich konnte spüren, wie Energie durch meinen Körper floss, und setzte mich aufrecht hin. »Und ich bin sicher nicht verrückt, wenn ich noch einmal dorthin will. Manche Bergsteiger haben vier, fünf, manche noch mehr Versuche unternommen. Dies ist meine Leidenschaft. Ich bin Bergsteigerin und mein Traum ist es, auf dem Gipfel des Mount Everest zu stehen.«

»Also, wovor hast du Angst? Warum kannst du nicht schlafen? Was ist es, das zu fühlen du dir nicht erlaubst?«

Jetzt war es an mir, meinen Kaffeebecher zu nehmen und in meinen Händen kreisen zu lassen. Ich setzte ihn ab und sah Ray in die Augen. »Dass meine Leidenschaft falsch ist, dass ich wirklich verrückt sein könnte, dass ich vielleicht wirklich eine Versagerin bin. Ich habe Angst, dass Martha Recht hat. Zum Teufel, ich habe Schwierigkeiten zu meinem täglichen Kleinkram zurückzukehren: Rechnungen, Telefongespräche, Dankschreiben. Vielleicht ist es nur eine andere Art der Zwangsvorstellung. Ich wäre lieber wieder auf dem Berg als hier. Vielleicht ist mein Wunsch es noch einmal zu versuchen eine Vermeidungsstrategie, damit ich nicht einfach mein normales Leben weiterleben muss.«

»Vielleicht geht es in deinem Leben aber darum, es noch einmal zu versuchen.« Ray hatte eine Art Sätze so umzudrehen, dass sie zurückschlugen, und zwar hart. »Wenn es in deinem

Leben darum ginge, Buchhalterin oder Börsenmaklerin zu sein, dann wäre eine Rückkehr zum Everest vielleicht eine Strategie um etwas zu vermeiden. Aber in deinem Leben geht es um Abenteuerreisen und darum, anderen zu sagen, dass sie ihren Träumen ebenso gut folgen können wie du. Margo, du lebst wahrscheinlich die Wahrheit deines Lebens vollständiger aus als die meisten Leute in diesem Café. Aber du bist auch nur ein Mensch. Wo kommt in all dem Gott vor?«

»Ich habe in der letzten Zeit nicht viel mit ihm geredet.«

»Jonathan?«

»Mit ihm auch nicht. Tatsächlich, das ist mir auf dem Berg auch schon aufgefallen. Diesmal habe ich es ziemlich auf eigene Faust versucht.« Ray hatte mich wieder einmal festgenagelt. »Kein Wunder, dass ich solche Angst habe. Ich habe es allein versucht. Ich kann meine Kraft nie spüren, wenn ich das tue. Danke, Ray, wenigstens weiß ich jetzt, wo ich mit der Veränderung anfangen kann.«

Ich ging zurück zu den Grundlagen, die ich in der Frühzeit meiner Genesung gelernt hatte um mich wieder mit meiner geistigen Energie zu verbinden. Ich betete, meditierte, sprach mit anderen, arbeitete mit meiner inneren Familie und öffnete Jonathan mein Herz, aber als das Ergebnis, das ich mir wünschte – Befreiung von meinem wachsenden Gefühl der Schwermut – nicht schnell genug kam, war es allzu leicht, diese Arbeit zu vergessen. Ich kämpfte weiter und meine Essstörung meldete sich wieder stärker zu Wort: »Es ist in Ordnung mehr zu essen. Du wirst dich besser fühlen, wenn du ein großes, ungesundes Essen zu dir nimmst. Das eine Mal macht doch nichts aus.« Ich entschied mich nicht zu den Mitteln zu greifen, von denen ich wusste, dass sie die Krankheit bekämpften. In meinem Herzen wusste ich, dass ich jedes Mal, wenn ich meine Essabhängigkeit über mich regieren ließ, die Konsequenzen zu tragen hatte, aber ich tat es trotzdem. Ich spielte mit meiner Krankheit und überschritt alle selbst gesteckten Grenzen. Mein morgendlicher Entschluss gesund zu essen war schon mittags außer Kraft. Ich machte einen Plan fürs Abendessen und fügte einen Nachtisch dazu. Ich nahm zu, obwohl ich hart trainierte.

Becky begann mein Verhalten zu hinterfragen. Ich wollte mit ihr zusammenarbeiten und einige ihrer Gruppen übernehmen und sie hatte leichte Veränderungen in meiner Einstellung bemerkt: »Margo, solange ein Teil von dir glaubt, du hättest immer noch die Wahl hier und da noch etwas zu einem Essen hinzuzufügen, mehr zu essen, ständig größere Portionen zu essen, als du brauchst, oder ungesundes Essen zu dir zu nehmen, läufst du Gefahr einen Rückfall zu erleiden. Das bedeutet, es gibt immer noch eine Stimme in dir, die nicht glaubt, dass du keine Macht über dein Essverhalten besitzt. Diese Haltung wird sich auf die Gruppen übertragen und das ist nicht in Ordnung. Wer in dir ist es, die glaubt, sie hätte immer noch Macht über dein Essverhalten?«

»Es ist meine Achtjährige, Beck, ich weiß es«, antwortete ich, wohl wissend, dass ihre Worte der Wahrheit entsprachen, gegen deren Bedeutung ich mich weiterhin sträubte. »Ich werde heute Abend darüber schreiben.«

Aber das tat ich nicht. Die Trauer darüber, dass ich keine Chance gehabt hatte den Gipfel zu erreichen, der Zorn auf meinen Körper, dass er mich durch die Krankheit im Stich gelassen hatte, mein Neid auf Vern und Skip, der sich hinter meiner Freude über ihren Erfolg verbarg, all das versteckte sich hinter dem Schleier ungesunden Essens. Ich widerstand jedem Mittel, das ich jemals benutzt hatte um all dem zu entkommen, jedem Mittel, das ich anderen Frauen am Telefon empfahl.

Ich sah mir die Qualifikation für die Olympischen Spiele im Fernsehen an. Da gingen Männer und Frauen an ihre Leistungsgrenzen um an den Spielen teilzunehmen. Keine Versprechen, keine Garantien, nur sie und ihre Träume. Es kam mir vor, als spiegelten sich darin mein Traum vom Everest und der Prozess, der vor mir lag. Martha sagte mir, ich hätte nicht die nötige Disziplin um für den Everest ausreichend hart zu arbeiten, geschweige denn für seinen Gipfel. Ich weinte mit den Athleten, die auf dem Siegerpodest standen, und mit denen, die es verpassten, und spürte die Tiefe ihrer Hingabe. In meinem Herzen wusste ich, dass ich auf dem Gipfel der Welt stehen wollte, wusste, dass ich es konnte, aber ich trieb weiterhin Spielchen mit meiner Krankheit. Marthas pessimistisches Geplapper wurde im Laufe des Sommers lauter und für mich wurde es immer schwieriger, sie in Schach zu halten.

Allmählich wickelten meine Ängste alles ein, was ich zu tun versuchte. Training, Rechnungen bezahlen, Treffen mit Freunden, die mir Hilfe bei der Öffentlichkeitsarbeit und Geldbeschaffung für meine zweite Expedition anboten: Jeder Schritt war mühsam. Meine Stimmungen wechselten von einem Extrem ins andere, wie eine rasende Schiffsschaukel. In der einen Minute war ich aufgeregt, freute mich darauf, eine Aufgabe zu erledigen. In der nächsten Minute versackte ich in irgendeinem Detail oder in Tränen, unfähig den nächsten Punkt auf meiner Liste anzugehen. Ein körperlicher und seelischer Nebel begann alles zu verdecken, legte sich um mich wie Staub auf ein windgepeitschtes Feld. Dann kamen zu den Stimmungsschwankungen auch noch Hitzewallungen, die ersten Vorboten der Wechseljahre. Wenigstens hielten sie eine plausible Erklärung für meine unkontrollierten Gefühle bereit. Vielleicht war ich zu alt zum Bergsteigen.

Selbst als der Nebel dichter wurde, hielt ich noch Workshops ab und veranstaltete Dia-Präsentationen auf der *Canyon Ranch*. Die Teilnehmer, Männer und Frauen gleichermaßen, zeigten mir, dass sie Hoffnung für ihr eigenes Leben zu finden glaubten, wenn ich ihnen die Prinzipien mitteilte, mit deren Hilfe ich meine Abhängigkeiten überwunden hatte und meinen Träumen gefolgt war. Es war ein wunderbares Erlebnis, meine Bilder zu zeigen und mit einem Raum voller Menschen zu sprechen, am nächsten Tag Einzelgespräche über ihre Träume zu führen und zu beobachten, wie sie eine neue Vision für sich selbst fanden, weil ich bereit war über meine eigene zu sprechen.

Das Universum schien meine Rückkehr zum Everest zu unterstützen, trotz meiner Ängste und Zweifel. Selbst Mum fand Wege um mir bei der Finanzierung für die Teilnahme an der neuen Expedition zu helfen. In einem Telefongespräch sagte sie: »Ich habe letzte Woche mit deinem Vater gesprochen und ihn gefragt: ›Wie können wir Miggie auf den Gipfel des Mount Everest schicken?‹« Sie war bereit mir zu helfen, obwohl es sie wahnsinnig machte, einfach, weil sie wusste, dass ich genau das wollte. Es war das, was ich mir immer gewünscht hatte: Dass sie mich liebten und unterstützten, weil ich ich war, unabhängig davon, wie sie über das dachten, was ich tat. Sie bot mir an eines ihrer Lieblingsbilder zu verkaufen um Geld für meinen zweiten Versuch beisteuern zu können. Ihre Sehfähigkeit war inzwischen in einem Maß herabgesetzt, dass sie das Bild nicht mehr mit Freude ansehen konnte, aber ich wusste, ein Verkauf bedeutete immer noch ein Opfer für sie. Das Geld war wichtig, aber von noch größerer Bedeutung war ihre Bereitschaft etwas zur Verwirklichung meines Traums beizutragen. Es war ein liebevolles, bedingungsloses Angebot, das enormen Mut von ihr verlangte. Es berührte mich mehr, als ich ihr sagen konnte. Es war der sprechendste Beweis dafür, dass ich Wunder in meinem eigenen Leben und im Leben anderer bewirken konnte, wenn ich mein Leben aus meiner Wahrheit heraus lebte.

Nicht immer wurde die Unterstützung so bereitwillig gewährt. An einem Sonntag im Juli, nach unserem wöchentlichen Volleyballspiel am Strand, setzte sich mein Freund Peter neben mich. »Margo, ich höre, du willst noch einmal zum Everest.« Sein sonnengebräunter, durchtrainierter etwa 50-jähriger Körper dokumentierte seine gesunde Leidenschaft fürs Wellenreiten und seine langjährige Nüchternheit. »Bist du dir sicher, was deine Motive angeht?«

»Was meinst du damit, Peter? Mein Motiv ist einfach: Ich will den Everest besteigen. Ich will, dass mein Traum von den Sieben Gipfeln wahr wird.«

»Ich habe mich nur gerade gefragt, ob du vielleicht eine neue Abhängigkeit entwickelt hast, das ist alles. Du hast dich so sehr aufs Bergsteigen konzentriert, du hast den Everest schon einmal versucht und jetzt strengst du dich so sehr an um noch einmal dorthin zu kommen. Ich habe mich lediglich gefragt, ob aus deiner Leidenschaft eine Zwangsvorstellung geworden ist.«

»Da bist du nicht der Erste, Peter. Ich habe mich das auch schon einige Male gefragt. Das Beste, was ich tun kann, ist nach innen zu horchen und die Konsequenzen zu ziehen, wenn es nicht Gottes Wille ist, dass ich dorthin zurückkehre. Es scheint wirklich eine Entscheidung des Herzens zu sein. Geht es dir mit dem Wellenreiten nicht genauso?«

»Das ist etwas anderes. Es ist etwas, das ich gern tue. Es gibt mir ein geistiges Hochgefühl, einfach draußen auf dem Wasser zu sein. Das Wellenreiten ist eine Zugabe. Im Übrigen gehört es seit meiner Kindheit zu meinem Leben. Und ich muss nicht drei Stunden am Tag dafür trainieren.«

»Bergsteigen mag mehr Training erfordern, aber die Hauptsache ist: Ich tue es gern. Auf einem Berg zu sein verhilft mir zu einer Verbindung mit meiner Seele, die ich nirgendwo sonst habe. Der Gipfel ist ein Ziel, wahrscheinlich wie eine gute Welle für dich. Die Arbeit, die Vorbereitung um dorthin zu kommen löscht die Freude nicht aus. Natürlich bin ich darauf konzentriert. Ich habe eine tiefe Leidenschaft dafür, große Berge zu besteigen, und man muss jeden Tag hart arbeiten um dafür fit zu sein. Das ist wie ein Beruf. Ich will, dass meine berufliche Laufbahn sich daraus ergibt, dass ich meinen Traum lebe und anderen dabei helfe, den ihren zu leben. Die Vorbereitung für den Everest – Geldbeschaffung, Training, Verkauf von T-Shirts – ist die Büroarbeit, die all das vorantreibt. Auf eine Weise ist also das, was ich tue, das tägliche Antreten zur Arbeit.«

Peter beobachtete die Wellen und die Gruppe von Wellenreitern, die in der Dünung schaukelten und auf eine richtige Welle warteten: »Ich glaube, das kann ich verstehen. Ich kann mir nicht vorstellen so viel Zeit und Arbeit hineinzustecken wie du. Es muss eine wirklich große Leidenschaft sein. Nur bleib dran, es an deinem Innern zu überprüfen.«

Für ein, zwei Minuten hielt ich an der Leidenschaft fest, von der ich gerade gesprochen hatte: an dem Wissen, dass es meine Bestimmung war, noch einmal zum Everest zu gehen. Dann, als der erste Wellenreiter sich in die nahende Dünung hineinwühlte und sich zum Ufer tragen ließ, baute sich auch in mir eine Welle auf. Sie wurde größer vor lauter Traurigkeit und kippte schließlich schwer und mit einem bedrohlichen Gefühl, das über meine Leidenschaft hinwegging, vornüber. Plötzlich wünschte ich mir zu Hause in meinem Schlafzimmer zu sein. Nicht hier draußen, mit Menschen, die von mir Lachen und Spiel erwarteten. Mir war nicht danach, zu spielen oder eine Fassade aufrechtzuerhalten. Ich fühlte mich auch nicht stark oder leidenschaftlich. Vielleicht hatte Peter Recht, vielleicht war das Bergsteigen zu einer Zwangshandlung geworden, mit der ich meine Gefühle auf Distanz hielt. Und doch wusste der Funke meiner eigenen Wahrheit, der

330

tief in mir brannte, dass das eine Lüge war, und kämpfte gegen die Finsternis um sein Leben.

Wochen harten Trainings waren durchsetzt von immer schlimmeren emotionalen Tiefphasen. Mein Trainer wollte, dass ich meine Muskeln bis zum Geht-nicht-mehr anstrenge um ihre Ausdauer zu erhöhen; stundenlang trug ich auf dem Stairmaster immer schwerere Lasten auf meinem Rücken. Das Training machte mir Freude, aber der Rest meines Leben schien in einem finsteren Keller stattzufinden, abgeschnitten von meinem Herzen. Trotz all der Leute, die mir bei der Büroarbeit zur Unterstützung meines Gipfelversuchs halfen, fühlte ich mich zunehmend allein.

Im August waren sowohl das Training als auch das Leben im Allgemeinen zu einer ungeheuren Anstrengung geworden. Ich ging zu einem Lungenspezialisten um meine Lunge untersuchen und mich wegen der häufigen Bronchitis beraten zu lassen. Er sagte mir, ich hätte Asthma, ausgelöst durch körperliche Anstrengung. Ich versuchte es mit einem Inhaliergerät, aber das schien überhaupt nicht zu helfen. Ich machte mir Sorgen, dass das körperliche Symptom emotionale oder psychische Grundlagen hatte. Jeder, mit dem ich über das sprach, was ich erlebte, hatte eine andere Meinung dazu. Und der Keller wurde immer dunkler.

Bei einem Treffen mit meiner Freundin Keren im Zusammenhang mit weiteren Ideen für die Geldbeschaffung brach ich schon bei ihrem Vorschlag eine weitere Postaktion zu starten in Tränen aus: »Ich kann nicht. Ich kann nichts mehr tun. Verdammt, es ist einfach zu viel«, sagte ich und schluchzte, die Hände vor dem Gesicht. »Ach Gott, Keren, es tut mir Leid. Es hat nichts mit dir zu tun. Es geht um mich. Ich weiß nicht, was los ist.«

Wachsam auf meine Reaktion achtend antwortete sie sanft, aber bestimmt: »Margo, es ist nur eine von diesen Phasen, die wir alle mal durchmachen. Du musst mit dem Stufenprogramm daran arbeiten. Geh zu mehr Gruppentreffen. Tu etwas für andere. Du bist viel zu sehr auf dich selbst fixiert.« Wahrscheinlich machten ihre Worte Sinn, aber alles, was ich hören konnte, war, dass ich schon wieder etwas falsch machte. Ich fühlte mich, als ginge ich mein ganzes Leben falsch an, und dies war ein weiteres Beweisstück.

Später, eines Morgens beim Kaffee, beobachtete mich eine befreundete Ärztin, als mein Gesicht rot anlief und mein ganzer Körper schweißgebadet war: eine der zwölf oder mehr Hitzewallungen, die mich täglich überfielen. »Es ist nur natürlich, wie du dich fühlst und verhältst, Margo«, sagte sie. »Du bist in den Wechseljahren. Du solltest über eine Östrogentherapie nachdenken. Damit bist du die Hitzewallungen und den ganzen Gefühlskram los. Geh mal zu deinem Frauenarzt.« Ich hatte diesen Schritt bisher vermieden, wollte der Wahrheit nicht ins Auge sehen, dass ich in den Wechseljahren war, dass ich tatsächlich eine Frau mittleren Alters war. Aber jetzt konnte ich es nicht länger vermeiden.

Ende September traf ich Jan zum Mittagessen. Sie war eine gute Freundin und sie war Psychotherapeutin. Sie hörte mir zu, als ich ihr offen davon erzählte, wie ich mich immer mehr außer Kontrolle und isoliert fühlte. Wie so häufig, konnte ich auch diesmal die Tränen nicht aufhalten. »Margo, du sprichst jetzt schon seit ein paar Monaten davon und es scheint nur immer schlimmer zu werden. Ich beobachte dich dabei, wie schwer du kämpfst ohne irgendwie weiterzukommen, wie du viel härter arbeitest als nötig um zu funktionieren. Das passt nicht zu dir.«

»Ich weiß, Jan. Das sage ich ja die ganze Zeit. Irgendetwas stimmt da nicht und ich kann einfach nicht herausfinden, was es ist. Ich habe alles unternommen, was mir einfällt, um da rauszukommen und ich werde nur immer weiter und weiter hineingezogen. Die Leute sagen: ›Hab Vertrauen zu dem, was vorgeht, Margo. Auch das geht vorüber‹, und ich möchte nur losschreien. Es fällt mir wirklich schwer, an dem Stückchen in meinem Innern festzuhalten, das darauf vertraut, dass alles gut wird. Ich bin bereit alles anzunehmen, was das Universum mir zu sagen versucht, selbst wenn es bedeutet, dass aus meiner Rückkehr zum Everest nichts wird. Ich habe nicht den Eindruck, dass es bei diesem Gefühl darum geht, aber ich habe auch sonst keine Ahnung, *worum* es geht.« Während ich sprach, wurde ich immer wütender.

Endlich unterbrach mich Jan: »Margo, halt. Halt. Atme mal durch.« Sie wartete, bis ich ihrer Anweisung folgte. »Gut. Sieh mal, was immer da los ist, ist mehr, als du allein oder mit dem Stufenprogramm oder auch mit Hormonen durchstehen kannst. Hast du schon mit Diana gesprochen?« Nur Dianas Name drang durch meine Tränen. Jan wusste, dass Diana während der ersten drei Jahre meiner Genesung meine Therapeutin gewesen war und dass ich sie seitdem bei einigen kurzfristigen Sachen konsultiert hatte. Schon seit einigen Wochen riet sie mir sie anzurufen. Ich schüttelte den Kopf. »Also, meiner Meinung nach musst du das tun und wenn du es nicht tust, dann mache ich es. Es ist nicht nötig, dass du dich so fühlst.«

Ich ging zu mehr Gruppentreffen. Ich ging zu meinem Frauenarzt und zu meiner Therapeutin. Ich ließ mir ein Östrogenpflaster geben und machte einen Termin mit einem Psychiater aus um ein Medikament gegen das zu bekommen, was Diana als agitierte Depression diagnostiziert hatte. Ich trat weiterhin an, egal, wie ich mich fühlte. Selbst wenn es mir so vorkam, als ob ich einen Anker hinter mir herschleppte. Ich wollte stark, bereit und kraftvoll sein, aber meistens fühlte ich mich verletzlich, schwach und gefühlsmäßig außer Kontrolle. Ich trainierte, knüpfte Kontakte für Präsentationen, telefonierte mit Leuten und dann fiel ich zusammen. Es war, als durchlebte ich große Veränderungen, viel weiter gehend als Wechseljahre und klinische Depressionen. Etwas sagte mir, dass das, was ich an der Oberfläche erlebte, eine Spiegelung der geistigen Arbeit in meinem Innern war, dass die Depressionen ein Segen waren und mich zu einer großen Veränderung in mir selbst führten. Bevor ich weitere professionelle oder medikamentöse Hilfe suchte, entschloss ich mich auf den Rat eines Seelsorgers zu hören und einige Tage in einem Zelt außerhalb von Sedona in Arizona zu verbringen und mich dem Wüstenklima und seiner starken geistigen Energie auszusetzen. Ich packte meinen Schlafsack, Zelt und Kocher und zog in die niedrigen Berge des westlichen Arizona.

Ruh dich aus, sitz still, entspann dich und lass das, was in dir ist, ohne Zwang zum Vorschein kommen. Das wurde für mich zu einem neuen Mantra, als ich von der alten Bergwerksstadt Jerome nach Sedona fuhr. Ich bemerkte, wie sich eine erwartungsvolle Kraft in meiner Brust aufbaute. Es schien, als ob etwas in mir die Energie der Felsformationen erwartete, die zu mir herübergrüßten, als ich in die kleine Stadt hineinfuhr, in der es von Kunstgalerien und esoterischen Buchläden wimmelt. Der wind- und regenzerfurchte Sandstein leuchtete tiefrot. An den Stellen, wo die Sonne ihn erreichte, flimmerte und glühte er und im Schatten konnten die Feinheiten sich entfalten.

Ich fuhr durch die Stadt zu dem Campingplatz im Oak Creek Canyon, wo ich mich für die kommenden sechs Nächte angemeldet hatte. Als ich das einzige Zelt auf diesem Campingplatz voller Wohnmobile aufstellte, spürte ich erneut, dass mehr in mir vorging als nur Wechseljahre und Depressionen. Einige Stunden später saß ich auf meiner Isomatte vor einem gemütlichen Feuer und las Dan Millmans *Der Pfad des friedvollen Kriegers*. Es kam mir so vor, als sei auch ich auf einer heiligen Reise, fast als ob ein neuer, bisher unentdeckter Teil von Margo darauf wartete, geboren zu werden. Ich ließ das Buch sinken und starrte ins Feuer.

Als ich am nächsten Morgen zum Boynton Canyon fuhr, musste ich am Straßenrand anhalten um zu Atem zu kommen. Die raue Schönheit der Felsen und zerklüfteten Steine hatte eine Kraft, die man fast mit Händen greifen konnte. In der Nacht hatte in mir eine Veränderung stattgefunden. Eine neue Fülle schob sich an die Oberfläche. Traurigkeit? Dankbarkeit? Ich war mir nicht sicher. Ich wusste, ich musste nichts erzwingen. Weswegen ich auch immer hergekommen war, es fand statt.

Ich dachte an die Geburt, bei der ich einige Wochen zuvor dabei gewesen war. Meine gute Freundin Maggie hatte mich eingeladen, bei ihr zu sein, wenn ihr Sohn Cody auf die Welt kam. Ich sah, wie der Kopf erschien und dann aus dem Leib seiner Mutter herausglitt, und ich war hingerissen vom Wunder der Geburt. Als ich später bei den beiden saß und das Neugeborene im Arm hielt, lief das Wissen, dass ich nie ein eigenes Kind haben würde, durch meinen ganzen Körper, berührte meinen Unterleib und mein Herz. Der Stich der Traurigkeit machte bald dem Wissen Platz, dass auch dadurch, dass ich meinen Traum lebte, neues Leben entstand.

Und während der Tage in Sedona brachte ich ein neues geistiges Bewusstsein zur Welt. Cody war schon Stunden nach Maggies ersten Wehen da gewesen – meine neugeborene Wahrheit brauchte Tage. Während ich bequem auf ausgetretenen Pfaden wanderte, in der Sonne lag, ruhig die uralte Weisheit dieses Landes einatmete, fand ich geistige Führer in mir, die mich liebten, meine inneren Kinder im Arm hielten und uns die ganze Wahrheit über mich zeigten: fehlbar, aber durchaus vollkommen in meiner Unvollkommenheit. Jonathan tauchte eines Nachts wieder auf, war auf eine fast kör-

perliche Weise anwesend und lag bei mir, den Kopf in meinem Schoß. Martha war verschwunden und mit ihr ihre Verurteilungen, ihre Kritik und ihr negatives Denken. Als ich am
Ende meines Aufenthalts mein Zelt abbaute, wusste ich, ich
war anders als bei meiner Ankunft. Jetzt freute ich mich darauf, heimzukommen. Mit der Angst vor meinem Alltag war
es vorbei.

Nach meiner Rückkehr nach San Diego merkte ich bald, dass
viele meiner Symptome verschwunden waren. Das Leben war
leichter geworden und meine Kraft konzentrierte sich wieder
auf meine Everest-Besteigung. Ich nahm eine Hypothek auf
mein Haus auf um den Rest des Geldes zusammenzubringen,
das ich für die Reise brauchte, und bereitete mich darauf vor,
den Winter in Aspen zu verbringen.

Mittwoch, 14. November 1992, San Diego
Ich will diese Reise zum Everest ganz anders angehen als die im letzten Jahr. Ich glaube, darum geht
es bei dieser zweiten Chance. Ich habe ein ganz
aufgeregtes Gefühl im Magen. Ein Gefühl, das sagt:
»Ja, das ist es.« Ich will meine spirituelle Energie
auf den Everest mitnehmen. Ich will ihn auf meine
Art besteigen, nicht auf ihre.

Während meiner Vorbereitungen für den Aufenthalt in Aspen
erhielt ich von Todd einen Expeditionsplan, der mich schwer
erschütterte. Auf der Liste standen vier Führer und 14 Teilnehmer, fünf davon waren auch im vorigen Jahr schon dabei
gewesen. Wieder würde ich die einzige Frau sein. Ich würde
jedes Gramm Energie und Konzentration brauchen, das ich
aufbringen konnte, um auf den Gipfel des Everest zu gelangen. Ich war nicht bereit auch nur den geringsten Teil davon

336

dafür zu verwenden, mich mit Männern herumzuschlagen, die mich nicht im Lager haben wollten und aller Wahrscheinlichkeit nach auch keine großen Anstrengungen unternehmen würden diese Tatsache zu verbergen.

Ich glaubte, dass ich der ganzen Expedition schaden würde, wenn ich mich wider besseres Wissen einem Team anschloss, in dem von vornherein persönliche Konflikte herrschten, und so rief ich Skip an um die Lage zu besprechen: »Ich weiß, dass Rob und Gary eine Reise durchführen, und ich mochte die Energie in ihrer Gruppe sehr. Schon bevor ich letztes Jahr das Basislager verließ, habe ich daran gedacht, mit ihnen zurückzukehren und nicht mit Todd, aber ich bin mir komisch dabei vorgekommen. Dieser Expeditionsplan wirft nun alles über den Haufen. Ich bin nicht bereit mich noch einmal in eine derartige Situation zu begeben. Vielleicht sollte ich die Kiwis anrufen und sehen, ob sie noch Platz haben. Gibt es in einem solchen Fall irgendeine Herangehensweise?«

»Ach was, du bist die Kundin.« Skip leitete seit 20 Jahren eigene Expeditionen und ich wusste, er würde mir sagen, wenn es eine »richtige« Art gab Dinge zu tun. »Als Bergführer tue ich mein Bestes um eine homogene Gruppe zusammenzustellen. Aber jeder Kunde und jede Kundin hat das Recht zu wählen, mit wem er oder sie gehen will.«

»Mein Herz will mit Rob und Gary gehen, aber ich weiß nicht, ob es in Ordnung ist, so von einer Gruppe zur anderen zu wechseln. Was meinst du?«

»Margo, ich kann dir nicht sagen, mit wem du gehen sollst.« Ich hatte Skip noch nie eine abfällige Bemerkung über irgendjemanden machen hören. Er hatte immer viel Taktgefühl gezeigt und ich war nicht überrascht, dass er mir keinen Rat geben wollte. »Ich will damit nur sagen, dass es einzig und allein deine Entscheidung ist. Und dich daran erinnern, dass du es bist, die immer so viel davon redet, dem Herzen zu folgen.«

Da hatte ich meine Antwort. »Danke. Ich halte dich auf dem Laufenden.« Spät an diesem Abend rief ich Rob Hall in Neuseeland an, mit Rücksicht auf den 18-stündigen Zeitunterschied. »*Adventure Consultants*, Rob Hall.« Ich lächelte über die warmen Erinnerungen, die die vertraute Stimme wachrief. »Hallo, Rob, hier ist Margo Chisholm aus den Staaten.«

»Hallo, Margo«, ich musste wieder lächeln, als ich die Kiwi-Aussprache meines Namens hörte. »Wie geht's?«

»Gut, danke. Ich rufe an um zu fragen, ob ihr in eurer Everest-Expedition im nächsten Frühjahr noch Platz habt.«

»Auf jeden Fall, ja. Geht es um dich? Ich dachte, du gehst mit Todd.«

»Das wollte ich auch, aber er hat ein paar Leute vom letzten Jahr dabei und mit einigen von ihnen hatte ich Schwierigkeiten. Ich will keine Kraft darauf verschwenden, mich mit problematischen Leuten abzugeben. Ich denke, es ist schwer genug, auf den Berg zu kommen, also gehe ich einige andere Möglichkeiten durch. Weißt du, wer auf eurer Tour dabei sein wird?«

»Gute Idee, Margo. Bisher haben wir sechs Kunden, davon drei Frauen.«

»Machst du Witze? Das ist ja unglaublich!«

»Ja, das ist ungewöhnlich. Gary und ich werden führen, zusammen mit einem Kumpel namens Guy Cotter. Wir haben ein australisches Paar in deinem Alter, einen neuseeländischen Milchfarmer, der ein bisschen jünger ist, eine Frau aus Großbritannien, die im Mittleren Osten lebt, auch dein Alter, eine tolle Frau aus Frankreich, die ohne Sauerstoff klettern will, und einen starken jungen Kerl aus Finnland. Jan wird wieder als Ärztin dabei sein und eine Frau namens Helen Wilton führt das Basislager. Ich glaube, das war's.«

»Das klingt echt gut. Ich finde die Idee verlockend mit so vielen Frauen zu klettern. Vielleicht mache ich's, aber ich will noch darüber schlafen. Hebst du mir bis morgen einen Platz auf?«

»Darauf kannst du wetten. Wir hätten dich sehr gern dabei.«

»Danke. Grüß Jan und Gary. Ich rufe morgen wieder an.«

Ich legte den Hörer auf und wusste schon, was ich tun wollte. Martha sagte mir sofort, ich könnte nicht wechseln. »Du kannst es dir nicht leisten, die Anzahlung an Todd verfallen zu lassen. Du hast es wieder mal vermasselt. Jetzt musst du eben mit dem Fehler leben. Ruf Rob zurück.«

»Nein«, gab ich heftig zurück, in der Hoffnung mit meinen ausgesprochenen Worten die Gedanken zu verdängen. »Es ist nichts dabei, einen Fehler zu machen. Ich bin kein schlechter Mensch, nur weil ich es mir anders überlege. Bei dieser Entscheidung geht es darum, für mich zu sorgen und mir die bestmögliche Chance auf den Gipfel zu sichern. Du kannst mitkommen, wenn du willst, ich kann dich nicht daran hindern, aber ich werde deinem Unsinn nicht mehr nachgeben.« Sie gab keine Antwort. Am nächsten Tag rief ich Rob an und sagte ihm, dass ich dabei war.

Bei den Vorbereitungen für die Reise von San Diego in die Berge von Colorado hatte ich das Gefühl, als wäre ich hier fertig und meine Zeit in Südkalifornien neige sich dem Ende entgegen. Ich war mitten in einem Übergang, zwischen zwei Expeditionen zum Mount Everest, aber, viel wichtiger, auch zwischen zwei Lebensabschnitten. Ich wusste nur noch nicht, was vor mir lag.

Leelee und ihre Söhne nahmen mich wie ein Familienmitglied auf und ich freute mich über die Möglichkeit in einer Weise Teil einer Kleinfamilie zu sein, die ich nie erlebt hatte: gemeinsame Abendessen, bei denen jedes Familienmitglied von seinem Tag erzählte; Meinungsverschiedenheiten über das Fernsehen, bevor die Hausaufgaben fertig waren. Ein Leben, wie ich es seit meiner eigenen Kindheit nicht mehr geführt hatte. Ich war hierher gekommen um zu trainieren und die Verbindung zu einer Gemeinschaft wieder aufzunehmen, die ich 15 Jahre zuvor verlassen hatte, und hier hatte ich ein unerwartetes Geschenk bekommen. Ich genoss es.

Die Weihnachtsferien kamen und gingen, voll gepackt mit Festfreude und dem Überschwang von zwei Jungen, obwohl eine elende Nebenhöhlenentzündung meinem Genuss dieser normalerweise zauberhaften Zeit einen Dämpfer verpasste. Kurz nach Neujahr kam mein Vater um mich und meine Nichte, die auch in Aspen lebte, zu besuchen. Meg war Barbs Tochter und das einzige Enkelkind meiner Eltern, der erklärte Schatz unserer Familie. Wir hatten uns immer schon nahe gestanden und genossen die Gesellschaft der anderen sehr. Volle Terminkalender hatten uns seit meiner Ankunft in Aspen davon abgehalten, so viel Zeit wie geplant miteinander zu verbringen, und wir nutzten die Gelegenheit von Pops Besuch um gemeinsam mit Schneeschuhen den Buttermilk hinaufzulaufen, bevor wir ihn zum Frühstücken abholten.

Ich spürte immer noch die Auswirkungen der eben überstandenen Infektion und als es in meinem Kopf nach zehn Minuten Aufstieg heftig zu hämmern begann, schob ich es auf die verstopfte Nase und stieg weiter. Aber der Schmerz wurde bald schlimmer und ich musste stehen bleiben. Mir war übel und meine Schläfen klopften im Rhythmus meines Herzschlags, als ob ein mittelalterlicher Folterknecht mir Nägel ins Gehirn trieb. Dann gaben meine Knie nach und ich sackte im Schnee zusammen.

»Miggie, was ist mit dir?«, fragte Meg mit besorgter Stimme.

»Ich bin mir nicht sicher«, antwortete ich zitterig, den Kopf in den Händen haltend. »Ich habe ganz plötzlich entsetzliche Kopfschmerzen. Lass mich nur eine Minute hier sitzen.«

»Willst du nach Hause?«, fragte sie.

»Nur eine Minute.« Die Sonne stach in meinen Augen und

mein Kopf hämmerte in einer unvorstellbaren Weise weiter. Ich wusste nur, ich musste von diesem Hügel herunter. »Ja, doch, ich glaube, wir sollten lieber gehen.« Ich kämpfte mich auf die Beine und erbrach mich plötzlich und heftig in den Schnee.

»Soll ich die Bergwacht holen?» Meg, die als ausgebildete Medizintechnikerin im Notfallbereich arbeitete, wusste, das dies nicht einfach Kopfschmerzen sein konnten.

»Nein, ich glaube nicht.« Ich bewegte mich den Hügel hinunter – langsam, aber ich bewegte mich. »Ich schaffe es.«

»Ich gehe vor. Ich warte unten mit dem Auto auf dich.« Über diesen Vorschlag war ich froh. Ich kletterte ins Auto und Meg fuhr mich heim und half mir ins Haus. »Was klingt jetzt gut für dich?« Es war wunderbar, jemanden zu haben, der sich um mich kümmerte.

Ich konnte die Augen vor lauter Kopfschmerzen kaum öffnen. »Nichts klingt wirklich gut, aber vielleicht hilft ein heißes Bad. Würdest du Shirley Carnel anrufen und ihr sagen, was los ist? Ich muss etwas gegen diese Kopfschmerzen unternehmen.« Dr. Carnel war die Hals-Nasen-Ohren-Ärztin, die meine Nebenhöhlenentzündung behandelt hatte. Ich konnte mir nur vorstellen, dass es etwas damit zu tun hatte.

»Miggie«, Meg war nur eine Minute weg gewesen. »Dr. Carnel will dich sofort sehen. Kannst du dich bewegen?« Ich saß in der Wanne, den Kopf in die Hände gestützt und schaukelte im Rhythmus des schauderhaften Klopfens in meinen Schläfen. Die Furcht in ihrem Blick strafte Megs ruhige Stimme Lügen. »Ich muss, Meg. Es ist ganz schrecklich.« Ich kletterte aus der Wanne und die Anstrengung löste wieder Brechreiz aus, diesmal nur trockenes Würgen, aber stark und anhaltend. Ich hatte große Angst.

15 Minuten später war ich im Krankenhaus von Aspen Valley, wohin mich Dr. Carnel sofort nach dem Blutdruckmessen ge-

schickt hatte. In der Notaufnahme maßen sie ihn noch einmal. Er war gefährlich hoch und wegen der Kopfschmerzen, die von einer Gefäßverengung herzurühren schienen, machte man sich Sorgen, dass ich eine Hirnblutung hätte. Sie legten mir eine Infusion und brachten mich sofort auf die Intensivstation, wo sie mich genauer beobachten konnten. Niemals zuvor hatte ich so starke Schmerzen erlebt und ich wollte nur einfach, dass es aufhörte. Sie gaben mir Demerol, ohne dass es wirkte, dann Morphin. Immer noch keine Veränderung. Endlich gaben sie mir so viel Seconal, dass ich wegtrat. Ich verbrachte zwei Nächte auf der Intensivstation, absolvierte Tests und wurde sorgfältig überwacht. Erst am zweiten Abend erfuhr ich, wie besorgt man bei meiner Einlieferung um mich gewesen war. »Sie haben echt Glück gehabt, dass Sie nicht der Schlag getroffen hat«, sagte eine der Schwestern.

Alle Tests kamen negativ zurück. Mein Arzt glaubte, es könnte eine Reaktion auf das Östrogenpflaster sein, also nahm ich es sofort ab und fand mich mit den Hitzewallungen und Stimmungsschwankungen ab. Die verbleibenden dumpfen Kopfschmerzen vergingen innerhalb einer Woche und sobald sie weg waren, begann ich wieder mit dem Training. Ich hatte keine Zeit zu verlieren. Mein Körper musste eben gesund werden, während ich trainierte. Aber das tat er nicht. Ich war erschöpft von dem Zwischenfall und bekam gleich die nächste Nebenhöhlenentzündung.

So betrat ich Dr. Carnels Sprechzimmer, humpelnd, weil ich mir an diesem Morgen wieder einmal den Knöchel verdreht hatte, und schniefend von meiner laufenden Nase. »Margo, was tun sie sich an?«, fragte sie, nachdem ich ihr von meinem Knöchel erzählt hatte. Sie warnte mich vor Überanstrengung: »Wenn Sie wirklich zum Everest wollen, müssen Sie auf Ihren Körper hören und ihm Zeit geben gesund zu werden. Wenn Sie so weitermachen, kommen sie überhaupt nicht dorthin.«

Ich wusste, sie hatte Recht, aber ich musste trainieren. Sie schlug mir einen Monat ohne hartes Training vor; ich handelte sie auf zwei Wochen herunter. »Nur versprechen Sie mir, dass sie auf ihren Körper hören, Margo. Sonst kommen Sie nie zum Everest.«

Leelee war zu Hause, als ich dort ankam, und nahm mich in den Arm. »Ich habe Angst. Ich verstehe das nicht. Der Knöchel, die Nebenhöhlen, der Blutdruck, anscheinend kann ich einfach nicht gesund bleiben. Und ich kann natürlich nicht trainieren, wenn ich nicht gesund bin, und ich kann nicht auf den Everest steigen, wenn ich nicht trainiere, und jetzt sagt Shirley, wenn ich zu hart trainiere, komme ich erst recht nicht auf den Everest. Ich verstehe es einfach nicht.« Ich sank in ihren Schoß zusammen und weinte an ihrer Schulter, frustriert und ängstlich, verirrt und verwirrt.

Es brauchte einen Arzt, einen Psychologen und zwei Physiotherapeuten um mich zu überzeugen, aber schließlich verstand ich es doch. Während der nächsten zwei Wochen verbrachte ich eine unerwartet ruhige Zeit, hielt mein Versprechen und hörte auf meinen Körper. Ich ging rund um den Golfplatz spazieren, statt einen Rucksack auf den Buttermilk zu schleppen. Ich strampelte bequem auf einem Trainingsfahrrad, statt meilenweit auf dem Stairmaster vor mich hin zu klettern. Ich absolvierte eine mäßige Zahl von Wiederholungen mit niedrigem Gewicht, statt mich beim Heben schwerer Gewichte zu überfordern. Und es geschah etwas Seltsames: Ich wurde nicht schwächer. Ich hatte mir Sorgen darüber gemacht, wie viel Fitness ich verlieren würde, und es geschah genau das Gegenteil. Ich fühlte mich besser, als ich es den ganzen Winter lang getan hatte, und als ich mich hunderprozentig wiederhergestellt fühlte, erhöhte ich meine Trainingsintensität in kleinen Schritten. Ich hörte auf meinen Körper und er antwortete. Ich zog mehr Nutzen aus einem weniger intensiven Training innerhalb der Grenzen meines Körpers, als wenn ich ständig gegen sie anrannte.

Die Botschaft daraus war eindeutig: Es ging nicht nur um Kraft. Ich hatte für den Everest so stark wie nur eben möglich werden wollen und meinen Körper überanstrengt. Es war mein Wille gewesen, nicht Gottes Wille, und ich hatte den Preis dafür bezahlt, dass ich ihn mit blinder Sturheit hatte durchsetzen wollen, sodass ich beinahe gar nicht hätte reisen können. Während meiner letzten Wochen in Aspen bedachte ich, was man mir gesagt hatte und wie ich mich innerlich fühlte, trainierte vernünftig in einer Weise, die meinen Körper in Übung hielt ohne ihn zu überfordern, die seine Stärken ebenso anerkannte wie die Bereiche, in denen er nicht so stark war. Ich hörte genau hin und meine heitere Gelassenheit kehrte zurück.

Am 5. März 1993 unternahm ich meine letzte Tour auf den Buttermilk. Zum letzten Mal in diesem Winter würde ich diesen Berg besteigen, mit Schneeschuhen an den Füßen und Skistöcken in den Händen auf dem Weg des Sessellifts. Tatsächlich absolvierte ich drei Runden, insgesamt 1646 Höhenmeter mit 14 Kilo auf dem Rücken, in langsamer und stetiger Bewegung. Die Leute im Lift riefen der kleinen Frau in den leuchtend roten Laufhosen und mit dem großen, roten Rucksack auf dem Rücken alles Mögliche zu: »Sind Sie verrückt?« oder »Sie gehen den falschen Weg!« oder »Was tun Sie da?«. Dauergang. So würde ich steigen müssen, wenn ich zum Everest kam: in meinem eigenen Tempo, ohne zu versuchen anderer Leute Tempo zu halten oder es auf jemand anderes Art zu machen. Ich fühlte mich stark. Mein Körper war gesund. Ich war bereit: bereit für einen neuen Versuch meinen Traum wahr zu machen.

Es war fast fünf Uhr am Nachmittag, als ich den Gipfel zum dritten Mal erreichte, und ich war allein. Die Skilifte hatten geschlossen und die Patrouille war losgezogen um den Berg zu räumen. Die Sonne stand niedrig am Himmel und warf lange Schatten in das quirlige Fork Valley, das unter mir lag. Ich wusste, ich war zu Hause. Hierher gehörte ich und hierher würde ich nach der Expedition zum Everest zurückkehren. Ich würde meine Sachen in San Diego packen und mein Haus verkaufen müssen, aber hier würde ich wirklich nach Hause kommen. Es war ruhig und schön und mein Herz war erfüllt von der Erkenntnis, weshalb ich so schwer arbeitete. Dass sich dadurch die Chancen auf den Gipfel des Everest erhöhten, war nur ein Teil davon. Das Dasein auf einem Berg bedeutete mir mehr als das bloße Erreichen des Gipfels. Und ebenso war es das Training selbst, das mich befriedigte, nicht einfach das Ergebnis. Im Licht dieses Nachmittags fand ich Befriedigung darin, einen Fuß vor den anderen zu setzen, in meinem eigenen Hochgefühl und in der Schönheit der Aussicht und der Berge, in der Gegenwart Gottes und Jonathans und meiner inneren Familie; ich fühlte mich ungeheuer lebendig. Natürlich flossen da wieder Tränen, aber ich lächelte darüber. Ich war stolz, stark und dankbar.

Als der Zeitpunkt meiner Abreise nach Nepal näher rückte, wuchs meine Aufregung. Ich hatte neun Monate hinter mir, in denen ich höhere Berge bestiegen hatte als den Everest: Berge persönlichen Wachstums. Jetzt füllte das Wissen darum, dass ich mit all meinen Unzulänglichkeiten in Ordnung war, das schwarze Loch aus, das ich mit vorgetäuschten Verletzungen, mit Alkohol, Drogen und Essen zu umgehen gelernt hatte. Das Loch, das mir den größten Teil meines Lebens so zugesetzt hatte, schien endlich aufgefüllt. Ich war erregt: körperlich, emotional, geistig. Gott, Jonathan, meine inneren Anführer und meine ganze innere Familie waren mit mir durch meine Verletzungen und Krankheiten gegangen und sie waren auch im Training bei mir gewesen.

Ich wusste, sie würden auch auf dem Berg bei mir sein. Ich fühlte mich in jedem Bereich meines Lebens stark und an meinem letzten Trainingstag, als ich 115 Kilo in drei Sätzen von Kniebeugen gestemmt hatte, stieg der Stolz von den Fußsohlen her in mir hoch. Mein »Ja!« schallte durch das Studio. Die anderen Leute, die dort trainierten, bemerkten es kaum, aber ich wusste, wohin ich ging und was es für mich bedeutete.

12. Der Gipfel ist nur ein Vorwand um hier zu sein

Freitag, 19. März 1993, Los Angeles
Ich werde diesen Traum noch einmal leben. Er gehört mir, mir allein. Ich gehe, um den Gipfel des Mount Everest zu besteigen. Ich bin bereit. Und weil ich bereit bin, weil ich da bin und mich selbst und meine Umgebung wahrnehme, werde ich es so hoch schaffen wie ich soll. Atme, Margo, und bleib aufmerksam.

Ich reichte der Frau hinter dem Schalter der Fluggesellschaft meine zwei Seesäcke und spürte die ersten echten Stiche von Aufregung, als sie mir meine Tickets gab und sagte: »Das Gepäck ist für Sie nach Kathmandu durchgecheckt, Miss Chisholm. Schönen Flug.«
Der Flug über Bangkok zum Flughafen Kathmandu Tribhuvan verlief ohne besondere Vorkommnisse. Ereignislos, dachte ich und kicherte beim Warten aufs Gepäck in mich hinein. Wie war ich von damals, als ich nicht wagte mein Haus zu verlassen, dahin gekommen, dass ich einen Flug nach Nepal für ereignislos hielt? Welch ein erfreuliches Beispiel dafür, was geschah, wenn ich einfach zum Leben antrat und einen Fuß vor den anderen setzte.
Nur auf diese Weise kam ich auch an den kleinen nepalesischen Jungen vorbei, die gleich am Ausgang des Flughafens standen und mir lautstark anboten meine Taschen zu einem Taxi zu tragen. Das Schild mit meinem Namen, das eine kleine Frau mit strahlenden Augen und Pferdeschwanz hochhielt, war ein willkommener Anblick. »Jan«, rief ich glücklich,

»was für eine schöne Überraschung.« Der Nepalese, der bei ihr war, belud sich rundum mit meinen Taschen und wir folgten ihm zu dem Kleinbus, der uns zum Garuda-Hotel bringen sollte.

Auf der 20-minütigen Fahrt redeten Jan und ich ununterbrochen und sie begleitete mich bis zur Rezeption im Hotel. »Sie kümmern sich um dich«, sagte sie. »Rob, Gary und ich haben noch alle möglichen Besorgungen zu machen, also überlasse ich dich dir selbst. Wir treffen uns alle um sechs bei Hem zum Abendessen.« Sie umarmte mich und eilte zur Tür.

Der Reiseplan, den Rob mir zugefaxt hatte, bestätigte die Namen und Heimatadressen der anderen Teilnehmer und ich freute mich darauf, sie alle zu treffen. Die Liste hatte sich seit dem Telefongespräch damals im Oktober nicht verändert: Rob Hall und Gary Ball hatten als dritten Führer Guy Cotter, einen neuseeländischen Landsmann dabei. Jan war wieder die Mannschaftsärztin und Helen, auch aus Neuseeland, leitete das Basislager. Die Bergsteiger, mich eingeschlossen, waren eine echte internationale Mischung: John Gluckmann war ein 42-jähriger neuseeländischer Milchbauer von der Nordinsel; Ken, 50 Jahre alt, und seine 46-jährige Frau Christine kamen aus Australien; Rosalind, 45 Jahre alt, war Britin, lebte aber in den Vereinigten Arabischen Emiraten; die Französin Chantal war Physiotherapeutin, verbrachte aber die meiste Zeit beim Bergsteigen und war die einzige Frau, die den K2 ohne Sauerstoff bestiegen hatte; Veikka war 25 Jahre alt und kam aus Finnland. Als es Zeit zum Abendessen war, trafen wir uns alle in der Hotelhalle um den kurzen Weg zu unserem Ziel zu gehen.

Die Dachterrasse von Hems Restaurant überblickte eine Straße voller Kleinwagen, die sich ihren Weg zwischen den Mopeds, Rikschas und Fußgängern bahnten, die von Ecke zu Ecke strömten. Aber all die Hupen und Fahrradklingeln hatten keine Chance gegen unser Gelächter. Ich hatte gerade den letzten Bissen von einer überraschend guten nepalesischen Version eines amerikanischen Hamburgers zu mir genommen, als John bei der Pointe des letzten in einer ganzen Reihe von Kuhwitzen angekommen war. Ich musste aufpassen meinen Tischnachbarn nicht vollzuspucken. Wir lachten alle laut über Johns ländlichen Humor. Ich war angenehm überrascht von der entspannten, freundlichen Atmosphäre, die sich schon jetzt entwickelt hatte. In der Gruppe war keine einzige Typ-A-Persönlichkeit und es war klar, dass zwar jeder von uns hinaufwollte aufs Dach der Welt, dass wir aber auch darauf aus waren, das ganze Unternehmen zu genießen.

Zwischen zwei Lachsalven gelang es mir, das Essen herunterzuschlucken, das freundlicherweise in meinem Mund geblieben war, und ich sagte: »An diesem Tisch ist heute Abend schon mehr geredet worden als letztes Jahr während unserer ganzen ersten Woche auf dem Weg zum Basislager.«

»Oh Gott, wie hast du das überlebt?« fragte Christine.

»Ich will nicht, dass es klingt, als wäre es schrecklich gewesen. Das war es nicht. Die Gruppe war einfach viel angespannter: stärker auf den Aufstieg und auf den Gipfel fixiert, verschlossener – und es waren alles Männer. Im Basislager waren noch zwei Frauen, aber die Bergsteiger waren alle Männer. Ich kann euch gar nicht sagen, welch eine Wohltat es für mich ist, diese Tour mit drei anderen Frauen zu unternehmen.«

Auf dem Weg zurück ins Garuda, im Gespräch mit Helen, fragte ich mich laut, ob die Leichtigkeit, die sich sofort zwischen uns eingestellt hatte, wohl daher rührte, dass die Gruppe gleichmäßig viele Männer und Frauen umfasste. »Ich weiß es nicht«, sagte sie, »aber jedenfalls ist es eine gute Gruppe.« Helen war Hausfrau; in Neuseeland warteten ihr Mann und vier Kinder. Sie hatte zwei Jahre zuvor an einem Radio-Quiz teilgenommen und dabei einen Treck zum Basislager mit

Robs und Garys Expedition gewonnen. Das hatte ihr eine ganz neue Welt eröffnet und die Leitung des Basislagers bei dieser Expedition war ihr erster Schritt auf dem Weg zum Abenteuerreisen und Bergsteigen, eine Verlagerung ihres Lebenszentrums.

»Ich kann noch gar nicht glauben, dass das alles mir passiert!« Helens Lächeln stand im Einklang mit ihren Worten. »Ein Traum wird wahr.«

»Ich weiß, wie das ist«, sagte ich nickend.

»Ich weiß, dass du es weißt, Margo. Ich spüre schon jetzt eine echte Verwandtschaft mit dir. Es wird eine so gute Reise werden!« Helens Begeisterung für dieses große Abenteuer steckte mich an und ich freute mich auf die Gelegenheit es mit ihr zu teilen.

Während des Fluges von Kathmandu zu dem abschüssigen, immer noch unveränderten Flugplatz in Lukla schlugen mich der Zauber des Himalaja und das Wunder überhaupt hier zu sein wieder in ihren Bann. Jonathan begleitete mich auf dem Pfad nach Namche Bazaar und erinnerte mich daran, dass ich diese Reise anders angehen wollte als die anderen Male, als ich im Khumbu-Tal gewesen war, dass ich neue Lektionen zu lernen hatte. Ich fragte mich immer noch, wie sie wohl aussehen würden, als wir bei der Khumbu-Lodge ankamen, dem Teehaus, wo wir absteigen wollten.

Als Jan vor dem Abflug von Kathmandu meine Gesundheitswerte überprüft hatte, war ich nervös gewesen und hatte mich wie ein böses Mädchen gefühlt, weil meine Lunge mit einer Bronchitis Schwierigkeiten machte. Jan glaubte, das käme hauptsächlich von der ungeheuren Luftverschmutzung in Kathmandu und prophezeite, die Lunge wäre frei, noch bevor wir nach Pheriche kämen. Meine Überzeugung, dass ich dazu bestimmt war, hier zu sein, erlaubte es mir, Vertrauen in das zu setzen, was vor sich ging, und mit den Dingen klarzukommen, solange sie ohne die emotionalen Verletzungen oder inneren Konflikte einhergingen, die ich auf früheren Reisen erlebt hatte. Wenn ich auf dem Weg müde wurde, wenn meine Beine und Knie schmerzten und es den Anschein hatte, als ob meine Lunge beim Einatmen schwerer arbeitete, als sie sollte, sagte Gottes Stimme mir, dass alles in Ordnung war, und ich seufzte erleichtert, entspannte mich ein wenig und wanderte weiter den Weg hinauf. Selbst Marthas Stimme war nicht überwältigend, nur störend.

Nach einer zweitägigen wetterbedingten Pause brach unsere Mannschaft früh am Morgen nach Tengboche auf. Diese Etappe war eines meiner Lieblingsstücke. Der Weg führte steil aus Namche hinaus und folgte einer Reihe von Pfaden, die häufig von Sherpas, Touristen und Yaks benutzt wurden. Normalerweise waren die Pfade trocken und staubig, aber diesmal waren sie von schmelzendem Schnee bedeckt, einer Mischung aus weichem Eis und Schlamm, in der das Gehen anstrengender war als sonst. Nur gelegentlich erhob sich eine Kiefer über das niedrige Gestrüpp am Rand des Weges, der etwa 150 m über der Stadt entlangführte, sich hin- und herschlängelte und die Hänge hoch über dem Dudh Kosi-Fluss querte. Ich ging schneller, als ich mich der Linkskurve näherte, von wo aus, wie ich wusste, der erste klare Blick auf den Everest und den Ama Dablam möglich war. Als ich um die Wegbiegung kam, tauchten ihre klassischen Formen auf und alles, was ich tun konnte, war mitten auf dem Weg stehen bleiben und die Tränen meine Wangen hinunterrollen zu lassen, während diese raue Schönheit meiner Leidenschaft wieder Nahrung gab. Die Sagarmatha schien mich willkommen zu heißen. Es war nicht das überwältigende Gefühl, das ich im Jahr zuvor gehabt hatte, nur die warme Überzeugung, dass ich dazu bestimmt war, auf ihrem Gipfel zu stehen.

Ich ging ein Stück des Wegs mit Kami, dem Sherpa, der im

Lager II unser Koch sein würde. Er hatte an vielen amerikanischen Expeditionen teilgenommen und einige Zeit in den Staaten verbracht. Sein Englisch war sehr gut und wir sprachen über Orte, an denen er gewesen war, auch über New York und Los Angeles.

»Ich habe einen sehr guten Freund, der in Los Angeles lebt«, sagte Kami, während er hinter mir auf dem Weg über das Plateau oberhalb des Dudh Kosi ging. »Kennst du Rick Ridgeway?«

Ich stutzte über den vertrauten Namen. Rick war 1980 auf dem Minya Konka gewesen und hatte Jonathan in seinen Armen gehalten, als dieser starb. Ich hatte Rick bei dem Gedenkgottesdienst für Jonathan getroffen. Seine klare Beschreibung des Friedens in Jonathans Augen hatten mir geholfen meine Trauer über den Tod meines Freundes durchzustehen.

»Ja, ich kenne ihn«, antwortete ich und erzählte Kami vom Minya Konka und von dem guten Freund, der dort gestorben war.

»Du meinst Jonathan?«

Verblüfft blieb ich mitten im Schritt stehen und drehte mich um um Kami anzusehen. »Du hast Jonathan gekannt?«

»Ich kannte ihn ziemlich gut. Ich habe ein paar Mal für ihn gearbeitet und er hat mir einige von seinen Dias gezeigt. Schöne Aufnahmen.«

Ich lächelte und war tief berührt von dieser Verbindung. »Ja, das ist wahr. Ich habe einige davon in meinem Haus an den Wänden hängen. Er war ein ganz besonderer Mann in meinem Leben. Wie schön, dass jemand auf dieser Reise dabei ist, der ihn kannte.« Kami streckte mir seine rechte Hand entgegen. Ich nahm sie, und wir schüttelten uns freundlich die Hände.

»Mir geht es genauso.«

Nach und nach wurden durch Zusammentreffen und bewusste Einstellung immer mehr Fäden in den sorgfältig gewebten Teppich dieser Reise eingefügt und bestätigten mir, dass es nicht falsch gewesen sein konnte zurückzukehren.

Bis zu diesem Zeitpunkt war Veikka, unser finnisches Teammitglied, der Zurückhaltendste in der Gruppe gewesen. Er war offenbar intelligent und meist gut gelaunt und ich fragte mich, ob seine stille Art von Schüchternheit oder Abwehr herrührte oder einfach daher kam, dass er eher ein Zuhörer als ein Sprecher war. Was auch immer der Grund war, ich war jedenfalls überrascht, als er nur wenige Minuten später Kami und mich auf dem Weg überholte, mir eine Hand auf die Schulter legte und sagte: »Es ist zu schön um wahr zu sein.« Seine Worte waren zutreffender für mich, als er ahnen konnte.

Am nächsten Tag kamen wir in Pheriche an und die winzige Ansammlung von Teehäusern weckte gemischte Erinnerungen in mir. Die HRA-Klinik, wo wir an der Pflichtveranstaltung über Höhenkrankheit teilnahmen, war mir noch unangenehm vertraut. Der Überdrucksack lag drohend in der Ecke und ich sah immer noch Parrys Gesicht darin vor mir. Immerhin rief der »Strand«, wo Parry, Vern und ich so viele Stunden verbracht hatten, Vern auf seiner Geige spielend und ich mit meinem Computer, ein Lächeln hervor. Selbst unter den denkbar besten Umständen war Pheriche ein windiger, trister Ort. Von Krankheit geschwächt, wie ich letztes Jahr gewesen war, hatte ich es fast als Gefängnis empfunden und ich fühlte mich nicht wohl dabei, jetzt hier zu sein. Als wir zwei Tage später nach Lobuche aufbrachen, war ich die Erste, die sich auf den Weg machte.

Bald nach der Ankunft im Basislager war ich in meinem geräumigen Zelt dabei, Ausrüstung auszupacken und die Gegenstände fürs Basislager von denen zu trennen, die ich mit auf den Berg nehmen würde. Ich dachte bei mir: »Was für eine Freude hier zu sein!«, breitete meinen Schlafsack aus, arrangierte meine Bücher, den Walkman und mein Tagebuch so, dass sie in greifbarer Nähe waren, und steckte den Kopf hinaus in den hellen Sonnenschein, als gerade Veikka vorbeiging. Er blieb stehen, blickte hinauf zum Eisfall und sagte: »Das ist was, oder?« Durch sein etwas förmliches Englisch und seine skandinavische Zurückhaltung hindurch wurde seine warmherzige Art in einem Lächeln sichtbar. Es leuchtete in seinen Augen auf, als ich mich aus dem Zelt schlängelte und neben ihm stand. Die Zurückhaltung, die er auf dem Weg zum Basislager gezeigt hatte, schien seit unserer Ankunft hier nachgelassen zu haben.

»Allerdings.« Ich legte einen Arm um seine Taille und folgte seinem Blick auf das beeindruckenden Wirrwarr aus Eis. Wir standen einige Minuten still, blickten auf den Berg und nahmen seine Kraft in uns auf. Dann drehte sich Veikka zu mir, umarmte mich hastig, drehte sich schnell wieder weg und eilte zum Kantinenzelt. »Ich bin froh, dass du in dieser Mannschaft bist«, rief ich hinter ihm her. »Ich bin auch froh, dass du hier bist«, wehte es herüber, während er weiterging ohne anzuhalten.

Bei meinem zweiten Aufenthalt war jeder Ton, jeder Anblick und Duft des Basislagers am Everest vertraut und angenehm. Es schien unglaublich, dass ein so entlegener und verzauberter Ort mir vertraut und bekannt war, ein Ort, an dem ich schon einmal gewesen war. Ich hatte so viele Jahre in dem Gefühl gelebt, dass ich nirgendwo hingehörte. Hierher zu gehören erfüllte mich mit Staunen, so oft ich meinen Namen über dem Gletscher hörte.

»Hallo, Margo!« Diesmal war es Lobsang Tenzing, der Neffe von Tenzing Norgay, der Sir Edmund Hilary bei der Erstbesteigung auf den Gipfel begleitet hatte. Ganz egal, wie ich

354

mich körperlich oder emotional fühlte, Lobsangs breites Grinsen und seine freundliche Art brachten mich immer zum Lächeln. Er war Teil einer australischen Expedition zu Ehren des 40. Jahrestags der Erstbesteigung, deren Lager gleich neben dem der Kiwis aufgebaut war; unsere Zelte waren nur ein paar Meter voneinander entfernt. Als ein Bergsteiger mit vielen Aufstiegen auf seiner Liste war Lobsang einer der besten Kletterer im Lager und trotz meiner begrenzten Erfahrung behandelte er mich mit einer ehrlichen, offenen Wärme, die mir einmal mehr bestätigte, dass dies genau der Platz war, an den ich gehörte.

Bei der ersten Tour vom Basislager zum Lager I brauchte ich siebeneinhalb Stunden. Rob war fast die ganze Zeit hinter mir, munterte mich auf, machte mir Mut, unterstützte mich – ähnlich wie Skip auf eine Art, die ich sehr zu schätzen wusste. »Ich brauche zu lange«, murmelte ich. »Viel zu lange«, bestätigte Martha, während ich mich eine weitere senkrechte Leiter hinaufkämpfte, schwer atmend, mit enger, schmerzender Brust: »Du kannst ebenso gut jetzt gleich umkehren. Den Gipfel schaffst du nie. Bist du denn ganz verrückt geworden? Was hat dich geritten es noch einmal versuchen zu wollen? Du bist nicht stark genug, nicht schlank genug, nicht durchtrainiert genug, nichts genug um das zu machen. Du wirst von dieser Leiter stürzen und dich umbringen. Dreh jetzt um und geh nach Hause! Du wirst es nie schaffen.«

Ängstlich und müde blieb ich am Fuß der nächsten in einer scheinbar endlosen Reihe von Leitern stehen. Wie viele denn noch? Bei 40 hatte ich zu zählen aufgehört. Ich machte Marthas Zweifel zu meinen eigenen und dachte: »Vielleicht kann ich es wirklich nicht.«

»Doch, du kannst es, Margo.«

Jonathans Geist war wieder einmal stärker als meine Angst und Müdigkeit.

Ich hatte meine Furcht an Rays Brust ausgeheult, bevor ich San Diego verlassen hatte, und er hatte mich daran erinnert, dass Jonathan bei mir sein würde. »Denk nur daran, dein Herz offen zu halten, Margo. Er wird dort sein.« So war es gewesen und so war es auch jetzt, als ich mich durch den oberen Teil des Eisfalls kämpfte. »Du verdienst es, hier zu sein. Es ist in Ordnung, deine Angst zuzugeben. Das gibt dir Kraft.« Jonathans Worte trösteten mich. »Hab Vertrauen in das, was geschieht, und mach einen Schritt.«

»Ich weiß nicht, ob ich kann.« Das waren nicht Marthas Worte, sondern meine: Die eigene, ehrliche Angst, deutlich ausgesprochen. »Doch, du kannst es«, antwortete Jonathan. »Du musst nur einen Fuß vor den anderen setzen – mit dem Herzen und mit deinem ganzen Körper. Atme, Margo. Erlaube es der Angst und dem Zweifel, da zu sein, und mach den nächsten Schritt.«

»Wie im Leben«, dachte ich und hakte den Karabiner an meinem Klettergurt in das Fixseil ein, das mich vor einem Sturz in die scheinbar bodenlose Spalte schützen sollte. Jonathan und ich traten vorsichtig auf die erste Leitersprosse und überquerten den leeren Raum, der sich darunter ausbreitete.

Fast zwei Stunden später schleppte ich mich langsam und müde über den flachen Zugang zum Lager I hinauf, das am Kopf des Eisfalls bereits eingerichtet war. »Huhu, Maggot, gute Sache!« Ich blickte auf und sah Guy Cotter, einen unserer Bergführer, der vor den drei Zelten dieser Akklimatisierungsstation stand und heftig winkte. Seine Begeisterung zapfte einen letzten, bisher verborgenen Kraftvorrat in meinen Beinen an. Ich erwiderte sein Winken und marschierte ins Lager.

Guy hieß mich mit einer Bärenumarmung willkommen, die viel von meiner Müdigkeit verfliegen ließ. Er war 15 Jahre jünger als ich und glücklich verheiratet, aber sein Lachen, sein gutes Aussehen, sein frecher Humor und seine Sensibilität, die dichter unter der Oberfläche lag als ihm vielleicht lieb war, konnte ihre Wirkung auf die Kinder in mir nicht verfehlen. Sie hatten eine unbekümmerte Schwärmerei für ihn entwickelt und flirteten schrecklich. So hatten er und ich eine gut gelaunte, neckende Freundschaft entwickelt, die ich sehr genoss.

Im Lager I blieben wir nur so lange, bis wir eine Kleinigkeit gegessen hatten. Wir hatten unser Ziel damit erreicht, dass wir durch den Eisfall geklettert waren: Auf dieser Reise würde er für uns kein unbekanntes Hindernis mehr sein. Auf dem Weg hinunter setzte sich Guy zwischen Christine, Ken und mich. Wie Rob auf dem Weg hinauf bot er seinen Humor und seine Sensibilität auf um uns den ganzen Weg bis zum Fuß des Eisfalls zu bringen, wo uns Ang Tsering, unser Sirdar, und einige der Sherpas mit heißen Getränken und willkommen heißendem Händeschütteln in Empfang nahmen.

An diesem Abend versammelte sich die ganze Mannschaft nach dem Essen in dem großen, blauen Kantinenzelt um Gary Balls 40. Geburtstag zu feiern und Chhongba, unser begnadeter Sherpa-Koch, schob sich vom Küchenzelt her durch die Klapptür, in der Hand eine herrliche Schichttorte mit der Aufschrift »Happy Birthday, Gary«. In den Ecken quetschten sich so viele von der Sherpa-Mannschaft, wie überhaupt ins Zelt passten, und wir sangen alle zusammen »Happy Birthday« und tranken auf das Wohl dieses Mannes, der uns ins Lager I und wieder zurückgeführt hatte und nun einen großzügigen, unterhaltsamen Gastgeber abgab.

Gary nickte, sagte bescheiden: »Ich danke euch, allen zusammen und jedem Einzelnen«, und griff nach einer Flasche Bourbon. Er drehte die Kappe ab und warf sie in eine hintere Ecke des Zeltes: »Hupsa, jetzt habe ich den Deckel fallen lassen. Ich fürchte, wir werden sie austrinken müssen.«

Die Sherpas holten bisher versteckte Flaschen mit nepalesischem Bier und Rum hervor und stellten sie auf den ebenen Stapel flacher Steine, der uns, in blaues Plastik eingeschlagen, als Esstisch diente. Jemand steckte eine Kassette mit Rockmusik in den Walkman, der mit Lautsprechern am Metallrahmen des Zeltes verbunden war, und die Musik begann zu plärren. Kein Zweifel, hier fand eine Party statt.

Eine Stunde später schob ich die Zeltklappe zur Seite und ging zu der kunstvoll konstruierten Felsplattform in der hintersten Ecke unseres Lagers, die uns als Toilette diente. Die Stimmen von Crosby, Stills und Nash sangen »Suite Judy Blue Eyes« durch die blauen Wände und begleiteten mich auf meiner Wanderung. Der schwarze Himmel sah aus wie ein loses Gewebe aus schimmernden Sternen. Kein Mond war zu sehen, nur der Eisfall schien mit einem eigenen, unheimlichen Licht zu leuchten. War es möglich, dass ich nur sechs Stunden zuvor durch diesen Irrgarten aus Fixseilen, Leitern und riesigen Seracs herabgeklettert war? Nicht nur möglich, sondern wahr.

Aus dem Kantinenzelt klang Gekicher; Chantals unverwechselbares Lachen hallte von den Felswänden zurück und brachte meine Gedanken zurück in die kalte Nachtluft. Ich setzte meinen Weg fort um bald wieder bei der Feier sein zu können. Als ich mich dem Zelt näherte, hörte ich von drinnen rhythmisches Stampfen, und als ich hineinging, sah ich Chantal, die, umringt von drei Sherpas, auf dem Tisch tanzte. Chantals große Stärke am Berg war im Gleichgewicht mit der starken geistigen Grundlage, von der aus sie überschwänglich lebte. »Margo, komm. Komm und tanz mit mir.«

Ihre Begeisterung war unwiderstehlich. Ich schloss mich an, wie auch der Großteil der Expedition. Das Fest dauerte bis weit in die Nacht, sicher die erste Disko im Basislager. Zwischendurch tanzten Jan, Helen, Chantal und ich zusammen

358

und bewegten die Lippen zum Playback von »I Need a Man«, begleitet vom Johlen und Krakeelen der Männer. Nach Mitternacht krabbelte ich endlich müde und glücklich in meinen Schlafsack. Die unbeschwerte Kraft der Kiwis vertrug sich gut mit ihrer Hingabe an den Berg und unterstrich ihren erklärten Wunsch, dass jeder den Gipfel des Everest erreichen und den Weg dorthin genießen sollte.

Nach drei weiteren Tagen der Rast und Akklimatisierung im Basislager, darunter einem Wartetag, weil ein Schneesturm über den Gletscher wehte, brauchte ich für meinen zweiten Aufstieg zum Lager I acht Stunden, noch länger als beim ersten Mal. Ständig lenkte mich etwas ab: blitzend blaues Eis zu meiner Rechten, eine faszinierende Felsformation zu meiner Linken. Selbst das Überqueren einer 3 m breiten Gletscherspalte auf einer Leiter fesselte mich und die Art, wie das strahlende Sonnenlicht in der Dunkelheit ihrer Tiefe aufgesaugt wurde, erfasste mich mit Ehrfurcht. Marthas Stimme wurde zur Litanei: »Zu lang. Du brauchst viel zu lang. Du kommst niemals auf den Gipfel. Du kannst ebenso gut umkehren.« Aber die Stimmen von Jonathan und Ray und meinen inneren Anführern machten mir Mut weiter zu gehen: »Du machst das großartig, Margo. Sei einfach da. All dies ist ein Geschenk für dich. Genieß es.«

Am nächsten Tag lag ich, um eine Wärmflasche gewunden, gleich hinter den Zelten von Lager I und kämpfte darum, zu trinken und trotzdem nicht zu erbrechen. Wie im Jahr zuvor an dieser Stelle klopfte mein Kopf vor Höhenkrankheit; ich war dehydriert von der Übelkeit und hatte mich in regelmäßigen Abständen übergeben. Meine Teamkollegen zogen mich gnadenlos damit auf; viele von ihnen hatten selbst bei der einen oder anderen Gelegenheit dasselbe Elend in den Bergen mitgemacht und wussten, dass Lachen die beste Art war den Kopf davon abzulenken, wie übel sich der Körper fühlte.

Jan, die neben mir auf ihrer Isomatte lag, löste ein Kreuzworträtsel und versuchte mich von meinem Jammer abzulenken, indem sie die Fragen laut vorlas. »Was ist ein ›japanischer Ureinwohner‹ mit vier Buchstaben?«, fragte sie, während sie auf ihrem Stift herumkaute. »Keine Ahnung«, stöhnte ich. Von seinem Zelt her rief Gary: »Aber ich wette, das hier weißt du, Maggot: Was ist ein ›anderes Wort für Akklimatisierung‹ mit sechs Buchstaben?«

»Ich gebe auf, Gary«, sagte ich; nicht einmal seine Antwort wollte ich noch hören.

»Kotzen!«, gab er lachend zurück.

»Verdammt«, sagte ich, rollte mich zur anderen Seite und befolgte seine Anweisung.

Am zweiten Morgen, als wir uns darauf vorbereiteten, durch das Westbecken auf eine Höhe von 6553 m und zum Lager II aufzusteigen, waren meine Kopfschmerzen weg, aber mein Magen war immer noch in Aufruhr und ich war geschwächt vom Mangel an Essen und Flüssigkeit. Bei all meiner Liebe zum Becken, diesmal hielt sich die Vorfreude auf den Weg in Grenzen. Die erste Stunde verging mit Windungen über und um die Gletscherspalten am Übergang vom Eisfall zum Becken. Dort wird der Winkel des Gletschers steiler und das Eis beginnt hinunterzufallen, wie ein Wasserfall in extremer Zeitlupe, der am Basislager endet. Einige der breiteren Gletscherspalten machten Leitern nötig, über die kleineren sprangen wir wie über Bäche, die von der Schneeschmelze im Frühjahr angeschwollen sind.

Bei unserem Abmarsch von Lager I hatten sich Wolken um uns geschlossen und uns mit Weiß umgeben. Die Luft war angefüllt mit wirbelndem Schnee und mein Raumgefühl auf dem Weg zum Lager II war verändert, verwirrt und ohne Grundlage. In all dem Weiß konnte ich den Weg nur mithilfe der Spuren vor meinen Füßen bestimmen. Der resultierende

360

Schwindel und meine Erinnerung daran, wie ich mich am Vinson verlaufen hatte, verstärkte noch das unangenehme Gefühl in meinem Magen. Meine Füße wurden bleischwer und meine Beine schienen sämtliche Muskeln verloren zu haben. Zu fünft gingen wir, wenn auch ohne Seil, so doch dicht hintereinander, damit wir den Weg in dieser weichen Decke, die den Rest der Welt vollkommen ausschloss, nicht aus den Augen verloren. Ich ging sehr langsam, aber trotz all meiner Proteste bestand Rob darauf, dass ich die Gruppe anführte. Er sagte es zwar nicht, aber Martha war sicher, dass er es tat, damit ich nicht zurückblieb.

Nach der ersten Stunde wurde der Weg einfacher: ein flach ansteigendes, leichtes Dahinschlängeln mit Steigeisen, an der linken Seite des Westbeckens hinauf. Als ich dieses Tal 1992 zum ersten Mal betreten hatte, war ich dort gut zurechtgekommen, gestärkt durch mein Erstaunen, überhaupt in diesem unglaublichen Tal zu sein, umgeben von einigen der höchsten Berge der Erde. Aber diesmal waren die Berge von drückendem Weiß verborgen und der Weg schien endlos. Die viereinhalb Stunden bis zum Lager II waren eine der körperlich anstrengendsten Zeiten, die ich jemals in den Bergen erlebt hatte.

Alle paar Minuten musste ich auf dem leicht ansteigenden Hang gleich unterhalb vom Lager II anhalten. »Stopp«, murmelte ich wieder einmal und blieb stehen, zur Unterstützung auf meine Skistöcke gelehnt. »Tut mir Leid, Rob«, sagte ich, schüttelte peinlich berührt den Kopf und kämpfte mit den Tränen.

»Kein Problem, Margo. Wir sind gut in der Zeit und haben keine Eile. Das Lager läuft uns nicht davon.«

Er hatte die Führung übernommen und kam mir nun mit dem Ende eines Kletterseils in der Hand entgegen. »Lass dir ein bisschen helfen.« Er band das Seil an mir fest und knotete

361

es dann, nur einige Meter entfernt, in seinen eigenen Klettergurt. Als er sich umdrehte und weiter aufstieg, zog das Seil
mich vorwärts. An der kurzen Leine führen, nannte er das.
Man konnte auch sagen: Er hievte mich den Berg hinauf. Und
zu diesem Zeitpunkt war ich so müde, dass es mir nicht einmal etwas ausmachte. Es war, als sei ich in eine andere Welt
geraten, wo mein Körper dreimal so viel wog wie sonst und
wo sich die Zeit gedehnt hatte, sodass sich jeder Augenblick
eine Stunde lang zu ziehen schien. Ich wollte nur noch ins
Bett. Wie konnte ich jemals den Gipfel erreichen, wenn es
mir schon unterhalb vom Lager II so erging? Ich war geistig
und körperlich am Ende.

Zur Abendessenszeit war ich immer noch völlig fertig und
wäre am liebsten in meinem Schlafsack geblieben, aber ich
wusste, ich musste essen und trinken. Ich war erledigt und
sprach mit niemandem. Mir war immer noch kalt, und
während ich mich mit einer Schüssel Suppe herumquälte,
kämpfte ich gleichzeitig mit den Tränen. Ich konnte keine
einzige Stelle in mir finden, die glaubte, dass ich diesen Berg
besteigen könnte. Der Kopf tat mir weh, mein Magen schlin-
gerte, ich war völlig ohne Hoffnung und wollte nur noch
zurück ins Basislager. »Du musst ja nicht heute runter, Margo.
Jetzt iss und schlaf erstmal. Morgen entscheiden wir.« Die
Worte brachten mir wenig Trost und ich konnte mir nicht vorstellen, wie ich mich am nächsten Morgen anders fühlen
sollte.

Nach zwölf Stunden komaähnlichen Schlafs erwachte ich mit
dem Gefühl, dass ich mich wieder in meinem eigenen Körper
befand, und konnte wieder ein lebendiges Stückchen Hoffnung auf eine Besteigung dieses Berges in mir spüren. Ich zog
mich an und ging aus meinem Zelt in die zunehmende Hitze
eines sonnigen Tages im Westbecken. Die Sonnenstrahlen,
die vom Eis des Talbodens und der Wände zurückgeworfen

wurden, bauten einen natürlichen Reflektorofen. Bald würde es in den Zelten zu warm sein um sich darin aufzuhalten.

Es war ein Tag der Rast und Akklimatisierung, der erste von mehreren, bevor wir höher aufsteigen würden. Am Nachmittag saßen Jan und ich auf unseren Luftmatratzen in der Sonne und erprobten unsere höhenbedingt eingeschränkte Hirnfunktion wieder einmal mit Kreuzworträtseln. Offiziell war Jan die Expeditionsärztin, aber sie stand mit auf der Klettergenehmigung. Ursprünglich hatte sie geplant im Lager II zu bleiben, aber sie war außerordentlich kräftig und sehr schnell durch den Eisfall geklettert. Der Gedanke daran, weiter aufzusteigen, vielleicht sogar bis zum Gipfel, spukte deutlich in ihrem Kopf herum, während wir uns die Fragen zuwarfen, darüber lachten, wie träge unser Verstand in dieser Höhe von mehr als 6400 m arbeitete, und vorauszusehen versuchten, wie es wohl sein würde, wenn wir dem Gipfel noch näher kamen.

»Dir scheint es viel besser zu gehen, Margo. Gestern Abend hast du mir so Leid getan.« Jan war warmherzig und fürsorglich und wir waren auf dieser Tour schnell Freundinnen geworden, die miteinander über das Leben und die Liebe und Dinge, die uns zu Hause wichtig waren, sprechen konnten. Sie und Rob liebten sich sehr. Die beiden waren ein absolutes Traumpaar und es war eine Freude, in ihrer Nähe zu sein. Sie machte mir weiter Mut: »Es ist so fürchterlich, klettern zu müssen, wenn man sich beschissen fühlt. Du bist sehr gut damit zurechtgekommen.«

»Danke. Ich weiß deine Anerkennung wirklich zu schätzen. Gestern Abend war ich absolut ohne Hoffnung und erschöpft und habe mich geschämt, dass Rob mich an die kurze Leine nehmen musste. Ich weiß nicht, wie ich sonst ins Lager hätte kommen sollen.« Die Erinnerung an den gestrigen Nachmittag war noch frisch und es fiel mir nicht schwer, das Gefühl von Erschöpfung und Scham wieder zurückzurufen.

»Du bist krank gewesen, Margo. Und außerdem ist es gleichgültig, was gestern war. Du bist angekommen. Und heute ist heute. Ein neuer Tag. Und sieh dir an, *wie* du wieder da bist! Ich bewundere deinen Grips. Also: Ein Wort mit 13 Buchstaben für Personifikation?« Ich sah sie mit leerem Blick an und wir mussten wieder über die Trägheit unseres Verstandes lachen.

Wie ich gehofft hatte, machten die Frauen in dieser Gruppe, vor allem Jan und Helen, einen enormen Unterschied für mich aus. Mit ihnen konnte ich meine Ängste und Zweifel, aber auch meine Hoffnungen und Träume teilen. Ich musste meine Gefühle nicht verstecken, als wäre etwas an ihnen falsch. Und wenn ich meine Ängste ans Licht brachte, verschwanden sie und die Träume schienen machbar.

Aber am Tag vor unserem Aufstieg zum Lager III lief ich emotional vor eine Wand. Sie war der Lhotse-Flanke ziemlich ähnlich, die 8510 m hoch und dramatisch wie eine Brautjungfer am Ende des Becken gleich neben dem Mount Everest steht und den natürlichen Zugang zum Gipfel der Sagarmatha bildet. Im Jahr zuvor war ich einige Stücke an den durch Eisschrauben und Stifte gesicherten Fixseilen hinaufgeklettert, bevor mich meine Krankheit aus dem Verkehr gezogen hatte. Der damalige Aufstieg hatte mich eingeschüchtert und meine Erinnerung an seinen Schwierigkeitsgrad wurde noch dadurch aufgebauscht, dass ich es kein zweites Mal versucht hatte. So hatte sich die unklare Einschüchterung während der letzten zehn Monate zu echter Angst ausgewachsen.

Ich saß in meinem Zelt im Lager II und spürte, wie mein Körper darum kämpfte, sich der Höhe von mehr als 6550 m anzupassen, und meine Angst zeigte ihre vielen Gesichter, jedes in Form einer neuen Frage voller Selbstzweifel. Würde ich wieder krank werden, bevor ich überhaupt die Chance hatte höher zu kommen? Sollte ich heute zusammen mit Veikka ins Basislager absteigen? Würde ich die ständige Kälte und Erschöpfung aushalten, die ein Aufstieg zum Lager III und darüber hinaus mit sich brachte? War ich zu langsam für die anhaltende Anstrengung am Gipfeltag?

Über einige meiner Ängste sprach ich mit Gary, als wir an diesem Abend im Gemeinschaftszelt saßen. Er sah von der Tasse mit Kakao auf, die er so hielt, dass sie seine Hände wärmte. »Maggot, manchmal muss man einfach die eigene Leidenschaft betrachten und es wagen.« Mit seinen braunen Augen sah er tief in die meinen und ich sah die Kraft seiner eigenen Begeisterung für das Bergsteigen und das Leben.

Wie er es sagte, klang es so einfach. Ich wusste nicht, wo ich stand. Das schien nicht mein Weg zu sein. Ich konnte nur einen Fuß vor den anderen setzen, bis ich nicht mehr weiterkam. Was, wenn Garys Weg der richtige war, der, der mich den Berg hinaufbringen würde?

Dann tauchte langsam wieder meine eigene Wahrheit aus dem Nebel auf, den meine Angst verursacht hatte. Radikales Vertrauen. Meine inneren Anführer und mein eigenes Herz, auf sie konnte ich mich verlassen. Nicht die Fähigkeit meines Verstandes zu entscheiden, was richtig oder falsch war, nicht, dass ich dem Weg eines anderen folgte. Das hatte ich im Jahr zuvor versucht und war gescheitert. Ich würde wissen, was ich tun musste, wenn es so weit war – nicht früher. Zum zweiten Mal auf dem Mount Everest zu sein und mich darauf vorzubereiten, die Lhotse-Flanke zu besteigen, das allein war schon ein Wunder, ein unglaublicher Sieg. Meine Aufgabe war es, anzutreten und zu sehen, was das Universum für mich bereithielt.

Am nächsten Morgen ging ich kraftvoll und Robs langbeinigen Schritten folgend das Becken hinauf zum Fuß der Lhotse-Flanke. Unser Tagesplan bestand darin, die zwei Stunden bis zum unteren Ende der Lhotse-Flanke zu wandern und dann einige Stunden an den Fixseilen zu klettern, die uns vor einem Sturz auf dem Eis der Flanke schützten. Rob und ich waren zwei Stunden später aufgebrochen als die anderen. Ich hatte die ganze Nacht mit Krämpfen wachgelegen und hatte um einige Stunden Zeit gebeten, damit die Medikamente wirken konnten. War das ein Zeichen für Gottes verrückten Humor, dass meine Periode wieder an einem Tag begann, an dem ich mich an einem Berg anstrengen sollte?

Eine Stunde nachdem wir das Lager verlassen hatten, waren die Schmerzen weg und ich fühlte mich stark und gesund, umgeben von der aufregenden Schönheit dieses zauberhaften Tales. Ich hatte meinen Dauergang eingelegt, mit rhythmischem Gehen und Atmen und mit dem Mantra, das in mir klang: Gottes Liebe, Gottes Stärke, Gottes Wille, ich kann. Ich konnte und ich war da.

Als wir den Beginn der Fixseile erreichten, legten Rob und ich eine Trinkpause ein. Wir standen oberhalb von 6700 m und blickten der Länge nach zurück auf das ganze Westbecken, über den Khumbu-Gletscher und hinüber zu dem 7145 m hohen Pumori, dessen Gipfel sich nur wenig über uns erhob. Jonathans Geist war sehr nahe.

»Rob, es ist wirklich herrlich.« Meine Worte reichten nicht aus.

»Allerdings, Margo, allerdings.« Auch er hatte die Aussicht studiert, als ob er sie in sein Gedächtnis eingraben wollte. Er war schon einige Male hier gewesen, als Bergsteiger und als Bergführer, und hatte bereits dreimal auf dem Gipfel des Everest gestanden. Aber sein Respekt vor dem Berg war durch die Vertrautheit nicht geringer geworden. Diese Tiefe der Gefühle, die ebenso sehr ein Teil von ihm war wie seine Kraft und seine Führungsstärke, hatte mich schon in der Antarktis so angezogen.

Rob unterbrach meine Träumereien, indem er mir eine Hand auf die Schulter legte und zum unteren Ende der Fixseile deutete. »Aufwärts, Kumpel.«

»Recht hast du«, schmunzelte ich und musste wieder einmal an Skip denken. In vielerlei Weise waren sich diese beiden Männer ähnlich, unter anderem in ihrem Führungsstil: Sie waren eher unterstützende als autoritäre Lehrer, nahmen den Verlauf einer Expedition ebenso wichtig wie das Erreichen des Gipfels. Ich hängte meinen Ascender am ersten Seil ein, grub die Zacken meiner Steigeisen ins Eis und begann die Lhotse-Flanke hochzuklettern.

Weniger als zwei Stunden später trafen wir den Rest der Mannschaft auf ihrem Weg abwärts. »Maggot, du kommst heute gut zurecht«, rief mir Gary vom oberen Ende des Seiles zu, an dem ich gerade hochstieg. Ich warf meinen Kopf zurück um zu ihm hinaufzusehen und winkte ihm meinen Dank für seine Ermutigung zu. Oberhalb dieser Fixseil-Länge gab es ein ziemlich flaches Eisstück und als ich dort angekommen war, löste ich meinen Ascender und ging zur Seite um die anderen zu begrüßen, die dort warteten. »Wir sind erst vor einem ganz kleinen Weilchen umgekehrt«, sagte Gary. »Ihr habt hier herauf eine gute Zeit gemacht.«

In vier Stunden Aufstieg hatte ich eineinhalb Stunden des zweistündigen Rückstandes aufgeholt, mit dem ich losgegangen war. Mein »Dauergang« hatte mich nicht im Stich gelassen, solange ich an den Seilen hinaufgeklettert war, zum ersten Mal hatte ich ihn in derart steilem Gelände ausprobiert. Ich fühlte mich stark und wusste, ich hätte es heute bis zum Lager III geschafft, wenn es auf der Tagesordnung gestanden hätte. Aber das tat es nicht und Rob beschloss, dass wir mit den anderen umkehren sollten.

Ich blickte noch einmal über das Westbecken. Von der Stufe, wo wir angehalten hatten, konnte ich den ganzen Weg bis zum oberen Ende des Eisfalls überblicken. »Gary, was glaubst du, wie hoch sind wir? Sieht so aus, als wären wir gleichauf mit dem Pumori, vielleicht sogar höher.«

»Wir sind sicher oberhalb von 7000 Metern, Maggot. Vielleicht näher an 7100. Höher als letztes Jahr, oder?« Er hatte sich daran erinnert, dass mein erstes Ziel darin bestand, höher zu kommen als im Jahr zuvor. Rob und ich waren das Steilstück mit 35° Steigung fast eineinhalb Stunden lang hochgestiegen, viel länger als im letzten Jahr. Das war eindeutig mein persönlicher Höhenrekord. Ich war stolz: Ich wusste, ich war in der Lage den Gipfel zu erreichen.

Ich drehte mich um, um hinunterzusteigen, aber dann machte ich halt: »He, Rob, nur für den Fall, dass ich nicht wieder hier heraufkomme, lass uns lieber ein Foto machen. Würde es dir was ausmachen?«

»Nicht im Geringsten, meine Freundin.« Er zog die Handschuhe aus und griff nach meiner Kamera. »Aber du *wirst* wieder hier heraufkommen.«

»Glaube ich auch.« Ich spürte dieselbe Überzeugung, die seine Stimme über das Becken hinweg mit sich führte. »Aber ich wäre sauer, wenn etwas dazwischenkäme und ich hätte nicht einmal ein Foto.«

»Lächeln«, kommandierte er. Und ich lächelte. Wenn ich das nächste Mal hierher käme, wäre es auf dem Weg zum Lager III. Ich hatte meinen Ängsten ins Gesicht gesehen und war wieder einmal durch sie hindurchgegangen. Jetzt hatte ich keine Zweifel mehr, dass ich zur gegebenen Zeit auch Lager III erreichen würde.

Der Abstieg verlief ohne Zwischenfälle, strahlender Sonnenschein wärmte uns so, dass wir uns in leichten Capilen-Schichten bewegen konnten. Von Zeit zu Zeit machte ich mir bewusst, dass ich hier die Lhotse-Flanke hinunter vom Mount Everest ins Westbecken stieg. Manchmal erlaubte ich mir einen Blick zwischen dem Nuptse und der Westflanke des Mount Everest zum Pumori, der sich stolz auf der anderen Seite des Tales erhob. Während ich durch das Tal hinunterging, kreischten meine Steigeisen bei jedem Schritt im Eis und Schnee. Ich lachte, voller Ehrfurcht darüber, hier zu sein, und dachte bei mir: »Ähem – nur ein weiterer ereignisloser Abstieg ins Lager II auf dem Mount Everest.«

Wie geplant stiegen wir früh am nächsten Morgen zum Basislager ab, damit wir nicht in der Mittagshitze durch den Eisfall gehen mussten. Ständiges Gefrieren, Schmelzen und wieder Gefrieren machten das Eis instabil und erhöhten die Verletzungs- und Lebensgefahr, wenn die Sonne das Eis aufweichte. Das Licht war wunderbar klar, kristallisierte in meinem Gedächtnis die Schönheit und der Zauber des Westbeckens. Ich ging allein, begleitet nur vom Quietschen meiner Steigeisen auf dem Schnee, ging schnell um das Blut in meinen kalten Zehen in Bewegung zu halten und fühlte mich stark und zuversichtlich. Ich konnte Jonathans und Skips Geist so deutlich fühlen, als gingen sie neben mir.

Das Becken hatte ich zum ersten Mal auf einem von Jonathans Fotos gesehen, das er auf der 200-Jahr-Expedition von 1976 gemacht hatte. Seitdem hing es an der Wand in meinem Wohnzimmer, wo immer ich lebte, durch alles Elend und alle Freude, durch Sucht und Genesung, Verzweiflung und Träume, als Symbol der Chance, als Hoffnungsfunke in der Finsternis, als flüsternde Stimme, die sagte: »Margo, du kannst.« Durch dieses Foto hindurch erreichte mich Jonathans Stimme, die an mich glaubte, wenn ich selbst kein Zutrauen mehr besaß.

Als ich im Jahr zuvor im Becken gewesen war, war ein Traum ganz aus sich heraus wahr geworden. Und die Erinnerung an Skip und mich, wie wir nebeneinander auf dem Eis des Tales standen, umgeben von dem Hufeisen der riesigen Wände des

Himalaja, wie wir es feierten, an diesem Ort zu sein, von dem wir beide so lange geträumt hatten, hatte ich bei mir getragen, solange ich meine Rückkehr vorbereitet hatte. Die Worte, die Skip im letzten Jahr zu mir gesagt hatte, unmittelbar bevor er das Basislager verließ – »Versuch es nächstes Jahr noch einmal. Du hast eine reelle Chance auf den Gipfel« – waren für mich zu einem Mantra geworden, das mir Kraft und Hoffnung gab, wenn ich entmutigt war. Während ich jetzt über das Eis hinunterging, lächelte ich und hob die rechte Hand zur Stirn um die beiden Männer zu grüßen, die so gewaltigen Anteil daran hatten, dass ich mich an diesem Ort meiner Träume befand.

Zwei Stunden später waren Gruß und Wunder im Kampf durch das Eislabyrinth vergessen. Meine Kraft ließ mit jedem Schritt nach, mein Brustkorb steckte in einem Schraubstock und meine Lunge begann sich zu beschweren. Ich kämpfte darum, Hustenstöße zu vermeiden, die mich von der wackeligen Leiter zu stoßen drohten und schneidenden Schmerz hinterließen.

Beim Aufbruch aus dem Lager II war es mir noch so gut gegangen! Was war geschehen? Es schien, als ließe mich mein Körper wieder einmal im Stich, wenn ich ihn am meisten brauchte. »Lieber Gott, was soll das?«, fragte ich still. Es fühlte sich nur allzu vertraut an. Warum passierte das wieder?

Die einzige Antwort kam von Martha: »Ich habe es dir vorher gesagt. Ich habe dir gesagt, du kannst es nicht. Ich habe dir gesagt, du hättest zu Hause bleiben sollen.« So, wie mich die Hustenkrämpfe schüttelten, als ich mich zu meinem Zelt bewegte, fragte ich mich, ob sie nicht vielleicht Recht hatte.

Langsam ging ich zum Kantinenzelt um mich mit einer Tasse heißem Kakao zu wappnen, bevor Jan mich untersuchte. Ihre Diagnose? Bronchitis. Wieder einmal.

Drei Tage später saß ich in der Sonne vor meinem Zelt, müde, kränkelnd, entmutigt. Ich hatte die meiste Zeit der Nacht hustend wachgelegen und an diesem Morgen fühlte ich mich geschlagen. Ich konnte mir um nichts in der Welt vorstellen erneut durch den Eisfall aufzusteigen. Mein Kopf war randvoll mit Gedanken: dass ich fertig war, dass ich nicht weitermachen wollte, mich nicht mehr länger anstrengen wollte. Und doch hatte ich in der Nacht, mitten im schlimmsten Husten, ein deutliches Bild davon vor mir gesehen, wie ich zum Lager III gelangen würde. Mein Körper steckte in einem Sumpf aus physischer und emotionaler Erschöpfung, aber mein Geist schien diese Grenzen nicht anzuerkennen.

Das Basislager war voller Kletterenergie und alles bereitete sich darauf vor, wieder aufzusteigen. Es war auf den Tag genau ein Jahr her, dass wir nach den vielen Nächten im Lager II heruntergekommen waren. Damals war ich auch krank gewesen. Es schien viele Ähnlichkeiten zwischen diesem und dem letzten Jahr zu geben und doch wusste ich, das war nur der oberflächliche Anschein.

Guy blieb bei meinem Zelt stehen um nach mir zu sehen. »Wie geht's, Maggot? Wird's besser?« Er kauerte sich neben mir nieder. Ich ließ das Buch in meinen Schoß sinken: »Ich komme da hin.« Ich hoffte, die Worte würden es wahr machen. »Ich dachte, vielleicht hilft es dir, zu wissen, dass Gary, Rob und ich gestern Abend über diese Tour und über die Bergsteiger gesprochen haben, mit denen wir schon unterwegs gewesen sind. Wir haben alle bewundert, wie viel Mut und Haltung du unter den schwierigen Bedingungen an den Tag legst. Wir haben dich mit deiner Entschlossenheit und deiner positiven Ausstrahlung wirklich gern bei uns.«

»Danke.« Mir standen die Tränen in den Augen und ich musste sie nicht verstecken, als er mich in einer herzerfrischenden Bärenumarmung umfing. Könnte ich mich doch nur durch seine Augen sehen! Alles, was ich tun konnte, war

371

so gut es ging auf mich aufzupassen und weiterhin auf mein Herz und meinen Körper zu hören.

Ich blickte hinauf zu dem Wirrwarr aus Eis, das zum Lager I führte, und erinnerte mich: »Dies ist mein Aufstieg und meine Entscheidung. Es ist keine Schande und kein Scheitern, wenn ich nicht wieder hinaufgehe. Martha irrt sich. Ich bin eine echte Bergsteigerin. Ich bin kein Übermensch oder besessen oder in der Lage meine Gefühle zu verdrängen. Ich *bin* stark und entschlossen und alles. Ich bin vielleicht keine Bergsteigerin von Weltformat, aber Bergsteigerin bin ich. Und was viel wichtiger ist, ich bin ein echter Mensch.« In Wirklichkeit hatte ich schon einen Gipfel erreicht, der höher war als alles, was ich mir vorstellen konnte, nur dadurch, dass ich angetreten war. Ich hatte keine Ahnung, was als Nächstes geschehen würde. Immer einen Tag nach dem anderen konnte ich annehmen, was sich mir bot, und meinem Herzen erlauben die Schönheit, Kameradschaft und Freude zu genießen, die es mit sich brachte, jetzt hier an diesem Ort zu sein.

Die ganze Mannschaft war zur Erholung für drei Tage in Pheriche gewesen. Es war jetzt fast zwei Wochen her, seit ich zum Basislager abgestiegen war, wo ich auch blieb, als alle anderen zum Lager III und wieder zurück gingen. Trotz überstandener Infektion war meine Lunge immer noch schwer angegriffen. Einen Morgen erwachte ich im Basislager voller Kraft und mit neuer Hoffnung, die gleich am nächsten Tag wieder zerschmettert wurde, als ich mit Helen auf die Spitze des Kala Patar stieg und dort bei drei Attacken von Husten und Keuchen so sehr nach Luft rang, dass ich fast in Ohnmacht fiel. Offenbar war noch immer etwas nicht in Ordnung.

Am Tag zuvor war ich allein über den Höhenzug nach Dingboche gewandert. Der Weg war steil und führte zu einem Punkt fast 150 m oberhalb von Pheriche. Lange bevor ich diesen höchsten Punkt erreicht hatte, war klar, dass jedes Zurück auf den Berg gefährlich sein würde. Meine Lunge arbeitete einfach nicht richtig.

Solange ich Medikamente bekam und nicht zu hoch aufstieg, war ich nicht mehr wirklich krank. Martha sagte die ganze Zeit, all das gehe lediglich in meinem Kopf vor und sei nur die Suche nach einem leichten Ausweg. Aber mein Herz wusste es besser. Nach dem Frühstück, als Rob das Teehaus, in dem wir wohnten, verließ um das Basislager anzufunken, rief ich nach ihm.

»Rob, kann ich dich eine Minute sprechen?«

Er blieb stehen und lächelte: »Sicher, Freundin Margo, was kann ich für dich tun?« Sein freundliches Gesicht machte es mir etwas leichter, die Worte auszusprechen, vor denen ich mich so fürchtete.

»Ich werde nicht zurück auf den Berg gehen. Ich weiß nicht, was los ist, aber ich werde einfach nicht richtig gesund und es ist klar, dass ich nicht die Kraft und die Lungenleistung habe um da oben zu funktionieren. Es soll einfach nicht sein.« Jetzt liefen mir die Tränen die Wangen hinunter. Ich konnte Rob nicht in die Augen sehen. »Ich bin am Ende«, sagte ich.

Er legte einen Arm um meine Schultern und zog mich dicht an sich: »Eine kluge Entscheidung. Es tut mir Leid, sie zu hören, aber ich glaube, sie ist richtig. Du würdest dich vielleicht in echte Gefahr bringen, wenn du versuchen würdest wieder raufzugehen. Du bist schlau, wenn du auf deinen Körper hörst.« Er drückte mich und schickte mir so seine Unterstützung und sein Verständnis: »Willst du ganz runtergehen?« Ich beugte mich zurück, sodass ich zu seinem Gesicht aufblicken konnte. Meine Tränen mischten sich mit einem Lächeln, als ich sagte: »Machst du Witze? Für nichts in der Welt würde ich euren Gipfelversuch verpassen wollen. Vor allem, wo doch Jan dabei ist. Ich bin der beste Cheerleader, den ihr je haben könntet.« Rob grinste breit: »Das bist du, Margo, das bist du.«

Ich sah Rob zu dem leichten Hang gegenüber dem Teehaus gehen, wo der Funkempfang am besten war, und mir wurde noch einmal der Unterschied zum letzten Jahr bewusst. Das Resultat mochte genauso aussehen, aber das Erlebnis war vollkommen anders. Diesmal hatten mich alle drei Bergführer ermutigt auf meine Gefühle zu hören und sie auch zu auszusprechen und dadurch war die gesamte Atmosphäre der Tour für mich verändert. Als sich unter den anderen Bergsteigern die Nachricht verbreitete, dass ich nicht weiter klettern würde, suchten mich viele von ihnen auf um mir Mut zu machen und mich zu unterstützen. Ich hatte das Gefühl, meine Wahrheit war gesehen und anerkannt worden, von jedem, von Bergsteigern und Sherpas gleichermaßen.

Meine Entscheidung hatte körperliche Beweggründe, aber mein Herz und mein Geist waren vollkommen im Einklang damit. Ich wusste, es hing nur von meiner Einstellung ab, wie ich die nächsten drei Wochen erleben würde. Es konnte ein Kampf voller Reue, Vorwürfe und Selbstverurteilung werden, oder ein Fest für meinen Geist, dafür, dass ich so hoch gekommen war, dass ich an diesem unglaublichen Ort war und die anderen bei ihrem Weg zum Gipfel unterstützte. Ich entschied mich für das zweite.

Sechs Uhr morgens im Basislager; die Gebetsfähnchen hingen absolut still. Wir waren in niedrige Wolken eingehüllt. Es fiel leichter Schnee; er schuf eine fast mystische Stille, bereitete dem Generator Probleme und verhinderte den Funkkontakt zu unserer Gipfelmannschaft, die sich vom Südsattel zum Gipfelgrat aufmachte. Selbst die Goraks waren ausnehmend still, als ob auch sie auf Neuigkeiten von oben warteten.

Ich saß mit meiner zweiten Tasse Kaffee, aus der ich langsam trank, im Kantinenzelt und beobachtete Helen, die auf der buckeligen Steinbank gegenüber schlief. Sie hatte sich ein möglichst hartes Bett ausgesucht, auf dem man schon zu Tode erschöpft sein musste um zu schlafen. Ich schickte ihr ein zärtliches Lächeln und hoffte, dass ihre Ruhe nicht gestört würde. Sie hatte in den letzten drei Tagen wenig Schlaf bekommen, während unsere Mannschaft auf ihrem Weg zum Gipfel vom Lager II zum Lager III und gestern zum Sattel gegangen war.

Seit meiner Rückkehr von Lager II war ich mit Jan und Helen sehr eng zusammengewachsen. Beide hatten ein offenes Ohr für meine Frustration und meine Selbstzweifel und bekräftigten mein Zutrauen in die Entscheidung nicht mehr aufzusteigen. Im Gegenzug hatte ich ein offenes Ohr für Helens Frustration und Selbstzweifel, aber auch ihren Stolz darüber, wie sie ein funktionierendes Basislager aufrechterhielt, in Wirklichkeit ein kleines Dorf, in dem Planung und Diplomatie gefordert waren. Ihr großzügiges Herz war der Welt gegenüber ebenso offen wie meines, und wir waren beide empfindsame Seelen, die leicht weinten, aus Freude wie aus Traurigkeit.

Unsere Mannschaft war eine von mehreren Expeditionen, die den Südsattel zwischen Mitternacht und ein Uhr nachts verlassen hatten. Rob hatte uns vor dem Aufbruch angefunkt und berichtet, dass das Wetter perfekt war: eine Temperatur von -10°, praktisch kein Wind und funkelnde Sterne unter dem Halbmond. Er hatte gesagt, er würde uns erst wieder rufen, wenn es hell war, aber wir hatten das Funkgerät trotzdem die ganze Nacht bewacht. Bisher hatte man nichts gehört als statisches Knistern. Um halb fünf war Helen schließlich in den Schlaf gefallen, immer noch in Hörweite des Funkgerätes.

Ungefähr um zehn Uhr vormittags begannen sich die Wolken

zu lichten und um elf Uhr hörten wir endlich Robs Stimme, unterbrochen durch die statische Aufladung und Luftlöcher: »Basislager, Basislager!«

Helen, die seit acht Uhr schon wieder wach war, rannte zum Funkgerät: »Hallo, Rob, wir hören euch. Over.« Robs Stimme wiederholte: »Basislager, Basislager, hier ist Rob. Over.« Offenbar konnte er uns nicht hören. »Wir sind auf dem Südgipfel. Over.«

»Ja!« Helen und ich jubelten wie aus einem Munde los, aufgeregt über die Neuigkeiten.

»Das Wetter ist gut. Gary, Guy und Chantal sind umgekehrt, aber es geht ihnen gut. Alle anderen sind hier und in guter Verfassung. Ich melde mich vom Gipfel wieder. Rob, out.«

Rosalind, Ang Tsering und einige von den Sherpas standen im Kantinenzelt und hörten die Botschaft mit. Wir alle schnatterten sofort los. Helen und ich umarmten uns, aber gleichzeitig fragten wir uns, was mit Chantal, Gary und Guy passiert war.

»Na, Rob hat gesagt, es geht ihnen gut, also werden wir später hören, was passiert ist.« Helen schob die Frage einstweilen pragmatisch zur Seite, aber die Bedeutung dessen, was Rob gesagt hatte, berührte sie doch zutiefst: »Gott, Margo, Jan ist auf dem Südgipfel!« Unwillkürlich waren wir besonders wegen Jan aufgeregt. Sie war auf dem unteren Teil des Berges so gut und stark gegangen, dass es nur richtig schien, wenn sie weitermachte. Sie war schmal, kompakt und unglaublich fit und aus ihrer Entschlossenheit zog sie eine Kraft, die ihre Sensibilität nie verschüttete. Der Sieg auf dem Gipfel zu stehen war die verdiente Belohnung für all die Unterstützung, die sie allen anderen so großzügig zukommen ließ.

Vor ihrem Aufbruch zum Gipfel hatte ich sie bei ihrem Zelt angehalten und ihr einen Anstecker mit dem Schutzengel mitgegeben, den mir eine Freundin in San Diego geschenkt hatte: »Der soll dich beschützen. Klettere mit deinem Herzen und denk auf dem Gipfel an mich.« Jan hatte offen über ihre Ängste und über ihr sicheres Gefühl gesprochen immer nur ein Lager auf einmal schaffen zu können. Sie hatte gesagt, der ganze Aufstieg auf einmal wäre einfach zu überwältigend um auch nur daüber nachzudenken. Ich wusste genau, was sie meinte.

Um die Mittagszeit stiegen Jubelrufe aus den anderen Lagern auf, als verschiedene Mannschaften den Gipfel erreichten. Helen und ich rannten im Funkzelt herum, unfähig still zu sitzen, nicht bereit das Funkgerät zu verlassen. Rosalind saß da, still und mit gesenktem Kopf, wie sie die ganze Zeit gesessen hatte, seitdem man ihr gesagt hatte, dass auch sie krank war und nicht auf den Berg zurückkonnte. Und wir warteten.

Es war fast ein Uhr mittags, als der Funk ein krachendes Lebenszeichen von sich gab und uns einen Adrenalinstoß verpasste: »Hallo, Basislager. Hier ist der Everest-Gipfel.« Das Zelt brach in Jubel aus und erstickte den Rest von Robs Worten. Helen rief ins Funkgerät: »Rob, das ist irre! Wir hören dich laut und deutlich. Glückwunsch! Ist Jan in der Nähe?« Es gab eine Pause und dann hörten wir sie: »Hallo, Helen. Hier bin ich.« Jans Stimme war sanft und atemlos, als uns ihre Worte vom Dach der Welt erreichten.

»Oh, Jan, das ist sagenhaft.« Helens überwältigende Freude äußerte sich in einer klassischen Untertreibung. Ich beugte mich über das Mikrofon und fügte hinzu: »Bravo, Jan. Wir freuen uns alle für dich.«

»Danke, Margo, wir sehen uns bald.«

Wieder eine Pause, dann war statt Jan wieder Robs Stimme zu hören, mit logistischen Anweisungen für Helen. Jan, Rob, Veikka und John hatten den Gipfel gemeinsam mit Ang Dorje, Chhumbe und Nuru erreicht. Helen und ich umarmten einander heftig und voller Jubel über ihren Erfolg und selbst

Rosalind lächelte; dann wandte sich Helen dem Satelliten-system zu um eine Telefonverbindung zwischen Veikka und einer finnischen Rundfunkstation zustande zu bringen. Er war der erste Finne, der den Everest bestiegen hatte, und das Radio wollte ein Live-Interview. Als Sir Edmund Hilary 40 Jahre zuvor als Erster auf dem Gipfel gestanden hatte, war eine solche Technologie nicht einmal vorstellbar gewesen.

Ich ging hinaus und setzte mich auf einen Felsen, von wo aus ich zum Eisfall hinaufsehen konnte, dessen zerklüftete Masse jetzt im strahlenden Sonnenlicht lag. »Beschütze sie auf dem Weg hinunter, Gott«, bat ich still. Meine große Freude über den Erfolg unserer Mannschaft stieß mit meiner heftigen Enttäuschung darüber zusammen, dass ich nicht dabei war. Mein Traum auf dem höchsten Punkt der Erde zu stehen war ausgeträumt. In meinem Herzen wusste ich, dass ich keinen dritten Versuch unternehmen würde. Meine Suche nach den Sieben Gipfeln war zu Ende. Ich weinte, wünschte mir jemanden, der mich im Arm hielt, schaukelte und tröstete, und spürte dabei doch in meinem Innern, dass ich genau das selbst für mich tat.

Am Abend erreichte uns die Nachricht, dass unsere ganze Mannschaft wieder sicher auf dem Sattel angekommen war. Mehr als 30 Leute hatten an diesem Tag den Gipfel erreicht, darunter Bergsteiger und Sherpas eines britischen Teams, die Australier mit Lobsang, Bergsteiger aus Todds Mannschaft, einige Frauen aus Korea und Mitglieder der amerikanischen Sagarmatha-Expedition, darunter Dolly Lefever.

Ich hatte Dolly noch von der Denali in angenehmer Erinnerung und daher mit Freude festgestellt, dass sie hier war. Ich war ins amerikanische Sagarmatha-Lager gegangen um sie zu besuchen und wir hatten eine ganze Weile geplaudert: über die Schwierigkeiten, die sie als einzige Frau in ihrer Expeditionsmannschaft erlebte, über meinen Traum von den Sieben

Gipfeln, darüber, dass gerade das nicht ihr Ziel war, obwohl dies der fünfte der Sieben für sie war, und über die Gegenwart von Sandy Hill Pittman in Todds Mannschaft, die wie ich den Versuch unternahm ihren siebten Gipfel zu erreichen. Sandy und ich hatten einige Male miteinander gesprochen, hatten aber nie darüber diskutiert, dass wir in Konkurrenz zueinander standen, weil wir beide als erste Amerikanerin die Sieben zusammenbringen wollten. Dollys Erfolg war für mich fast ebenso sehr ein Grund zur Freude wie Jans. Es war ein Tag des Erfolgs und des Feierns.

Am nächsten Morgen funkte uns Gary vom Sattel aus an – mit schlechten Nachrichten. Aufgrund eines Missverständnisses zwischen erschöpften Bergsteigern war fälschlicherweise berichtet worden, alle seien wohlbehalten zurück. Tatsächlich war aber Lobsang nicht vom Gipfel zurückgekommen. Er hatte während des Abstiegs etwa eine Stunde unterhalb des Gipfels mit einem Amerikaner gesprochen, aber niemand konnte sich erinnern, ihn danach noch gesehen zu haben. Gary sagte, es bestehe die Hoffnung, dass Lobsang irgendwo oberhalb des Sattels noch am Leben sei, und obwohl jede Suche oberhalb von 8000 Metern schwierig und gefährlich ist, hatten mehrere Bergsteiger die ungeheure Anstrengung auf sich genommen, noch einmal zum Gipfel aufzusteigen um ihm zu helfen, wenn sie konnten.

Seine Leiche wurde zwei Tage später 300 m oberhalb des Sattels gefunden. Er war offenbar in eine Schlucht gestürzt und sofort tot gewesen. Zu diesem Zeitpunkt hatten wir einigermaßen die Hoffnung aufgegeben ihn noch lebend zu finden, aber die Bestätigung war dennoch niederschmetternd. Helen und mir war das australische Team sehr ans Herz gewachsen und wir hatten mit unserer eigenen Trauer zu tun, während wir sie unterstützten. Ich hatte Lobsang nicht besonders gut gekannt, aber sein Tod traf mich sehr. Zum ersten Mal war jemand, den ich kannte, am Berg zu Tode gekommen, während ich dabei war.

Das war das zweite Mal auf dieser Expedition, dass unsere Mannschaft mit dem Tod in Berührung kam. Zwei Wochen zuvor hatte eine nepalesische Frauenmannschaft Pasang Lamu und drei Sherpas zum Gipfel geschickt, obwohl viele meinten, die Witterungsverhältnisse ließen noch keinen Versuch zu. Das extreme Wetter am Everest ermöglicht nur wenige und einigermaßen vorhersagbare Gelegenheiten den Gipfel zu erreichen. Der Zeitplan der Expedition schien dadurch motiviert, dass sie die erste nepalesische Frau auf dem Gipfel sein wollte, vor einer anderen Expedition im Basislager, in der sich Frauen aus Nepal und Indien zusammengetan hatten. Die vier hatten den Gipfel trotz starken Windes erreicht, aber während des Abstiegs war Pasang von der Erschöpfung übermannt worden, hatte in schlechter werdendem Wetter direkt unterhalb des Südgipfels Halt gemacht und sich geweigert weiter zu gehen. Ihr Sirdar, Sonam Tsering, war bei ihr geblieben und hatte die anderen beiden Sherpas zum Sattel hinuntergeschickt um zusätzlichen Sauerstoff zu holen. Sie hatten keine Funkgeräte bei sich gehabt. Die zwei Sherpas waren bei ihrer Ankunft zu erschöpft und zu schwach gewesen um sofort umzukehren. Pasang und Sonam Tsering hatte man nie mehr lebend gesehen. Anscheinend hatte Pasang die Nacht nicht überlebt und als Sonam am nächsten Tag bei schlechter Sicht allein abzusteigen versuchte, war er über den Rand der 2100 m hohen Kangshung-Wand gestürzt. Sonam war im vergangenen Jahr Robs und Garys Sirdar gewesen und sein Tod traf die beiden schwer. Unter Umständen, die vermeidbar schienen, hatten sie einen Freund verloren.

Schon drei Tote auf dem Berg. Im Jahr zuvor hatte es vier gegeben, aber keiner von ihnen hatte mich persönlich betroffen. Jetzt erlebte ich meine eigene Trauer und die meiner Freunde wie einen schweren Nebel über der Schönheit und der geheimnisvollen Atmosphäre dieses Berges.

Den Nachmittag verbrachte ich am Fuß des Eisfalls, wo ich unser Team willkommen hieß und mit denen feierte, die den Gipfel erreicht hatten. Jan und Rob kamen als letzte unten an und es war ein freudiger Augenblick. Der dunkle Schleier des Todes war nicht vergessen, aber er wurde durch die Freude über das Geleistete etwas heller. Mit den beiden zusammen ging ich zurück ins Lager und hörte, getragen von einem Durcheinander aus geteilter Freude, Trauer und Enttäuschung, Jans Geschichten vom Gipfeltag zu.

An diesem Abend wurde unser Funkzelt zum Zentrum für die logistischen Angelegenheiten, die mit Lobsangs Tod zusammenhingen. Wir verteilten Tee und Kekse an die vielen Menschen, die ihm nahe gestanden hatten und nun trauerten. Irgendwann wurde es mir zu viel. Ich ging hinaus zu dem großen Felsen, der mein Zufluchtsort geworden war. Der Eisfall sah in der abendlichen Dunkelheit wunderbar aus. Nicht weit von mir war der Schattenriss von Lobsangs Zelt direkt davor zu sehen. Ich weinte schwere, müde Tränen. Jonathans Energie war spürbar gegenwärtig und dann, als meine Tränen nachließen, gesellte sich Lobsangs Energie dazu und brachte mir ein tröstliches Gefühl der Ruhe. Ich stand auf und ging zum Gemeinschaftszelt. Jetzt war ich bereit nach Hause zurückzukehren.

Während der nächsten zwei Tage bauten wir das Lager ab und begannen den Rückweg nach Lukla. In einem Teehaus am Wege sprachen Gary und ich über das Bergsteigen, während ich ihm die Schultern massierte. »Weißt du, Maggot«, sagte er, »der Gipfel ist nur ein Vorwand dafür, dass wir hier sind.« Es war, als hätte er mir ins Herz geschaut.

13. Allein gehen ... gemeinsam

Freitag, 17. Februar 1995, Aspen
Mein Kopf und mein Herz sind voll mit dem
Khumbu. Er ist wie ein alter Freund, der mich mit
offenen Armen ruft. Die Aussicht mit Menschen
dort zu sein, die ich gern habe, macht mich so aufgeregt, dass ich hüpfen könnte.

»Hallo?«, sagte ich in den Telefonhörer und klemmte ihn mir
unters Kinn, während ich weiter in dem Topf mit winterlicher
Spagettisoße rührte, die ich gerade in meiner Küche in Aspen
zum Abendessen zubereitete. Endlich hatte ich in den Bergen
von Colorado einen Platz gefunden, den ich mein Eigen nennen konnte, und ich war dabei, ihn zu einem Zuhause zu
machen.
»Margo, bist du das?«
»Helen? Hallo, das ist ja eine Überraschung!« Immer wenn
ich Helens neuseeländischen Akzent hörte, löste das angenehme Erinnerungen an das Basislager am Everest 1993 aus.
Sie hatte einige Wochen zuvor schon einmal angerufen und
mir erzählt, dass sie wieder das Basislager organisieren würde.
Jetzt wurde meine Stimme sofort lebhaft vor Erwartung:
»Was gibt's?«
»Ich sitze gerade über der Teilnehmerliste und war so aufge-
regt, als ich sah, wer im Basislager sein wird, dass ich dich
einfach anrufen musste um es dir mitzuteilen.«
»Helen, ich glaube, ich sollte es lieber nicht hören. Dann wird
nur mein Wunsch noch stärker, dort zu sein.« Ich wusste, ihre
»Aufregung« war nicht ohne Hintergedanken. Schon bei

ihrem ersten Anruf hatten wir über die Möglichkeit gesprochen für eine Woche oder so ins Basislager zu kommen. Aber das Geld war knapp. Ich wusste nicht einmal, ob ich einen Flug bekommen könnte. Und doch, während der zwei Wochen, seit wir darüber gesprochen hatten, hatte ich oft davon fantasiert, dabei zu sein. Ich wollte wirklich nicht hören, was ich verpasste, aber die Kinder in mir hüpften immer weiter auf und nieder. Sie wollten so schrecklich gern wissen, wer dabei sein würde.

»Also gut, wer?«

»Na ja, Rob und Jan und ich natürlich, und ...« Sie machte eine wirkungsvolle Pause, wie ein Kind, das ein Geheimnis so lange für sich behält, wie es eben kann, und ihre Aufregung war deutlich spürbar, selbst durch die transpazifische Telefonleitung. Dann konnte sie es nicht länger aushalten: »Chantal!«

»Du machst Witze!«, antwortete ich lachend.

»Nein«, sagte sie, »mache ich nicht. Und es kommt noch besser: Guy arbeitet wieder für Rob, und Mike Groome und Veikka werden dort sein und den Lhotse besteigen. Ken und Frank werden mit Todd kommen, Pete auch. Keith wird mit Brent Bishop den Lhotse angehen und dann werden natürlich Ang Tsering und Chhonga dabei sein. Margo, es wird unglaublich! Du musst einfach kommen.« Und dann setzte sie wie eine erfahrene Werbefrau noch einen drauf: »Jan sagt das auch.«

Ein Wiedersehen im Basislager am Everest! Der Plan gefiel mir auf Anhieb, aber Martha ging in meinem Kopf schon ihre eigene Negativliste durch: »Es ist teuer. Du hast keine Zeit. Es ist einfach leichtfertig.«

»Ach, sei doch mal still!«, sagte ich leise zu ihr.

»Was?« Helen hatte mich nicht deutlich gehört. »Nichts.« Schnell kehrte ich zu unserem Gespräch zurück. »Oh, Helen, ich würde so gern kommen! Aber ich muss erst noch darüber nachdenken. Es ist alles andere als vernünftig.«

»Margo, du bist diejenige, die mir immer sagt, ich soll auf mein Herz hören. Also, hör auf dein Herz!«

Ich lächelte. Dass die Worte, die ich so oft sagte, nun in meine Richtung wiederholt wurden, gab ihnen eine neue Bedeutung. »Ein gutes Argument. Lass mich ein paar Tage darüber nachdenken, ich gebe dir Bescheid.«

»Gut. Warte nicht zu lange. Ach, Margo, ich wünsche mir so sehr, dass du kommst.«

Ihre Freundschaft und ihr ehrlicher Wunsch mich im Basislagers dabeizuhaben rührten mich. »Wir werden sehen. Ich rufe dich in ein paar Tagen an. Ich habe dich sehr lieb.«

»Ich dich auch.« Ihre Stimme war immer noch voller Aufregung und Erwartung. »Melde dich bald! Bye.«

»Bye.« In Gedanken listete ich schon die Einzelheiten auf, um die ich mich kümmern musste, all die Dinge, die zusammenpassen mussten.

Am nächsten Abend entspannte ich mich beim Sticken auf meinem Sofa und sah mir im Fernsehen das Ende einer Dokumentarsendung über Elefanten an. Seit 24 Stunden waren meine Gedanken ausschließlich mit den Bildern einer Rückkehr nach Nepal beschäftigt. War das möglich? Konnte das sein? Während noch der Abspann lief, kündigte eine Stimme die folgende Sendung an: über eine Besteigung des Mount Everest. Ich hob die Augenbrauen und lächelte überrascht über dieses »Zusammentreffen«. Elefanten und der Everest Seite an Seite – was für ein Genuss.

Eine Stunde lang sah ich die Fotos vom Gipfel, hörte Bergsteigern zu, die beschrieben, wie es dort oben war, und eine ungeheure Welle der Traurigkeit begrub mich unter sich. Zum ersten Mal in den 18 Monaten seit meiner Rückkehr vom Everest spürte ich, dass ich wirklich darum trauerte, den Gipfel nicht erreicht zu haben. Mehr als irgendetwas, das ich mir in meinem Leben gewünscht hatte, hatte ich dort oben stehen wollen. Mehr sogar, als ich mir selbst eingestand. Tief aus meiner Leidenschaft für das Leben heraus hatte ich es mir gewünscht. Und ich hatte es nicht geschafft. Ich würde niemals den Ausblick vom Dach der Welt zu sehen bekommen, niemals auf dem messerscharfen Grat zum Gipfel gehen. Ich würde nie erleben, wir schwer es war dorthin zu kommen, aber auch nicht die Erfüllung derer, die es geschafft hatten. Der Traum war vorbei. Ich spürte es tief in mir, während mich meine Traurigkeit umfing: Der Traum auf dem Gipfel des Mount Everest zu stehen war endgültig vorbei, ohne Diskussion und unwiederbringlich ausgeträumt. Während ich mit offenem Herzen diesen Gedanken allmählich akzeptierte, flossen reichlich Tränen.

»Es ist Zeit Abschied zu nehmen, Margo. Geh zu dem Berg und nimm Abschied.« Es war meine eigene Wahrheit, die da sprach. Ich nahm den Telefonhörer und wählte die Nummer in Neuseeland: »Hallo, Helen? Ich komme.«

Ich musste noch einmal zum Everest: um mich noch einmal mit meiner Seele zu verbinden, um die Verluste zu heilen, die ich in zwei kurzen Jahren erlitten hatte, um die Sehnsucht meines Herzens loszulassen. Ich musste zurück und jetzt war der richtige Zeitpunkt. Nach meinem Anruf bei Helen, nachdem die Fernsehsendungen vorbei waren, saß ich auf meinem Sofa und blickte zurück auf die letzten 24 Monate.

Mittwoch, 9. Juni 1993, San Diego
Kleine Schritte. So habe ich die Berge bestiegen
und so komme ich auch im Leben voran.

In den ersten Monaten nach meiner Rückkehr vom Mount Everest 1993 waren meine Gefühle von anderen Ereignissen in meinem Leben abgelenkt worden: Die Aufregungen des Umzugs nach Aspen, die Einzelheiten, die mit dem Verkauf meines Hauses in San Diego zusammenhingen, das Zusammenpacken meines Haushalts und die Suche nach einer Wohnung in meiner neuen Heimatstadt hielten mich davon ab, über die Tatsache nachzudenken, dass ich ein zweites Mal am Mount Everest gewesen war und es wieder nicht geschafft hatte.

Am 5. August klebte ich gerade Preisschilder auf die Gegenstände, die ich am Wochenende wegen meines Umzugs verkaufen wollte. Ich war stundenlang durchs Haus gewandert und hatte Entscheidungen über meine Besitztümer getroffen: Wollte ich diese CD wirklich verkaufen? Wie viele Bücher wollte ich behalten? Das eindringliche Läuten des schnurlosen Telefons verschaffte mir eine willkommene Pause. »Hallo?«

»Hallo, Mig.« Mein Vater benutzte einen Kosenamen, den ich 15 Jahre zuvor aufgegeben hatte. Mein Herz stockte, meine Hand blieb in der Luft stehen, das halbfertig geschriebene Preisschild vor sich. Ich hatte diesen Anruf den ganzen Sommer lang erwartet, aber wirklich bereit war ich nicht.

»Geht es um Mum?« Aber ich kannte die Antwort schon. »Sie ist kurz nach fünf Uhr heute Nachmittag hier in ihrem Bett gestorben. Ganz still.« Seine Stimme war ruhig, kontrolliert. Ich warf einen Blick auf die Uhr. Es war fast drei Uhr nachmittags nach pazifischer Zeit, sie war noch keine Stunde tot. »Warst du bei ihr?«

»Nein, es war, als hätte sie gewartet, bis ich das Haus verlassen hatte. Chris war bei ihr.« Das war so typisch für Mum; sie wollte Dad nicht damit »belasten«, dass er da war, wenn sie starb. Und es passte auch, dass Chris an ihrem Bett gesessen hatte. Die Freundschaft der beiden Frauen war von einer tiefen Liebe zueinander geprägt und Chris war eine der beiden

Frauen, bei denen Mum ihre sorgfältig aufgebaute Zurückhaltung mehr als nur ein wenig gelockert hatte. Mein Vater sagte, Mums andere Freundin Audrey sei nur eine Stunde vorher auch da gewesen.

»Ach, Popeye.« Meine Selbstkontrolle lief auf Hochtouren, ebenso wie seine. »Wir mussten so lange darauf gefasst sein, aber jetzt ist es doch ein Schock.«

»Ich weiß, Mig.«

»Kommst du zurecht?«

»Mir geht es gut.« Seine Stimme klang gleichmäßig und überzeugend für jeden, der sich mit der oberflächlichen Antwort zufrieden gab. »Chris ist noch hier, wir warten auf den Arzt.«

»Also.« Mir gingen die Worte aus und die Selbstkontrolle ließ nach. »Ich rufe die Fluggesellschaften an und melde mich wieder, sobald ich weiß, wann ich da sein kann.«

»Gut. Sag nur Bescheid, ich hole dich ab.«

»In Ordnung, Popeye. Ich liebe dich.«

»Ich liebe dich auch. Bis später, wenn du hier bist.« Er legte auf.

Ich stand mitten in meinem Wohnzimmer und für eine mehr als lange Zeit hielt ich den Hörer bewegungslos in der Hand. Mum war so lange krank gewesen. Schon in den frühen Tagen meiner Genesung hatte ich ihr gewünscht, dass sie sich mehr gehen lassen könnte. Ich erinnerte mich an ein Gespräch, das wir mehr als zehn Jahre zuvor geführt hatten. An jenem Tag war es meiner Mutter besonders elend gegangen. Ihr Sehvermögen ließ rapide nach. Sie hatte keine Kraft und fast keine Zukunftspläne mehr, geschwollene, schmerzende Gelenke, Allergien gegen fast alle synthetischen Materialien und die meisten Lebensmittel, sprunghafter Anstieg des Blutzuckerspiegels – so war sie in meinen Armen zusammengebrochen, was bei dieser starken Frau ganz selten vorkam.

»Mig, ich will einfach nicht mehr. Ich fühle mich die ganze

Zeit so elend und kann nichts mehr tun als im Haus herumsitzen. Ich kann nichts mehr sehen, also kann ich weder sticken noch Golf spielen und selbst wenn ich könnte, hätte ich nicht mehr die Kraft dazu. Ich kann nichts mehr tun, was ich gern täte. Wozu noch leben?« Ich hatte sie im Arm gehalten, solange sie weinte, war für meine Mutter wie eine Mutter gewesen und war mir selbst mitten in meinen Abhängigkeiten bewusst geworden, wie sehr sich unsere Rollen verschoben hatten, wie sehr sie es hasste, die enge Kontrolle über ihre Gefühle zu verlieren und so auseinander zu fallen – und wie sehr ich sie liebte.

»Oh, Mum, ich wünschte, ich hätte eine Antwort für dich. Ich wünschte, ich könnte dir helfen. Aber ich kann es nicht.« Das stimmte. Es gab keine Lösung. Alles, was ich tun konnte, war sie zu lieben und im Arm zu halten, wenn sie es zuließ.

»Ich weiß.« Sie hatte nach einem Taschentuch gelangt um sich die Nase zu putzen, hatte den Rücken wieder gerade gemacht und sich aus meiner Umarmung zurückgezogen. »Es geht schon wieder. Tut mir Leid, dass du das mit ansehen musstest.«

»Mir tut es nicht Leid.« Einen Augenblick lang hatte ich mich ihr näher und verbundener gefühlt als jemals zuvor. »Du hast ein Recht zu weinen und wütend zu sein. Ich wünschte, du würdest es öfter tun.«

»Es nützt doch nichts.« Jetzt war ihre Stimme wieder ganz kontrolliert gewesen, dennoch hatte ich die unglaubliche Anstrengung gespürt, mit der sie ihre Verzweiflung unterdrückte.

»Es ist gut zu weinen, Mum.« Wir waren so verschieden, sie und ich. »Ich wünschte wirklich, du könntest es öfter tun.« Meine Gefühle waren seit dem Tag meiner Geburt immer unmittelbar sichtbar gewesen; sie hatte ihre immer fest unter Verschluss gehalten.

Das Tuten im Telefon brachte mich endlich zurück in die Gegenwart. Ich drückte eine Taste, ließ sie wieder los und das Telefon wählte automatisch die Nummer meines Reisebüros. Ich rief Barb und Meg an, dann Judy und Ray. Freunde kamen, einfach um da zu sein, und ließen mich alle Gefühle durchleben, die ich brauchte. Manchmal hielten sie mich im Arm und strichen mir über den Kopf, manchmal halfen sie mir dabei, Preisschilder aufzukleben. Sie erwarteten nichts, versuchten nichts in Ordnung zu bringen, ließen mich nur einfach da sein und fühlen. In der einen Minute war ich vernünftig und ruhig, kümmerte mich um eine Einzelheit, telefonierte oder bewegte Möbelstücke, in der nächsten konnte ich mich auf dem Fußboden zu einer Kugel zusammenrollen und schluchzen oder ärgerlich mit dem Fuß aufstampfen. Sie blieben, bis ich alle Tränen geweint und allen Zorn herausgeschrien hatte, dann ließen sie mir Ruhe um zu mir zu kommen und erinnerten mich daran, dass sie nur einen Anruf weit entfernt waren. Ich nahm ein heißes Bad und saß mit meinem Tagebuch im Bett:

Ich liebe dich, Mum. Ich wünsche dir Glück und die Freiheit von dem Körper, der dir eine solche Last war. Danke, dass du meine Mutter bist. Danke, dass du mir über den Kopf gestreichelt hast, als ich klein war, und dass ich auf deinem Schoß sitzen durfte, wenn ich weinen musste. Danke für deine Großzügigkeit. Und für deine Liebe. Wenn dein Geist mein Herz besuchen will, ist er jederzeit willkommen. Ich hoffe, du hast keine Angst. Aber ich glaube, du hast Angst. Es ist in Ordnung, Angst zu haben, Mum. Ich hoffe, du weißt das jetzt. Ich liebe dich. Auf Wiedersehen.

Beim Schreiben flossen die Tränen leicht und frei. Tränen der Trauer darüber, dass ich meine Mutter verloren hatte, Tränen des kleinen Mädchens, dass seine Mutter braucht, und Tränen, die die Lücke in meinem Leben ausfüllen sollten, die niemals wieder zuwachsen würde.

Der Flug nach New York kam mir diesmal besonders lang vor. Ich las, sah mir den Film an, plauderte mit meinem Nachbarn, tat alles um meine Gefühle unter der Oberfläche zu halten. Ich hatte gedacht, ich sei vorbereitet. Ich hatte mir selbst gesagt, dass ich mich über die Erlösung freute, die der Tod für Mum bedeutete. Aber es gab nichts, was mich auf die riesige Lücke vorbereitete, die ich in meinem Innern fühlte: Meine Mutter war tot. Innerlich schaukelte und weinte ich; äußerlich nahm ich mich zusammen und verhielt mich so, dass meine Mutter stolz auf mich gewesen wäre.

Als ich in Greenwich ankam, bemerkte ich eine Hibiskuspflanze auf dem kleinen Tisch in der Küche meines Elternhauses, gleich neben dem Stuhl, auf dem meine Mutter einen so großen Teil ihrer letzten Lebensjahre verbracht hatte. Bei meiner Ankunft sahen die Blätter gesund und grün aus, aber es gab keine Spur von Farbe, nicht einmal eine Knospe war zu sehen. Zwei Tage später, am Morgen der Beerdigung, hatte die Pflanze eine wunderbare Blüte getrieben, deren dunkelrote Mitte von einer weißen Linie umgeben war, die sich dann im sanften Gelb der äußeren Blütenblätter vertiefte. Sie war scheinbar aus dem Nichts entstanden und ich freute mich über dieses Spiegelbild für den Geist meiner Mutter, der so klar aus der strahlenden Blüte leuchtete.

Weniger als einen Monat nach dem Tod meiner Mutter stand ich vor dem riesigen Fenster in meinem Schlafzimmer und sah hinaus auf San Diego, wo die Lichter glitzerten und der Halbmond leuchtend am Himmel über der Mission Bay stand. Ein Stockwerk tiefer war mein Abschiedsfest in vollem Gange und meine Freunde hatten eben eine Runde Trinksprüche auf mich beendet, in denen es um das ging, was ich in ihrem Leben bedeutete. Mein Herz war voll von ihrer Liebe, fast schon zu voll, und ich musste ein wenig allein sein.

Der Weggang von San Diego schmeckte bittersüß. Hier hatte ich Menschen so nah an mein Leben herangelassen, wie ich es niemals zuvor gekannt hatte. Becky, Ray, Maggie, Judy. In diesem Haus war in den letzten sieben Jahren so viel geschehen: Wachstum, Abenteuer, Leistung, Angst, Trauer, Freude, Liebe, Tränen, Lachen, Heilung, Veränderung, Freundschaft. Aber dieser Lebensabschnitt war zu Ende und es war an der Zeit weiterzuziehen. Ich wandte mich vom Fenster ab und ging wieder hinunter zu den anderen.

Der Umzug in das winzige »Puppenhaus« in Aspen ging reibungsloser vor sich als ich gedacht hatte. Mit seinen 72 Quadratmetern aus rustikalem Holz war es etwa ein Drittel so groß wie mein Stadthaus in San Diego, aber es hatte die vier Zimmer, die ich brauchte – Wohnzimmer, Schlafzimmer, Gästezimmer und Büro –, und passte vollkommen zu mir. Es hatte sogar einen kleinen Hof, an dessen einem Ende ein kleiner Bach floss. Er schuf eine Atmosphäre, die mich leise zu sich rief und mir sagte: »Hierher gehörst du, Margo.«

In Aspen erneuerte ich die Freundschaften, die ich geschlossen hatte, als ich dort für den Everest trainierte. Ich genoss die Nachbarschaft mit Leelee und ihrer Familie; unsere Häuser hatten sogar ein gemeinsames Stück Zaun! Ich war beschäftigt mit den Pflichten, die der Herbst in einer Höhe von 2400 m in den Rockys so mit sich bringt, kaufte warme Kleidung für mich und Winterreifen für mein Auto. Ich fing wieder mit dem Laufen und Trainieren an, aber eine plötzliche Lungenentzündung streckte mich für fünf Tage mit 39° Fieber nieder. An dem Tag, als das Fieber sank, läutete das Telefon und es war wirklich das erste Mal seit Tagen, dass ich auch nur in der Lage war den Hörer zu heben.

»Hallo?« Meine Stimme war schwach, mein Mund noch trocken vom Fieber. »Margo, bist du das?« Am anderen Ende klang es wie Helen, aber die Stimme war so leise, dass ich sie kaum hören konnte. »Helen? Hier ist Margo. Bist du das? Was für eine schöne Überraschung.« Anrufe meiner Freundin aus Neuseeland munterten mich immer auf. »Du rufst gerade zur rechten Zeit an.«

»Margo, ich habe schlechte Neuigkeiten.« Ihre kaum hörbare Stimme drückte den Ernst dessen aus, was sie mir zu sagen hatte. »Gary ist am Dhauligiri ums Leben gekommen. Es tut mir Leid, dass ausgerechnet ich dir diese Nachricht überbringen muss.« Ich war in der Küche ans Telefon gegangen und jetzt musste ich mich an den Schrank lehnen um mich aufrecht zu halten. »Wie? Was ist passiert? Und was ist mit Rob? Oh Gott.« Mir fehlten die Worte.

»Ich weiß.« Helens Stimme war voller Mitleid. »Ich konnte es auch nicht glauben.« Sie berichtete mir Einzelheiten, aber ich hörte nur halb hin. Irgendetwas mit einem Lungenödem im Lager IV, sie hatten ihn nicht hinunterbringen können, solange es dunkel war, waren am nächsten Tag zum Lager III abgestiegen und Gary schien es besser zu gehen, aber dann war er zwei Stunden später gestorben. Rob hatte nicht einmal Gelegenheit zu einem Abschied gehabt, weil er gedacht hatte, es ginge Gary schon wieder besser. Rob hatte Veikka dazu überredet, zu Ehren Garys auf den Gipfel zu steigen. Oh, mein Gott.

»Margo, bist du in Ordnung?«

Ich antwortete dumpf: »Alles klar, Helen. Ich bin nur fassungslos. Danke, dass du es mir gesagt hast. Ich glaube, ich mache jetzt Schluss.«

»Ja, in Ordnung. Pass auf, ich rufe dich in ein paar Tagen an, ja? Margo? Ist das in Ordnung?«

Ich konnte einen Moment lang nicht einmal antworten, dann sagte ich: »Ja, in Ordnung, bis dann«, und legte auf.

»Nein!«, schrie ich aus vollem Halse und klammerte mich an die Kante des Küchenschranks. »Nein, verdammt! Das ist ver-

392

dammt noch mal zu viel!« Ich sackte auf dem Boden zusammen und gab einige urzeitliche Schluchzer von mir, die auf riesigen, dunklen Wogen der Trauer hin und her schaukelten. »Nicht auch noch Gary. Nicht Gary.« Das heftige Schluchzen galt nicht nur Gary. Es galt Lobsang und Mutter, Mark und Julie, Bekannten, die vor kurzem ebenfalls beim Bergsteigen umgekommen waren, und jetzt Gary. Zu viele Menschen hatte ich in so kurzer Zeit verloren. Zu viele Erinnerungen zurücklassen müssen. Im Kopf wusste ich alles über den Tod und das Loslassen und Weitergehen. Aber ich trauerte, weil ich mich mit all der Traurigkeit in meinem Herzen allein gelassen fühlte. Obwohl ich von meiner Lungenentzündung geschwächt war, war ich so wütend und verletzt, dass ich am liebsten etwas an die Wand geworfen und Gott verflucht hätte. Nie zuvor hatte ich mich so allein gefühlt.

»Atmen, Margo. Atmen und weitermachen. Auch das geht vorbei.« Ich betete all die Sachen runter, die ich in den letzten Jahren in schwierigen Situationen zu nutzen gelernt hatte. Aber als ich durch den Flur in mein Schlafzimmer ging, murmelte ich: »Zum Teufel mit all dem Genesungszeug. Jetzt ist es einfach, verdammt noch einmal, zu viel.«

Aber ich tat es: Ich atmete und machte weiter und es ging vorbei. Wie immer – was dieses »es« auch war. Ich rief Skip an um ihm die Nachricht zu überbringen und dann legte ich mich mit meinem Tagebuch und meinen Erinnerungen an Gary ins Bett. Hall und Ball, Gary und Rob gab es also nicht mehr. Mein Herz richtete sich auf Rob. Es war unmöglich sich Rob auf einem Berg ohne Gary vorzustellen. Sie passten zusammen wie Teile eines Puzzles, ihre Stärken ergänzten einander. Mit Gary hatte ich gelacht, Rob hatte ich mein Herz ausgeschüttet, aber beide hatten sie mir von ganzem Herzen Unterstützung und Fürsorge geschenkt.

Ich blickte zu dem Foto von Gary hinüber, das einen Ehrenplatz auf meinem Kaminsims einnahm. Es war an seinem 40. Geburtstag im Basislager am Everest aufgenommen worden, letztes Frühjahr. Da schnitt er mit breitem Grinsen die Geburtstagstorte an. Ich lächelte dem Bild zu und sagte: »Leb wohl, mein Freund. Geh sicher und gut.«

Es wurde kälter und Aspen wechselte das Kleid: statt der Pappeln mit den gelben Blättern und der Touristen mit ihren Kameras gab es nun eine winterliche Schneedecke und Skifahrer in Overalls. Zu Weihnachten flog ich nach Greenwich, aber die Feiertage verliefen in gedämpfter Stimmung. Das Haus dort war fremd ohne Mum. Barb und ich versuchten vergeblich ihre traditionelle, immer perfekte Crème brulée zu machen, aber in letzter Minute musste sie natürlich gerinnen: Mum ließ nicht zu, dass wir sie vergaßen. Aber wir empfanden auch Dankbarkeit und Gelassenheit. Mit ihrem Tod hatte sich eine Spannung gelöst und wir alle konnten das spüren und waren froh, dass sie endlich Frieden gefunden hatte.

Als ich an einem Nachmittag im April von einer Physiotherapie-Sitzung nach Hause kam, war zu meiner Freude die Stimme meines Vaters auf dem Anrufbeantworter zu hören: »Hallo, Mig, hier ist Dad. Ich habe Neuigkeiten für dich. Kannst du uns anrufen, wenn du nach Hause kommst?« Uns? Uns anrufen? Seit Anfang des Jahres ging mein Vater mit der Frau aus, die seit mehr als 30 Jahren als Assistentin für ihn arbeitete und eine gute Freundin geworden war. Unsere ganze Familie kannte Peggy seit vielen Jahren und ich freute mich, dass die beiden so viel Freude an ihrer Zweisamkeit fanden.

In der Hoffnung, die Neuigkeiten würden eine Hochzeit betreffen, wählte ich die Nummer: »Hallo, Popeye! Ist es die Neuigkeit, an die ich denke?«

»Kommt darauf an, was du denkst, was es ist«, antwortete er mit einem neckischen Unterton in der Stimme.

»Wollt ihr heiraten? Ist es das?« Ich hielt meine Stimme ruhig, für den Fall, dass ich mich irrte. »Erraten«, antwortete Pop mit einem Lächeln in der Stimme. »Am 13. August.«
»Jippie!«, rief ich. »Ich werde kommen, mit Glockengeläut. Oh Dad, ich freue mich so für euch. Ich schicke eine dicke Umarmung durch die Leitung.« Wir redeten noch etwas weiter und ich sprach auch mit Peggy um auch ihr zu gratulieren und dann legte ich auf und saß da mit meiner Freude. Mein 79-jähriger Vater heiratete seine 71-jährige Sekretärin, die nie verheiratet gewesen war. Eine spät erblühte Liebe schimmerte in ihren Stimmen. Er hatte ihr schon ein weißes Mustang-Cabrio als Hochzeitsgeschenk verehrt und als Hochzeitsreise war eine Fahrt auf der Queen Elizabeth II nach Europa geplant. Mit der Concorde würden sie zurückfliegen und dann nach Disney World reisen.

Innerlich und äußerlich trug ich ein breites Lächeln – wieder einmal war ich daran erinnert worden, was für ein wunderbarer Mann mein Vater war. Wir beide hatten viele Wertvorstellungen gemeinsam, auch wenn sie sich bei mir etwas anders äußerten, und er verkörperte sie in meinen Augen gut. Während ich in meiner Genesung weiter wuchs, kamen die Ähnlichkeiten viel deutlicher zum Vorschein als die Unterschiede. Ich freute mich darauf, seine zweite Hochzeit zu feiern.

Den Sommer über war ich voller Reiselust. Barbara hatte seit jener ersten Familienwoche, an der ich in Tucson teilgenommen hatte und die mein Leben verändert hatte, eine Reihe von Rückfällen erlitten. Aber schließlich hatte auch sie sich in ihre Krankheit ergeben und lebte jetzt ihren Traum auf einer kleinen eigenen Ranch in Montrose, Colorado, aus. Schon seit sie ein kleines Mädchen gewesen war, hatte sie irgendwo leben wollen, wo sie umringt war von Hunden, Katzen und Pferden. Jetzt konnte ich sie besuchen und mir ihr Haus ansehen. Sie nahm mich mit auf eine Tour über ihre Weiden: eine mit sieben Stuten und ihren Fohlen, eine mit einem halben Dutzend hübscher Ponys und eine dritte mit Reitpferden, die an diesem warmen Nachmittag still vor sich hin grasten.

»Tweedles, wer hätte damals beim Debütantinnenball in Greenwich gedacht, dass wir beide als trockene Alkoholikerinnen in Colorado enden und dort unsere Träume verwirklichen würden?« So lange ich denken konnte, hatten wir unsere Spitznamen benutzt; sie gehörten zu dem Band zwischen uns.

»Miggie, niemand hätte es geglaubt.«

Wir lachten. In unser beider Leben gab es Wunder, die man niemals hätte voraussehen können. Die Genesung von unseren Krankheiten hatte uns nicht nur unsere Träume geschenkt, sondern so viel anderes dazu. Und in ein paar Wochen würde auch unser Vater ein paar eigene Träume wahr machen.

Etwas mehr als ein Jahr nach dem Tod meiner Mutter saß ich am Hochzeitsmorgen von Peg und Pop auf meinem Stuhl in der Küche in Greenwich. Ich starrte aus dem Fenster auf die Aussicht, die immer ganz besonders beruhigend auf mich gewirkt hatte. Es war dunstig und windstill an diesem Morgen. Der Teich, grün von Algen, warf ein makelloses Spiegelbild der nahe stehenden Weidenbäume. Selbst durch die Glastür konnte ich die Grillen zirpen hören. Ich blickte nach links auf den leeren Stuhl, der für mich immer noch der Platz meiner Mutter war. Ich war voller Freude für Pop und Peg, aber diese Aussicht würde immer die meiner Mutter sein, wie wenn Gott sie ihr geschenkt hätte um sie in den schweren Zeiten zu trösten. »Ich liebe dich, Mum. Du wirst immer meine ›Mavver‹ bleiben.« Der Spitzname, den ich so viele Jahre lang voll Zärtlichkeit benutzt hatte, ließ mir die Tränen in die Augen schießen. »Ich hoffe, du kannst dich für Popeye freuen.«

Als mein Vater und seine frischgebackene Frau nach Europa aufgebrochen waren, schlossen meine Nichte Meg und ich uns für eine Tour durch den Grand Canyon einer Gruppe an, die von Skip und Elizabeth geleitet wurde. Für mich war es eine Gelegenheit in den Canyon zurückzukehren; bei der letzten Reise auf dem Colorado war ich die meiste Zeit bedrückt gewesen und konnte mich nicht mehr recht daran erinnern. Und es war auch eine Gelegenheit in der unglaublichen Schönheit von einem der Naturwunder der Welt die Gesellschaft von dreien der mir liebsten Menschen zu genießen.

Am vierten Tag auf dem Fluss wanderten wir zu den Kornspeichern, die dort zu einer Zeit vor Christi Geburt von den Anasazi in den Fels gegraben worden sind. Ich hatte denselben Ort 1985 besucht, aber damals war ich von der Wanderung auf dem steilen, rutschigen Pfad, der 300 m vom Fluss aufwärts führte, müde und abgekämpft gewesen. Damals hatte ich auf die Herrlichkeit des Canyons hinuntergesehen und mit den Tränen gekämpft, als ich an das Chaos meines Lebens dachte: Ich war fett und konnte nicht aufhören zu essen; ich war ständig dehydriert, konnte aber nicht aufhören Abführmittel zu nehmen; oft konnte ich mich dem Leben nicht mehr stellen, aber ich konnte auch nicht aufhören zu trinken und Drogen zu nehmen. Ich hasste mich, wenn ich in den Spiegel sah, und konnte keine Richtung für eine Veränderung finden. All das war wie eine erdrückende Welle über mich geschwappt, als ich 1985 auf dem Felsvorsprung vor den Kornspeichern gestanden hatte.

Neun Jahre später saß ich, ein wenig entfernt vom Rest der Gruppe, an fast genau demselben Fleck. Die Kontraste waren schlagend. Die Leichtigkeit, mit der ich den Pfad hinaufgewandert war, war eine deutliche Analogie dazu, wie weit mein Leben gediehen war. Diesmal war die großartige Aussicht eine Spiegelung des Wunders, das mein Leben darstellte, und meine Tränen rührten von der Freude, nicht von der Verzweiflung. Ich schloss die Augen und atmete in der Sonnenhitze, entspannt und zufrieden.

Vor meinem geistigen Auge stand ich auf einer Bühne, vor der meine ganze Unterstützungsmannschaft unter den Tausenden von Menschen im Publikum verteilt saß: die Kinder, Gott, meine Anführer, meine Familie und Freunde mischten sich unter all die Menschen, die ich mit meiner Geschichte berührt hatte, all die mir bekannten und unbekannten Menschen, die Träume in ihren Herzen getragen hatten und die Hoffnung aufgegeben hatten, sie jemals wahr werden zu lassen. Alle zusammen standen sie auf und applaudierten mir: meinem Mut, meiner Entschlossenheit, meiner Bereitschaft durch die Angst hindurchzugehen, immer weiter einen Fuß vor den anderen zu setzen, auch wenn es mir allzu schwer vorkam, aus meiner Wahrheit heraus zu leben – sie applaudierten mir, Margo. Das Bild war atemberaubend und ich legte eine Hand auf meine Brust um mich ans Atmen zu erinnern, während ich meinen eigenen Wert in einer Weise erlebte wie nie zuvor. Ich sah mich um und fragte mich, ob noch irgendjemand anderer die Vision gesehen hatte. Aber sie waren alle in ihre eigenen Gespräche und Träumereien vertieft, ungestört von dem, was ich erlebt hatte. Es war ein Geschenk ganz für mich allein.

Gestärkt kehrte ich nach Aspen zurück, bereit für alles, was Gott als Nächstes mit mir vorhatte. Ich entwickelte mich von dem Macho Margo, der durchtrainierten Bergsteigerin, zu der Margo, die ich zärtlich als Frau mittleren Alters, in den Wechseljahren und mit einem Marshmallow-Körper beschrieb. Ich war dabei, eine Frau zu werden, die ihrer Weiblichkeit und Verletzlichkeit einen Platz neben ihrer Stärke und ihrem Mut einräumen konnte.

Ich musste verletzlich sein um Menschen an mich heranzulassen und ich hatte gelernt, dass Verletzlichkeit meiner Stärke nicht im Wege stand. Ich konnte meine Stärke in meinem Herzen und in meiner Seele spüren; sie musste nicht nach außen für andere sichtbar sein um wirklich zu existieren. Aber wenn ich nicht etwas Außergewöhnliches tat, warum sollte sich dann jemand meine Gegenwart wünschen? Die alte Frage, Marthas Frage, die Frage meiner Mutter, war immer noch da. Die Antwort kam von tief drinnen: »Weil ich Margo bin: eine großzügige, liebevolle, starke, weibliche Frau, die es wagt, aus ihrer Wahrheit heraus zu leben.« Das glaubte ich mit jedem Tag mehr.

Am 27. Februar 1995, meinem neunten »trockenen Geburtstag«, stieg ich aus meinem Auto um diesen Tag bei meinem üblichen, um 7.45 Uhr morgens beginnenden Treffen der 12-Stufen-Unterstützungsgruppe zu feiern. Ich winkte meinem Freund Bobby zu, der auf dem Gehweg auf die rote Backsteinkirche zuging, wo das Treffen stattfand. Er ging langsam, mit gesenktem Kopf, und sah mich erst, als ich ihn rief.

»He, Bobby, was ist los? Geht's dir gut?« Er antwortete nicht, sah mich nicht einmal an. Ich ging zu ihm: »Bobby, was ist mit dir?« Er blieb stehen und sah mich mit leerem Blick an. »Bobby, was ist?«

»Kathy Daily ist tot.«

Meine Knie gaben nach und Bobby griff nach meinem Ellbogen, damit ich nicht fiel.

»Und die Jungs auch.«

Es fühlte sich an, als hätte mir jemand einen Pfahl durch die Eingeweide getrieben. Ich konnte kaum atmen. »Wovon redest du?«

»Art hat sie gestern von einem Hockey-Turnier in Vail nach Hause gefahren. Im Glenwood Canyon ist ein Felsbrocken auf das Auto gefallen. Art ist unverletzt geblieben, aber Kathy, Tanner und Shea sind tot.« Über Bobbys Gesicht liefen die Tränen. Kathy und er waren seit langem Freunde gewesen. Sie war es gewesen, die ihm gesagt hatte, was nötig war, damit er begriff, dass er sich mit Drogen und Alkohol langsam selbst umbrachte. Sie hatte ihn dazu gebracht, Hilfe anzunehmen. Er hatte oft gesagt, er verdanke ihrer Hilfe sein Leben. Seine Trauer war unermesslich. Ich kannte Kathy und ihre Söhne erst seit zwei Jahren, aber sie hatte auch in meinem Leben einiges bewirkt.

Bobby und ich gingen Hand in Hand zu dem Treffen. Es gab keinen besseren Platz an diesem Morgen, wohin wir unsere Gefühle bringen konnten, als zu den Menschen in diesem Raum. Ich konnte mit ihnen die Freude über den Jahrestag meiner Trockenheit ebenso teilen wie die Trauer über diese Toten.

Zum Trauergottesdienst zwei Tage später drängte sich eine Menschenmenge in der Harris Hall in Aspen. Manche Trauergäste mussten den Gottesdienst draußen im Schnee über Lautsprecher verfolgen. Art Daily stand auf dem Podest und sprach über seine Frau und die beiden kleinen Söhne, die er so plötzlich verloren hatte. Er las ein Gedicht des 10-jährigen Tanner vor mit dem guten Titel »Ich, Tanner«. In dem Gedicht sprach Tanner über seine Sehnsucht nach Nepal zu reisen. Sechs Wochen später sollte ich zum Basislager am Everest aufbrechen.

Bei dem Empfang nach dem Gottesdienst reihte ich mich in die lange Schlange ein und wartete darauf, mit Art zu sprechen. Langsam ging es vorwärts, bis ich endlich vor dem gut aussehenden, weißhaarigen Mann stand, der seine Trauer mit Haltung trug. Ich umarmte ihn und sah in seine blauen, rot geweinten Augen. »Meine Gebete sind bei dir. Kathy war etwas ganz Besonderes und ich halte sie und die Jungs fest in meinem Herzen.« Einen Moment lang hielt ich inne, dann

400

fuhr ich fort: »Art, ich fliege in sechs Wochen nach Nepal und würde Tanner gern mit in das Land nehmen, das er so gern besuchen wollte. Wenn du ein Foto von ihm hast, das ich mitnehmen könnte, wäre es mir eine Ehre, dort einen besonderen Platz dafür zu suchen.

Die Tränen traten ihm in die klaren, blauen Augen. Er sah einen Augenblick lang zu Boden, dann erwiderte er meinen Blick: »Danke. Das wäre wunderbar«, sagte er leise und umarmte mich fest.

Als ich meine Ausrüstung für die Rückkehr ins Khumbu-Tal zusammenstellte, steckte ich sorgfältig mehrere Fotos von Kathy, Tanner und Shea zwischen die Seiten meines Tagebuchs. Meine geistige Reise zurück zum Basislager am Everest würde mehr Träume wahr machen als nur meine eigenen.

Auf dem inzwischen vertrauten Flug von Los Angeles nach Bangkok und Kathmandu war mein Herz besonders offen für die bevorstehende Reise. Zum ersten Mal würde ich ohne die Unterstützung einer Gruppe durch das Khumbu-Tal reisen. Aber ein Träger würde den größten Teil meiner Ausrüstung von Namche zum Basislager bringen: Ich musste nichts beweisen.

Eine Woche später saß ich auf der Terrasse des Teehauses in Namche Bazaar, in dem es immer noch die besten Zimtbrötchen der Welt gab. Die engen Straßen von Namche waren voll mit Wanderern, die in den Läden und bei den vielen Händlern einkauften. Während ich sie beobachtete und die Kraft dieser Szenerie in mich aufnahm, die den meisten von ihnen so fremd war, erstaunte es mich, wie vertraut sie mir inzwischen geworden war. Es gefiel mir, mit diesem exotischen Ort so viel gemeinsame Geschichte zu haben. Zum siebten Mal war ich in Namche Bazaar. Den Weg zwischen Pheriche und dem Basislager war ich zehnmal gegangen, durch den Eisfall sechsmal. Ich schüttelte den Kopf, fast ungläubig über das Wunder meines Lebens in den vergangenen neun Jahren, und biss wieder von meinem Zimtbrötchen ab.

Früh am nächsten Nachmittag saß ich auf einem Felsblock am Weg nach Thame und beobachtete eine Yak-Herde, die Vorräte vom morgendlichen Markt in Namche zurück zum Kloster Thame brachte. Der Weg von Namche nach Thame war einer meiner liebsten und ich hatte ihn an diesem Morgen für den Wartetag in Namche zur Akklimatisierung ausgesucht. Jonathan war bei mir gewesen, als ich an diesem Morgen aufwachte, und sein Geist ging dicht hinter mir, als ich mich auf dem Weg durch die Schatten des immergrünen Waldes schlängelte.

Im Gehen spürte ich noch eine andere Gegenwart. Sie war eher in mir als außen, als hätte Jonathan sie eingeladen mit uns zu gehen. Es war mein Geist aus der Zeit, als ich 25 war: die Margo, die sich entschlossen hatte ihn nicht nach Nepal zu begleiten, die Drogen und Essen über die Sehnsucht ihres Herzens gestellt hatte. Ich spürte ihr Staunen und ihre Dankbarkeit dafür, dass sie hier sein durfte, ebenso wie das Schuldgefühl, das sie immer noch, nach all diesen Jahren, mit ihrer damaligen Entscheidung verband. Ich blieb stehen und hieß sie willkommen. Jonathan umgab sie ebenso mit seiner Energie wie ich, in der Hoffnung das Schamgefühl zu heilen, in dem sie fast versank. Der Teil von mir, der gestorben war, als ich vor all den Jahren Jonathan abgesagt hatte, kehrte ins Leben zurück. Sie verdiente es, hier zu sein.

Im Speiseraum des *Ama Dablam Gardens* in Deboche beobachtete ich Kaji, meinen Träger, wie er seine Hände vor dem Holzofen in der Küche wärmte. Als wir am Morgen in Namche aufgebrochen waren, war es noch heiß gewesen; jetzt schneite es. Ich nahm einen Schluck von dem heißen Kakao, den Kaji mir gebracht hatte, und um mich herum wirbelten die Erinnerungen an die drei Tage, die ich 1993 hier mit Vern und Parry verbracht hatte. Hier hatten wir unsere Erholungsphase beendet, hier waren wir gesund und kräftig genug geworden um auf den Berg zurückzukehren. Es war schön, wieder hier zu sein. Ich hatte schon viele Geschenke auf dieser Reise bekommen, aber das Beste war mir etwas früher an diesem Morgen auf dem Weg zum Kloster Tengboche passiert.

Ich ging auf dem unteren Teil des Hügels, eine lange Reihe von steilen Rückrutschern, in meinem »Dauergang«, leicht kletternd mithilfe der inneren Energie, die ich durch mein Mantra anzapfte: »Gottes Liebe, Gottes Stärke, Gottes Wille, ich kann.« Es war vertraut, angenehm, stärkend, fast hypnotisch.

»Margo, darf ich ein Stück mitgehen?« Fast war ich versucht mich umzusehen, wusste aber, die Worte waren nicht wirklich gesprochen worden: Ich spürte die Gegenwart meiner Mutter und begrüßte sie mitten in diesem Erlebnis, das ich so oft mit ihr hatte teilen wollen. Ihre Angst wegen meiner Bergsteigerei hatte verhindert, dass sie von den Orten, an denen ich gewesen war, auch nur gehört, geschweige denn die tiefe Leidenschaft in mir verstanden hätte. Jetzt, wo die Grenzen überwunden waren, die ihr Körper ihr so lange Zeit auferlegt hatte, hatte sich ihr Geist zu mir gesellt und genoss mit mir gemeinsam die Schönheit dieses Tales, die Kraft, mit der ich ging, und die Entschlossenheit und Leidenschaft, mit der ich mein Leben lebte.

»Jetzt verstehe ich, Margo, warum du hierher gehen musstest, und ich grüße dich. Es tut mir Leid, dass ich dir meine eigenen Ängste und Beschränkungen aufgeladen habe. Es tut mir Leid, dass ich den Traum, der dir so wichtig war, nicht besser unterstützen konnte.« Ihre Gegenwart war fast körperlich, sie ging neben mir und nutzte meine Kraft um auf den Berg zu kommen. Ich glaubte, dass sie endlich verstand, und zwischen mir und ihrem Geist bildete sich ein neues Band. Wir wurden auf eine Weise Freundinnen, die niemals vorher möglich gewesen war. Innere Heilung – ein wunderbares Geschenk.

Ich nahm noch einen Schluck von meinem Kakao und spürte wieder den Grad an Liebe und Respekt zwischen meiner Mutter und mir, der zu ihren Lebzeiten für uns nie erreichbar gewesen wäre.

Zwei Tage später, auf dem Weg nach Chukkung, hielt ich meine Rast am Fuß des Schreins oberhalb von Dingboche, wo 1989 Jonathans Geist so deutlich gegenwärtig gewesen war. Der Wind blies mir ins Gesicht, während ich tief durchatmete. Trauer füllte mein Herz, als wenn eine Schleuse geöffnet worden wäre, aber gleichzeitig und ebenso mächtig beherrschte mich ein tiefes Gefühl bedingungsloser Liebe. Vom ersten Moment an, als ich auf die Fotos geblickt hatte, die Art mir gegeben hatte, hatte ich gewusst, dass ich das Bild von Tanner und ihm hier lassen würde.

Als ich von Pheriche hierher gegangen war, war ein kleiner brauner Falke über meinem Kopf aufgetaucht. Er ließ sich vom Wind emportragen, spielte mit der Luftströmung und blieb genau über mir. Ich hörte John Denver zu, der von der Freiheit des Fliegens sang, und ich fühlte Tanners Geist sehr stark in dem Wesen, das da über mir schwebte. Als ich den Schrein erreichte, begann er mit dem Wind aufwärts zu kreisen, und als ich das Foto unter einen kleinen Felsblock legte, ließ er einen Schrei hören, einen lauten, klaren Schrei.

Ich hörte eine junge Stimme, die sagte: »Sag meinem Vater, dass ich ihn liebe. Sag ihm, es geht mir gut.« Ich drehte mich langsam um mich selbst, einen vollen Kreis, eingeschlossen von den Riesen, die mich umgaben: Lhotse, Lhotse Shar, Island Peak, Ama Dablam, Kantega, Thamserku, Taweche. Ich hoffte, dass Art in Aspen Tanners Geist so fühlen konnte, wie es mir hier gelungen war. Es war ein wunderbarer Spielplatz.

Ich ging weiter, drehte mich aber noch einmal um und sah, dass der Falke immer noch im Wind spielte. »Genieß es, Tanner«, sagte ich und er bewegte seine Flügel und verschwand im Himalaja.

Ich trauerte, als ich den Weg wieder hinunterging. Um Kathy und ihre Söhne. Um Gary, dessen Geist hier so stark war, das lächelnde Gesicht überschattet von seinem unentbehrlichen braunen Wanderhut. Um Mutter, die so gestaunt hatte. Und um Jonathan. Für mich würde dies hier immer Jonathans Schrein bleiben. Ja, da war Trauer und doch gleichzeitig so viel Leben. Ich spürte all die Menschen, die ich gekannt hatte, die allzu früh gestorben waren. Sie waren alle da. Es war atemberaubend. So viel Liebe. Und Freiheit. Und Friede.

Auf dem Weg durch das Chukkung-Tal wurde mir bewusst, wie sehr ich die Art genoss, in der die Menschen, die ich unterwegs traf, auf die Tatsache reagierten, dass ich im Basislager bleiben würde und selbst schon auf dem Everest gewesen war. Bergsteigerin zu sein war ein wichtiger Teil von mir und es war mir recht, dass die Menschen darauf so reagierten. Gleichzeitig spürte ich den Unterschied zwischen dieser Reise und der vor zwei Jahren. Inzwischen mochte ich mich selbst, auch über das Klettern und Trainieren hinaus. Ich fand mich gut als durchschnittlich fitte Frau mittleren Alters, war zufrieden mit meinem Leben und voller gespannter Erwartung. Ich konnte mit Stolz und Freude auf das zurückblicken, was ich als Bergsteigerin erreicht hatte, ohne mich daran zu stören, dass ich keine mehr war, dass ich nicht mehr kletterte. Seit meinem Umzug nach Aspen hatte ich eine große Veränderung in meiner Selbstwahrnehmung durchgemacht. Hier, an diesem Ort, wo ich Bergsteigerin gewesen war und jetzt keine mehr, kam sie besonders klar und deutlich zum Vorschein.

Helen und ich saßen im Schneidersitz auf den Holzbetten in

dem kleinen Zimmer, das wir in der *Himalayan Lodge* in Pheriche teilten. Sie hatte mich erwartet, als ich am diesem Nachmittag aus dem Chukkung zurückgekehrt war, und seitdem redeten und lachten wir ununterbrochen. Unsere Freundschaft war auf dem Amboss der Zeit unter schwierigen Bedingungen fest geschmiedet worden und als wir uns jetzt nach zwei Jahren wieder trafen, war es, als wären es nur zwei Tage gewesen. Ihre Gegenwart war eine angenehme Überraschung für mich und ich genoss die Aussicht meine Freude auf dem zweitägigen Weg durch das obere Tal bis zum Basislager mit ihr zu teilen. Dankbar war ich auch für die Gelegenheit endlich über Gary zu sprechen und gemeinsam mit jemandem zu trauern, der ihn gekannt hatte. Sie erzählte von dem Gedenkgottesdienst und darüber, wie es den Menschen, die er geliebt hatte, ging und wie sie mit seinem Tod zurechtkamen. Das brachte das Ganze für mich zu einem Abschluss, den ich mir gewünscht und sehr nötig hatte.

Zwei Tage später erreichten wir den großen Felsen, der als Gedenkstein für alle Bergsteiger dient, die am Everest ums Leben gekommen sind, gleich unterhalb der Stelle, wo der Weg auf den Khumbu-Gletscher führt. Über die Jahre weg waren Namen und Daten in den Felsen eingeritzt worden und bedeckten seine Oberfläche mit all der Liebe, die für diese Bergsteiger empfunden wurde, deren Geist auf dem Everest in die Freiheit entlassen worden war. Obwohl Gary am Dhauligiri gestorben war, wurde an diesem Ort auch an ihn erinnert. Ein befreundeter Sherpa hatte seinen Namen in einem Stein mit dem buddhistischen Gesang »Om Mani Padme Hum« eingeritzt, den Stein auf den Felsen gelegt und einen Gebetsschal darüber gezogen, als wollte er es ihm bequemer machen.

Ich legte ein Foto von Tanner und Shea Daily vor Garys Stein und hatte eine deutliche Vorstellung davon, wie Gary davonging, mit den beiden Jungen zu beiden Seiten an seiner

406

Hand. Ich konnte mir niemand Besseren vorstellen um ihrem Geist die Berge näher zu bringen. Mit einem warmen Gefühl im Herzen ging ich weiter.

Einige Stunden später konnten Helen und ich zum ersten Mal das Basislager sehen. »Zuhause«, dachte ich. »Ich bin auf dem Weg nach Hause.« Der bergsteigende Teil meiner Seele würde das immer so sehen.

Für die Puja, die Segnungszeremonie der neuseeländischen Expedition, kam ich zu spät. Aber ich konnte an einer persönlichen Zeremonie teilnehmen, die Gyeljin abhielt um besondere Gegenstände für zwei andere Expeditionsmitglieder zu segnen: ein Foto des Dalai Lama, das Chantal zum Gipfel mitnehmen wollte, und eine Kette mit einem z-Stein, den Doug in Namche Bazaar gekauft hatte. Gyeljin, der einst Lama in einem Kloster gewesen war, schenkte mir ein Tsundi – ein Stück orangefarbenes Band, als Kette um den Hals zu tragen –, in das er ein Päckchen Gerste gebunden hatte, die vom Dalai Lama gesegnet worden war. Das war ein ganz besonderes Geschenk, eine große Ehre. Jonathan und Gary waren während der Zeremonie bei mir, in der Gyeljin Gebete aus dem heiligen Buch der Tibeter las, das von Hand auf altes Pergament geschrieben war, ein Ritual aus gesungenen Gebeten, dem Werfen von Reis und Tsampa und dem Abbrennen von Weihrauch und Wacholder. Das war ein wunderbarer Empfang. Ich wurde wegen meiner selbst aufgenommen und willkommen geheißen, nicht wegen dem, was ich getan hatte.

Eine Woche später stand ich allein und beobachtete die schönen, fast geisterhaften Gestalten der Bergsteiger, die Reis warfen und den Wacholderrauch von dem Feuer einatmeten, das Ang Tsering am Puja-Platz am Brennen hielt, bevor sie zu ihrem Gipfelversuch durch den Eisfall aufstiegen. Es war morgens um halb vier und die Dunkelheit des Nachthimmels wurde nur vom Strahlen der Sterne und Planeten erhellt.

Stunden später saß ich mit einer Tasse Kaffee in der Hand auf einem Felsblock oberhalb des Kantinenzeltes und starrte hinauf zu den Bergsteigern, die sich langsam durch den Eisfall bewegten. Ich genoss es, hinaufzusehen und zu wissen, dass ich nicht durch dieses eisige, einschüchternde Zauberlabyrinth gehen musste. Das war die absolute Bestätigung dafür, dass die großen Berge für mich erledigt waren. Ich beobachtete die Bergsteiger, spielte mit dem Tsundi um meinen Hals und spürte Stolz, Dankbarkeit, Freude und Erfüllung über das, was ich getan hatte, ohne jedes Bedauern.

Jan, Helen und ich verfolgten die Fortschritte unserer Kletterer über Funk. So ging es vier Tage lang, während sie sich immer weiter den Berg hinaufbewegten, als sie endlich am frühen Morgen des 7. Mai den Südsattel verließen und am Mittag um 12.10 Uhr den Südgipfel erreichten. Sie waren noch eineinhalb Stunden vom eigentlichen Gipfel entfernt und es war schon ein wenig spät, aber wir waren doch voller Zuversicht.

Um 12.45 Uhr berichtete das amerikanische Team unter der Leitung von Bob Hoffman, dass unsere Mannschaft sich immer noch auf dem Südgipfel aufhielt und dass es Chantal nicht gut ging. Um ein Uhr hörten wir Guys Stimme im Funk rufen: »Rob. Rob? Robo. Rob?«, aber offenbar konnte Rob ihn nicht hören. Kami rief Guy von seiner Funkstation im Lager II aus und fragte, was los sei. Aber die Antwort war nur Schweigen. Wir konnte nur spekulieren und uns Sorgen über das machen, was da oben vor sich ging.

Eine halbe Stunde später hörten wir, dass es allen unseren Kletterern gut ging und dass sie umkehrten. Das Befestigen der Seile hatte zu lange gedauert, der Wind frischte auf und es war einfach zu spät um sicher weiter zu gehen. Zwischendurch brach unser Funkkontakt wieder zusammen und so saßen wir im Kantinenzelt und warteten auf die Nachricht, dass sie zum Sattel zurückgekehrt seien. Stückweise kamen Nachrichten von Hoffmans Team, dass Chantal am Südgipfel sehr schwach gewesen sei, dass sie zusammengebrochen sei und inzwischen verwirrt und dass sie hinuntergetragen werde. Wir konnten unser Team über Funk nicht erreichen und jeder im Basislager fürchtete, Chantal könnte tot sein oder im Sterben liegen. Niemand sprach diese Worte aus, aber wir wanderten doch die ganze Zeit zwischen unserem Lager und dem Bereich der Hoffman-Expedition, zwischen unserem und ihrem Funkgerät hin und her um mehr Informationen zu bekommen. Endlich kam Robs Stimme durch und sagte, Chantal sei wieder bei sich und spreche, sei aber immer noch nicht in der Lage ohne Hilfe zu gehen. Wir atmeten ein bisschen auf und vertrauten darauf, dass unsere Freundin heute nicht sterben würde.

Zwei Stunden später, als alle sicher in ihren Zelten auf dem Sattel angekommen waren und wir Chantals Stimme über Funk hörten, erschöpft aber vernünftig, erlaubten wir es unserer Angst sich in Enttäuschung über eine Expedition zu verwandeln, die den Gipfel nicht erreicht hatte. Es war gerade dunkel geworden. Die Kletterer waren fast 18 Stunden unterwegs gewesen und wir im Basislager hatten einen Marathon der Gefühle durchlebt: von strahlender Siegeshoffnung und Aufregung über dunkelblaue Angst und Anspannung zu trübe grauer Erleichterung und Enttäuschung.

Am nächsten Tag waren die Kräfte schwach, sowohl im Basislager als auch auf dem Berg. Keiner von Hoffmans Mannschaft hatte am Tag zuvor den Gipfel erreicht – einige von ihnen waren selbst in lebensgefährliche Schwierigkeiten geraten – und nur einer unserer Sherpas, Lobsang Shangbu, ein junger, langhaariger Sherpa mit ungeheuren Kräften, war bis auf die Spitze der Welt gekommen. Unsere Mannschaft ging vom Sattel zum Lager II hinunter, langsam, vorsichtig und müde.

Die Ereignisse des gestrigen Tages hatten mir mit Macht klargemacht, wie sehr die Berge und Gott meinem Bergsteigen immer mit einem Lächeln zugesehen hatten. Jetzt war ich überzeugt, dass ich damit fertig war.

Ich war teilweise zum Spaß ins Basislager gekommen, teilweise aber auch um meine Bergsteigerei zu einem Abschluss zu bringen. Ich hatte einen sanften, spirituellen Schluss gesucht, von dem ich einen großen Teil auch wirklich erlebt hatte. Aber gestern war die Tür mit einem Knall zugeschlagen und abgeschlossen worden. Schon vor meiner Reise hierher hatte ich gewusst, dass das Bergsteigen für mich beendet war. Dieses Wissen war nun auf harte Weise tiefer in mich eingeprägt worden; ich war nur dankbar, dass es nicht noch schlimmer gekommen war. Die Bergsteiger kamen herunter und wir würden bald aufbrechen.

Drei Tage später hieß es wirklich Abschied nehmen. Zum endgültig letzten Mal saß ich auf einem Felsen und blickte zum Eisfall: Er war majestätisch, tödlich, zauberhaft, Furcht einflößend. Ich nahm endgültig Abschied von einem wichtigen Abschnitt meines Lebens. Ich ließ ihn bereitwillig hinter mir, wenn auch mit etwas Traurigkeit. Hier, am Fuß des höchsten aller Berge, fühlte ich mich zu Hause. Jonathan, Gary, Kathy, selbst Mutter teilten diesen Abschied mit mir. Sie verstanden mich. Sie kannten mein Herz.

»Oh Jonathan, wie soll ich dir dafür danken, dass du mir vor so langer Zeit das Herz für all das geöffnet hast? Ich weiß, es geht nicht zu Ende, es verändert sich nur, und doch bin ich traurig. Es ist mir fast zuwider, zu gehen. Aber es ist Zeit. Ich werde mich von allen verabschieden, ein letztes Foto machen und von diesem Ort weggehen, von diesem Teil meines Lebens, der etwas so Besonderes für mich war. Er hat mein Leben in einer Weise verändert, die ich mir nicht hätte vorstellen können. Ich weiß das und bin unendlich dankbar.«

Ich stand auf, wandte mich mit einem letzten Lächeln von dem Berg ab und ging den Gletscher hinunter. Jeder Schritt brachte mich den Wundern näher, die mich in der Zukunft erwarteten. Mit den großen Bergen war ich fertig, aber so viele andere Abenteuer warteten auf mich. Das Abenteuer Leben war das größte von allen und ich wusste, ich würde auf allen Ebenen dazu bereit sein: Schritt für Schritt.

Danksagung

Von Anfang an war klar, dass dieses Buch entstehen musste. Ich habe wirklich versucht es nicht zu schreiben, aber zu viele Menschen haben mir gesagt, dass ich diese Geschichte erzählen müsse. Die drei Jahre, die wir damit verbracht haben, es entstehen zu lassen, waren die schwersten und lohnendsten in meinem Leben. Aber ohne die Hilfe und Unterstützung vieler Menschen wäre nichts daraus geworden.

Grenzenlos dankbar bin ich Peter Ginsberg, der viel mehr als ein Agent für uns war. Seine ständige Unterstützung und Begeisterung, sein Zutrauen und sein Rat brachten uns dazu, weiterzumachen, wenn unsere Ängste uns zum Aufgeben rieten. Ihm gelang es, aus zwei Menschen mit einer Geschichte zwei Autoren zu machen.

Liebevolle Dankbarkeit gilt der Familie: Pop, der mich trotz seiner Zweifel unterstützte; Barb, die mich unterstützte, weil sie absolut daran glaubte; Meg, die mich unterstützte, einfach, weil sie mich liebt.

Dankbarkeit gilt den Freunden: Becky, deren zehn Jahre andauernde Freundschaft mich in hellen und dunklen Stunden trägt; Kelly, deren Reise in die Schriftstellerei mir Hoffnung machte; Joan, Joanne und Mia, die zuhören und die Wahrheit zu mir zurückspiegeln, wenn ich unfähig bin sie zu sehen; Madeleine, deren Unterstützung in der Schlussphase mich davor bewahrte, den Verstand zu verlieren.

Dank an alle, die meine Leidenschaft für die Berge und für das Bergsteigen teilen, und besonderen Dank an die Bergsteiger, die durch ihr Beispiel wie durch Worte meinen Glauben stärkten, dass es beim Klettern um mehr geht als um Gipfel.

Skip Horner glaubte an mich, wenn ich es nicht konnte. Rob Hall, Gary Ball, Jan Arnold und Helen Wilton machten eine glückliche Erfahrung aus einem Erlebnis, das sich so leicht wie Scheitern hätte anfühlen können.

Allen, die ihren eigenen Weg der Genesung gehen und mich auf meinem Weg unterstützt haben, danke ich für die Lehre, dass es möglich ist, mein Leben aus meiner Wahrheit heraus zu leben.

Und Ray: Freund, verwandte Seele, Co-Autor. Die Wahl fiel vom Herzen her auf ihn, nicht so sehr vom Kopf her. Er ist mit mir durch ein Meer von Angst gegangen, das mich an manchen Tagen zu ertränken drohte; er ist schuld daran, dass dieses Buch das geworden ist, was ich erträumt habe; er ist schuld daran, dass ich ein Stück weit mehr der Mensch bin, den ich mir erträume. Danke aus tiefster Seele, Ray. Namaste.

Margo Chisholm
21. September 1996